"十三五"国家重点图书出版规划项目
国家出版基金项目

瓷上世界 The World of Ceramics

瓷行天下

The Overseas Journey Of Chinese Ceramics

千年帝王意志下的瓷路沧桑

The Reflection of Feudal Emperors' Willings

胡辛/著

江西美術出版社
全国百佳出版单位

序言

中国，是瓷的故乡。

瓷，是中国的骄傲。

时光回溯到两万年前的旧石器时代晚期，一个影响人类历史的伟大发明——陶器诞生了。江西万年的仙人洞与吊桶环遗址记录了这一伟大的发明。汉代，中国的先人又升华了这一发明，在火的恋膛中，最早的青瓷横空出世。欧洲人掌握这一技术是在1500年以后。瓷器连同造纸术、印刷术、火药、指南针等四大发明一起，走入世界，遍传寰宇，深刻地影响了世界各国人民的生活与观念，也深刻地影响了2000多年来人类文化交流的路径和图景。瓷器，成为世界各国了解中国的一张靓丽名片。

（一）

瓷器，源远流长，璀璨辉煌。在漫长的历史岁月中，制作工艺日趋成熟，器型日渐丰富，装饰日益瑰丽。到了宋代，工艺臻于成熟，官哥汝定钧各领风骚；进入元代，景德镇设立浮梁瓷局，烧造出的青花瓷器石破天惊，景德镇由此成为中国的瓷都；明清时期，中国瓷器生产达到鼎盛，“工匠八方来，器成天下走”，瓷上文化的价值达到了高峰。

轻盈柔美的瓷，不仅仅是最早走向海外、流行最广的承载着中国文化的世界性艺术化的商品之一，而且是中国与世界交往的不朽外交书。她就是土与火铸炼出的“史记”。

遥想文化自信满满的泱泱大唐，以博大璀璨的文化辉煌照耀了陆上“丝绸之路”。唐代外销瓷上镌刻着唐诗的奔放豪迈，张扬着帝王将相才子佳人的传奇，飘逸着寻常巷陌的人间烟火，且“大有胡风”。

从北宋到南宋，重文轻武，文化从开放转向自我认同，青釉瓷里渗透天地人一体的审美志趣，从华夏文明而言，在海上“丝绸之路”上得到了豪迈的渗透！

旋风般的元代，其疆域横亘欧亚大陆，如此商业通衢实现了跨文化交流和交换，由此催生神秘的元青花，其青料图像纹饰当是多民族文化和审美定势的再融合。元青花标志着中国瓷由单色釉进入彩瓷的时代，至今被誉为真国色，当初竟是外销瓷！

历史还证明，明清瓷器已经征服天下，是中国瓷器走向海外的黄金时代。景德镇则为“天下窑器所聚”，以海纳百川之胸襟，一跃成为独步天下的世界瓷都。郑和七下西洋，长风破浪，直挂云帆济沧海。无论怎样评说，在一次次主动的浩浩荡荡的光耀中华的“出击”中，从东南亚到西亚，从东非到地中海再到欧洲，世界借由瓷器和茶叶，增加了对中华汉文化的了解和仰慕。

地理大发现的欧洲人，葡萄牙、西班牙、荷兰、英国曾先后称雄，海道大通揭开了人类社会发展近代史新的一页，但他们不约而同为中国瓷折腰，中国瓷旋即成为具有世界性身份的神圣、神奇、神秘的艺术化产品，很快风靡全球。世界为中国瓷而痴狂！世界为承载中国文化的中国瓷而惊艳！

（二）

瓷器是中外文化交流的使者。景德镇精湛的制瓷技术是世界陶瓷技艺的源头，它的制造工艺最早传入朝鲜，随后传入日本、越南、泰国等东南亚国，再经西亚、东非传入欧洲。明代正德年间，日本人在景德镇学习制作青花瓷，归国后在有田设窑烧制陶瓷。17 世纪荷兰代尔夫特模仿景德镇克拉克青花瓷，生产出代尔夫特蓝，使之成为欧洲的“瓷都”；法国传教士昂特雷科莱（殷弘绪）于 1712 年来到景德镇传教，将制瓷的重要原料“高岭土”介绍到了西方。18 世纪中叶，法国人成功烧制出真正的硬质瓷器，随后英国、瑞典、荷兰都纷纷模仿中国制瓷技法，从此开辟了欧洲制瓷历史的新纪元。

瓷行天下推动了中国文化的传播。16 至 18 世纪，中国外销瓷传入欧洲和美洲，西方对中国瓷器的追逐，折射了他们向这个文明古国的第一波致敬。从葡萄牙王到俄罗斯沙皇，欧洲各国君主纷纷爱上中国瓷器，瓷器成为各国王室竞购的身份标志，中国瓷器以直接或间接的方式进入几乎所有欧洲国家的王宫以及权贵的厅堂。17 世纪末 18 世纪初，中国瓷质餐具风靡欧洲，成为当时富裕家庭餐桌上必备装饰。哲学家格芮姆有过这样的描述：“有一个时期，每家的桌上，都陈列着中国物品，我们许多器物的样式、许多东西，都是以中国趣味为标准，没有了这些东西来装饰就感觉社会地位被降低了。”他们津津乐道于发生在中国的故事，钟情于来自中国的物品，进而热衷于中国的历史文化并痴狂地探究与消化。

外销瓷是中外文明交流互鉴的印证。元代，开辟了横跨欧亚的交通路线，东西方之间、各民族之间的文化交流和融合日益密切，也使得景德镇元代瓷器的造型和纹饰发生了变化。波斯进口的钴料，让元青花光艳四射，青花瓷自此风行天下。16 世纪开始，景德镇等地开始为欧洲国家烧造订制瓷，考古学家在各地发现了大量有葡萄牙铭文的瓷器标本。17 世纪，荷兰铭文又因中荷通商出现在当时的外销瓷器上，此后，法文、德文、英文等西方文字也相继出现在瓷器上。18 世纪，订烧瓷占据外销瓷主流，其题材涉及西洋人物、城市港口、贵族生活、希腊神话、圣经故事、德国纹样以及标示家族的徽章等。中国人借此对欧洲国家的历史、文化、建筑、风尚有了形象化的认识。中国瓷器既作为中华文明和文化物化的载体走向全球，又于有意无意之间汲取世界各国文化丰富滋养了中国文化。

（三）

瓷路漫漫，瓷韵绵长。一代代中国工匠集岁月之大成、萃天地之精华，中国外销瓷的烧造工艺、造型艺术、装饰艺术于缤纷绚烂中又独具特质，所承载的文化内涵丰沛深厚。在瓷器上承载的中国农耕文化、儒家文化、道家文化与西方文化碰撞交融，成为中西文化交流的不朽例证。她来自几千年历史演变中的民族文化、科技文化和世界文化大融合的奇迹。诚如习近平主席在巴黎联合国教科文组织总部发表重要演讲时指出：文明因交流而多彩，文明因互鉴而丰富。费孝通先生也曾提出不同文化的相处之道：各美其美，美人之美，美美与共，天下大同。

在中国陶瓷史中，外销瓷定然是不可分割的一部分。她虽未被遗忘，却还未引起足够的重视。为向世人讲述好中国外销瓷的故事，总结以瓷文化为代表的中华传统优秀文化走向世界的历史情形和历史经验，江西省出版集团公司立足于时代发展需要，策划了大型文化综合项目——“瓷上世界”。该项目以《瓷上世界》套书出版为引领，延伸和拓展了包括电视纪录片、外销瓷数据库、外销瓷标准制定与鉴定、外销瓷展览等子项目群。

《瓷上世界》套书分为《瓷行天下》《瓷上文化》《瓷耀世界》三册，旨在还原勾勒“瓷行天下”的绚丽图景，探讨寻觅“瓷上文化”的深厚底蕴，传承光大“瓷耀世界”的和谐之美。藉以引领读者步入荣耀与坎坷交织的千年瓷路，领略中国陶瓷文化的博大精深和对世界文明的重大贡献，从“瓷上世界”理解中国理念、中国智慧、中国风格对人类共同命运的担当。

本套书定位于雅俗共赏的有厚度有深度有温度的文化读物，兼具历史性、学术性、思想性、艺术性和文学性。以严肃的学术论著论文为依据，同时注重搜集鲜活翔实的资料；以大历史为背景，更注目个体生命的种种感知。注重用融通中外的新视野、新话语和新表现手法，以瓷说事，以瓷彰史，使作品既具有学术高度与穿越时空的文化影响力，又具有品读价值与收藏鉴赏价值。2016 年，《瓷上世界》套书成功入选“十三五”国家重点图书出版规划项目和国家出版基金资助项目。

今天，伴随着“一带一路”倡议的实施，中国文化“走出去”迎来了史上最好的机遇。回眸历史，那是我们先人一代代曾经走过的沧桑荣耀之路；唤醒历史，因为历史依然充满了活生生的生命力，向我们讲述曾经的辉煌和荣光。

英国著名历史学家汤因比说得好：中华文明将为未来世界转型和 21 世纪人类社会“提供无尽的文化宝藏和思想资源”。美国学者罗伯特·芬雷亦言：“人类物质文化首度步向全球化，是在中国的主导下展开。在绝大部分的人类历史时光之中，中国的经济都为全世界最先进最发达。”

我们，当满怀文化自信走进新时代。

中国陶瓷令全世界瞩目，其本源是中国文化价值的强盛力量，但中国陶瓷文化的海外传播源远流长，范围广阔，影响深远，丰沛繁茂，不是区区一个项目可以囊括和深入研究得了的，限于水平和时间，叙写过程中，难免存在缺憾和不足，敬请广大读者批评指正。

赵东亮

2017 年 12 月

前言

木会朽，石会崩，人会亡，
而瓷，历经岁月的沧桑，
哪怕粉身碎骨，其质也不变，
依然故我地折射出分娩她的时代特有的光辉。
——刘新园

1

喜欢书名“瓷行天下”。

天下者，我们的天下。青年毛泽东20岁的豪言壮语，文白相夹的大汉语言，至今仍振聋发聩，一种天下主人的自信，从国际歌的不屈的悲壮，到满目苍凉大老中国土地上湘江青年的霸气和从容，当是永恒的铭记。

瓷行天下，其主语是“瓷”。中国自古有“行天下”之精神，秦汉发扬至极。

近人许之衡在《饮流斋说瓷》中谓：“瓷虽小道，而于国运世变亦隐隐相关焉。”瓷，历经岁月的沧桑，无论是传世于人间、埋入地底、沉入海洋，哪怕粉身碎骨，其质也不变，不仅仅只是承载和折射出中国的历史，而且，由于瓷的不朽，还可以说，她就是硬质的“史记”，是中国与世界来来往往的不朽的外交书，是超前的瞬间艺术，是另类的影视摄像的定格、定格、再定格……瓷，却又是世俗的，是最早走向海外、流行最广的承载着中国文化的世界性商品。

无须讳言，中华民族以农耕文化立身，以黄色文明著称，黄河黄土地是炎黄子孙生存之根，同时，中国还是一个濒海大国，海岸线总长度3.2万公里，有1.8万多公里的大陆海岸线，海洋面积达300多万平方公里……自古以来，中国人祖祖辈辈从不以海为尽头，在此止步。溯中华文明之源而上，距今大约7000年的河姆渡新石器时代遗址中，遗存物中就有八支木桨，还有一具夹炭黑陶质的独木舟模型；湖北宜都县红花套遗址中，也出土过独木舟形陶器；龙山人在渤海及黄海北部沿岸和岛屿上，遗留下逐岛漂航前进的足迹。新石器时代，沿海中国人已在海上搏击，浪遏飞舟！安阳殷墟妇好墓中出土过上千枚作为货币的海贝。在沿海临近岛屿之间进行短距离的航行早已习以为常，而创烧印纹陶器的赣地干越人也一样善驾舟楫……现代人很难想象远古人类跋山涉水的跨地域交流，更大大低估了他们挑战海洋的冒险精神和航海探索的实践。

黑格尔的确说过：平凡的土地，平凡的平原流域，把人类束缚在土地上，把他们卷入无穷的依赖性里边，但是大海却挟着人类超越了那些思想和行动的有限圈子。

仿佛依恋土地成了农耕文明难以超越的代价。人类从狩猎到农耕，有人说是八千年前从一只女人的手采集种子开始的；翻开权威性的《中国陶瓷史》，第2页见：“陶的出现无疑应归功于女性。”那么，烧制出第一件陶器的是什么时候何方女人呢？这双手淘泥盘筑成或蚌、或植物果实、或磨凹石头的样子，并一不小心在火上烧成了可盛水盛物的容器？陶瓷历史莫非真是一部隐形妇女史？试看今日，如我国云南傣族和台湾高山族，制陶还是由妇女来承担；西方陶吧也还是最受妇女的青睐。

以往学界共识：陶器的创造为全球各地各族前后相差不远的共同发明，然而，2012年6月28日美国《科学》杂志发表《中国仙人洞遗址两万年陶器》一文，公布中美联合对万年仙人洞多次考古的结果——石破天惊！经提取陶器残留的有机物进行直接测定，将中国早期陶器出现时间确定为两万年前！这是目前世界已发掘出土的陶器的最早年代。出土遗物夹粗砂条纹陶、绳纹陶，是世界上目前发现年代最早的陶器标本之一。比之“中国广西桂林庙岩遗址出土的素面陶，西伯利亚阿尔穆河地区符米、乌斯季洛夫卡三号遗址、日本国大平山1号遗址出土的早期陶器”早2000—5000年。中国江西省万年县当之无愧是世界陶器起源地。陶史的改写不是偶然的。要知道，在距今1.2万年的万年仙人洞新石器时代的地层中发现了野生水稻植硅石标本，印证先人们已经在采集野生水稻作粮食；又在距今 1 万年左右的地层中发现的水稻植硅石标本具有栽培稻的特征，印证此时已在人工种植水稻；还在距今 0.75 万年左右的地层中发现的水稻植硅石标本全部都是人工栽培稻。有力地证明了万年是迄今为止发现的世界上最早的水稻发源地。农业遗存与文化堆积相映生辉。“万年”之称名副其实。距万年仅 200 里之遥的景德镇为公认的世界瓷都，这，应该不属偶然现象。

陶，是人类创造的第一个新物质，是人类社会发展史上划时代的标志。她是人类最早通过物理化学变化创造新物质的创造性活动，是人力改变天然物的开端，恩格斯在《家庭、私有制和国家的起源》一书中认为人类学会制陶术标志为人类蒙昧时代的结束，野蛮时代（新石器时代）的开始。说到底，陶瓷本就是人类的物质文化历史。

从泥台盘筑到慢轮修整，从露天平台堆烧到棚内平地封泥浇制；红陶、白陶、黑陶、灰陶、印纹硬陶、原始瓷……由陶到瓷，是人类物质精神文明的再次飞跃。硬质瓷让中国独领风骚 1700 年，是走在世界各族前面的持久的先锋！

中国，是陶的摇篮，是瓷的祖国。瓷、丝、茶，当与中国古代四大发明比肩而立，堪称七大发明；瓷本身成为永恒的中国符号和不朽的史书。

中国原始瓷始于 3000 多年前的商周时代，到了两汉时期，原始青瓷逐渐走向成熟，发展成青瓷。1700 余年前的东汉，我国就有了真正的瓷。

从秦汉至大清帝国，既遇太平盛世，更经战火动荡，在改朝换代的腥风血雨中，名窑名瓷改换门庭，甚至远逝消亡，但任凭跌宕起伏迁徙流沛，中国瓷却“西方不亮东方亮，黑了北方有南方”，窑火熊熊几千年不熄。尤以江西景德镇后来居上，成为名副其实的世界瓷都。

中国外销瓷自是中国陶瓷史不可分割的一部分，构成全球一体的世界文化史的绚丽篇章。有学者梳理出中国外销瓷的三个高潮：晚唐五代到宋初，达到第一个高潮；宋元到明初是中国瓷输出的第二个高潮；明代中晚期至清初的200余年是中国瓷器外销的黄金时期，为第三个高潮。如此提炼，自有其道理，但似乎过于纠缠，其实，不如干脆为唐、宋、元、明、清五次浪潮，各有潮涨潮落、跌宕起伏。只是委屈了汉代。

汉武帝雄才大略，国富兵强。汉武帝时代张骞两度出使西域，其后苏武、班超、甘英等的前赴后继，不仅谱写了民族魂、正气歌，为抵御外族侵扰写下了可歌可泣的篇章，而且，于战争中开拓了传颂千古的友好和平丝绸之路。丝绸之路从长安出发往西，经甘肃河西走廊及当今的新疆地区，远达中亚，南亚，西亚，以至地中海东岸各国和南欧、北非等地，绵延7000多公里。

海上丝绸之路亦形成于秦汉之际，既开辟了通向朝鲜半岛及日本列岛的东海航线，又开辟了通往印度半岛南部和斯里兰卡的南海航线，从文献记载、出土出水、传世馆藏等考古资料相印证来看，中国的瓷器、水稻自秦汉就已抵达日本、朝鲜、越南、印度等国家，并热情向其传授制瓷技艺和栽培方法。

泱泱大唐，既以恢宏的气度撒播华夏文明，又以博大的胸襟海纳域外多元文化，正是在东西文化交流碰撞中成就了大唐耀眼的辉煌。陆地丝绸之路之外，广州通海夷道延伸了汉代由徐闻出海之路；唐代已可建造五六十米长、带有水密隔舱的先进大船，可满载远航至阿曼、波斯、巴林沿海一带，还可换船经红海运至北非埃及等国家。彼地商船也可直接同中国广州、泉州等港口通航。在这些异域港口旧址，都曾先后发现大量中国瓷器及碎片。1998年“黑石号”阿拉伯沉船打捞出的唐代瓷器，尤见证了这个熠熠生辉的时代。

瓷，又经三国两晋南北朝在器形装饰釉料上的潜心发展，至唐代上了一个高峰。鲁迅言：唐室大有胡气。泱泱大唐以自信、开放、包容的阔大胸襟向海外运销瓷器、丝绸和茶叶，又以“拿来主义”丰沛大唐文化，如吸纳外域元素创烧的唐三彩陶就风靡一时热销外域，在辐射与交流中，奈良三彩、波斯三彩、埃及三彩、新罗三彩争奇斗艳。唐代的诗情画意浸淫于外销瓷中，飘溢于葡萄美酒里，伴随驼铃声声，行走于陆上丝路，豪放、绚烂、张扬。在伊朗的麦什特、尼夏浦尔、累伊、伊斯法罕、阿尔德比勒、大不里士、西拉夫、忽鲁谟滋等地皆发现了唐代至清代的中国瓷器。其中，丝绸之路必经之地累伊便出土了大量唐越窑青瓷、邢窑白瓷和南宋龙泉青瓷等。

海上丝路一从扬州或明州（宁波）经朝鲜或直达日本；二从广州出发，到东南亚各国；或出马六甲海峡进入印度洋，经斯里兰卡、印度、巴基斯坦到波斯湾。有些商舶还可继续沿阿拉伯半岛西航抵非洲。在这两条航线上的亚非各国古文化遗址中均出土有晚唐五代宋初的瓷器。

至宋朝，北南五大名窑各领风骚，瓷的远销盛销掀起中国外销瓷澎湃高潮。瓷器在海外还是昂贵的奢侈品，只有皇室贵族富豪才能享用，而在中国早已进入寻常百姓家，为日常生活用品。宋朝风花雪月，精致多彩的慢生活，宋词的婉约与科技的突飞猛进，仿佛烧融进宋代的单色釉瓷里，才有了赤橙黄绿青蓝紫的辉煌灿烂，但到底敌不过天青的纯洁高贵缥缈玄妙。难怪外销瓷成了海外贸易的大宗，如 12 世纪旅行家伊不·朱拜儿所见所言："舶货中以中国瓷器为大宗。"从北宋到南宋，江山半壁，国运渐衰，然而，海上陶瓷之路却空前繁荣，宋元时期，景德镇崭露头角，东南沿海遍布烧造贸易瓷窑场，瓷器，成了宋朝经济支柱之一。

而此时外销瓷运输的航线，主要有航行到东北亚、东南亚诸国的航线及通往波斯湾等地的印度洋航线。印度洋航线贸易的繁荣则是当时中国航海成就的重要标志：一是可从波斯湾沿海向西行至红海的吉达港，之后上岸陆行至麦加；或在苏丹边界的埃得哈布港上岸，驮行至尼罗河，再顺河而下到福斯塔特（古开罗）；还可以从红海口越曼德海峡到达东非诸国。二是开辟了从马尔代夫马累港直达非洲东海岸的横渡印度洋的航线。

到了元代，马背上的游牧民族在横刀跃马踏平欧亚的同时，却能敏锐地把握纤细的瓷作为贸易主打，粗犷霸蛮却不乏精明的生意经。《马可·波罗游记》为元初留下开放全景。消逝几百年的唐青花因了波斯蓝钴、波斯匠人的加入，元青花终在景德镇能工巧匠的极致发挥创新中强势绽放，征服了广大的伊斯兰教地域，仰视于神庙神龛，静默于墓碑，亲切于餐盘茶盅，好一个瓷行天下！元青花外销成国库充实经济繁茂之举措，迅猛掀起外销瓷的又一次高潮，南昌人汪大渊在元末两次践行海上陶瓷之路后，著述《岛夷志》，以所见所闻指证景德镇的青花瓷已成外销瓷的主打。

毫不夸张地说：明清时期当是中国瓷器的黄金时代，明清瓷器曾经征服天下。景德镇则为“天下窑器所聚”，以海纳百川之胸襟，一跃成为独步天下的世界瓷都。明代外销瓷很值得深入探究。郑和七下西洋，无论是炫耀国威朝贡情结说还是发展外贸维护和平说，客观事实是中国外销瓷已形成大高潮，是一次次主动的重拳出击，远早于大海洋时代的地理大发现。但是，为什么会失之交臂？至晚明政治腐败与外销瓷贸易火红的强烈反差，是被动性不无虚假的繁荣，却又是一次懵懂的错过，而历史给每个民族腾飞的机遇和选择是不会太多的。

而明代中晚期至清康乾盛世，中国瓷器外销潮蔚为壮观。尤其是康乾盛世为巅峰，但是，最繁华时也是最荒凉。巅峰之后是再无悬念的低谷和逆转，非“竞争就是如此残酷”的轻描淡写，而是瓷运与国运的互为象征象喻！

珍贵的瓷，本是历朝历代千千万万能工巧匠的心血汗水凝练，然而，大历史几乎忽略“瓷器”二字，陶瓷历史也极少记载瓷匠姓名，甚至根本没有留下其真名实姓。所谓陶瓷史的正本清源，所谓御窑皇瓷的精品鉴赏，所谓民窑瓷器的洞天别地，甚至当今升温的外销瓷热，有哪一样不是随着改朝换代的变迁，顺着一个个皇帝的名号年号，把握皇帝们的好坏优劣、精明昏庸，揣摩他们相同相近或大相径庭的艺术情趣、审美走向去推测猜测探研之？似乎只有以官窑御瓷为主，才能凸现中国陶瓷乃至世界陶瓷演进的线路，而民窑瓷与外销瓷无论怎样冲决，也难逃皇家的天罗地网，又怎能柳暗花明另辟蹊径？这是怎样的不公和悲凉！但是，当你漫步于景德镇布满古窑址的土地上，徜徉于或依旧繁华或已湮没的港口，航行于浩瀚海上往昔今朝陶瓷之路时，在你的寻寻觅觅和深情呼唤中，那原本静静地沉睡的破损的瓷与碎片便苏醒过来，悠悠地向你行来，古老的瓷文明被轻轻地叩响……

你不能不承认，帝王的意志、眼光、魄力和情趣主宰着一代代瓷的命运，浓烈地影响濡染着一代代瓷的审美走向，并且决策着把握着瓷行天下的有无、近远、力度和影响，禁海开海、屡禁屡开，但毕竟广州、泉州、明州、杭州、厦门、福州、月港等从未完全彻底禁闭，禁中的输出输入不绝如缕，如黑格尔所言：存在的就是合理的。景德镇之外，靠海的浙江福建广东瓷业亦蓬勃发展，高质量的德化白、低质量的汕头器也为海外富贵者贫贱族爱不释手。瓷器在海外也从庙堂之高普及到黎民百姓，改变世人的饮食品质生活格调和审美情趣。而西方瓷的接受史研发史又岂能离开一个个皇帝的为瓷而狂？无论是大小语种南腔北调说着同一句俗话：一方水土养一方人。无论是智者庸者也说着同样的话语：帝王也是人，普普通通的人。帝王如何能割裂与一方水土与平民百姓的种种关联？御窑民窑又何尝不是在官民竞市中碰撞？如同层韵涌叠着层韵，何能不抵牾不交流不杂交，以至水乳相融？唯其如此，瓷文化才生生不息吧。

外销瓷，又名贸易瓷、输出瓷，是今日对古代行至外域瓷的种种称谓，其定义定位多可商榷，约定俗成中暂通用之。学者王光尧提出的输出瓷，涵盖政府外交用瓷器、官府贸易瓷器和民间对外瓷器贸易这三部分。在不同历史时期内，因国家政策的变化，民间贸易分为公开的、受政府鼓励的正当贸易和政府禁止的走私贸易双重形态。王氏界定比较客观全面。当下外销瓷热中有一种倾向，将官窑（御窑）瓷排斥在外，这既不符合事实，更不策略。民窑瓷器民间贸易输出，固然是瓷行天下生机勃勃丰富多彩的组成，但有研究者称：外销瓷完全可以与官窑瓷比肩而立，甚至称：外销瓷已超过了官窑瓷的质量，云云，似偏激。官窑之精益求精、不惜工本、百里挑一等，是民窑难以超越的；况且，官窑瓷没有外销吗？官窑瓷为朝贡贸易外交赏赉也是不小的需求，皇帝对朝贡之国的赏赉瓷器，虽说遵循“厚往薄来”的原则，但是，到底是有来有往，与民间互市并无本质性的区别，无非是各自特产的交换，实质上仍是一种特殊的贸易。以瓷器来说，其含金量在于技术，而非物质成本。1541 年欧洲文献记载，一件装饰葡萄牙王室徽章的中国瓷器约相当于几个奴隶的价格；1717 年，奥古斯特二世用600名全副武装的龙骑兵，换取普鲁士国王151件康熙瓷器，一件中国瓷器，价值 4 位壮士……这是史实，近乎神话，但永远不再。因为其时仍只有中国能烧制出臻精臻美的瓷器，别国只有艳羡；一旦瓷技泄密，也就后来者居上了。

外销瓷可粗放型地分为三大类型，一大类与内销瓷一样，其器型纹饰风格皆传统型，只是卖给外国人而已；另一类则是迎合外域风格或干脆按照外国商人的要求甚至由外国人设计的定制瓷，这一类如伊斯兰风格瓷、克拉克瓷、纹章瓷、外国定制瓷等，这类瓷当时在国内罕见；第三类是前两类的结合。

2

明代的瓷器输出，当是本书浓墨重彩的核心章节。它既承接了来自秦汉唐宋的瓷贸易外交丝路，发扬光大了元青花外销风靡域外之传统，又奏响了清代青花、粉彩瓷征服世界的序曲。青花，于明一代于外销瓷的主流的同时，随着质的飞跃，已替代臻美单色釉瓷而上升为国内瓷之主流，惟有青花真国色。不排斥审美逆袭之故，但是，青花与中国水墨画的异曲同工当是无论雅俗贵贱皆认同并喜爱的重要因素。虽然，明为清所亡，但瓷文化的传承与交流却始终涌动于域内海外，平添了别样的灿烂绚丽和苍凉悲怆。

洪武初年，草根出身的皇帝朱元璋，即有非常严厉的海禁：“片板不许下海”。仿佛农民的狭隘性使他目中无海，一夜之间断送了自汉唐以来愈见繁荣的海上贸易，然而，史实究竟是怎样的呢？不错，朝贡体制和“海禁”政策是明早期外交政策的两大支柱，也是海外贸易的两个极端。然，《明史・食货志》载：“洪武初，设于太仓黄渡，寻罢。复设于宁波、泉州、广东。宁波通日本，泉州通琉球，广州通占城、暹罗、西洋诸国。”朝贡贸易于明初做得风生水起。而朱元璋人生经历与长江、鄱阳湖和景德镇有着不解之缘，于争霸称雄中何能不识水性水路？从洪武二年（1369）便迫不及待地在景德镇珠山建御器厂，从他对陶瓷生产的异样关注和不惜工本的探研中，是否可推测这位农民皇帝不同凡响的远见卓识？并以此影响朱家王朝三百年经济策略和审美偏好？

永乐大帝的伟大，并不因他的种种恶行所湮灭。英雄与魔鬼就这样交集于朱家老四一身。永乐三年（1405）七月，郑和奉明成祖朱棣之旨，率208艘宝船、27000余成员组成浩浩荡荡的水师舰队，从南京龙江港起航，经太仓刘家港集结出海，驶向福建长乐太平港驻泊，等到秋冬之交东北季风起，即从福建闽江口五虎门出洋远航，到达越南归仁、印度尼西亚爪哇、马来西亚、马六甲、苏门答腊、斯里兰卡、印度各地……郑和在古里（印度南部）立下明朝第一次下西洋的第一块纪念碑，于永乐五年（1407）九月归国——史无前例的壮举就这样从容沉稳又隆重热烈地拉开了序幕。是中国大海洋贸易的开启？乃至是世界大海洋时代的先驱？对此，众说纷纭，莫衷一是。肯定者认为郑和下西洋具有划时代的意义，扬国威，显军力，耀明朝。郑和一行充当的是和平外交、文化交流使者，与东亚、东南亚各国在朝贡体系内建立了新的贸易秩序，与西亚、东非建立了直接贸易关系。这是主流的政治和外交上的意义，开创了中西“直接国际贸易和文化交流”。尤其是带回了青花瓷所需的苏麻离青，红釉瓷所需的胭脂石，还有香料、苏木、染料等重要物品，正是外需内需齐拉动。似乎向着“万邦低首拜王朝”的最高境界渐行渐近。否认者则认为全然是劳民伤财的“面子工程”，与外贸无关，分明是追捕建文帝……其实，各论点只要退一步便海阔天空。朱棣是伟大的也是自私的，是要面子的也是会算账的，既达到了政治和外交的目的，又查到建文侄儿没在海外兴事，何乐而不为？从洪武之治、永乐盛世、仁宣之治和弘治中兴好年华，前后68年，没有海上贸易，强撑得了吗？性格决定命运，霸气的永乐帝一言九鼎，摧枯拉朽，于瓷上，明永宣青花国内海外前世今生从未凋萎，其红釉蓝釉瓷亦让后辈自愧弗如。靖难之役谁对谁错？宫闱争斗的血腥残酷自古如此，而背上“篡位弑侄”罪名的朱棣倒是大胸襟大气魄，干出了让整个明朝，不，至今也难望其项背的轰轰烈烈大事业！

让我们穿越六百余年的时间隧道，遥看郑和七下西洋，几百张风帆或迎风张扬于波光万顷的海面，或顶风冒雨沉稳行驶于水天之间，或静驶于万籁俱寂的星光月色下，27000多将士佩剑持刀的水师方阵，却只为和平友好往来，而且，七下西洋，皆安全往返，何故？上苍眷顾、顺乎天意民情之外，是明朝已拥有先进的航海设备和技术，白天以指南针导航，夜间以观看星斗和航海罗盘定向，即使在洪涛接天、巨浪如山的险恶条件下亦能云帆高张、昼夜星驰。要知道，郑和下西洋比意大利哥伦布远航早87年，比达伽马绕过好望角到达印度早83年，比麦哲伦完成全球航行早了107年。

从宣德帝朱瞻基力排众议，主持郑和七下西洋的决心，可看出他对祖父的敬仰和继承，然而，在六朝古都南京成长的他，江南风情的濡染熏陶，风流倜傥中还有“斗促织”之嗜好！如果说豪气霸气的永乐瓷器偏偏追求清新秀丽，那么温和雅致的宣德帝却恰恰向往厚朴雄浑；宣德瓷的龙云纹十分凶猛昂然，张牙舞爪，气势逼人。为什么？宣德八年（1433），郑和倒在第七次回国途中，而正是在这一年，宣德一次就命景德镇烧造各样瓷器443500件！难道不是为其踌躇满志继续第八次下西洋而烧制的吗？然而，后继无人。下西洋戛然而止。龙云纹是否是宣德内心的宣泄？那斗蟋蟀的小小雅好，是玩物丧志还是郁闷的另一宣泄口？从宣德青花瓷特殊的淡雅晕染中，仿佛嗅到李隆基、李煜、赵佶的文艺气息。宣德青花瓷在器型纹饰等波斯化减弱，又回归传统之倾向，是青花国色的前奏。宣德在位仅10年，36岁就撒手人寰，壮志未酬。宣德时期，民窑亦数量大增，质量颇佳，外销暗流汹涌。

随着朱棣驾崩、郑和病逝，宣德离世，人亡政息。郑和前后28年费心费力所建立的与远航贸易航线相匹配的基点网站也随之衰败消解，空留断壁残垣、荒草野蒿。郑和七下西洋是声势浩大的国家行为的“瓷行天下”。朱棣、郑和没有错，有过的是后代后人的不珍惜、轻言放弃抛弃。

正统、景泰和天顺时期被学界业界称为瓷器的黑暗期空白期，后出土古瓷否认了此说，但瓷业从鼎盛跌入低谷则是无疑的。值得欣慰的是，瓷的外销并没有完全空白，大概在皇帝自顾不暇时，海上瓷器走私贸易反而获得了空前自主自由，更见热闹。

成化帝朱见深对瓷细腻至极的感觉和独到之见，成就了一代成化瓷。可谁知瓷的光辉是以皇帝内心的悲哀和无助酿就？从太子到弃子的惊骇，从宫女万贞儿的护佑到他对她的终生依恋，希冀“一团和气”的他似无大作为，只是热衷瓷给了景德镇人探研的天地和动力；成化瓷常仿宣德瓷，成化人自觉地对宣德瓷的致敬：“恨不生同时”也。成化斗彩是以柔克刚以小博大另辟蹊径的创新，其精益求精纤细雅致的审美品位，在当时就为珍稀品，明万历帝、清乾隆帝皆爱不释手。躲进“斗彩”的成化帝，可能从未热心于瓷的外销，可能从未嗅到世界的变化，大西洋的涛声在他：与己无关，有点远。吊诡的是，成化瓷行天下五百年而不败，当今的国际拍卖会上亦创天价。将质量做到极致，便是制胜的法宝。

悲惨童年的弘治仿佛修成正果，完美皇帝真正做到了父亲向往的“一团和气”境界，在瓷的内产外销中亦走着中庸之道，他的节约为本扼制了官窑生产，但独具匠心的“黄釉”也让人眼前一亮。他的仁厚和悲天悯人则让民窑生产和外销一度海阔天空般舒畅。而此时，欧洲人不屈不挠已开辟了新航路，大海洋时代惊涛拍岸，随着葡萄牙人、西班牙人和荷兰人相继东来，异域人要求与中国自由贸易，尤其是做瓷器生意。弘治与其独子朱厚照正摊上这个接点，或曰节点，不能说他们对世界巨变毫无察觉，但是，他们都没有做好充分准备。

厚照——这名字就蕴藏着弘治寄予的厚望。但过分的爱，培育出一个超时代的中国古惑仔，宛如当今的恶搞君。话还得说回来，这位混世魔王根底还是善的，他喜爱瓷，尤喜在瓷上大书特书阿拉伯文、波斯文，但器型却从伊斯兰型回归中国传统。他对新鲜事物西洋人物充满了好奇，第一个同意接见葡萄牙国王派出的使团，只是造化弄人，接连的意外事件使 31 岁的朱厚照死于意外，喜剧变悲剧。在正德时期，景德镇完成了第一批葡萄牙定制的特种外销瓷——纹章瓷，是在他的批准、默许还是浑然不觉中偷偷完成的？谁知道呢。他还营造了外销瓷出口转内销境界。只是，这些曾被学界淡化或忽略，直到今天，才被学者们发掘拼贴还原出来。从 1514 年（正德九年）葡萄牙航海家科尔沙利进入广州购买景德镇瓷器 10 万件回国，至 1517 年（正德十二年），葡萄牙商船怀揣国书驶入广州港，虽未能签约，但葡萄牙客观上成为欧洲第一个同中国进行直接贸易的国家。以往只能直接抵达地中海和东非海岸的中国瓷器，自此已能绕过好望角沿着西非海岸北上，直达欧洲了。

至嘉靖帝朱厚熜，刚登基还没改年号，中葡即在屯岛海战，这一仗打出了中国国威，但葡萄牙却仍在闽浙沿海纠缠不已。朱厚熜，天性吝啬性格固执心胸狭隘，其小宗出身的自卑使他过分自尊，从登基前夕到在位 45 年，争国本、壬寅宫变，久不上朝，朝廷内外谁都没有过上开心的日子。他痴迷道教，不忘搜刮，民间歌谣：嘉靖嘉靖，家家俱净。至于海外贸易，他反复无常。奇异的是，嘉靖外销瓷终热火朝天，飞速发展。青花瓷当之无愧地成为海内外瓷器之主流主打。

这期间，葡萄牙人已然建立了太平洋西部的跨洋贸易航线。其主航线是里斯本—果阿—马六甲—澳门。以澳门为中心，分为东西两段，即里斯本至澳门为西段，澳门至长崎为东段。西班牙人则开辟了从马尼拉至墨西哥阿卡普尔科的大帆船贸易航线，在美洲白银的诱惑下，大量中国商船从月港载运至马尼拉，然后由西班牙大帆船横渡太平洋，转运到阿卡普尔科等地，或再转运至中美洲、南美洲，或越过大西洋远销西班牙。于是，跨越两洋、连接美洲和欧洲的贸易航线就建立起来了：漳州月港—马尼拉—阿卡普尔科—塞维利亚。

以中国为中心的环球贸易航线就此形成，真正的海道大通。葡萄牙西班牙将中国瓷器远航世界各国，从事瓷器转口贸易，大发其财，而客观上也起到了为中国瓷器广而告之作用，主动为中国瓷器开辟了新的市场。他们到底从中国采购了多少瓷器，目前并无准确的数据。但有学者作过粗略估计，即以葡萄牙从 1522 年始至 1599 年每年两艘远航船，西班牙从 1573 年起也如是，每年航行一次，每次每船装 1 万件瓷器来看，那么 16 世纪中国也出口了 210 万件瓷器。

新航线的开通，也就意味着葡萄牙、西班牙掌握了制海权。中国的海外瓷器贸易也就从主动变为被动。尤其是马六甲被葡萄牙侵占，等于反客为主，扼住了中国自古以来与东南亚、西亚的交通贸易的咽喉，阻隔了下西洋建立的贸易网的顺畅。随着中国航海等实力每况愈下，也只有眼睁睁由西方人主导世界贸易和航海权了。

但世界资本主义的发展，怎么也逼着中国瓷器海外贸易进入了一个新的阶段。当占着皇位 45 年的朱厚熜终撒手人寰，留给隆庆的是千疮百孔的烂摊子。而立之年登基的皇帝朱载垕，虽平庸窝囊，但朝中尚有名相张居正、武将戚继光、李成梁等，面对白银之需求、财政经济之困，而近海官员不停上疏求开海，朱载垕总算顶天立地做了一回主，隆庆元年（1567），一声“开海”，解除了海禁，允许民间私人远贩东西二洋，对外贸易合法化。一时间，春雷动，春潮涌。景德镇为适应西方而创制出一种有开光图案且纹饰饱满的青花瓷，后被称作“克拉克”的外销瓷。而广东、福建沿海地区凭借天时地利人和，更得以急剧发展。从月港输出瓷器丝织品，而输入的外国产品则多达百余种，吃穿用行珍稀物品，林林总总，无所不包。朱载垕仅坐龙位六年就病逝，其好色，对瓷之色艺却无建树，但在海涛声声中闻瓷瓯激越。

至万历朱翊钧，不及弱冠即登位，由宰相张居正辅佐，太后严格管理，像煞今日背沉重书包的小学生。他曾一度奋发图强，励精图治，隆庆和万历前十年被称为大明王朝国运中兴时期。这时“海上马车夫”荷兰，后来居上，与葡萄牙西班牙不屈不挠地搏击，又是海战，屡战屡败；又是海盗，倒是旗开得胜，1602、1603年两度抢劫葡萄牙商舶成功，将满船的瓷器在阿姆斯特丹等拍卖，大获成功。这些瓷器被欧洲人命名为“克拉克瓷”，命名原因至今争论不休，但声名远播。在悲剧喜剧正剧戏谑剧一锅煮时，荷兰终夺得海上霸主之位，使中国瓷器海上贸易跨越明清而不息。

明廷本应借力大力发展海外贸易，富国富民。然而，自张居正一死，万历帝便如脱缰之马，回归野性烈性，干出令人不可思议之事。万历十五年，在西方资本主义蓬勃发展雄起的全球化中，神宗却“自此君王不上朝”。学者认为这一年成了大明帝国真正衰败的转折点。其时，因国家对造船规模与载重量的严格限制，造船业逐步萎缩，永乐时代400艘可以远涉风涛的舰船到成化时只剩140艘。至万历呢是否仅剩片板？中国与大海洋时代，起了个大早，却连个晚集都没赶上。反过来却沦陷于西方“文明强盗”的无尽掠夺之中。又是谁之过？就在景德镇官窑没落的万历年间，仍有一次烧造瓷96624件、239000件等记载。万历时期官民竞市、官搭民烧，民窑硬是蒸蒸日上，其产量无以计数，不仅遍及国内各市场，而且远销至亚、非、欧、美各洲，景德镇可谓独步天下笑傲江湖。

1587 年（万历十五年）葡萄牙成立东印度公司；1600 年英国成立东印度公司；1601 年利玛窦来华，并献油画给万历帝。1602 年荷兰成立东印度公司；1604 年法国成立东印度公司；1614 年丹麦成立东印度公司——这些公司全成立于万历时期！只有瑞典于 1731 年（清雍正九年）最后成立东印度公司。东印度公司始于万历十五年，并非偶然巧合。

荷兰东印度公司 1602—1653 年（万历三十年至顺治十四年）间，将中国瓷器运往荷兰的总量，约在 300 万件以上。其中，1610 年为 9227 件，1612 年为 38641 件瓷器，1636 年 6 艘商船为 259380 件，1637 年为 210000 件，1639 年为 366000 件。从荷兰开往印度尼西亚的船只往返平均约需 6 个多月，在 1602—1625 年间平均每年 10 艘，1626—1670 年间平均为 22 艘，1671—1750 年间平均为 29 艘。1659 年，东印度公司拥有商船 51 艘，其中荷载 1000 吨以上的有 17 艘。这都还是极其保守的数据。何鸿以欧洲学者根据荷兰东印度公司的材料的统计资料推算：从 1602—1682 年，就有 1600 万件中国瓷器被荷兰商船运到荷兰和世界各地。

万历在位整整 48 年，亦长年不上朝。此后的泰昌朱常洛和天启朱由校，还真是蹊跷。一月皇帝朱常洛可怜集三大奇案于一身糊涂而亡，木匠皇帝朱由校堪称鲁班再世，木匠活儿出类拔萃，却硬是一昏君。等到末代皇帝朱由检试图力挽狂澜时，已回天无力。然而，奇异的是崇祯青花瓷却兀自绽放，富有创意的纹饰别开生面，其意境意趣意味引领着青花瓷的新天地，很有可能是失意文人寄情山水花鸟画之故，瓷画也沾带受惠。崇祯青花瓷很受荷兰商家青睐，崇祯十二年（1639）仅荷兰一国从中国运往阿姆斯特丹港的瓷器就多达 366000 件。但是，呜喇喇大厦倾，战事终使欧洲人无法再将瓷器贸易进行到底。大明王朝海外贸易的三条主要航海线路——美洲—马尼拉—中国，欧洲—果阿—马六甲—中国，日本—东南亚—中国——全部中断，荷兰商人遂将眼光转向日本，日本虽勉为其难，但决不放弃千载难逢的机遇。有田烧、肥田瓷、柿右卫门瓷原本就是从中国学来的制瓷技艺，后渐融进日本的风格，并转以亮丽的彩瓷，让欧洲人迷倒一时，并用出口港伊万里命名这类瓷器。

崇祯帝吊死于紫禁城后煤山那棵树时，树，战栗不已，它难以承受大明风光无限又风雨沧桑，由极盛走向极衰的276年历史！大海的气息、大海的声音似越来越强烈汹涌，而曾经踏平海洋万里浪的大明却终结了，那无限风光的岁月是镌刻进海空的白云，还是沉入海底的沉船残瓷？

自20世纪二三十年代以来，中国陶瓷考古学者在继前人研究的基础上，又与国外研究相结合，打开中国外销瓷探研窗口，仅在菲律宾、印尼、新加坡、马来西亚、日本和波斯湾的巴士拉、亚丁港、东非海岸、地中海地区就发现大量的中国历代瓷器与碎片，埃及开罗南部的福斯塔特旧址就呈现出12000片中国瓷器碎片——这些不朽的瓷器碎片，忠实地记录下中国瓷外销及文化交流的历史，并折射出分娩它的时代的光辉。

如果说海底沉船默默地留下海上陶瓷之路标，那么，曾在时空的彼端穿越的海捞瓷却不甘寂寞地诉说着中国瓷的前世今生。

那艘为史坦·哈彻打捞的“杜利安号”，为明洪武三年（1370）沉没；“皇家南海号”为天顺四年（1460）沉没；菲律宾海域的“丽娜号”沉船，其海捞瓷为弘治瓷与正德瓷；而马六甲海峡发现的沉船“宣德号”，其实是嘉靖十九年前后（约1540）沉没的；至于海捞克拉克瓷，于万历初年沉没的“南澳一号”，万历四十一年（1613）“白狮”号沉船，万历四十三年（1615）“班达”号沉船，还有马来西亚东海岸附近海域的“万历”号沉船，西沙群岛海域的“北礁三号”沉船，崇祯三年（1630）的“圣·康卡罗”号沉船，崇祯十四年（1641）的“康塞普森”号沉船等，均有发现，数量也大。克拉克瓷以各式开光青花盘最为常见，其构图繁复，主题纹饰为山水树木、亭台楼阁人物、花鸟池塘等，其开光内绘花卉、蕉叶、杂宝等；产地为景德镇和福建平和窑，是晚明时期荷兰东印度公司最喜好的贸易瓷。在日本长崎、印度尼西亚雅加达、巴林卡拉特巴林遗址、肯尼亚马林迪格迪古城遗址、美国加利福尼亚海岸中部等均有出土，肯尼亚“蒙巴萨”号沉船还有出水，更不用说东南亚、欧洲等博物馆皆有收藏了。克拉克瓷是晚明清初东印度公司运销的中国外销瓷中重要品种之一，风靡欧洲，时尚流行。至于日本伊万里瓷中所谓华贵的“金襕手”，早在明万历二年（1574）沉没于下加利福尼亚附近海域的圣飞利浦号中，已打捞出大量这类瓷器，器外加彩贴金和描金，器内绘青花。

据中国水下考古中心的一项报告，中国南海海域的沉船不少于2000艘，也不会超过3000艘。据国外一些海事机构的统计，在中国沿海以及中国通往欧洲、西亚的所有航线上沉没的装载瓷器的贸易海船，有记载的就多达2000余艘。据保守性的估计，17世纪中国外销瓷每年输出约20万件，18世纪中国外销瓷最多时每年约达百万件，这是一个何其庞大的超级数字呵。

领先世界1700余年的中国瓷是如此骄傲！中国人从来不悭吝将“点石成金”的金手指给别国别民。龙泉窑青瓷、景德镇青花、五彩瓷器生产技术就这样传至朝鲜、日本、越南、泰国、波斯、土耳其、叙利亚等地，而看看麦森瓷厂、代尔夫特蓝陶厂，不仅有年深月久翔实的文字档案和实物档案，而且，时至今日，其瓷技艺还严格保密呢！而中国式的“大撒把”，既可看成中国宽广的胸怀，但也能窥见中国人不珍惜不珍藏的败家子“风格”！奈何。

中国一代又一代的瓷匠们却只是默默无闻地劳作，只有千年不熄的窑火仿佛寄托世世代代中国人的瓷之梦。无论是大海洋时代之前还是之后，输至港口的中国瓷路永恒地是中国人担当，如果说粤闽浙地域的窑口距海港有近水楼台先得月之便利，那么，偏远的内陆山城景德镇，千年以来的瓷器输出却非易事，然而，年年月月，数以万计的瓷器，无论皇帝的瓷还是外销之瓷，就这样源源不断地自景德镇输出！从昌江扬帆启航，入鄱阳湖，至南昌，溯赣江而上，至赣州，再从陆路翻越赣粤交界的千年梅岭古道，再上船经广东九江险滩，顺北江而下，才抵达广州。约自唐宋以来，此即景德镇瓷外销主要路线。此外，还有东至福建泉州、福州、厦门之瓷路，北经大运河至南京、明州之瓷路，还有经赣江长江出海之瓷路，船夫挑夫们用怎样的体力毅力和智慧，默默地步履出人类文化史让人肃然起敬的奇迹！郑和七下西洋的瓷器，可以毫不夸张地说，大多出自景德镇。景德镇，当是郑和下西洋之第一港。

回顾大明王朝，由盛至衰至亡，就瓷器而言，却自始至终为黄金时代，官窑青花民间青花为主流一路芬芳外销 40 多个国家，成为外交的礼品、贸易的大宗和文化传播的使者。必须正视的是，自明代中叶葡萄牙、西班牙、荷兰等的远航舰先后来到中国沿海，以明明暗暗的各种途径与中国进行贸易，使欧美地区成为中国陶瓷最重要的外销市场。其贸易格局在改朝换代的清初，尤其是康雍乾社会稳定后得到进一步发展和强化，中国不再掌握贸易的主导权，而是在欧洲国家之间转换：从 16 世纪葡萄牙西班牙平分秋色到 17 世纪葡萄牙对华贸易衰落，再到荷兰后来居上、独占鳌头；至 18 世纪，荷兰的优势地位又逐渐被英国所取代；此外，法国、瑞典、丹麦、美国、奥地利、俄国等国，都曾来华从事瓷器及各类商品贸易；与此同时，传统的亚洲区间贸易也在发生着微妙的变化。

从明代早期七下西洋远航的主动出击，到明代中期的失之交臂，再到晚明的被动式随波逐流，原本兴兴轰轰海上繁华梦主人的中国，却变成了欧洲国家急切经营中国瓷器贸易并成为主导的历史。这是怎样的无语。

中国，啊，中国。

3

清康乾盛世的中国外销瓷之盛况虽无郑和下西洋的气势，但兴隆热闹所得颇丰，虽然皇帝对海运时禁时开，但是，民间商家见缝插针，既有体制内的市舶司的增多与完善，又有海上走私的非法组织和信誉；既有五彩、粉彩、广彩、德化白等福建瓷系的繁茂多姿，又有老字号景德镇瓷出海的前赴后继。瓷器是越烧造越精致越繁缛，皇家御瓷不计工本，不厌其烦，不怕其多；民窑供求不惧其俗，不避其媚，不恐其不伦不类不土不洋不中不西，杂烩就杂烩，混搭就混搭，于解构拼贴重组中也杀出条条血路，且渐行渐佳，曙光中有着别样的创新。而欧洲各国对中国瓷，尤其是中国青花瓷顶礼膜拜到痴迷疯狂之程度，创造了一系列的“我为瓷狂”的奇闻佳话。这其中，既有国君重臣，也有贵妇名媛，更有诗人作家戏剧家，充满戏剧性的故事性新闻将中国瓷之潮席卷全球，也许这是中国瓷的最后的辉煌？最后的神话？也就在清代皇帝沉湎于朝贡精神和物质的享乐时，西人却从痴迷疯狂中清醒过来，曾为中国瓷竞折腰且掏空国库的西方， 他们以屡试屡败屡败屡试的锲而不舍、坚忍顽强的拼搏精神，正不屈不挠地破译制瓷的秘密；同时，又以传教士为和平使者兼科技间谍的身份堂而皇之进入中国，寻觅到瓷的秘籍。终于，西方也闪烁起瓷的光芒。

与中国千年万载的以经验传世积累不同，他们大刀阔斧地操起科学技术的利刃，试图一个健步就超越中国千年的历程。事实上他们也做到了。

中国的士大夫们是不太把中国瓷当回事的。嘉靖万历时期的王世懋就对其时景德镇的火光冲天作了一番贬斥，以为到处挖出窑址是挖断了龙脉，以致景德镇科举成果惨淡，待停烧后却中了几个举人云云……

跨越千年，2007 年一位年轻的作家当年明月，其长篇历史小说《明朝那些事儿》，以对历史史料的娴熟运用，元叙事与民间叙事的杂糅，独特的见解和平实俏皮的文字，轰动畅销。但这部洋洋洒洒 150 万字的皇皇巨著，“瓷器”两字仅出现两次，一次是正统年间，也先与明廷做生意，以马、羊等换明的瓷器、纺织品之类；一次是嘉靖年间，海盗汪直与葡萄牙商人勾结，将中国的瓷器与葡萄牙换取枪支火药。这些皆一笔带过。绝非鸡蛋里挑骨头，而是反映出瓷无论在新旧史家笔下皆微不足道。

明清时期，中国与大航海时代每每交集又回回失之交臂，让人扼腕长叹！在奋进与踟蹰、张扬与张望、探险与等待中，西人从对中国丝绸中国茶中国瓷的惊叹、艳羡、追慕到苦苦寻觅解密学习，其中，恶念恶行也滋生繁衍于一些执政当权者，海盗式的掠瓷起于“青萍之末”，从海盗互掠到八国联军集结入侵中华大地，帝国主义强盗奸淫掳掠无恶不作，一边抢劫中国文明的载体文物占为己有，一边又试图摧毁中国文明将中国沦为半殖民地！然而，回溯历史，人世间终究留存美好。岁月流逝中，中国瓷从皇室贵族的奢侈品走入平民百姓日常生活，在顶礼膜拜与亲切和谐中，中国瓷传递着文化的交流人性的认同审美的共鸣！在景德镇仿佛独步天下的永恒中，广东福建开启出东南海洋性瓷业又一风景。青花瓷仍是中国瓷的巅峰之作畅销长销，成为万邦眼中心里的蓝色中国元素。

我们可以不无自豪地说：CHINA—中国，china—瓷，中国，是瓷的祖国，还是陶的祖国。瓷，是源远流长的中国文化不朽的外衣；是中华文明的太阳永不沉沦的标志。

为什么全世界的人，不分种族不分国家不分贵贱贫富，皆能全盘接受中国瓷器？仅仅认为中国瓷器领先世界 1700 年，那未免小看了瓷行天下的魄力和魅力。

无可否认，中国瓷器的烧造技术艺术领先天下，这是独步天下的基础；瓷给人类带来物质生活的革命和审美世界的新奇享受，这是征服世界的人类心灵的共鸣。还有，瓷的超前作用，她与人类最早的艺术图画同步，记录了人类的历史，而比图画有保留价值，比纸等媒质牢固，就像与时代同步记录的摄像机，西人所以痴迷纹章瓷，因为它让皇家、军团、公司、家族乃至个人流芳百世，不可磨灭，至今还让世界各国的陶瓷研究者们寻寻觅觅，孜孜以求。

但是，瓷的烧炼给人怦然心动的感悟，精神上的震撼或触动，那是最深沉最隐秘最心悦诚服的接纳和爱。

土是卑贱的，水是灵秀的，火是神威的，土与水在火的炼狱中糅合冲撞挣扎拼搏后的结晶，这太像人生历程；而一不小心轻轻一碰就粉碎的瓷，又太像人的情感。等到天地归于寂静时，砸开窑门，捧出匣钵，看看都变成了些什么吧。也许大多数都属正常也平常的产品，可也有期望为精品的就成了精品，可仍有次品，还有废品，乱七八糟的什么也不是。偶有那意想不到的巧夺天工之极品，真让你大喜过望！这就是一窑千变的火的艺术。可不管结局如何，一句话，它们再也回不到从前了。而愈是精美的瓷器愈怕碰撞，一不小心，它就会粉碎。整个炼瓷的过程就像人生一样，特别是像女人的人生和女人的情感。

学者沈弘，从尘封的国外电影史料中苦心发现寻觅，指证：“1927 年 2 月 21 日伦敦举行中国影片《青花瓷盘的传说》首映仪式……这是有确凿记载的一部最早在海外上映的中国影片，而且当时的英国王后陛下玛丽王后亲自出席了这次文化盛典。”而瓷盘图案恰恰是长时间流行在明清外销瓷中的一种纹饰：柳树式样。即在青花瓷上绘依依垂柳、亭台楼阁、小桥流水等中国元素的图案，英国尤其衷情。电影讲述的是一个类似《梁山伯与祝英台》《罗密欧与朱丽叶》的悲剧爱情故事。

人类的情感，往往是相通的，并不需要太多的语言。对真善美的认同和追求，对假丑恶的排斥和抨击，是超越时空超越国界的。

第一个获得诺贝尔文学奖的瑞典诗人阿尔芒·苏利—普鲁多姆的一首诗《碎瓶》在当时广为流传：

“马鞭草枯死在花瓶中 / 花瓶碰到扇子裂痕暗生 / 扇子只是轻轻一碰 / 裂痕在悄无声息间生成……”

“依然完好 / 在世人眼中 / 心儿自感伤口扩大作痛 / 伤口细而深 / 心儿悲泣不停 / 它已破裂 / 不要去碰。”

有理由相信，这是瓷瓶，而非玻璃瓶。玻璃瓶的裂缝太过清晰，水的渗出也一目了然。只有瓷，其裂缝可以细如纤毫。景德镇人常人性化地称之：惊了。意思是你吓着瓷了。而且，裂纹会随着时间丝丝延长和悄然扩大。而诗人出生于1901年，是风雨飘摇的清末光绪二十七年，却又是中国外销瓷回光返照时期；成长为诗人的苏利，不知关注到瓷的祖国大清朝走向幻灭不?

跨越千年后，已成中国新民俗的2008春晚上，周杰伦一曲《青花瓷》，竟酿出千载感动，删节更佳：素坯勾勒出青花 笔锋浓转淡 / 宣纸上走笔 至此搁一半 / 月色被打捞起 晕开了结局 / 帘外芭蕉惹骤雨 门环惹铜绿 / 在泼墨山水画里 你从墨色深处被隐去。

千年中国瓷特有的气息悠悠飘荡。瓷是冰凉又温馨的，是纯洁又复杂的，是坚韧又脆弱的。她的烧炼，犹如一个女子从呱呱坠地到豆蔻年华，从初为人妻到怀孕分娩，从含辛茹苦的母亲到从容老去，瓷，是女性的。谁会说谁又敢说“不”呢?

正因为瓷是女性的，所以，行天下之“行”，是多么柔肠百结、豪迈阳刚、百媚千娇、铿锵有力。要知道，她有的是束缚她身心的“三寸金莲”“三从四德”，然而，她竟然娇弱又强健、轻盈又沉重地飞翔于六大洲五大洋，卑贱又高贵，美轮美奂又亲和家常，既让各国皇帝将相贵族富豪竞相折腰顶礼膜拜，又让各种肤色的平民百姓普通人也终享有瓷的清洁、美丽和快乐。

行天下，是人类的天性，人类的原欲，人类的集体无意识。人生苦短。虽说一生只做一件事，做好，足矣。但是，谁不想看看外面的世界呢？行万里路，读万卷书。中国读书人向往的最高境界，不过如此。无论是仕途失意得意，生活富贵贫贱，情感幸福悲摧。不信请看今日之天下，旅游已成为世界各国的经济支柱产业，行天下已成为不同种族不同身份不同教养的男女老少的最佳娱乐的首选。

瓷行天下，壮哉。美哉。妙哉。

因为她赋予瓷以生命的主体，大气磅礴，又灵动飞扬。并非首创，中国陶瓷古籍早有记载：器成走天下。

柔弱精美纯清坚强的中国瓷器，的确是行天下的最早最广的世界性商品。集观赏性、实用性、文化性、艺术性、科技性、民族性等于一身，却负重若轻。

中国古陶瓷研究的前辈们在中国外销瓷研究上可谓筚路蓝缕、前赴后继。陈万里、冯先铭、耿宝昌……他们的田野调查发现和提纲挈领的论文论著为开路先锋，后一代代的研究都大多在此进行拓展、细化，并有所创新，少走了多少弯路。向真情前辈致敬。

2015年金秋，习近平出访英国在伦敦演讲中引用中国古话：“来而不可失者，时也；蹈而不可失者，机也。”又引英国名言：“一个明智的人总是抓住机遇，并且把它变成美好的未来。”还引用了莎士比亚的名言：“我们所处的时代是各国同舟共济的时代……”

《动物世界》曾有主题歌：生命是一首歌，一首什么也挡不住的歌，好像太阳升起，好像星星坠落……

何况人呢。

湿淋淋的太阳从海上东方升起……

浙江余姚的河姆渡遗址出土雕花木桨

江西万年仙人洞遗址

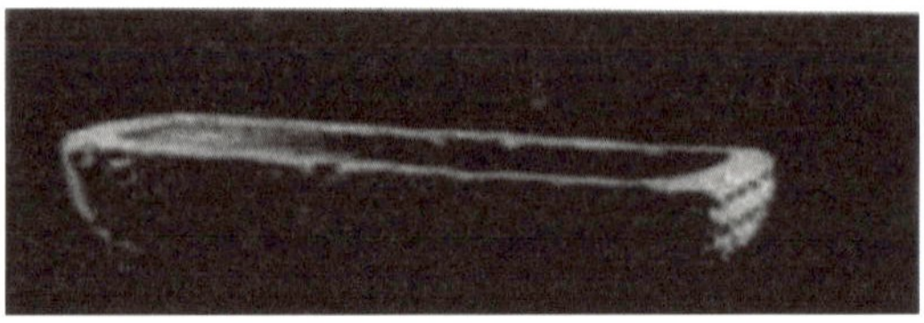

湖北宜都红花套遗址出土独木舟形陶器

万年仙人洞遗址出土陶罐

目录

Contents

第四章 性格决定命运：无心插柳柳成荫

1

第一章 / 汉唐古道：丝路瓷路双生花

人，是要有一点精神的。
——毛泽东

一、张骞凿空西域：民族魂与大情怀

秦皇汉武，虽略输文采，但绝对是雄姿勃发、视天下为己任的时代枭雄。

秦汉时期，陆地交通四通八达。在秦统一天下的军事斗争中，贯通各地的交通要道就已开辟；航海史也已揭开壮丽之帷幕，春秋战国已形成了“沿于江海，达于淮泗”的江海交通网，至秦汉，造船场地遍布，造船设备完备，甲板、橹、帆、舵和锚等一应俱全，大型楼船为其先进标识。同时，人们已具备了天文、海洋地理知识，掌握并能利用海上季风及入海口潮涨潮落现象。

在战国时期，燕国与朝鲜、日本即有往来；徐福东渡，是中国与东亚航海交往史中的“移民”事件；中国的汉字、书画、儒学、学制、典章制度等，给了日本全面影响；中国水稻、纺织、陶瓷等的传播，更是深刻地影响着日本的农业、生活和文化；早在公元前 2 世纪，越窑青瓷的产地浙江与日本的渡海交往航道就已开通。

至汉代，人们还掌握了丰富的天文知识，西汉科学家张衡曾言：“浑天如鸡子，天体圆如弹丸，地如鸡中黄，孤居于内……天之包地，犹壳之裹黄。”这是早于地理大发现1500余年的超前论断：地球是圆的。汉武帝有诗句：萧鼓鸣兮发棹歌。正是他不失时机地在东海航路外，又开辟了通往印度和斯里兰卡的南海航路。

中国陶瓷，在距今 1800 余年前的汉代作了一次划时代的华丽升华，成熟的瓷器诞生了。宋应星给瓷下定义：“陶成雅器，有素肌玉骨之象焉。”浙江上虞小仙坛窑址，是目前发现最早的成熟的高温瓷器诞生地之一，已不再是原始瓷了。中国原始瓷出现在 3000 多年前的商周时代。《墨子·耕柱篇》中有：陶铸于昆吾——最早的青铜器和原始瓷片出现在同一时期的文化遗址中。这是黄河流域的文明。长江流域的赣地，上古青铜王国频频显影。1973 年赣地清江县吴城农民在修水库时发现的吴城商代遗址，1989 年 9 月 20 日，在新干县大洋洲的沙滩上，村民在挖沙时竟无意间发现了沉睡三千余年的商代大墓，其出土物堪与中原殷墟大墓出土文物媲美。而 1974 年 3 月，陕西临潼县农民打机井时的发现，经两年的考古后，秦始皇陵 8000 兵马俑出土重见天日时，那历经近 2000 年的岁月考验，坚硬的仍留有斑驳彩色的灰陶，那与真人真马真战车真刀枪一样大小的陶塑，震撼全人类！兵马俑成为世界八大奇迹之一，高扬中华民族屹立于世界之林的永恒之精神。

大汉王朝与罗马帝国是比肩而立的欧亚两大强国。西汉初期，黄金的储藏量在百万斤以上。经文景之治，休养生息，"太仓有不食之粟，都内有朽贯之钱"。汉武帝统治的 54 年，以其雄才大略、文治武功和开拓精神，赢得政治稳定、经济发展，自然科学和人文艺术的长足发展。而丝绸之路的开辟和拓展当是不朽之功业。

秦始皇兵马俑

汉武帝曾两度派张骞出使西域，张骞历尽艰难险阻，终不辱使命，在苦难中坚忍不拔，在绝望中演绎出千古传奇；其后苏武、班超、甘英等的前赴后继，亦是一波三折柳暗花明，谱写出一曲曲颂扬民族魂的正气歌，不仅为抵御外族侵扰写下了可歌可泣的篇章，而且，于战争中开拓了传颂千古的友好和平丝绸之路。丝绸之路繁荣了中外贸易，沟通了中外文化间的交流，中国被誉为"丝国"。

也许有人会以为：这些人与事不关陶与瓷。

非也。

不必说与丝绸同行于丝路上的，确有茶叶和瓷，穿越黄沙漫天的茫茫大西北，伴随着叮咚作响的驼铃声，沉重又坚毅地通向西域，好茶配好器，异域的人们可能更为瓷碗瓷盘所吸引，这温润如玉、冷暖相间、可捧于手触于唇的精灵让他们梦牵魂萦。也不必说在印度尼西亚、韩国、日本等地已出土了汉代青釉绿釉陶与瓷；即使在异域或海底尚未发现过半瓣汉瓷片也无妨，这里要的是行天下的精神，没有这种精神的传承，哪来见诸史料和实物的自汉唐以来的瓷行天下？

1. 张骞何关陶与瓷

没有张骞出使西域，就不会有丝绸之路的开辟。丝绸之路功载千秋。

不朽的张骞（前 164—前 114）的名字，铭刻在这条不朽的丝绸之路上。

不错，张骞是奉汉武帝旨两度出使西域的。关于汉武帝，有传奇种种，其母王氏孕时，梦见太阳入怀；汉武帝郊游陇山时，捕获一只浑身纯白的麒麟，而同时敦煌天马现形；笃信祥瑞的汉武帝遂将铸金改为麟趾和马蹄的形状，只流通于上层社会；1973 年河北定县西汉中山怀王刘修墓、2015 年江西南昌西汉海昏侯刘贺墓便出土过这种麟趾金……张骞生时没有传奇。然而，两千年来提起丝绸之路，人们认张骞。

丝绸之路，绵延 7000 多公里，历经近 1600 年的风雨沧桑，从西汉东汉的变迁，至三国两晋南北朝的刀光剑影，迎来隋唐盛景，唐末动乱几近停滞，至元明清海上丝路勃兴陶瓷之路时，这条陆上丝绸之路又焕发青春，丝路海路双生花，且与茶马古道相映生辉，成为内地与西域，中国与亚洲、欧洲国家之间交往互动的千年古国道，被誉为中西政治、经济和文化交流的大动脉。哪怕在鼓角争鸣战火纷飞、你方唱罢我登场的改朝换代中，这条古国道有过荒草丛生人迹罕至乃至被废弃的寂寞黯然，但是，终究又响起驼铃声胡笳声人语歌声，直至当今，仍是一个古老又新鲜的命题，如此旷日持久并持之以恒的人类活动实属罕见，俨然成了一种朝圣般的虔诚与激情，印证着人类生存的需求和精神的向往。

两千多年来，岁月并没有冲淡人们对张骞的无限崇拜和永久的思恋，多少人或跋山涉水，穿越沙漠，以镜头重现历史；或翻阅故纸堆和外文资料，试图探索还原丝路路线；张骞与丝绸之路成了国策、商界、学界、艺术界的久历弥新的命题和中国文化品牌。

汉武帝刘彻

明确的是他两度出使时间：第一次为汉武帝建元二年（前 139 年），使大月氏，元朔三年（前 126 年）还，居外凡十三年；第二次为武帝元狩四年（前 119），使乌孙，元鼎二年（前 115 年）还，去来凡五年。

丰富的是他两次出使西域的路线，众说纷纭，但也有很干脆的，张志坤在《张骞出使西域路线辨正》中指出：“张骞第一次出使西域的路线应该是：从长安出发，经陇西到河西走廊，然后转向东北至单于庭，然后

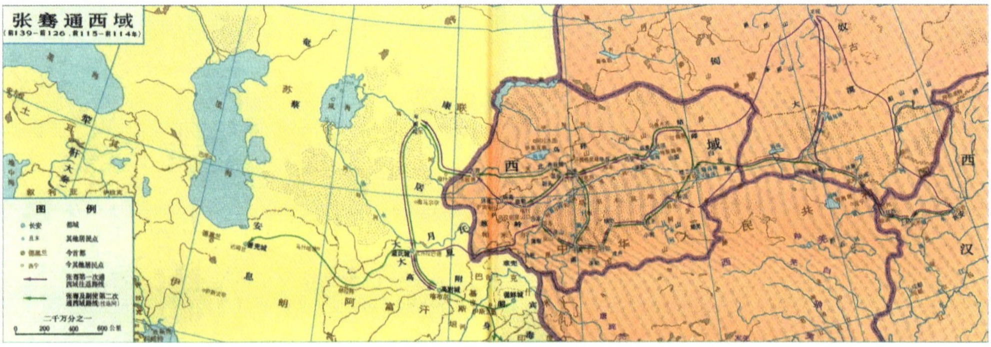

张骞通西域图

向西至日逐王辖地，再向西南到大宛，从大宛经大月氏到大夏，然后回越葱岭，沿昆仑山北麓向东过祁连山至河西走廊西口，向北至匈奴西部地，然后向东南回到长安，这样一个路线，方是张骞第一次出使西域的路线，方能体现出张骞所经历的千辛万苦，方能映衬出张骞为了完成使命虽九死其犹未悔的勇气和决心。事实上，《史记·大宛列传》和《汉书·张骞传》对张骞第一次出使都交代得很明白：骞身所至者，大宛、大月氏、大夏、康居，而传闻其旁大国五六，俱为天子言地形所有。”张骞第二次出使西域的路线应是：从玉门关出发，沿塔里木盆地北缘到焉耆，然后西转到乌孙。

张骞被扣押西域十一载，在距长安以西约八千里路之遥的惠远城西南数百里高山上，即当今新疆伊犁淖尔南山，有西汉石碑《张骞题碑》：“去青冥而尺五，远华西以八千，南通火藏，北接大宛。汉张骞题。”

1840年鸦片战争爆发后，民族英雄林则徐被清廷革职就谪戍在新疆伊犁惠远。闻之心动，历史仿佛是大智者，精心安排伟人与伟人穿越相会。

无须隐晦，汉武帝两度派张骞出使西域，皆出于明确的军事外交目的。第一次因河西走廊被匈奴冒顿单于霸占垄断，常侵扰掠夺西汉边境，汉武帝得知大月氏有报匈奴世仇之意，因此命张骞率百名随员出使大月氏，以联合其夹攻匈奴。

第一次出使西域，张骞吃尽人间大苦难。被匈奴拘留十一年后得以逃脱，仍痴心不改寻找大月氏。戈壁滩上，飞沙走石，热浪蒸人，葱岭却冰雪皑皑，寒风刺骨。沿途人烟稀少，水源奇缺，饥寒交迫，干粮又断，风餐露宿，备尝艰辛……随从们一个个倒下，幸亏经过大宛时，张骞晓之以理，动之以情，大宛才护送他们到大月氏。然而，时过境迁，任凭张骞劝说一年余，大月氏仍安于现状，未能结盟。11年的努力煎熬，从军事战略来看，是失败之行。然而，失之东隅，

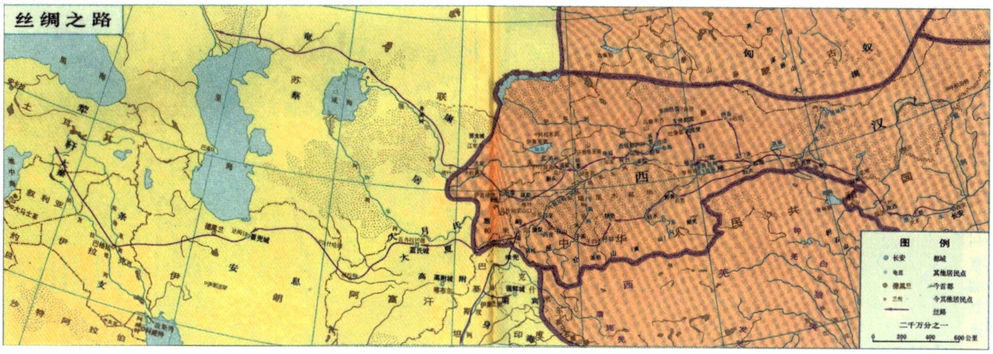

丝绸之路的路线图

拾之桑榆。意志顽强、处处有心的张骞，却将往昔的玉器“走私”路进行了一次大梳理排查，了然于胸。在抵达大月氏新定居地（今阿富汗）时，发现竟有从蜀地贩来的竹制品和纺织品，原来是他们的商人从身毒（印度）贩来的。原本是明确指向性军事外交目的出使，却发现了经四川、云南到缅甸而至印度的商贸通道！

张骞“凿空”西域，中国的影响辐射葱岭以西。自此，西域同内地，中国同中亚、西亚，以至南欧的直接交往也建立和密切起来。罗马和波斯亦重视葱岭以西的道路建设，修建了四通八达的驿道，皇帝夸口说，他在苏撒宫中能吃上地中海的鲜鱼，可见驿道的畅通和快捷。

张骞第二次出使西域的目的，一是招乌孙东归故地，以断匈奴右臂；二是宣扬国威，建立朝贡关系。因乌孙内乱，故任务只完成一半。

张骞又主动请缨，于公元前 122 年，派出四支队伍，分别从四川成都、宜宾等地出发，向青海、西藏和云南境内前行，其最后目的地为身毒。但也未能完全如愿。或许这就是茶马古道的前身？

张骞享年 50 岁。一生都在奔波劳碌，生命不息，奋斗不止。像一张绷得紧紧的待发的弓箭，尚未离弦，便觉铮铮作响。他彰显的是中华民族“一不怕苦、二不怕死”的大无畏精神。

元封六年（前 105 年），汉使带着华丽的丝绸，沿着张骞之路，去到安息国（今伊朗），拜见国王，国王大喜，回赠鸵鸟蛋和一魔术表演团，汉武帝亦大喜。而此时，张骞已离开人间 9 年。

西域开通后，其作用之巨大，影响之深远，远远超出军事范围。丝绸之路虽然是战争派生的副产品，但，战争与和平，政府行为与民间行为就这样相撞相融。或许，丝绸之路绵延两千余年的历史意义非汉武帝本意，但肯定是张骞之愿望。

自此，汉朝的使者、商船接踵西行，丝帛锦绣不断西运；养蚕产丝、冶铁术，亦由汉臣和兵们手把手教授过去；先进的地下凿井术，俗称“坎儿井”，也推而广之，还有茶叶、造纸、瓷器等源源西进……

而西域各国的奇珍异物也陆续输入中国。除了大宛汗血马、西方毛皮，西域核桃、葡萄、石榴、蚕豆、苜蓿、瓜果等十几种植物，逐渐在中原栽培。龟兹的乐曲、胡琴等乐器，及佛教、魔术、舞蹈、雕塑等也纷至沓来……

丝绸之路成为东西方经济文化交流的桥梁，见证着中外交往和交流的历史。

有意思的是，1700余年后，清顺治时期，张骞仍是瓷器主题纹。这件《张骞泛槎图》筒瓶，绘的是张骞为治洪水泛滥，乘木槎溯源黄河，遇见了织女牛郎。张骞被神化了，但正反映了世世代代都铭记着他。外壁黄河滔滔，红日高照，远山绵绵，张骞乘坐于老树枯枝的木槎上，发须和束发之巾皆在风中飞扬，有趣的是挂在枯枝上的葫芦，内中装的可是酒?

2. 苏武北海牧羊十九载

张骞去世时，苏武已26岁。苏武的故事苏武的精神无疑是对张骞的继承。

天汉元年（前100年），单于且鞮侯即位，自愿认汉朝天子是长辈，并送还了之前扣押的汉使。武帝赞许之，派苏武中郎将持节护送前扣留在汉的匈奴使者回国，并赠送单于礼物，同去者有副中郎将张胜及临时委派的使臣常惠等百余人。本来奏响的是和平福音，但单于出尔反尔傲慢无诚意，张胜又擅自参与匈奴内部的谋反活动，事情败露后，张胜降，而苏武为不屈节辱命，拔刀自刺。抢救过来后，单于将他单独流放至北海——今贝加尔湖，整整19年!

苏武在他而立之年与知天命之年间，吃尽人间之苦，但其节不变。单于给他放的是公羊，言公羊生了小羊才可归汉；不给粮食，他只有掘野鼠所藏果实、捕猎射禽以充饥；他始终拄着汉节牧羊，哪怕旌节上羽毛落光，因为这是汉使和汉节的象征。

清　任伯年　苏武牧羊图　中国美术馆藏

班超像

他日积月累以沙土堆起了野鸽子墩，为的是能遥望祖国。已降匈奴的李陵几番来劝降，苏武毫不动摇，但他并不鄙薄李陵，其意志中仍留善良和宽容的一隅；人性的光辉，倒使李陵几几洒泪沾襟、自愧而别。苏武归汉后，活到八十高龄，负责都护府管理西域三十六国，通贸通心，和平友好，鞠躬尽瘁，死而后已。

千年后的文天祥曾写数首诗赞叹苏武："独伴羝羊海上游，相逢血泪向天流。忠贞已向生前定，老节须从死后休……""人生自古谁无死，留取丹心照汗青"，其精神源泉中有张骞、苏武们的身影。

在动荡的明末崇祯时期，苏武的故事和苏武节频频出现在青花瓷笔筒上。苏武李陵故事图盖罐，器腹便是李陵第二次见苏武的场景，在忠君报国的苏武面前，李陵降匈奴纵有许多的不得已，但也汗颜。笔筒与盖罐皆为英国巴特勒家族所珍藏，这个英国家族读懂了两千年前的历史故事、四百年前瓷器上的用心吗？

忠君报国。在今天看来，忠君似有愚忠成分，但忠诚报国是永不过时的。

气节，当与天地共存。榜样的力量是无穷的。

3. 班超镇守丝路三十年

东汉班氏家族中，史学家班固，作《女诫》的班昭，还有守护丝绸之路30年的小弟班超，哪个不名垂青史？少年班超立下的志向是做像张骞、苏武那样的人，出使西域，报效国家。永平十六年（73），汉明帝派窦固率军出击，班超时已中年，闻讯即投笔从戎，追随窦固出征，立下战功。窦固派他出使西域，再立奇功。汉明帝即任命其为汉使，持节办事。班超一行至于阗、疏勒等西域各国，很快，各国恢复了同汉朝的朝贡关系，丝绸之路又见和平繁荣景象，自此"大漠无兵阻，穷边有游客"。三年后，班超班师回朝，但西域南道各国依依不舍苦苦挽留，这样，汉廷又令其镇守西域，这一守，就是整整30年！官至西域都护，封定远侯。班超使50多国与东汉通好，追击匈奴直达中亚腹地，保了边疆和平，并大力发展贸易经济。

和帝永元九年（97），66岁的都护班超命其副将甘英打前站西渡，探寻大秦（罗马）帝国的虚实。这段史实《后汉书·西域传·安息传》有记载。

甘英西渡至波斯湾条支港，为波斯湾幼发拉底河与底格里斯河会合入海处的安提阿克城，是希腊、阿拉伯、印度和埃塞俄比亚商船会集的港口，在西方仅次于地中海亚历山大港的贸易城市。中欧贸易以往皆通过这些中间商转手。甘英欲渡海时，遭到垄断中转贸易的波斯人的劝阻，告知："海水广大，往来者逢善风三月乃得度，若遇迟风，亦有二岁者，故入海人皆赍三岁粮。"又言："海中善使人思土恋慕，数有死亡者。"指的就是希腊神话中以歌声迷惑水手的塞壬女妖。甘英思前想后，不敢贸然前行，后人有说甘英被凶险的海浪吓退了，倒也不尽然，只是不打无准备之仗。甘英此行虽中途折回，但获得中亚各国的宝贵资料和中亚路线，又亲眼见条支港商船穿梭，桅杆林立，遂酿就开辟从合浦（北海）、徐闻、日南到红海的海上航线。说到底，甘英的名字能载入史书，也是因他是较早到达波斯湾的中国官方人士。

但也不能说没有遗憾，毕竟应该冒险探索，哪怕一次。沙漠与大海的阻隔，就这样让大汉王朝与大罗马帝国又一次失之交臂，无论前景是和是战，是贸易是政治，是对抗是融洽，只有交流、碰撞，才能有巨变与进步。

公元 102 年，71 岁的班超才回到洛阳，不久病逝。

其实，此时迅猛扩张的大秦正处于帝国的高峰，罗马人已能利用印度洋上的季风规律，直接横渡印度洋，并在印度半岛南端建立起贸易据点。往返于红海与印度之间的船只就多达一百多艘。希腊文航海文献《厄立特里亚海航海记》记录了从红海前往印度半岛南端的航线。据古罗马科学家普林尼（Gaius plinius Secundus）在其著《自然史》（《Natural History》）一书记载：这时期的中国商人也从广州到印度、斯里兰卡经商，与来这里的罗马、希腊商人有直接民间贸易关系，并在南印度东部的科罗曼德和斯里兰卡设有自己的货栈，贸易商品为蓝宝石、明珠、各种宝石、珍贵香料和精美纺织品等。罗马人对中国丝绸又是欢喜又是愁，既爱不释手又为黄金外流而耿耿于怀。罗马史学家甚至认为，用大量黄金换取中国的丝绸，是罗马帝国经济衰退的主要原因。少安毋躁，还有与黄金等价的瓷器接踵而来呢。

似乎也与瓷无关，但，班超扎根边疆，守护丝绸之路 30 年，彰显的是一种普通人难以达到的境界，那就是为国家为事业"自讨苦吃"的高尚精神。

大秦与中国的直接对话，终出现在东汉延熹九年（166）。罗马帝国国王安敦遣使经海路到南海，从日南北上至洛阳，入朝参觐，献上象牙、犀角、玳瑁等宝物。这，标志中国与欧洲第一次直接的交往。表明大罗马帝国已久闻大汉王朝之盛名。广西合浦、广东徐闻已是汉代南海丝路重要的始发港，在海外商贸中具有举足轻重之作用。而东南海洋性瓷业格局从沿岸到离岸航行，港市集散和海上舶出已呈雏形。

昭君出塞瓷瓶 景德镇陶瓷学院李菊生绘制

也许，汉代的瓷器输出比不上丝绸与茶叶的壮观，但已参与其间，彰显着汉代人的航海能力、制海意识和对海外市场的占领欲望。而以稻草这种农耕包装式走天下的中国陶瓷早已激发了西人对中国的向往。

4. 别样风景：昭君出塞与法显取经

昭君出塞和番的故事，流传千年，家喻户晓，妇孺皆知，早已成为文学艺术领域津津乐道表现无穷的题材。颜色釉瓷瓶《昭君出塞》是李菊生心爱之作。他是第一个以颜色釉装饰瓷上人物者。在高 66 厘米、直径 36 厘米的圆柱形瓷瓶上，表现出两千年前的汉族女子王嫱出塞和番的场景，将纤弱女子的身不由己和为国家孤身赴大漠的担当融一体，瓷当是这幅历史图景的最好载体。昭君、侍女、骆驼、匈奴人若干，马匹若干，在孤烟大漠、长河落日中款款而行。不会是隆重热烈之景象，也不全是凄凄惨惨戚戚之悲摧。昭君梳汉式发髻着华丽汉服，惟毛皮披风是匈奴式的，怀里揽着琵琶，眉宇间高贵清朗又含淡淡忧郁。其侍女怯怯依偎着她，是相依为命。而一群匈奴男子剽悍活跃，欢天喜地溢于言表。这幅瓷上通景给人以丰富的油画视觉，声震寰宇的交响乐气势。火的艺术将多彩的颜色釉发挥得淋漓尽致，尤其是冷色釉。形体表现充分，皮毛的质感、服饰的灵秀、披纱的透亮如梦如幻。就连大漠的气息似乎也扑面而来。以昭君出塞为主题的绘画太多太多，但这件瓷瓶有着不同凡响的艺术震撼力。

因为，瓷是女性的。将逝去的历史复活又将瞬间凝固于瓷上，于是：此中有人，呼之欲出。

“和亲”源自汉高祖时，由娄敬德提出，其时番强汉弱，吕后舍不得独女远嫁，以一宗室的女儿冒充公主出嫁。汉宣帝时，匈奴内乱，其中一支首领呼韩邪单于向汉朝称臣，公元前 33 年，入朝觐见，自愿当汉家女婿，于是，六年前被选入宫的汉家女王嫱，元帝封号“昭君”——意即汉皇光照——出塞和番，嫁为单于妻则号宁胡阏氏，为的是安宁胡人。

和番三年，育有一子伊屠智伢师，呼韩邪单于去世；昭君向汉廷上书求归，帝竟下旨：“从胡俗”，这真让人心寒。嫁出去的女，泼出去的水。但昭君奈何？只有再嫁呼韩邪单于前妻长子复株累单于，又生有两女，十一年后复株累去世……汉家女，几任匈奴妻，离井别乡，居长城外一辈子，用自己的青春和生命换取国家的安宁，这个女人谁能不肃然起敬？谁又能将她忘怀？至今呼和浩特市南郊大青山麓的昭君墓，引无数旅游者争相瞻仰。塞外多白沙，惟昭君墓草青青，故名青冢。汉白玉昭君雕像高高耸立，雕塑家将自己对两千年前和番女子的理解，融进她的眼神，那眼神分外慈爱，仿佛与游人分享和平与幸福。耳熟能详的传说中：奸臣毛延寿将王嫱故意画丑，以致元帝第一次见到她时惊为天人，但却是她出发塞外的时刻，元帝懊悔不迭……是真是假，是沉鱼落雁闭月羞花之貌还是凡胎肉体相貌平平不再重要，这个女人的心田慈爱宽广，大爱无疆，就是伟大。历史学家翦伯赞诗赞直白：汉武雄图载史篇，长城万里遍烽烟，何如一曲琵琶好，鸣镝无声五十年。

在元青花中以昭君出塞为主题纹的罐、高足杯等多有发现。出土于甘肃省武威市凉州区的元高足杯，高足有一环凸棱，方便手握此杯。棱下为淡淡蕉叶纹，杯外壁为缠枝菊纹；杯内壁口沿处为卷草纹，杯内主题纹为昭君出塞单人图。画笔草草，像是信手涂抹，但意象深刻。马儿向前，昭君手拨琵琶，却作回首状。

至今尚未找到史料或实物证实昭君将瓷器带到了塞外，无论有无，可别说此事不关陶与瓷，昭君传奇本身就是炼瓷的故事。

身着缀满补丁的海青色袈裟的法显，穿越 1600 年的时间隧道，沉静硬朗地向我们走来。步履足迹在丝路沙砾中叠加，白发白须在海风中飘飘然。

人生七十古来稀。然而，东晋隆安三年（399），65 岁高龄的法显“欲令戒律流通汉地”，遂与四僧结伴，从长安出发，沿丝绸之路北线亲往天竺（今印度）取经求律；翌年夏，在河西重镇张掖又与西行的四僧相遇，秋天到达敦煌，得到了敦煌太守李浩的供给，于是，一行十人穿过茫茫戈壁，经停鄯善、于阗等西域小国西行，翻越葱岭，前后三年时间，于公元 402 年进入北印度南境内。法显一边游历，一边抄经，经多年终完成《萨婆多众钞律》《杂阿毗昙心》《方等般泥洹经》等经文抄本。公元 409 年初冬，法显等从印度恒河三角洲的多摩梨（今印度泰姆鲁克）渡海到达狮子国（今斯里兰卡），居住了两年，又抄得律经四部，这才满载而归。

77 岁返国，却选择海上丝绸之路！这个 3 岁就出家的山西老僧既不倚老卖老，又不畏老惧老，还活到老学到老。这个老僧爱自讨苦吃，不喜走老路，富有创新精神。

那是公元 412 年阴历八月底，法显搭乘由大秦回国的中国大商船，与 400 余名乘客同舟蹈海东归故国港口广州。按一般情况，船上已携带了自斯里兰卡经马六甲海峡到广州航行约需 50 天的口粮和淡水。谁知仅仅两天后，突遇强台风，航向迷失，竟在海上漂流了 105 天，所

法显像

见尽是“鼋鼍怪异之属”，“大海弥漫无边，不识东西，唯望日月星宿而进”，直至南海的“耶提婆国”。在此居住了5个月后，法显一行再启程西归。船行一个月后，又突遇“黑风暴雨”。不知何故，船主觉得这个老和尚不吉利，欲将其推进大海中。幸而，法显不怯不怒，默念经书而已，他的沉着与善良，使乘客中有人出面阻止，船长才讪讪离去！又经过两个多月的漂流，粮尽水绝，再向西北航行12天，于公元413年5月13日到达青州长广郡牢山（今山东省即墨县）南岸。十年前，法显一行十人取经求法，却只有法显一人最终回到了祖国。其他人或半途折回，或客死他乡，或久留异邦不还。法显回国后，受佛教净土宗创始人、庐山东林寺高僧慧远之邀，南下东晋都城建康（今南京）从事佛经的翻译工作，直至逝世。法显回国后著有《晋法显自记游历天竺事》，当是我国详细记载取经印度、斯里兰卡和印尼等艰难历程第一部。后人简称为《法显传》或《佛国记》。“耶提婆国”——1900年前后，法国史学界有学者考证为美洲。其时，国学大师章太炎即撰文《法显发现西半球说》，结尾感叹：“哥伦布以求印度，妄而得此，法显以返自印度，妄而得此，亦异世同情哉。”如果属实，那么，法显比哥伦布1492年发现美洲早了1000多年！

有意思的是，法显在其《佛国记》中提到“军持”。军持是中国外销瓷中专为出口而烧制的一种类型。佛教徒、伊斯兰教徒皆可用。韩槐准在《军持之研究》中也指出：“凡船中搭客，或者每人至少应当携带一个，以为船主每日分配淡水之用，因淡水为长途航海者之生命线。”

5. 东西丝路汉瓷展

夕阳西下，晚霞如焰。驼队缓行，天涯旅人商贾和骑手，总有归家的思念和落寞，行天下者的气息给沙漠荒原留下沉甸甸的温暖。这样的剪影，在今日的摄影和银幕荧屏早已屡见不鲜，但仍会给你瞬间的感染。啊，丝绸之路。

其实，汉代的陶瓷，已早早上了骆驼的脊背，输出域外。

新加坡爱国华侨韩槐准自20世纪30年代就开始收集和研究外销到南洋的中国陶瓷。他曾在马来半岛南端的柔佛河流域马坎门索尔顿的古遗址进行考古发掘，发现过不少中国东汉青瓷瓷片。瓷片质地较粗，为灰胎，但露胎部位的表面是褐红色；施酱褐色青釉，胎体坚硬，火度很高。一些颈或肩部的碎片有阴刻的弦纹和凸出的粗壮阳弦纹，颈部刻平行水波纹。与1955 年杭州东汉墓里出土的浙江青瓷相似。

在印度尼西亚西婆罗洲的三代，亦发现汉代青釉龙柄魁；在莫得其利发现汉代双耳陶钵；在中爪哇也发现带盖的汉代陶罐。

这说明中国瓷器在战国、秦汉时期就从海路输出传播到南洋一带。

韩槐准生前是故宫博物院顾问。他于 1892 年生于海南省文昌市昌洒镇凤鸣村，23 岁闯荡新加坡，此后侨居 47 年；44 岁开辟园林种植红毛丹，园名“愚趣”；同时关注和研究中国外销瓷，著有《南洋遗留的中国古外销瓷》一书。他先后六次将数十年历经艰辛在南洋搜集到的中国唐、宋、元、明、清瓷器和其他文物、资料等 2000 余件装箱运至北京，分批捐赠给故宫博物院。1962 年春回国定居，1970 年去世。

朝鲜、日本是中国瓷器最早输出、同时也是瓷器烧造技艺最早传播过去的国家。中国的汉字，佛教，制陶技术和其他文化多通过百济传入日本。奈良的宝塔和木结构寺庙法隆寺，便是百济移民设计和建造的两个奇观。

1913 年，日本学者谷井济一等在平壤附近大同江南岸的丘陵中发现了乐浪郡土城，并出土汉代的金错铜筒、漆器、带钩、铜印、陶器和瓦当的碎片等。此外，还有王莽时代的货币；还发现了铭记“乐浪礼官”等阳刻的瓦当和壶、七枝灯盏、灶以及狗、鸡等陪葬的陶塑和陶器，与中国汉代陶器别无二致。

百济与高句丽、新罗是朝鲜历史上的三国时代。百济出土了约为公元 3 世纪末至 4 世纪初的越窑青釉瓷、德清黑釉瓷等。

1937 年，在忠清南道的古代百济国遗址发现了装饰凤凰、莲花、蟠龙等纹样的陶瓦。史载，魏晋南北朝时期，就有许多汉族的瓷匠和画家，到朝鲜与当地匠师共同修建了王兴寺和皇龙寺的九层宝塔。

1989 年 9 月 12 日至 10 月 12 日韩国国立清州博物馆举办的中国陶瓷特别展中，就有从

东汉双系青釉罐

韩国平安南道出土的汉代绿釉豚，是朝鲜半岛出土的最古老的中国陶瓷作品。

而韩国武宁王陵出土随葬的南朝青瓷器，学者推测极有可能是中国南朝皇帝赏赐给武宁王的。

《汉书·地理志》记载，汉代南海丝路的始发港为日南、徐闻、合浦三地，始发时间为汉武帝元鼎四年（前 113 年）。这与第一位出任伏波将军的路德博分不开。公元前 112 年，南越叛乱，汉武帝命路德博为伏波将军出征渡海镇压，于次年冬荡平叛乱。是他设立了合浦、徐闻等港。东汉光武帝时候的马援为最著名的伏波将军，马援曾用米堆积立体地理模型以供军事行动之用，这也是颇有趣的事。公元 40 年，他也率舰队出征渡海平定交趾叛乱。

汉代合浦、徐闻在海外商贸中的作用巨大，其时为沿近岸航行，海港的地位极为重要，无法替代。考古发现，合浦有古汉墓约 6000 座，出土物极其丰富，玛瑙最多，还有用琥珀雕成的狮子雕塑。狮子产于印度等地，玛瑙产于大秦，足以证明，北海合浦与南亚欧非的通商早在汉代就很频繁。

汉代说唱俑

看看这些欢乐的汉代说唱俑，你就能想象汉代人的宽阔乐观的心态。

分久必合，合久必分。公元 220 年，东汉王朝灭亡。中国又陷入分裂与战乱，历经三国两晋南北朝至隋唐，但无论是陆上还是海上丝绸之路却没有中断，反见持续兴盛。

公元 476 年，已由盛转衰的西罗马帝国在蛮族的猛烈冲击下灭亡，欧洲文明倒退到“黑暗的”中世纪。玛雅文明却在美洲升起，阿拉伯世界则是另种景象。

隋炀帝杨广是个暴君昏君，但，看了成为了黄门侍郎裴矩到张掖管理西域贸易时撰写的《西域图记》后，对西域产生浓烈兴趣，竟亲临现场，他是唯一走过丝绸之路的皇帝。那是大业五年（609）春，杨广亲率大军从西都长安出发到甘肃陇西，西上青海横穿祁连山，经大斗拔谷北上，到达河西走廊的张掖郡。西域二十七国君主与大臣纷纷前来，宴会盛况空前。他西巡半年，远涉青海和河西走廊。但在返回途经大斗谷时，杨广一行却遭遇暴风雪袭击，损失惨重。从第二年起，杨广为夸耀国家富强，每年正月都邀请外宾、外商欢聚洛阳，借外贸炫富。但毕竟是为了安定西疆、开发经营西域，隋炀帝时期也打过几场硬仗，打败西突厥，击溃吐谷浑，确保西域畅通。

中国汉代海上丝绸之路

中国瓷器已脱颖而出，成为海陆丝绸之路的紧俏商品之一，瓷，以其独特的端庄安静又百媚千娇之风格魅惑四海。

命名中西交流“丝绸之路”（Silk Road）、命名制瓷原料“高岭土”（Kaolin）的，同为德国著名地理学家李希霍芬。丝绸之路与瓷，还真是有不解之缘。

李陵第一次见流放贝加尔湖的苏武时，言：人生，如朝露一般短，为什么要让自己受这么久的苦呢！说着泪湿衣襟，别苏武而去。然，司马迁云：人固有一死，或重于泰山，或轻于鸿毛。这，关乎瓷吗？关乎瓷行天下吗？

鲁迅说得好：“我们自古以来，就有埋头苦干的人，有拼命硬干的人，有为民请命的人，有舍身求法的人……虽是等于为帝王将相作家谱的所谓‘正史’，也往往掩不住他们的光耀，这就是中国的脊梁。”

没有脊梁，哪里还有中国？哪里还有中国瓷？哪里还有瓷行天下？

功过论争千秋去，无字碑上遍诗文。
——黄永升

二、梦回泱泱大唐：让时空穿越

卢舍那佛像 云冈石窟

在洛阳伊河畔屹立着的伟岸的卢舍那佛像，无论你从哪个角度仰望，卢舍那佛自信温煦的目光都照耀着你，与你对接。卢舍那，意即光明。这尊大佛，据传是依照武则天的形象塑造的。泱泱大唐，既以恢宏的气度撒播华夏文明，又以博大的胸襟海纳域外多元文化。鲁迅言：唐室大有胡气。唐人早早地懂得"拿来主义"，正是在东西文化交流碰撞中成就大唐耀眼的辉煌。

唐代，是世界公认的中国最强盛的时代之一。国家统一，社会安定，农业手工业发达，商品经济空前繁荣。先后出现了"贞观之治"和"开元盛世"，源远流长的中国文学以唐诗占据世界无可逾越的艺术峰巅。"李杜文章在，光焰万丈长"。而敦煌莫高窟中的壁画和雕塑有40% 是唐代的作品。

唐代的盛世年华，绚丽多彩的中西文化交流，对中国瓷器的飞跃发展，无疑如春风化雨、润物无声。唐代和五代不仅陶瓷工艺有创新性进步，而且窑口的数量和分布，比起隋代几乎扩大了一倍。从隋代的河北、河南、安徽、江西、浙江、湖南、四川七省十县，又扩展了山东、江苏、陕西、福建、广东等五省，计有十二个省五十个县。

瓷在汉代就已输出域外，唐代瓷器则大量进入国际市场，瓷行天下已然成势。在今朝鲜、日本、菲律宾、印度尼西亚、马来西亚、泰国、斯里兰卡、印度、巴基斯坦、伊朗、伊拉克、巴林、约旦、叙利亚、苏丹、埃及、坦桑尼亚、肯尼亚等国都出土过中国唐、五代时期的瓷器，品种有唐三彩、越窑青瓷、邢窑白瓷、长沙窑瓷器、巩县窑白瓷、唐青花、巩县窑和邢窑的白釉绿彩、广东梅州市梅县区窑瓷器等。

唐初，为了陆上丝绸之路的畅通无阻，唐太宗力排众议，设置西州，就是确保与西域贸易和平安定。又奉历尽艰辛从印度取经归来的玄奘为座上宾，是对与外域文化交流的充分肯定。

唐时，在中国与大食（阿拉伯帝国）共同努力下，海上丝绸之路进入兴盛时期。从广州出发的海上航线经东南亚、南亚、阿拉伯半岛，最后抵达非洲东海岸。唐代地理学家贾耽对这条航线做了较完整的记载。阿拉伯学者《中国印度见闻录》等对此也有记载。

埃及开罗南郊的福斯塔特出土的中国唐宋青瓷片

广州通海夷道延伸了汉代徐闻出海之路。714年在广州首设市舶司管理进出口船舶。广州、杭州、宁波、泉州等沿海港口，都驻有来自马来半岛、占城、印度和西亚等的外国商团。唐代已经能建造五六十米长，带有水密隔舱的先进大船，可满载货物远航至阿曼、波斯、巴林沿海一带，而这些地方的商船也可直接同中国广州、泉州等港口通航；中国商船将货物运到西拉夫后，还可换船经红海运至北非埃及等国家。在这些异域港口旧址，都曾先后发现大量中国瓷器及碎片。20世纪60年代两次海上陶瓷之路寻踪的三上次男一行，在红海沿岸的科塞尔，尼罗河上游的底比斯、库夫特，开罗近郊的福斯塔特遗址等，都发现了大量中国瓷器。福斯塔特遗址出土的瓷器碎片特别丰富，其中唐代的就有唐三彩、邢州白瓷、越州窑瓷、黄褐釉瓷和长沙窑瓷等，特别多的是越窑青瓷。

唐代越窑青釉执壶
中国国家博物馆藏

总之，凡是陆上丝绸之路所到的西亚等地、海上东洋西洋航道所及之处，都发现有唐瓷碎片。瓷器，其时唯有中国独有臻精臻美商品，以其或白或青的

从“黑石号”沉船上打捞起的两件唐青花瓷器

纯洁雅致、温润如玉的女性品质，行走异域，所及之处，无不艳羡和渴求。因了她，仿佛给大漠苍凉的行走，给回响天野的驼铃声声平添了家的气息和女人的牵挂。瓷器就是中国，中国就是瓷器，让世界振聋发聩，让人们魂牵梦萦，瓷器成了中国文化的符号。遗憾的是，唐代外销瓷并未留下准确的数据，史书失记，但是，不朽的瓷片作了见证。

1998年“黑石号”阿拉伯沉船的发现和跨世纪的打捞，横空出世、声震寰宇。出水器物无比丰富，唐代的国富民富图景跃然而出，而多达67000件的海捞瓷器，印证“名不见经传”的民窑长沙窑就是长期以生产外销瓷为主的窑场。不仅见证了唐代的熠熠生辉，而且还原了唐代百姓自信自强笑傲海洋的精神面貌和现实行动。从船舱里发现的两件青花瓷器，则揭秘出国色青花的源头在唐代！

在海上丝绸之路，中国瓷器因了她的轻盈又沉甸甸，成了一举两得的最理想的商品兼压舱货。风平浪静中，她给远航带来土地的沉默和田野的芬芳；狂风恶浪中，她以母亲的沉稳安详化险为夷。在中外贸易史、文化交流史的宏伟篇章中，始终有着她默默的身影。她仿佛成了海上卢舍那的化身。

卢舍那端庄丰腴，雍容大度，她是中国佛教艺术的巅峰，也是中国文明的象征。无论你是谁，来自哪里，不同性别不同年龄不同肤色不同语言不同信仰不同文化背景，只要你仰视着她，都能瞬间感受到她的关注，感受到她的慈悲为怀、宽大包容，又都能为她的宁静高贵而由衷地被震慑，敬畏之心油然而生。

卢舍那，武则天，佛护佑着人，帝主宰着人，佛与帝能融为一体吗？她不回答。她静静地望着你，眼神是那样温和又神秘，亲切又迢递，还有威而不露严而不酷的内敛，平静和谐中，你自己去思考，去解答。

她不拒绝，她能兼容。或许，这就是大唐气象？

难怪明代汤显祖会感叹唐代是“有情之天下”。

在伊河北岸，在她的周遭，有着自汉、三国两晋南北朝至唐的无数石窟雕像，高低错落，大小不一，风格迥然，但相安无事，一派和而不同。

伊河对岸，是唐代诗人白居易的颇见规模的墓园。或许，这也是浑然天成的隐喻。

洛阳的邙山，唐亡千年后，在炸山掘地修筑铁路时，忽然涌出一批姹紫嫣红栩栩如生的彩俑和瓶瓶罐罐，像是受了惊吓，又像是淘气嬉戏，国人莫名惊诧，而外籍人士纷至沓来，争购或抢夺，因为，这是世间不可多见多得的稀世珍宝——唐三彩。这是早于秦皇兵马俑发现之前，中国陶惊艳世界的发现。中国的陶与瓷，还会给世界带来多少震撼呢？

唐代外销瓷，引领世界，行走天下，至唐末，战乱使陆上丝绸之路受阻，却使海上丝绸之路分外繁忙，为宋代再掀中国瓷外销浪潮，从容不迫又有意识地做了海上开路先锋。

1.“北白南青”丝路行

1935年，有位中年人来到了浙江上林湖畔。这里，距河姆渡、西子故乡皆不远。看他一袭灰布长衫配藏青色西装裤，一手拎只柳条箱，一手插在裤兜里，很有中国文人的萧索之美；那挎在肩上的时髦相机，又透露出他是喝过洋墨水的新知识分子。他，毕业于北京医科大学，本职是医生；却酷爱文艺，研究昆曲，热爱摄影、绘画和音乐，可谓才华横溢。此行，专为寻觅越窑青瓷遗址而来。此君正是中国陶瓷考古之父陈万里。

然，他最爱的是中国古陶瓷，成了他毕生为之探索的专业，也是伟业。

那时，国衰民穷，内忧外患，知识分子何以报国？他目睹外籍人士从中国运走一箱箱古瓷，连古窑遗址上的碎瓷片都不放过，而无论政府还是百姓皆漠然视之，他的心在流血。20世纪30年代，他赴欧洲考察，接触了西方国家田野调查方法，回国后即走出书斋，踏访古陶瓷窑场遗址。此时，越窑的故乡，只落下满目荒凉，但他看到的却是：“湖水清澈见底，浅处有芦草，微风拂之，荡漾有致。黄花小草，亦随处可以见到，风景之佳，实不让杭州西子湖也。四围山色葱翠可爱，低诵陆龟蒙‘夺得千峰翠色来’之句，翘首南望，早已神驰于湖西村矣。自薤云亭南行折东几穿湖而过……居民均业砖窑，殆为千数百年由制瓷而转为制砖欤！”自1928年起，他“八去龙泉，七访绍兴”，在龙泉和上林湖苦苦搜寻，先后发现龙泉窑大窑遗址、上林湖越窑遗址，并在龙泉大窑村完成了中国第一部田野考察报告《瓷器与浙江》。他认为，任何一种古代瓷器，都要从文献、实物以及窑址三方面找到对应的认定关系才行。

1935年之行，43岁的他还为了寻觅青瓷中缥缈无踪的唐代秘色瓷。

关于秘色瓷，五代《开元天宝遗事》载，宫廷“内库有青瓷酒杯，纹如乱丝，其薄如纸”。后唐庄宗(923—926)还命令越州窑烧造供御之青瓷食器，称为秘色瓷器。然而，始终难觅踪影。

唐代窑场遍布东西南北。窑口渐见特色，大而言之：北白南青。即北方多烧造白瓷，南方多烧造青瓷。北人尚白，南人尚青。地域使然。

有人归纳唐代有七大名窑系，越州窑之外，还有鼎州窑、婺州窑、岳州窑、寿州窑、洪州窑、邢州窑。仅邢窑生产白瓷，其他的皆为青瓷窑口。

鼎州窑在湖南省常德市鼎城区，婺州窑在浙江省金华市，岳州窑在湖南省湘阴县；寿州窑在安徽省淮南市，洪州窑在江西省丰城市的赣江西岸，邢州窑在河北省邢台市所属的内丘县、临城县一带。

唐代瓷器的飞跃发展与唐代经济快速发展不可分割，商品流通越快对货币需求量就越大，钱由铜铸。从铸造“开元通宝”始，政府就多次下令禁铜，即铜只能用于造钱，能用瓷器替代皆得替代。16 世纪大海洋时代，欧洲对中国瓷的大需求，除了为瓷痴狂，也有此原因在内，不过是替代银子。

邢窑白瓷之外，四川大邑也烧白瓷。杜甫有诗：“大邑烧瓷轻且坚，扣如哀玉锦城传。君家白碗胜霜雪，急送茅斋也可怜。”瓷的诗性、玉性、人性，已被诗圣沁于字里行间。

河北曲阳县的定窑，河南的巩县、密县、登封、郏县和汤阴窑等，也生产白瓷；陕西铜川市的耀州窑和玉华窑，安徽萧县的白土窑也都生产白瓷。

从“黑石号”沉船上打捞起的唐代瓷器

从陶瓷烧制技术工艺来看，白瓷比青瓷难。因瓷土中多少都含有氧化铁等，白瓷必须将其清除干净；而且，全白之器，器型至关重要。自唐高宗后期，邢窑白瓷礼仪之造型简朴大气、先声夺人；食具茶具等生活瓷洁白无瑕又坚固耐用；故皇室将其精品供宫廷礼仪与御膳使用，遂声名鹊起。唐代李肇在《国史补》中云：“内丘白瓷瓯，端溪紫石砚，天下无贵贱通用之。”的确如是，因落选瓷可流入民间。邢窑白瓷有随海外贸易流向域外，在日本、中东地区等有出土碎片，但不多。因邢窑至唐代后期式微，代之而起的是河北定窑。不言而喻，定窑受邢窑影响，生产皇室用瓷外，定窑白瓷风靡全国并外销日本、巴基斯坦、伊朗、伊拉克、埃及、欧洲等处。在这些国家和地区均出土有定窑瓷及碎片等。

1957 年唐代大明宫遗址出土的邢窑白瓷碎片上，发现有“盈”字款；后在“黑石号”沉船海捞瓷中亦见“盈”字款瓷器，而且，不只是白瓷。《旧唐书》有记载，唐玄宗的确有一座百宝大盈库。那么，“盈”字似可看成皇家御用瓷标记，也就是说，唐朝其实已有御窑，不过不像明代早、中期那般森严苛刻。

邢窑是全世界发现最早的白瓷生产发源地。白瓷的产生，结束了自商朝以来青瓷独尊的局面。

虽说唐代南方越窑青瓷与北方邢窑白瓷为代表，形成南青北白、各领风骚的局面。但是，唐代茶圣陆羽却非得分出老大老二，他在《茶经》中如是说：“若邢瓷类银，越瓷类玉，邢不如越一也；若邢瓷类雪，则越瓷类冰，邢不如越二也；邢瓷白而茶色丹，越瓷青而茶色绿，邢不如越三也。”这位唐代茶圣以三比零见高低，褒越贬邢，足见其偏爱所在，也有违今日之广告法，但是，唐代的人多率性，爱就爱，不暧昧。

今人论邢窑，亦必引陆羽语录，但掐头去尾，变成“类银类雪类冰”，倒也各取所需。

陆龟蒙有诗句流传千载，“九秋风露越窑开，夺得千峰翠色来”。谁说“百无一用是书生”？谁说越窑青瓷只是小家碧玉？越窑青瓷如淡妆西子，引历代文人骚客舞文弄墨：捩翠融青、月染春水、嫩荷含露、薄烟清处、青苔古镜、如冰类玉……

南方还有北方不及之优势，那就是南方有嘉木。有好茶叶的地方，多产好瓷。瓷与茶难解难分。饶州浮梁在唐代即以茶出名，“商人重利轻别离，前月浮梁买茶去”。中国瓷器大量出口到日本，与中国茶叶及饮茶习俗流传到日本密切相关。清代《景德镇陶录》言：“古瓷尚青，宜品茗”，“若肴馔，则素瓷、青花白质瓷为佳”。中国的青瓷，自唐代以来，还广泛地流传到波斯、土耳其、埃及、法国等国家，被这些国家的帝王、大主教、贵族们视为无价的珍宝。但是，流传最多、影响最大的仍数日本。自唐代始，茶叶已由我国僧侣带到日本，不过还是作为药物。五代时，乾祐三年（950），日本史籍《仁和寺御室御物实录》记载了日本宇多法皇所珍藏的中国工艺品中，就有越州窑的青瓷茶壶、茶碗、水罐等，而且“青瓷多盛天子御食”，是“大臣朝夕之器”。1915 年，奈良市仁和寺出土的两件越州窑青瓷盒，大者高二寸四分八厘，直径五寸七分五厘，盖已散失，小者高二寸六分五厘，直径三寸六分五厘，釉为暗灰绿色和淡灰褐色，是唐代浙江余姚上林湖畔越州窑的作品；1938 年，日本政府竟将中国瓷指定为国宝，现仍藏于奈良市的仁和寺。此外，奈良市的法隆寺还珍藏了唐代越州窑的青瓷四耳药壶，高八

陈万里先生

寸七分，直径四寸五分，曾为天皇所使用。据载，这几件青瓷于 1939 年在奈良市博物馆公开陈列时，人山人海，皆以一睹为快。1968 年在福冈县太宰府町通古货立命寺出土了越窑瓷器。在平城京的调查发掘中，发现越窑青瓷。在药师寺西僧房遗址，发现了中国的白瓷、青瓷和长沙窑的青瓷壶。

《中国陶瓷史》载：1974 年宁波余姚江唐代出海口附近发现一条沉船，船中和船体附近发现几百件越窑青瓷器和长沙窑青釉褐彩器以及少数黑釉器等。与沉船同时发现的还有一块方砖，有“乾宁五年”（898）刻款，与瓷器的年代相符，证明这是一条唐船。唐时，由海上去朝鲜、日本多从明州出发……可以与这艘沉船上的瓷器相印证的是在南朝鲜曾发现唐代长沙窑的青釉褐彩贴花壶，壶上有“卞家小口天下有名”字样，是典型的长沙窑器物。在日本太宰府附近筑野市大门出土的一件青瓷壶，腹部作瓜状，三处施椭圆形褐绿斑还与宁波发现的沉船中的越窑和长沙窑青瓷壶式一样，褐绿斑彩的装饰也相同。

1973、2005、2014 年联合考察组对上虞小仙坛等各老窑址进行了考古发掘，终拂去岁月尘埃，揭开了遮蔽近两千年的神秘面纱，再次确证了曹娥江中下游地区是世界青瓷的发源地。

青瓷，哦，青瓷。早在商代，中国已烧制出淡黄绿釉的原始青瓷。到汉代和六朝，越州青瓷崭露头角。唐代时，或浓或淡的青瓷让人目不暇接：天青、豆青、冬青、梨青、蟹青、虾青、梅子青、雪青、湖青、海青，还有绿蓝、碧青、翠青、缥青、绀青……

1987 年陕西法门寺在维修时，在地宫所藏物中，发现了文字记载与所藏实物相符的秘色瓷！神秘的秘色瓷终让人们一睹芳颜，果然是越窑青瓷中最富天青色的极品！这时，距陈万里辞世已 19 年。

陈万里对青瓷情有独钟。《中国青瓷史略》是其心血之结晶。他还将历年来收集的从汉晋至唐宋的 55 件青釉陶瓷捐献给故宫博物院。其中，青釉陶楼为汉代永康二年（301）的墓中文物；黄釉大陶盘和陶壶是鲜见的汉晋六朝时期的精品。

他是一个怎样的人呢？他有一颗毫无自私自利的心，他是一个高尚的人，一个纯粹的人。人们以“明净的碎片”之誉来纪念他，其实，他就是一件完美的传世青瓷，浓缩着中华民族的不朽精神。

2. 从唐三彩到异域三彩

富强的唐代，皇室贵族热衷于追求新奇豪华的生活，社会开放，胡风盛行。其厚葬成风，事死如事生。有一种殉葬之明器（冥器），绚丽多彩，与众不同，始见于唐高宗时，盛行于开元年间，天宝以后衰减，晚唐淡出，终销声匿迹。史籍记载亦罕见，几乎被后人遗忘。谁知千余年后突兀显影于邙山铁路修筑工地，真叫国人猝不及防，而外国人则目眩神迷，为之痴狂。这，就是自 20 世纪初发现且轰动一世纪的唐三彩。

那是清光绪三十一年（1905），汴洛铁路开工，后纳入连结欧亚的旷日持久的陇海铁路项目。帝国主义强盗烧杀抢掠中国后，又秀慈善家拨款以建校、借款以修铁路，也是历史的复杂面。1907 年 7 月，施工到巩县至洛阳邙山路段时，突然，工地上喧闹不已，原来工人们挖到了一些色彩斑斓又栩栩如生的殉葬冥器：马俑、骆驼俑、胡人侍俑、波斯女俑、宫女俑、瓶罐和镇墓兽等，因习俗以冥器为不祥，于是或砸毁或弃置之一旁；倒是法国人桥梁工程师约瑟夫・斯卡尔贝克见状无比震撼，当即拍下了一张宝贵的照片。毕竟是爆炸新闻，信息一经流传，有盗墓贼插手其间，暗中买卖；有古董商活跃其间，运至京都；有学者王国维、罗振玉等，高度重视深入研究；更有外国各式人等闻风而动先睹先夺而后快……

原来，邙山乃一风水宝地，山势高耸中原，树木苍翠蓊郁，又可俯瞰黄河，自古有“生于苏杭，葬于北邙”之说。洛阳是十三朝古都，六代二十四帝长眠于邙山，还有陪葬墓群、名人墓等，陵墓多得“几无卧牛之地”。多彩冥器出自唐墓，故命名唐三彩，并非仅三色，多彩也。其品种类型极其丰富多彩，无所不包。大致可分为动物俑、人物俑和骑俑等。唐三彩就这般穿越千年，重见天日。大红大紫、大绿大黄、鲜艳欲滴、生机勃勃、活泼如初，刹那间让周遭黯淡无光，好像只有他们才实现了长生不老。

唐人爱马。马是甲兵之本，国之大用；马是交通运输之需，马球是源自波斯的时髦体育活动。

君不见，唐太宗的昭陵北面祭坛东西两侧便是他生前最心爱的六骏石刻浮雕：拳毛、什伐赤、白蹄乌、特勒骠、飒露紫和青骓。马背上的唐太宗裹挟着猎猎雄风。而“虢国夫人承主恩，平明骑马入宫门”，上层贵族女性一样强健威风。千姿百态的三彩马俑恍惚间再现大唐马的盛世年华。而忠厚笨拙的骆驼，从大漠丝绸之路而来，与人相依为命的朋友，作俑者激情满怀塑之，连骆驼嘶鸣时双峰一左一右的细节都铭刻其上。与马俑、骆驼俑成组的牵马俑和牵骆驼俑，大多为深目高鼻赤髯的胡人，穿胡服，戴尖角帽。骆驼上或坐或立的西域乐手舞胡腾者，有的多达四五人，衣袂生风、顾盼生辉、琵琶幽怨羌笛欢快，是人生咏叹之复调。还有镇恶避邪的

唐三彩 骑马俑

唐三彩 武士俑

魌头，也叫镇墓兽，恶狠狠中竟溢出可爱？鲁迅就曾在北京琉璃厂购过北邙所出冥器五具，其中便有它。唐三彩中还有“昆仑奴”，黑肤卷发，以勇力著称，有人推测当来自非洲……唐三彩，在火的艺术中不仅再现丝路情景，而且将长安国际大都市的“胡化”气象一一还原。时尚消费金东市，平价“超市”在西市，“胡姬貌如花，当炉笑春风”。胡乐胡舞、胡服胡妆、胡床胡帐、胡饭胡器、胡笛胡箜篌……自汉末至唐，自上而下，流传中原，蔚然成风。

英国人米德尔德·莫塔赫德在他的《为西方而制的瓷器》一书中，对唐三彩的看法较有见地：“……一起出土的还有令人惊叹的陶瓷马和陶瓷骆驼，马匹和骆驼是陆上贸易的动力，贵族用陶瓷马和陶瓷骆驼作为陪葬品，而且还有一些中亚、波斯、亚美尼亚、印度和其他人种的陶瓷人偶，他们的形象也许是中国贵族的家仆，也许是经常出现在中国主要城市大街上的游客。能证明当时中国的繁华和权势的现存证据就是，其社会非同寻常的国际化。中国在一或两个世纪的时间里向外国人敞开了国门，其信仰和艺术的完全开放更是前无古人后无来者。”

鲁迅于 1933 年 6 月 18 日致曹聚仁的信中说：“古人告诉我们唐如何盛，明如何佳，其实唐室大有胡气，明则无赖儿郎，此种物件，都需褫其华衮，示人本相。”一语中的，发人深省。

陈寅恪言：“汉人与胡人之分别，在北朝时代文化较血统尤为重要。凡汉化之人即目为汉人，胡化之人即目为胡人，其血统如何，在所不论。”陈氏之言振聋发聩，但效果如“一石击破水中天”，因世人皆认同血总是浓于水的，涟漪散去后水面平静如常。但是，文化确实重于血统，如若唐太宗、唐高宗、李白等的血脉中确有鲜卑族的血液，那又怎样？鲜卑族源头之一还是因秦始皇筑长城而流亡到塞外的汉人呢。泱泱大唐的自信和包容，恰恰因汲取了西域大漠的宽广、豪迈和雄健之风。大唐于文化早早地实践了鲁迅所言的“拿来主义”：“根据了‘礼尚往来’的仪节，说道：拿来！”大唐是“运用脑髓，放出眼光，自己来拿”！“他占有，挑选”。“沉着，勇猛，有辨别，不自私”。大唐，是各民族的大融合，是接纳汇聚了全人类的诸种文明而造就的大气堂堂。

这是需要底气的，需要强盛的国力国防为前提和保障的。且看这尊唐三彩武士俑，俑高127厘米，雄赳赳气昂昂，身着盔甲，足蹬西域靴，践踏一敌手，敌手渺小委琐，不知是在求饶还是在作最后挣扎；而武士一手叉腰，一手握拳呈直角状，目眦尽裂，还有的是力气呢。再看这尊凤首壶，按说龙与凤皆是中华民族传统文化的典型表征，但此凤首壶造型独特，分明是波斯人汲泉水时用的瓶与壶造型，既适用、方便，又美观。凤首壶口，植物茎为把手，壶腹部主题纹饰仍是翩翩起舞的传统凤与牡丹花。雕塑精致细腻，褐、黄、绿、蓝四色调配得当，釉色温润。大唐气派，跃然壶上。

唐三彩胡风浸淫，妖冶艳丽，既洋溢着生命的丰沛，又分明是异域的气息，长期以来，一些研究者不免恍惚，甚至疑虑是否为外域所产？尽管邙山之外，还有关林、龙门和谷水一带20余处出土唐三彩500余件……但如陈万里所言，文献、实物之外，还必须找出烧制的窑口！功夫不负苦心人。历经寻寻觅觅，1976年，终于在洛阳附近的巩义市大、小黄冶村荒凉的河畔发现了烧制唐三彩器的窑址。1984年，又在陕西铜川市黄堡镇的唐代耀州窑遗址清理3座马蹄形三彩窑炉，在河北、河南等地也先后发现三彩窑址。唐三彩，中国造。这才确凿无疑。

那么，为何沉寂千年余？无他，一是唐三彩烧造目的为冥器，谁会将冥器当宝贝传世？二是唐三彩的标新立异，可能是其时陶匠有意为之。在阴森森的墓穴中，以赤橙黄绿青蓝紫的抢眼夺目，以夸张浪漫无拘无束的外域造型，与逝者为伴，就像在墓穴里点燃长明灯一般，虽徒

唐代彩色釉凤首壶

唐代三彩壶

波斯三彩

劳，却是心愿。也算一种别样的人文关怀。三是正因如此，胡风浓郁的唐三彩，与唐宋瓷主流“北白南青”素雅高洁大相径庭，格格不入，这中西合璧的混血儿才不被重视并遗忘。遥看八百年后的晚明，外销瓷青花克拉克盛销域外，国内却十分罕见，仅在墓葬中发现，应当是一个推理。

唐三彩在中国虽为冥器，但很快辐射四面八方，波斯三彩、新罗三彩、奈良三彩应运而生。

无须讳言，唐三彩的烧制和西域风来自波斯。唐三彩原本就是受波斯华丽的金银器和多彩釉陶的影响而诞生的，许多器形和纹饰都有鲜明浓厚的阿拉伯风格。阿拉伯国家很早就使用珐琅釉彩，伊拉克的巴士拉陶匠们早早地用含钴的颜料在陶器上描绘装饰，中国唐三彩中的蓝釉，或许就从丝绸之路而来。当唐三彩淡出唐朝时，海上贸易却将其带回西亚，巴格达的波斯陶匠们在锡釉陶器上装饰链蓝、铜绿、锰紫、锑黄等釉，正是模仿回流的唐三彩，唐三彩在伊斯兰天地开花结果，波斯三彩遂成为流行两河流域、伊朗一带的时尚品。

据考古发掘，在伊朗的麦什特、尼夏浦尔、累伊、伊斯法罕、阿尔德比勒、大不里士、西拉夫、忽鲁谟滋等地发现了唐代至清代的中国瓷器，唐越窑青瓷邢窑白瓷和南宋龙泉青瓷等。至迟在 9 世纪以前中国瓷器已经由沙漠之舟——骆驼运到伊朗中部，数量是比较可观的。

当唐三彩传入埃及时，福斯塔特生产出多彩釉流纹壶，这种由黄、褐黑、绿等彩釉组成的条纹，在釉的自然流淌中又见规整有序的节奏美，埃及开罗伊斯兰艺术博物馆有收藏。1962 年初，春寒料峭中，三上次男在埃及古城遗址上第一次见到唐三彩时，如是慨叹：“在唐朝时代，华南制作青瓷系统的陶瓷，华北则制作白釉陶器、黑釉陶器，以及用绿色或黄褐色釉彩把器皿渲染得很漂亮的三彩陶器等等。唐三彩是汉朝的绿、褐釉陶器技巧的翻新，它与当时唐朝在国际上的声势相呼应，形成了一个豪华的气氛。白釉陶器和三彩陶器是当时华北的代表性陶器，它们也向海外输出。此外，当时还出现了在淡褐的底色上用绿釉描绘花纹的长沙窑陶器。”他似对唐三彩的来龙去脉多元碰撞交流做了个概括，陶瓷考古的厚实基础和深厚的文学底蕴，使他对中国古陶瓷拥有独特的见解，况且那时长沙窑瓷并未惊艳于世。

西亚中东和北非都受唐三彩之辐射，一衣带水的日本奈良三彩则见证了中日在唐代频繁至极的友好往来。大唐处于世界领先地位，日本也有大野心，下定决心借鉴唐朝先进的政治、经济和文化制度，自 630 至 895 年的 266 年间，奈良时代和平安时代的日本朝廷一共任命了 19 次遣唐使前往中国学习。他们中间有外交使臣、商贾、僧侣、学者、医生、匠人、留学生等，计 3 万余人。日本民族的优点是早就心领神会“拿来主义”。

唐三彩于 7 世纪末，由遣唐的使节和工匠带回奈良。奈良，被称为“社寺之都”，是日本国民的“精神故乡”。中国烧制唐三彩的全套制作工艺、唐三彩釉料配方，至今在日本奈良正仓院还保存着。此前，日本本土陶器——没有釉的须惠器已延续了千年的历史。在奈良仿制唐三彩成功后，选取了 57 件优质作品珍藏传世于正仓院，所以奈良三彩又名正仓院三彩。

奈良三彩罐

起初，鲜艳流淌的釉面、光艳美丽的色调一如唐三彩。但因仿制目的不同于唐三彩，除却三彩罐壶用来盛放僧人圆寂火葬后的遗骨，主要是用于国家和贵族等举行祭祀、佛教仪式，便多以寺庙金属佛用器具为模型。如史书记载，日本圣武天皇天平胜保四年（752），东大寺举办佛教仪式时，其祭祀礼器就是奈良三彩陶器，故其器型中有唐三彩没有的三彩塔、三彩鼓等。而唐三彩的马俑、骆驼俑、神像人在奈良三彩中几乎绝迹。

后来奈良三彩在风格方面渐渐融入本民族文化的审美情趣，有了自己的独立追求。从色彩夺目、华贵艳丽回归清丽素朴，且略带稚气，喜敷绿釉为基调。日本民族就是这样，对生命最终逝去的淡淡哀愁与蚀骨的珍惜，无处不流露。一如绯红轻云的樱花，纷纷飘零的红叶，青青草陌的绿釉，宗教情怀渗透其间。故而，奈良三彩多出土与祭祀有关宫殿、寺院、神社、官衙等遗址。1954—1969 年，在日本玄海滩发现唐三彩陶瓷碎片 22 片，奇的是两地发现的是同一件器物，皆为唐三彩长颈贴花瓶。在奈良市大安寺的金堂与讲堂之间的烧土层里则发现有唐三彩陶器和绞胎陶枕，陶枕有 30 多件。1968 年，在奈良县橿原市安部寺址西北又出土了唐三彩兽足残片。在奈良的大安寺，一次出土了 30 多件唐三彩。在京都、爱知、岐阜、滋贺及山口县等地都有生产遗迹，现已发现奈良三彩器的遗迹 400 多处。也有从村落的遗迹中出土的，但毕竟稀少，因为与民众的日常生活还是有隔阂的。

对日本的制陶工艺而言，唐三彩的传入，使之进入三彩的技术体系，是一次革命性的促进。稍后，随着大唐的白瓷和青瓷输入，日本又勤奋地模仿烧制之。

735 年新罗将百济、高句丽灭亡，和唐朝以大同江为界，建立起统一的新罗王朝。新罗对唐朝文化全盘接受。由中国传入的佛教，至此已成熟，新罗三彩仿制的目的主要用于盛放骨灰，故像唐三彩一样，新罗三彩也追求华丽精细，亦有自己的独特韵味。在古新罗国的遗址，今尚庆北道的庆州等地发现了酷似唐三彩的新罗三彩和施以黄、蓝釉的天王像陶砖等。

唐三彩，源自波斯文化，中西合璧、独具一格、盛极一时，依仗大唐文化的强大辐射力，形成豪华气场。即便淡出，也奇迹般传送到世界各地，成为中国制瓷技术最早对外传播的品种之一，为世界陶瓷文化交流史谱写了华彩乐章。

3.“黑石号”解不尽瓷之密

梦回大唐。这是一个丰沛得情满则溢、干涸得如久旱盼甘霖的话题，又是一个在飞翔中苍茫、在苍茫中飞翔的永远的心结。

1998 年发现、1999 年打捞，跨世纪还跨千年终横空出世的“黑石号”沉船打捞，仿佛让当代中国人集体梦回大唐，穿越 1200 年的时空隧道，终见到大唐一隅，尽管绝大多数人只有缘在纸传媒电传媒的时空中相见。虽然出海器物有金银玉石，如 209 枚钱币，29 面扬州江心铜镜等，但是，直击眼球的是占货物 98% 的瓷器——出海远航的外销瓷！不仅沉船位于海上丝绸之路主航道略偏处，而且大多数器物，器型、纹饰等，皆为定制的外销特征。

《陶瓷史话》有载：唐代商人李隣德在公元 842 年（唐会昌二年）冒风浪之险由明州启航驶日本，这是我国民间对日本贸易的最早记载。

那么，“黑石号”一件青瓷碗底部写有“宝历二年七月十六日”，即公元 826 年，以早李隣德 16 年民间或“官搭民”的贸易，刷新中国瓷外销最早时间的记录；而且，远航至波斯湾的西拉夫！

要知道，唐宝历二年(826)的唐文宗时期，盛唐不再，已在走下坡路了，但是，仍有这般气势，整整一船瓷器 67000 件，其中绝大部分来自湖南长沙近郊石渚的铜官民窑！还有 900 多件青瓷，200 多件精细瓷来自越窑；300 多件白瓷，其中百余件来自邢窑；白釉绿彩高足陶瓷壶，来自河南巩县窑；还有 3 件完整的青花瓷盘！

这批海捞瓷，依一些学者专家的排位次，第一位是 3 件青花瓷盘，因为“这是迄今为止发现最早的青花”，是一个划时代的里程碑。尽管以往也有唐青花碎片的偶尔发现，但总有让人疑虑之处。如唐青花传世之作，仅见丹麦哥本哈根博物馆有件唐青花平口罐，美国波士顿泛美艺术馆有件唐青花碗，其真伪也有争论。过往的考古发现，1975 年扬州唐城出土青花瓷枕残片，其纹饰为线绘菱形内四个角各一朵圆形花，菱形之间则绘不规则的叶形纹样，不同于传统纹饰，令人诧异；“黑石号”沉船上的 3 件青花瓷盘，则第一次以完整清晰的模样，与世人面对面，青料所绘折枝花，如菊似轮，信笔草草，似具象、印象加抽象，“充满美索不达米亚风格”。

其纹饰，与1975年扬州出土青花残片风格相似，推断当为外销而定烧制的。20世纪80年代，扬州唐城还出土了青花残片，但纹饰多为传统型；据张志刚等考证，青花瓷并非扬州所产，而是唐代巩县窑烧制，青料与唐三彩进口钴蓝色料相同。扬州唐城还出土过青花上贴黄绿色五彩釉斑之碗，看来是唐三彩与青花的嫁接。

三件绝世青花瓷盘和赫赫有名的扬州铜镜成就扬州为“黑石号”的始发港的重要佐证。

那么，我们不禁要问：为什么仅仅有3件？是否可推断为阿拉伯商人带回去征求意见的样品，或曰“国际市场调查”？也有可能因了“黑石号”的淹没，国际市场调查无反馈，才使正兴起的唐青花烧造和输出戛然而止？直到500年后的元代才砉然绽放？产销对接什么时候都是硬道理呵。

接下来应该是邢窑白瓷百余件。邢窑白瓷与日后的汝窑青瓷都是皇帝喜爱的瓷，窑以瓷贵。但邢窑和汝窑都是短命之窑，可因其命短，便更显弥足珍贵。据说，邢窑白瓷存世不足70件！那么，“黑石号”一船就有百件，那还了得！而这些邢窑白瓷的确不负盛名，经海水千年浸泡各类生物微生物侵袭，依旧类银类雪，拒腐蚀，永不沾。

三是越窑青瓷200余件。唐人皮日休《茶瓯诗》云：“邢窑与越人，皆能造瓷器。圆似月魂坠，轻如云魄起。”如前所述，越窑青瓷比邢窑白瓷略胜一筹，200余件还属精细品，其价值当不菲。

四是“黑石号”沉船中有件1米高的彩釉执壶，还有一龙头瓶塞恰可与之配套，故称为彩釉龙首执壶。这不由人不想起唐三彩翘楚凤首壶。器型巨大，气势雄伟，阿拉伯风格，于是，有分析为根据阿拉伯特别定制而烧造的，有推断为唐廷的外交礼品。

“黑石号”沉船出水瓷碗

“黑石号”沉船出水瓷碗

彩釉龙首执壶

釉绿彩瓷中有两件碗盘在底足中央分别刻有“盈”字和“进奉”字样，因而大胆设想这艘船上极有可能搭载有唐代的外交使节。那么，一次有重大国际贸易意义的外交商谈就此夭折？

最后是占瓷器绝大部分的56500多件长沙铜官窑瓷器。

无论中外学者专家，皆实事求是地认为这巨量的长沙窑瓷器质量不及名窑名瓷，甚至一些传媒不无夸张地称长沙窑名不见经传。非也。唐代长沙铜官窑瓷，在唐代商业都会扬州和对外贸易港口明州都有出土，在朝鲜、日本、印尼、伊朗、埃及等，也都有出土。20世纪80年代出版的《中国陶瓷史》在“唐、五代的陶瓷外销”一节中，仅1600字中“长沙窑”就露脸8次！可见其于外销瓷中响当当。

其实，大可将这巨大数量的长沙窑外销瓷当仁不让居首位。决非以多取胜，哪怕其窑名不见经传，因为这恰恰反证了中国外销瓷从一开始就为民间所青睐，中国的瓷匠、瓷商不比800年后大海洋时代的欧洲人怯场，早早地豪气乃至霸气远航行天下。可以认定的是，这绝不是第一次输出如此巨额的长沙窑瓷，而是获得了国际市场认可的长效大需求，精明的阿拉伯商人在生意经上从来只赢不输，其独到眼光和对中国民窑的信任，也跃然瓷上。

民窑长沙窑，即铜官窑。位于湖南长沙渚石附近，是唐代南方规模宏大的青瓷窑场之一。唐代诗人刘言史咏茶诗云：“湘瓷泛轻花”。有瓷有茶，铜官窑也不例外。长沙窑瓷类丰富，多生活用品、文房用品，玩具、瓷俑等。其瓷胎虽坚致，但比起精细的邢窑白瓷，就见粗厚了。胎色有灰白、灰黄、青灰、灰红及肉红；釉子润泽，以青色为主，也有蓝、绿、酱、褐、黄等颜色。装饰极为丰富，有釉下彩斑、釉下彩绘、印花、贴花、贴花彩斑、刻画、雕刻、镂空等。

酱黄纹饰，是既别于天青海青冷调子，又别于大红大绿暖调子，但也属暖调子的浅褐衬深褐；纹饰，一如波斯其时流行的天马行空式的花纹，天圆地方，乱云飞渡，鱼翔浅底，花开叶舒，摩羯鱼纹等，草率中见浪漫，简单中藏玄机。说其纹饰潇洒飘逸而独步天下，并不夸张。尤珍奇的是，其彩绘在釉下，所以，长沙窑为世界釉下彩绘第一里程碑。

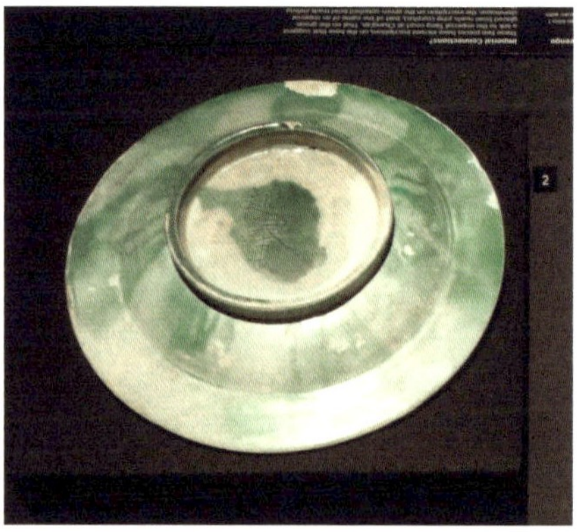
有“进奉”字样的瓷盘

长沙铜官窑瓷器不少采用文字作装饰，有其独创性。最早出现符号是在新石器时代的陶器上，后刻画或书写铭文字句，或纪年号款识于瓷上，是常见之事。但唐代长沙窑与众不同的是，往往将题写诗句文字作为主题纹饰。源远流长的中国毕竟是书法大国，也多亏湘人的豪情书写，在不朽的瓷上留下的是唐人的手迹！

“黑石号”上的外销瓷，那首“唐代铜官窑瓷”的长诗摘句频频出现：“君生我未生，我生君已老。君恨我生迟，我恨君生早”，“买人心惆怅，卖人心不安。题诗安瓶上，将与卖人看”……这里的瓷工爱舞文弄墨，既有来自全唐诗，也有遍查难寻出处的，但都值得回味咀嚼。“去去关山远，行行湖地深，早知今日苦，多与画师金”，“人有方寸之心，必不求于名利”。阿拉伯文也依葫芦画瓢，如花纹般蜿蜒其上。

都说定制瓷是晚明清初外销瓷与世界接轨的现象，是否太晚了？看看“黑石号”上的摩羯纹饰，看看稀奇古怪的几何图案，看看 763 个一模一样的墨水瓶，915 个大小不同的调料罐，还有 1635 个执壶，是否可推测这些就是按订单烧制的外销瓷呢？

“黑石号”沉船形形色色的海捞瓷

非常有意思的是湘人洒脱地在瓷盘上打上广

长沙铜官窑

告语："湖南道草市石渚盂子有名樊家记"，据研究者说，这是刚成立的"湖南道"首次烙进瓷中。早在20世纪南朝鲜发现的唐代长沙窑的青釉褐彩贴花壶上，就有"卞家小口，天下有名"字样，皆自信满满又深谙广告之道。

长沙铜官窑瓷器，从渚石湖畔至湘江起航，进入洞庭湖，或顺长江出海，或从长江进入大运河，再扬帆出海，不管哪条路线，已是千里迢迢，水陆兼程。出海或至东亚；或至南亚，西亚，甚至远达东非北非。据今目睹沉船者言："黑石号"上外销瓷装在广州烧制的高大的陶瓮中，每只陶瓮可装上百件碗盘，以稻谷相隔。中国民间鸡蛋运输只要在蛋筐里填充谷壳就不易破损，是一个理。但是，从长沙到扬州呢？从扬州到广州呢？难道是赤裸裸的？不管怎么说，海上丝绸之路早早地与内陆长沙铜官窑相连，谁说他们穷乡僻壤、孤陋寡闻呢？

人们口口相传：湘人不倒，华夏不倾。

远且不说，从清廷忠诚看家护院的曾国藩，到为戊戌变法而被砍头于菜市口的谭嗣同，从橘子洲头中流击水浪遏飞舟的湘江青年，到长沙会战穿草鞋打赤脚抗击日本军的薛岳部队……背景不同信仰不同文化程度不同，但都有一种顶天立地的担当。那岳麓书院大门对联：惟楚有才，于斯为盛。高悬于历史的时空中，是天下读书人，第一要的豪气和担当。

湖南人的自信和豪迈从瓷碗瓷盘内潇洒自如的汉字迹中飞扬跋扈。唐代民窑瓷工们就这样瓷行天下。

每艘沉船的背后都有不同凡响的故事，但终归是一出出悲剧。然而，几乎所有的沉船打捞都少有提起船上人员的下落。是全体人员都在沉船前安全撤离了？还是人其实远不如瓷器等器物，船舱里的茴香八角依旧，而人，不是被鲨鱼们吞噬得一干二净就是早已腐朽得什么也没剩？

这是难解的困惑。即使凄美的泰坦尼克号也未能给出解答。

"黑石号"不是中国船，而是一艘阿拉伯船。长约22米，宽7—8米，载重量约25吨。

“黑石号”沉船

没有一钉一榫头，全用椰壳纤维制成的棕绳扎结“缝合”而成，这是阿拉伯人独有的造船技艺。纽约大都会博物馆南亚及东南亚分馆的高级管理员约翰·盖伊言：“在东南亚海域发现阿拉伯三角帆船遗骸，这还是第一次。”“这也是迄今为止发现的9世纪初中国南方的金器和瓷器中，数量最庞大、样式最丰富的一批。”

据报道说，“黑石号”沉没于勿里洞岛附近，勿里洞早在中外的航线图上有过清晰的标识，在贾耽的《新唐书》中，在伊本·库尔达兹比赫（Ibn Khurdadhbih）的《道里邦国志》中，在商人苏莱曼（Sulayman）的著作《中国印度见闻录》（Akhbaral—sinWal—Hina）中，在阿布·扎伊德·阿西拉弗氏（Abu Zayd al—Sirafi）的《中国与印度关系》中，都有过相关记述。勿里洞位于印尼苏门答腊和加里曼丹岛之间，东为卡里马塔斯海峡，西为加斯帕海峡，南为爪哇海。舵手由于何种原因出现偏差而造成灭顶之灾，不得而知。发现时，“黑石号”埋藏于海底深17米的海泥中，美丽的珊瑚丛环绕着它。其实，距岸不过四五海里。

打捞“黑石号”的是一位德国汉子，1997年时47岁，推算出生于1950年，早已是人到中年天过午了，此前是一家水泥厂老板，与打捞沉船风马牛不相及。这位冒险家的身上还笼罩着普通人的家常气，他是五个孩子的父亲。他的妻子评价他：他并不像大家所想的是一个追求刺激的人，他很安静，也很有责任心。就连他生探险之心也与家族有关。他的嫂子是印尼人，因而他的水泥厂有一些印尼工人，有的就居勿里洞附近，说是那边的渔民捕海参时，捞起过古瓷碗之类。他才起了心，带上水下呼吸器，夏季前往印尼度假。没想到的是，自此，人生轨迹大改写。

他，就是蒂尔曼·沃特法。

命运垂青于他。他首先发现的一艘古沉船，是明初洪武时期的，中外器物丰富多彩，谁说洪武时期全封闭？遂命名为鹰潭号（音译）沉船。翌年，他又发现了一艘古沉船，早至宋代！沉船中居然有小火炮！谁说小火炮是14世纪后才发明的？又命名为马热尼号（音译）沉船。

裹满海洋生物的唐代陶罐
（发现于勿里洞岛附近海域）

还是这一年，他再次发现了“黑石号”沉船！好家伙，那双手陡然间就触摸了唐、宋、明！别说这就是“踏破铁鞋无觅处，得来全不费功夫”，也别说一夜暴富，从水泥厂老板变成拥有数千万美元的超级暴发户。个中的艰辛和付出，非常人能做到。

后来，沃特法做出“以4000万美金整船出售”的决定，应该是明智的。既然来自湖南、河北、河南、浙江等各个不同窑口的瓷器因输出海外而聚集于这艘单桅帆船“黑石号”上，已经1200年，那么，就让它们永远整体聚焦于人类的眼中，见证那雄视世界的大唐辉煌年代，叹为观止又发人深省。

尘埃落定。“黑石号”整船宝物，已经以3000万美金的代价，永久归属新加坡。据称，是新加坡的富商先购得几年使用权，再筹资买下全部，捐给政府。

2004年4月14日，英国《独立报》发表文章《1200年前的沉船宝藏告诉你一个未被探触过的中国》。

每则新闻对于今天的中国人，都不乏强刺激。

期盼的是，中国人快出多出海底打捞达人探触古老中国沉船。

相信的是，中国的土豪们有朝一日也会联手为探测中国古文化出金。

至迟在唐开元二年（714），广州率先成立市舶司，成为对外贸易的大都会和重要港口。开元四年（716），唐玄宗便颁旨内供奉张九龄督率良工凿修梅岭驿道，广州连洪州（今南昌），通过赣江、长江成为连接中原的要道，也成为输送外销瓷的主要通道。

唐代陆上外销瓷路线，仍以长安为中心。从长安东北出营州（今辽宁朝阳），可抵朝鲜；西北出沙州（敦煌），沿丝绸之路西至西亚、欧洲、非洲各国。

唐代海上外销瓷路线，亦仍可分为两大路线。

一条是从扬州或明州到朝鲜或再至日本，也可直接至日本。这一条还可分为北路和南路：北路航线，基本于朝鲜半岛沿岸航行，较安全。南路航线离岸而行，横渡滔滔东海，风险大。

另一条是名副其实的远航大路线：从广州出发，到东南亚各国，或出马六甲海峡，进入印度洋，经斯里兰卡、印度、巴基斯坦到波斯湾航线。或再继续沿阿拉伯半岛西航到非洲东岸，或通过红海到北非。

曾任宰相的贾耽在《海内华夷图》记录了七条主要的对外交通路线。其中，由安西入西域道，由广州通海夷道最为重要，即陆上丝绸之路和海上丝绸之路。他在《广州通海夷道》中对唐代广州至波斯湾航线做了详细的记载，大致是：从广州起航至屯门港，过海南岛七洲洋，抵达越南东南部海面，再南下越马来半岛湄公河口，通过新加坡海峡到苏门答腊岛。由此东南往爪哇，西北出马六甲海峡，横越印度洋抵达斯里兰卡和印度半岛的南端。再沿印度西海岸至波斯湾的奥波拉和巴士拉港。在此，可南航至东非索马里、坦桑尼亚等，也可经红海至北非埃及。

这两大航线，途经各国的中世纪遗址纷纷出土晚唐五代宋初的瓷器，航线及附近海底沉船海捞瓷，如红海沿岸的科塞尔，尼罗河上游的底比斯、库夫特，开罗近郊的福斯塔特遗址，都发现了大量唐代瓷器，皆无可辩驳地印证了这两大航线的实际存在。

唐五代时期，沿海的登州、海州、扬州、明州等，是与日本、新罗交往的重要港口。广州与全国沿海各港口或口岸的航线则是畅通无阻的，在扬州、福建、广州、交趾沿线之间，广州处于中心的重要地位。

盛唐中国，与 300 多个国家和地区有友好外交关系。长安城是世界第一大城市，人口过百万。面积是同代罗马城的 8 倍。有四五千外国人居住在长安城，多时竟达数万人。此外，广州、洪州、扬州、洛阳等地，也多外国人，尤其是商贾云集之地，上至使臣商贾，下至凡夫走卒，无所不包。

瓷器，在唐中后期成为另一重要的大宗外销商品，不仅有全然的中国风瓷器，而且又有为外域度身定做的，或主动地适合异域风情的器型纹饰，或采用异域定制方法来广开国外销路，其影响，在异域当是振聋发聩，倾慕艳羡，乃至顶礼膜拜。比之晚明至清盛世为应合欧洲市场而仿制欧风或由欧洲商人定制之流行风，早了 900 余年。当然，无论是主动迎合还是被动接受，这期间，异域文化和审美倾向也潜移默化于中国陶瓷技术与艺术之中。

唐高祖李渊曾不无骄傲地说：当今蛮夷率服，古未尝有。胡越一家，自古未之有也。唐太宗李世民则云：自古皆贵中华，贱夷狄，朕爱之如一。唐玄宗前期出现“开元盛世”，唐朝经济已超过同时代的拜占庭以及阿拉伯。盛唐时期，宽阔的胸襟、非凡的气度和博爱精神已视天下为一家。

但大唐也逃不过盛极而衰的命运。

天宝十年（751），唐军将领高仙芝对中亚的石国（今乌兹别克斯坦塔什干一带）用兵。石国乞援于大食，大食派吉雅德·本·萨利赫东来。于是友好经年的中国与大食大会战于塔拉

《客使图》：再现大唐的对外交流
（章怀太子墓出土）

斯河（亚怛罗斯）。高仙芝和葛锣禄部联军败于萨利赫。唐朝的惨败使中国再也没能力回到中亚去。而大食成功巩固了中亚西部河间地区的控制权，与大唐隔葱岭相对。

然而，这场战争在人类科学史上意义却非同小可。大食掳走数万中国俘虏，其中有织匠、金银匠、画匠、造纸匠等，这些工艺技术纷纷西传，成为别样的影响深远的中外文化交流。公元 751 年后，中国之外的第一个造纸作坊出现在阿拉伯帝国境内的撒马尔罕。《旅程和王国》中坦言：“纸是由俘虏自中国引入撒马尔罕的。”很快，巴格达也出现了造纸作坊。再从阿拉伯传往西班牙、西西里和法国部分地区，再传遍欧洲，对西方的文明产生了很大的影响。接着，活字印刷术、罗盘和火药相继从中国传到中世纪黑暗的欧洲，在那里石破天惊。中华民族智能凝成的伟大发明，竟使欧洲封建社会赢得了继希腊以来又一次技术发展高峰。正是因为站到了这个高峰上，西方到 17 世纪便把一直遥遥领先的中国抛到后面去了。当然，阿拉伯帝国先进的数学、天文历法与航海、地理知识也渐渐传入中国，伊斯兰教也传入了中国。

被大食俘虏过去的汉人杜环，在域外生活了 12 年后回到祖国，将其到过的阿拉伯地区，且远至北非马格里布地区的摩洛哥等的所见所闻写了一部《经行记》，留下了那段历史的珍贵记录。

亚怛罗斯大会战后四年，天宝十四年（755）12 月 16 日，节度使安禄山与其部将史思明以诛宰相杨国忠为名，在范阳举兵叛乱，史称“安史之乱”。此后，大唐日渐衰落。至天祐四年（907）梁王朱温篡位灭亡，大唐共延续了 289 年，含武则天共传了 22 位皇帝。此后 53 年，中国大地，动荡不安，契丹、女真等也进入逐鹿中原的混战中。延绵不断的战乱，阻隔了陆上丝绸之路，倒促使海上丝绸之路崛起，推波助澜中成为最理想的海上陶瓷之路。

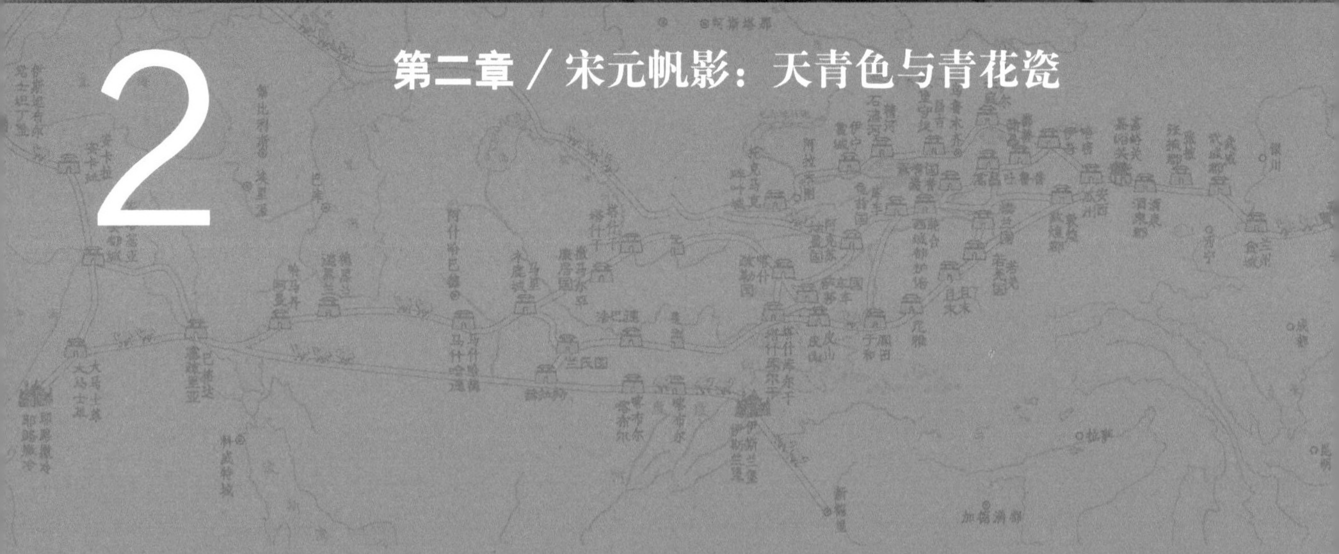

2 第二章 / 宋元帆影：天青色与青花瓷

大江东去，浪淘尽，
千古风流人物。
——苏东坡

一、宋瓷春秋：美到极致是天青

宋瓷的价值、意义和地位，今天的人们似有大顿悟，因了那份天青的等待、淡雅的安静、高贵的肃穆、雄浑的简单和悲意的从容。因了这正是现实中日见稀释而尤为珍稀的品质和风骨。

宋瓷与宋词，恍若双生花，可相互释义，虽瓷有器型有颜色纹饰，词仅纸上墨迹空中声，但心有灵犀一点通。宋瓷与宋词一样，既生“杨柳岸，晓风残月”的婉约空灵美，又见“大江东去，浪淘尽，千古风流人物”的豪放气象。

宋瓷的外销路线，从陆上丝绸之路向海上丝绸之路拓展，20 世纪 60 年代日本学者三上次男一行，以极大的兴趣，两次考察了从唐末以来愈来愈繁忙的海上贸易路线，因中国瓷器成为输出主体，故命名为“陶瓷之路”。即从中国东南部的各海港出发，绕过印度支那半岛和马来半岛，一条主道通向南太平洋诸国，另一条主道驶向印度洋，通过波斯湾和地中海，到达阿拉伯、东非，乃至西欧。而今，在亚洲沿海及非洲东海岸、北非乃至欧洲很多国家都发现出土、海捞和传世的宋瓷，见证着宋代外销瓷的花样年华。其中，广东阳江市东平港以南约 20 海里处的南海一号沉船的发现和整体出海，西沙华光礁一号沉船的打捞当是中国陶瓷史、海运史、造船史、中外文化交流史上不可绕过的大事件。

史学家、江西修水人陈寅恪曾高度评价宋文化：“华夏民族之文化，历数千载之演进，造极于赵宋之世。”而据当代数据对宋真宗初年 GDP 总量的统计为 265.5 亿美元，占世界经济总量的 22.7%，人均 GDP 为 450 美元，均超过当时西欧人均 GDP427 美元！

于是，在商品大潮惊涛拍岸人心浮躁的当今，仍鄙夷金钱崇尚精神的“过气文人”的眼里和心中，宋代无疑是永恒的寄托处。无论是北宋还是半壁江山的南宋，皆为怅惘又追忆的理想时代。宋代既富得流油同时还从金钱中生长出雅致散淡，今谁能做得到？就连丢了江山自己也极悲摧的宋徽宗，世人也多有谅解；而南宋灭亡南海最惨烈的一幕仿佛等同中华民族不死的气节了。然而，怎么看怎么听都有点恍惚，不踏实。

其实，北宋南宋虽堪称美好多多，但远没有今人追忆的那么美好。固然，文学艺术繁荣，科学技术发达，但悲剧惨剧仍贯穿头尾。尽心美化，不过是今人针砭时弊或愤世嫉俗的托词；

但毋庸置疑的是，清雅、高贵、宁碎不渝，属于宋瓷；人不如瓷，宋瓷有气节，有气质，有气场，有气象。

溯至黄巢起义摧垮大唐，中国陷入五代十国割据的乱纷纷局面。至公元 960 年，手握重兵的后周禁军将领赵匡胤在陈桥驿发动兵变，建立大宋王朝，为维护皇朝的稳定，“重文轻武”为基本国策，通过科举制选拔文人参政，固然有其进步性，从福泽子孙的世袭进而布衣亦可苦读而平步青云。同时重视商业，强化经济基础。但宋初并未完全大一统，契丹、西夏仍虎视眈眈于宋。契丹后改国号为辽，与宋为燕云十六州的争夺频频作战，直到 1005 年宋真宗以金钱求和，订立“澶渊之盟”，这才相安无事百年。其实质性的前提是：1004 年宋真宗在忠臣寇准的近乎强迫性的鼓舞下亲临前线懵懂打下了胜仗。本来，国富民强与国强民富当是一互补辩证关系，亦是世世代代的中国人，无论皇帝文武百官抑或底层平民百姓的追求和向往，然而，宋代却给了我们一个百思难解的特殊。宋代，尤其是南宋，几国富民富，宋词绘画人才济济，五大瓷窑声名鹊起，火药、指南针、活字印刷、过洋牵星术皆成熟于此，然而从北宋真宗“澶渊之盟”以金钱求和，到靖康之耻偏安南地的一退再退，武不能攻亦难守，处处挨打！是文以致弱，还是弱而偏文？明明白白的是，宋之外贸，尤其南宋，可谓皇室官府民间齐努力，将外销商品尤其是瓷当成国富民富的重要举措。市舶司熙熙攘攘，皆为利来利往，给国给家赚了个盆满钵满。宋高宗赵构曰：“市舶利最厚，措置合宜，所得动以百万。”其时，仅泉州、广州、明州三处市舶司的税收就占全国财政的四分之一。而指南针和过洋牵星在国际昼夜航海中大显身手：“舟师识地理，阴晦观指南针”。于瓷而言，西方不亮东方亮，黑了北方有南方，景德镇青白瓷、龙泉窑青瓷，建窑、吉州窑黑釉瓷等成为南宋外销瓷的主打，杭州、泉州、福州、广州商港兴隆繁忙，且口岸附近专做外销瓷的窑场越来越多，有本地的，更有从景德镇等南迁而来的。据赵汝适《诸蕃志》记载，宋代的瓷器被运往全球 50 多个国家，最远的包括非洲的坦桑尼亚等地。来中国通商的也有大小数十余国。疆域日蹙海贸却日盛，朝廷财政依赖海外贸易为国库的重要收入，但海外贸易量愈大，中国钱币流出海外也愈多。为防止钱荒，南宋继承唐代关于钱币的输出禁令，于 1219 年又规定凡买外货须以丝帛、锦绮、瓷器、漆器等为代价交换。由是，宋代瓷器则更多地输出海外了。因而，南宋可称为古代中国史中珍稀的海洋时代。

宋瓷，如同“一树高花明远村”，充满了向海外辐射的魅惑力，对人类生活和世界文明默默做出奉献……

无可否认的是，宋朝历代皇帝对艺术的喜爱和追慕，尤其是北宋亡国之君宋徽宗父子的艺术天分和后天的努力，对宋代艺术的影响是巨大的，无论是宋画还是宋瓷。上有所好，下必甚焉。细腻婉约、温润风雅，经由文人的浅酌低唱，到宋徽宗的大力倡导，如同马未都所言：中国美学的第一次高峰在此时迅速形成。而五大名窑汝、官、哥、钧、定以及广布民间的磁州、耀州、龙泉、景德镇、吉州、建窑等窑系将陶瓷之美表现得淋漓尽致，并影响后世整整千余年。如果说宋画卓尔不群，将以前的温暖色调和迷人细节一扫而空，那么，宋瓷的美也有这一面，凸显的是雄浑中的简单和肃穆。

国富民富的宋朝，从北宋至南宋，已失江山半壁，在与北边辽、金、西夏战和纠结中倒也延缓了百余年，即使横扫千军如卷席的蒙古铁骑，要将其灭绝也还颇费周折，如若没有内部的投降叛逆，可能还能苟延残喘好些时日。总以为谁都无暇顾及瓷器之事，其实不然，忽必烈已将目光投向文天祥的故乡……

尽管如此，南宋也挽回不了覆灭之命运。1279 年的南海崖山海战宋败，8 岁的小皇帝赵昺被大臣陆秀夫背着跳海而死，当崖山南宋完结的惨烈印象烙进历史的图景时，景德镇却已经成为元朝皇室的御器厂了。

1. 澶渊之盟与天青的向往

中国皇帝珍爱青瓷，大约与“青天”有关。青天，是统治者的标榜，亦是老百姓的向往。据许之衡《饮流斋说瓷》载，五代时，柴世宗创设柴窑，“相传当日请器式，世宗批其状曰：‘雨过天青云破处，者般颜色作将来’”。天青色，成为中国陶瓷史上最持之以恒的无尽追求。宋代有“柴、汝、官、哥、定、钧”六大古名窑之说，柴窑被认为是“六大名窑”之首。然而，柴窑和柴窑瓷却是千年之谜，至今无解。今传媒将“天青”与“柴窑”皆移花接木于亡国之君宋徽宗赵佶的美学追求，得到大众认同，他倒也配得上。

宋太祖兵不血刃而改朝换代，和平过渡本不是坏事。宋朝立国之初，对海外贸易便设立管理对外贸易机构，开宝四年（971）先在广州设立了市舶司，随后，杭州（989）、明州（999）设立了市舶司；《宋史·张逊传》也有“太平兴国元年（976）设榷易署”的记载；此外，还派内侍到海外去招徕贡市贸易。《宋会要辑稿》有太宗雍熙四年（987）“遣内侍八人，赍敕书金帛，分四纲，各往海南诸藩国勾召进奉，博买香药、犀牙、珍珠、龙脑；每纲赍空名诏书，于所至处赐之”的记载。后哲宗元祐二年（1087）泉州也设立了市舶司。其时海外贸易中，外销瓷是大宗商品。

宋太祖面对大运河将黄河与长江流域南北贯通的格局，在禁军中成立了专门的“造船务”，并“凿大地于汴京之南，引蔡水注之，造楼船百艘”。宋代战船种类多达十多种，楼船外，发

宋真宗像

轫于南朝的用轮推进的车船，已被广泛使用，比欧洲车轮船早两三百年，指南针用于航海也始于宋代。随着中国经济重心逐渐南移，宋代瓷器成为中国陶瓷史上第一个黄金时代。别说宋瓷格局小，正是宋代大量仿三代青铜彝器的官窑陈设瓷，气魄雄伟。制瓷业百花齐放、争相斗艳，各领风骚，制瓷技术达到了卓越非凡的高度。官窑系统与民窑系统双峰并峙。官窑不计成本，精益求精；民窑异彩纷呈，与官窑交相辉映。北方辽、西夏和金，也拥有各自的制瓷业。

有人说宋太祖一开始就定错了调，重文轻武，使国家不重视军事力量，似太武断。但是，到第三代宋真宗赵恒手里，还真是念歪了经。其时，宋室国富民强，而这位皇帝却极度害怕战争。面对外敌频频骚扰侵犯，却一味以金钱频频加码来换得和平，如此一厢情愿，那是很悬的事，因为还得看对手的胃口和“素质”了。

景德元年（1004），远在江西东北山地的昌南镇忽传喜讯，宋真宗命此地烧造瓷器底书其年号“景德年制”！皇恩浩荡，于是天下咸称景德镇。这究竟是怎么回事？史书并无详细记载。但这一年，于宋真宗是多事之秋。他久居深宫，饱读诗书，又受黄老无为思想影响，希冀的是丰衣足食、春花秋月的平和守成生活。辽国屡屡骚扰边疆，他被朝中针锋相对的主和与主战两派夹击，很是纠结苦恼。就在这一年春，他拗不过主战派寇准，被强拉着出征，而军队与百姓见皇帝亲征，士气高涨，水平空前发挥，不仅转危为安，而且大获其胜，打得辽军一败涂地。但是，他却仍坚持议和，与辽契丹政权订下了“花钱买平安”不无屈辱的澶渊之盟。有什么办法呢？他就是这样一个虽生性懦弱却又好作秀的“仁义天子”。倒也看重土地耕作，引入暹罗良种水稻，又改进铁制工具。尤其好读书，其《励学篇》流传至今：“富家不用买良田，书中自有千钟粟。安居不用架高楼，书中自有黄金屋。出门莫恨无人随，书中车马多如簇。娶妻莫恨无良媒，书中自有颜如玉。”仿佛是“知识改变命运”的超前版。此外，其皇后刘娥还被好事者编成了真真假假的戏文《狸猫换天子》，成为中国戏剧的经典剧目流传至今。那么，他与景德镇奇缘何来？

景德镇窑影青斗笠碗

景德镇窑青白釉瓜棱细颈壶

陈列于景德镇陶瓷博物馆的一只传世的北宋影青瓷斗笠碗或许能作解答。白里泛青，江南“草色遥看近却无”的春意都融汇在里面了，名副其实的“白如玉、青如天、薄如纸、声如罄”。这种斗笠碗是“吃”茶的——喝光水后还得将茶嚼进，古人小拇指留长指甲就是为了方便把茶叶钩到嘴里去。这碗形，太顺溜了。或许，真宗帝在澶渊大捷后，在心境无比复杂中端起这只青白釉斗笠碗吃茶，瞬间感到正合寡人之意，因而成就了今天的景德镇？或许，懦弱的他也有独辟蹊径的一刻，他就是喜欢上了这影青瓷的独具一格呢？

景德镇的影青瓷，世人称为绝品。北宋景德镇“村村陶埏、处处窑火”。青白釉瓷，其时以景德镇湖田窑为代表。其青色在若有若无之间，晶莹润泽，冰清玉洁，兼施以刻、划、印、篦丝等纹饰，淡妆素雅，光致茂美，既博采各名窑所长，又独树一帜。那份典雅高古，那份素淡温馨，让你久久沉浸在古老的东方情调之中。

湖田之外，杨梅亭、黄泥头、南市街等，都得到了新的发展；浮梁南河与小南河一带的湖坑、三宝蓬、何家蓬、牛氏岭、月山下、小坞里、凤凰咀等因产瓷石，也相继兴起了中小型窑场。

1004 年，昌南镇改名景德镇，是一个里程碑的质的飞跃。

宋真宗（968—1022），享年 55 岁，997 年即位，在位 25 年。“澶渊之盟”成为历史书必载的典型例证。自此，宋辽之间 120 年无战事。但是，“花钱买和平”的前提是打赢了一仗，而且，与敌手辽萧太后的睿智抉择也分不开。

至风流倜傥的画家徽宗时，其农业、造船、纺织的发达酿就的富足堪比盛唐，而指南针、火药、印刷和造纸这日后被外国人称为改变世界的中华四大发明，在宋代已成功又成熟。锦上添花的是五大名窑：河南汝窑、杭州官窑、浙江龙泉哥窑皆以青瓷著称，河南钧窑铜红釉玫瑰紫、河北定窑的甜白瓷，还有虚无神秘的柴窑交相辉映，共建瓷上中国天堂，精巧脆弱的瓷，既折射出宋王朝的繁荣昌盛，又见证其式微衰败。

而宋代所谓名窑官窑所产名瓷，与外销缘分并不是太深，虽然现今世界各大博物馆都以珍藏宋代五大名窑名瓷为贵，如果说她们是外嫁的公主，那行走的是另样的路径。宋代外销瓷类型，也不像唐代那般生猛。唐三彩渐被人遗忘，铜官窑已淡出。景德镇窑和龙泉窑遂成为出口外销的主打，无非器型与纹饰上多点异国花木。“郁郁乎文哉”的宋代，在文化艺术方面远远领先于世界，自恃把握从容，自信稳妥散淡，不像面对战争那般手忙脚乱没主心骨、又对敌手唯命是从任其宰割。

宋徽宗的统治是 11 世纪初的 25 年。北宋末期，集兴衰荣辱于一身。城镇商品经济发达至极，宫廷画师张择端的《清明上河图》是不朽之作，留下的是百万人口东京开封府繁华街市的“摄像”。其时，全国已有 46 个 10 万人口以上的城市，而欧洲最繁华的商业中心城市人口却不及 10 万。然而，这个年代却又是北宋灭亡前夕最黑暗最腐败的时期。明代施耐庵的《水浒传》，便是半虚构故事在纪实宋徽宗岁月中穿行。宋廷面对女真族的兴起，无招架之力，最后江山易主，徽宗钦宗成了亡国之君，也是咎由自取，只是苦了北宋人民。

但风流天子宋徽宗，毕竟才华横溢，在他治下，设立国营画院，将书画提升为科举考试的必考科目，五大名窑也发出各自耀眼的光辉，中国的艺术从容迈向巅峰。其宋瓷既赢得了阳春白雪绝代风华之永恒，又走进下里巴人，赢得全民大普及的境界。

艺术皇帝，亡国之君。功是功，过是过。功，无法抵其过。过，也无法抹煞功。但，文化艺术如美艳之裘毛，国家实力却如皮，皮之不存，毛将焉附？

北宋五大名窑中仅定窑为白瓷系，前四窑皆为青瓷系。就青釉而言，就含天青粉青豆青冬青翠青灰青虾青影青蛋青映青罩青等，这就是一色纯净胜万彩的单色釉，单色釉也仅是颜色釉之一种。

千年逝去，当年遗址多难以寻觅，如若没有古陶瓷研究的前辈们披荆斩棘踏访调查，名窑遗址难以见天日。而今，从昨日的名窑能否抽缫出绵绵不绝的思辨？

汝窑以青瓷见长，独为皇家烧制，仅持续 20 年。现存于世的仅有 79 件，弥足珍贵，为五大名窑之首。当年陈万

汝窑青瓷

里、叶喆民等曾数次前往临汝、宝丰、鲁山等地寻找古窑址。1988年考古发掘证实其遗址就在河南宝丰清凉寺，面积约为25万平方米。天青釉色是汝窑之独秀佳处。“蟹爪纹”“香灰色胎”“芝麻挣钉”为其特征。在2012年4月香港苏富比“中国瓷器及工艺品”专场拍卖会上，一款“北宋汝窑天青釉葵花洗”以2.08亿港元成交。台北故宫博物院所谓十大镇馆之宝，瓷器为两件，居然都是汝瓷。

宋官窑青釉盏托

官窑有北宋南宋之别。徽宗曾在汴京（开封）设窑，窑址可能随着黄河改道已淹没于河床下。南宋仍袭北宋官窑遗制，1985年在杭州市郊坛下、修内司发现官窑遗址。官窑瓷器多素面朝天，古朴典雅，“紫口铁足”，“蟹爪纹”“冰裂纹”等。另一类，仿商、周、秦、汉古铜器，如尊、炉等。典型的宫廷风格，精益求精，雍容华贵。

宋哥窑葵瓣口盘（海外收藏）

哥窑也有紫口铁足，也有开片，产生“金丝铁线”的典型特征。开片，又名碎纹釉、百极碎，这原本属于工艺缺憾，由于釉面与坯体膨胀系数不协调而造成的釉疵，却恰恰因为不假人工而别开生面，化腐朽为神奇，有的状似冰片，有的形如龟裂，有的细如牛毛，有的飘若柳叶……超类绝响，或许因为人生不无缺憾，碎纹釉才引起人们心中的强烈共鸣？

钧窑遗址于1975年在河南禹县八卦洞附近的钧台被发现，而自1951年起，前辈陈万里、冯先铭、叶喆民等已作实地和史料的考查调研。

钧窑虽属北方青瓷系统，但以天蓝、月白为主，因釉中有氧化铜和铁的成分，经过还原焰烧制而呈现出绚丽多彩的“窑变”现象，其玫瑰紫等于青釉打破了一色釉的单调，形成了相对妍丽的艺术风格。民间素有“钧如玉比，钧比玉美”和“纵有家产万贯，不如钧瓷一片”的说法，千百年来深受人们钟爱。后来的祭红、郎红都是钧红的变种，属同一系列。

宋钧窑玫瑰紫花瓶

颜色釉的探索，是人类从“窑变”的偶然性到必然性的探索。

定窑是五大名窑中唯一烧造白瓷，且最早为北宋宫廷烧造御用瓷器的窑场。20 世纪 20 年代，叶麟趾确定定窑“窑址在河北曲阳涧磁村”。其胎骨坚细润滑，釉为乳白色，滋润恬静、柔和莹润。装饰纹样有莲花、牡丹、石榴、萱草、游鱼、云龙、鸳鸯、孔雀、雁、鸭等，又善于运用印花、刻花、划花等装饰技法，将白瓷从素白装饰推向了一个新阶段。

即便元明清有了青花、五彩、斗彩、珐琅、粉彩等彩瓷，但是，怎么也彻底取代不了，更割断不了人们对单色釉瓷的思恋和重造辉煌。

2. 地上地下：阆苑黑葩与民间青白

宋代，中国瓷器出口的数量是惊人的。《中国陶瓷史》竟不吝篇幅，给了宋代外销瓷 7000 余字的表述。

赵汝适的《诸蕃志》成书于南宋理宗宝庆元年（1225），其时他担任福建路市舶提举，在自序中云：“汝适被命此来，暇日阅诸番图，有所谓石床长沙之险，交洋竺屿之限，问其志则无有焉。乃询诸贾胡，俾列其国名，道其风土，与夫道里之联属，山泽之蓄产，译以华言，删其秽渫，存其事实；名曰诸蕃志……”可见其写作认真负责之态度。书中列举了当时亚洲 56 个地区或国家，其中与中国有瓷器贸易的占 1/4 以上。宋瓷输出的国家有 15 个：占城、真腊、三佛齐、单马令、凌牙斯加、佛罗安、兰无里、细兰、南庇、麻逸、渤泥、阇婆、层拔、西龙宫、三屿等，即属今越南、柬埔寨、马来西亚、印度尼西亚、菲律宾、印度、非洲的坦桑尼亚等国家。从现在考古情况来看，宋瓷实际输出的地区和国家绝对多许多。

同时，中国瓷技瓷艺也慷慨外传，最早传至朝鲜、暹罗、日本、伊朗等国家和地区。如朝鲜出土宋代瓷器有磁州窑白地黑花瓶、耀州窑刻花注碗、临汝窑印花碗、龙泉窑碗、青釉刻花篦划纹碗及景德镇青白瓷等。曾出使高丽的徐兢，于宣和六年（1124）著《宣和奉使高丽图经》载，高丽青瓷中有仿汝窑形质的盏托、注碗与盘等器物，造型规整，设计奇巧，制作工艺高超。南宋时期刊刻的《袖中锦》一书，罗列的“天下第一”中就有中国定窑白瓷、高丽秘色瓷等，而高丽秘色瓷则是朝鲜仿照越窑青瓷而烧制的。

日本与中国一衣带水，出土中国宋瓷最多。三上次男指出：“10 世纪至 12 世纪，泉州有许多商船运载中国陶瓷器东渡日本，发现最集中的是镰仓，在这里采集到的中国陶瓷器有五万余件。”日本九州福冈修地铁时出土中国陶瓷片有十万片之多。九州、四国沿岸及中心地带，达 40 个县以上都有各种宋瓷出土。

宋神宗时，日本人成寻来中国拜见神宗，宋神宗询问日本需用汉地何物？成寻答以香药、

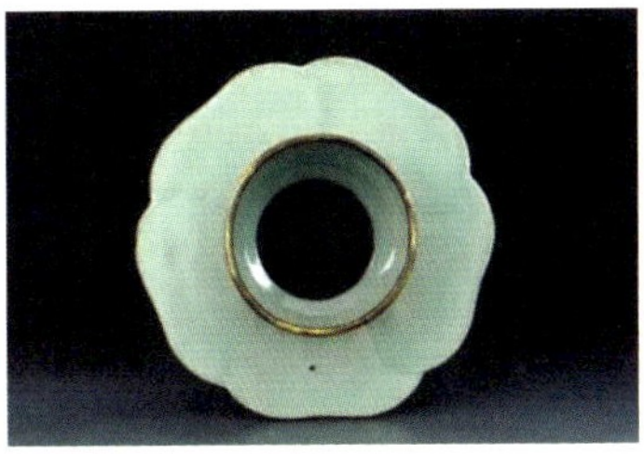

12 世纪高丽翡色青瓷五瓣花形盏托

明州（宁波）古城

茶碗为其主要者。

宋徽宗崇宁四年（1105），泉州商人李充的商船由明州（宁波）启航，装载了“夆垸贰佰床，磁碟壹佰床”去日本。

景德镇有专供外销日本的作坊，并一直延续到元代，日本亦出土大量景德镇宋青白瓷。还有福建沿海地区窑口出产的四系瓶、龙泉窑青瓷、福建同安窑瓷等。另还有出自江西赣州窑、吉州窑的黑釉瓷。

今天，在东京国立博物馆就有两件被奉为国宝的宋代黑釉茶盏。一件是南宋吉州窑梅花纹盏，黑釉上仿佛细雨纷纷，朵朵寒梅悄然绽放；一件是建窑禾目天目盏，釉肥厚，略垂挂，口沿内外有兔毫般黄褐放射纹。两盏皆浑然天成，质朴中见华贵，皆为鬼斧神工的窑变结晶。

黑釉瓷行天下，宋徽宗功不可没。他爱吃茶，更爱斗茶。先将半发酵的膏饼碾成细末放在茶盏内，再沏以初沸的开水，水面浮起一层白沫，再搅拌之，白沫翻滚如雪浪花，用黑盏对照，更见分明和情趣。宋徽宗在《大观茶论》中云：“盏色贵青黑，玉毫条达者为上。”后人追记的《宣和遗事》也记有“政和二年……又以惠山泉建溪异毫盏烹新贡太平嘉瑞茶赐蔡京饮之”。玉毫和异毫，皆为建窑兔毫盏。此外，还有鹧鸪斑、银星斑、玳瑁釉等。

宋代的吃茶斗茶，上自皇室贵族阳春白雪，下至平民百姓下里巴人，都好这口。既有众臣正襟危坐于四方大桌旁，主位徽宗，每人面前有黑釉茶盅，有满碟的干果，有沸水冲下的斗茶之乐，还有即席的吟诗诵词；更有街头巷尾，挑着茶水担子的小贩、生着火炉的帮工，短衣帮者，沏上一碗茶饼煎煮的茶汤，当街饮之；或于瓦舍茶馆，慢啜细嚼听说书，休闲兼清谈，或兴高采烈也斗一回。所以，宋代的茶艺，是雅俗共赏，蔚然成风。此风也由日本僧人引进岛国。

正是帝王的好尚，上行下效，使福建建阳山区民窑那本不讨人喜欢的黑釉，一跃为烧制专供宫廷用的黑盏。芦花坪窑址出土的茶盏和垫饼上的“供御”“进盏”等字样，印证了文献记载的可信。这也叫化腐朽为神奇，黑釉瓷突破审美范畴“南青北白”格局，实质上是清代登峰造极颜色釉的夺人先声；输出至海外的黑釉瓷光芒耀目至今。

宋代北方磁州窑，亦以生产白釉黑彩瓷器著称，如白地黑彩剔花缠枝牡丹纹梅瓶就是经典之作。日本小山富士夫曾感叹："在北宋，没有像修武窑那样富有变化，纹样优秀、色彩丰富的窑！"磁州窑开创了汉族瓷器绘画装饰的新途径，为彩绘瓷器的大发展奠定了基础。

吉州窑不输异彩，盛于两宋，尤以黑釉瓷著称，其"木叶"和"剪纸贴花"独领风骚，即以树叶、剪纸置胎上入窑烧炼，还真有点惊天地泣鬼神的悲凉之美。日本将其珍藏的吉州剪纸贴花盏誉为国宝。韩国中央博物馆陈列的 42 件吉州窑瓷器亦被视为稀世珍品。大英博物馆所藏的吉州窑凤首白瓷瓶、黑釉木叶纹盏也被列为国宝。吉州窑宋代还有一种绿釉瓷枕，有的枕底印有"舒家记"款，为"舒翁窑"所出，其女舒娇，名垂青史的女匠师。

吉州窑遗址现有废窑 24 处。吉州是文天祥的故乡，文天祥有两首诗中指涉"窑"，皆为《暑布送王廷举用萧敬夫韵》。王廷举是他老乡和友人。两首诗中与"窑"有关的摘其下："平生凉薄资，埏陶误大窑。谁知此石怪，愈沃乃愈焦。""高人不烟火，跳出天地窑。掀然立千仞，块视金与焦。"说的是吉州窑的黑釉瓷，抑或人生如炼瓷呢？

黑釉瓷器在日本被称为天目瓷。日本和韩国的茶道都以此为贵。中国茶和中国瓷器，自汉唐便配套般引进到日本。南宋时，日本僧人荣西，在浙江天台山修行求法时，于僧人们"茶禅一味"中得到感悟，两年后他带着茶种和建阳黑釉盏回到东瀛。播种，写书《吃茶养生记》。后，茶植遍岛国，茶道也风靡日本，他被尊为日本茶祖。

南宋嘉定十六年（1223），日本派山城人加藤四郎、左卫门景正，随道元禅师到福建学习制瓷方法，归国后在尾张、濑户等地设窑烧瓷。后来日本人称加藤氏为"陶器之祖"。

日本人点点滴滴学习中国，并始终如一，坚持，不放弃，这就是日本精神。中国人却大把大把丢弃，不珍惜，不反思，不清醒山外有山天外有天。

茶如是，瓷亦如是。

南宋 刘松年 斗茶图
中国台北故宫博物院藏

宋吉州窑黑釉木叶纹盏

三上次男在20世纪60年代两次考察海上陶瓷之路后，有一种新的看法，那就是："从东南亚各岛出土的中国瓷器，有相当一部分是专供外销的民窑产品，其中不乏闽广二省民窑为产。由于陶瓷研究界历来讲究陶瓷的身价名义而被忽视，但实际上，它们也是很重要的文化遗产。"且认为："中国陶瓷的研究，已经超出了名品鉴赏的范畴，而是渐渐地登上了美术史和东西文化交流史的领域，并且在世界贸易史舞台上大显身手，那也并非言之过甚。对于广义的历史研究来说，中国陶瓷确是贡献巨大的。"难怪有人对用于出口的宋代广东路瓷器的调查中，得出一年的总产量可高达1亿3万件的数据。

陈万里早有此见解："宋元明陶瓷，除了瓷器外，还有日用的大小水埕瓮罐之属的粗器，也远涉重洋送到东南亚各地去以满足当地人民日用上的需要，这与改进当地人民的生活方面，有着极重要的作用。"此前，东南亚地区多以植物叶子作为食器，至今某些地方还有此遗风。《诸蕃志》登流眉国条："……饮食以葵叶为碗，不施匕筋，掬而食之。"苏吉丹条："饮食不器皿，缄树叶以从事，食已则弃之。"渤泥国条："无器皿，以竹编贝多叶为器，食毕则弃之。"但中国陶瓷输入东南亚各国后，其日常生活发生质的改变。《明史·外国传》文郎马神条："初用蕉叶为食器，后与华人市，渐用瓷器。"

宋代赵汝适的《诸蕃志》、元代汪大渊的《岛夷志略》皆记录了菲律宾各地用瓷器为货进行博易。北宋中期，从福建泉州经澎湖到达菲律宾各岛的新航线开通。菲律宾自20世纪60年代持之以恒发掘古遗址，出土4万余件中国古瓷，多收藏于菲律宾国立博物馆、人类学研究所和菲律宾大学等处。其时马科斯总统夫人等政界显要豪富们，也都竞相搜集中国古瓷。出土瓷器以北宋早期龙泉窑瓷、浙江东阳、嵊县、金华、温州地区民窑为主；南宋时期以浙江青瓷、福建德化、泉州等窑的青白瓷、建窑黑瓷为主。马尼拉市内建筑圣阿拿教会时，曾在工地上发掘202座古墓，出土自宋以来的瓷器1513件，多为景德镇瓷。婆罗洲的土著民族，还将瓷碗瓷盘密密镶嵌于巨木作的墓柱上，四周雕刻花纹图案。不知何象征意义？1981年，冯先铭和李辉柄曾将从菲律宾带回的2件宋瓷——宋青白釉刻牡丹莲瓣纹凤首壶和宋青白釉褐斑刻缠枝花凤纹大碗，捐赠给故宫博物院，经考证，这类瓷器是广州西村民窑专门为东南亚地区烧制的外销瓷。

20 世纪以来，在东马来西亚沙捞越河三角洲及其附近一带进行考古发掘，中国瓷片巨量出土！仅沙捞越博物馆就藏有所得瓷片 100 余万片。宋瓷碎片中有青白瓷、青瓷、黑瓷及磁州窑系瓷器。为福建德化、泉州，广东潮安、广州西村，浙江、福建沿海地区民窑出品；在西马来西亚莫尔包河口南边的布吉巴士林登也出土有景德镇及福建德化青白釉印花瓷标本。

在印度尼西亚、文莱首府附近，亦出土 12—16 世纪中国瓷器碎片，宋瓷有福建、广东沿海地区的刻花青白瓷，南方地区磁州窑系产品，还有浙江龙泉窑瓷，雅加达国立博物馆收藏了极其丰富的中国出土出水的古陶瓷。

印度、锡兰、巴基斯坦等南亚地区，可谓处处遍布景德镇宋瓷踪迹。其中，色调清雅、小巧玲珑的宋代青白瓷小罐和四足小香炉，是向佛塔奉献的供品。仰莲瓣纹瓷碗、各式莲花瓷尊和瓷质佛像，体现了陶瓷美术与佛教美术的融合。

位于阿拉伯海北部的西巴基斯坦，是海上陶瓷之路到西亚诸国必经之路。英国考古学者早在 1854 年便对 1020 年毁于地震的不拉米纳巴城进行过考古发掘，出土了大量晚唐至北宋早期的外销瓷标本。20 世纪 50 年代起对巴博有系统的考古勘测，亦出土大量唐宋外销瓷标本，多来自广东、龙泉窑等窑口。1927—1928 年英国探险家斯坦因（A.stein）访问西亚时，在巴克（Pak）遗址发现了一片宋瓷！

如同三上次男的《陶瓷之路》一书中所指出的：在阿拉伯半岛的东岸、北岸、南岸都发现有中国的瓷器。

历史悠久的古国波斯（伊朗），素以制造陶器著称，是中东和西亚文化的中心。位于伊朗东部的尼夏浦尔，是古代呼罗珊的中心地，也是东西交通的要冲。北宋仁宗嘉祐四年（1059），拜哈奇记载这么一件外交轶事：“呼罗珊总督伊萨向哈里发的诃仑·拉西德送了精美的中国官窑陶瓷 20 件和一般陶瓷 2000 件。这是哈里发宫廷从未见过的东西。”正是宋代精美青白瓷的输出，激起了波斯仿制中国瓷“热”。原来崇尚华丽色彩、天马行空式花纹的波斯陶器，一改而为追求莹玉效果的“青一色”世界。釉色如此，器型也一样。

在世界闻名的土耳其托普卡帕宫，其收藏最早的龙泉青瓷是两只宋代的刻花碗。龙泉青瓷创烧于北宋，南宋至元为极盛时期，明代中叶后衰落。其主要产地在浙江省龙泉县及丽水、云和、景宁、松阳、庆元等县，窑址多达 150 余处。其青瓷釉色浓淡不一，温润如玉、变化无穷，淡雅粉青、莹润梅子青为最上乘，当龙泉青瓷外销到阿拉伯国家时，可谓倾国倾城，称之为“海洋绿”，托普卡帕博物馆称：“今天即使是最现代化的工厂也无法制造出这种半透明的青釉。青瓷的秘密至今无人知晓。”直到今天，欧洲人仍将龙泉青瓷叫作“雪拉同”。因法国雨尔费

埃及福斯塔特城遗址

碎瓷片

的小说改编成舞台剧中的牧童名雪拉同，他穿了件青色外衣，如雨后青天，如静静海水，美得醉人。雪拉同与龙泉青瓷有异曲同工之美，欧洲人乃赞龙泉青瓷为“雪拉同”。

遥远的非洲，在宋代中国人的眼里，已不遥远。宋代航路确已到达了东非的层拔，即今桑给巴尔岛。在红河岸边的库赛尔也出土有宋代越窑青瓷、龙泉窑青瓷，景德镇、南方北海地区的青白瓷等。

而自 10—13 世纪的宋代精美的瓷器，如龙泉青瓷，福建窑、广东窑青瓷，景德镇青白瓷，德化窑及其他南方窑的白瓷，北方定窑系的白瓷等，几乎都能从埃及开罗南郊的福斯塔特城遗址中找到它们的身影！埃及人还在中国输入的德化窑白瓷上，用鲜艳的色彩，画上伊斯兰式的花纹复烧，精制成独特风格的合作陶瓷。大约在法特米王朝（969—1171），埃及开始仿造中国瓷器并取得成就。福斯塔特城遗址在考古发掘中，发现中国瓷片一万多片，不只是在少数房屋中出土，而是遍及所有家庭废墟。三上次男感叹：“可以想见当时的开罗市民是多么富有，多么好奇，多么喜爱中国的物品。同时，也说明中国陶瓷的使用价值如何高。”

而欧洲人很有可能是通过地中海到埃及的亚历山大港贩运中国瓷器的，但数量决不会多，因而，中国瓷器都被视为无价之宝，常用金银镶嵌。

这件大维德基金会馆藏汝窑天青釉碗，则是清末民初时从宫中流失到国外的，是一件打上时代烙印的“外销瓷”，为目前所见传世的两件之一。另一件为北京故宫博物院收藏。口稍敞，镶有铜边。圈足亦微外撇。腹深，釉满，开片如印象派画。观之恬淡清新、温润可心。内底刻有楷书乾隆御题诗：“均窑都出修内司，至今盘多碗艰致。内府藏盘数近百，碗则晨星见一二。何物不可穷其理，碗大难藏盘小易，于斯亦当知惧哉，愈大愈难守其器。”有打油诗之倾向，但触景生情，寓意深刻，倒也难得。后署“乾隆丙午御题”，并钤“比德”“朗润”二印。

汝窑天青釉碗
高 7.1 厘米　径 16.9 厘米　大维德基金会馆藏

3. 海上海下：千帆竞发与沉船遗珍

宋代的瓷器外销，已成大规模。

周去非在《岭外代答》中记述了当时从南海出发的远洋巨舶，“浮海而南，舟如巨室，帆若垂天之云，舵长数丈，一舟数百人，中积一年粮……”何其壮哉。

宋神宗对海外贸易肯定之：“东南之利，舶商居其一”，“岁获厚利，兼使外番辐辏中国”。朱彧《萍洲可谈》撰成于宣和元年（1119），此书所记，多为其父朱服的见闻。朱服于元符二年（1099）至崇宁元年（1102）时居官广州，对广州市舶司、商市、港舶等非常熟悉，耳闻目睹，故为宋代南方经济繁荣留下了宝贵的记载。如记述北宋末年广州出海商船：“舶船深阔各数十丈，商人分占贮货，人得数尺许，下以贮物、夜卧其上。货多陶器，大小相套，无少隙地。”为了多装运瓷器出海，船上真是寸板寸金，人只能委屈于货上数尺许，亦不觉辛苦只觉甜。其时，广东瓷业已进入空前的兴旺期，沿海窑场纷纷上马，广州西村窑、潮州笔架山窑等80多处，年产瓷器达1.3亿件，比唐代增加近22倍。而徐兢在《宣和奉使高丽图经》载：出使国外时所乘大船为“神舟”，随行官员乘船称“客舟”，客舟长十余丈，载重量约120吨；而神舟当有400吨上下。两船至朝鲜时，倾国耸观，而欢呼嘉叹。

南宋时疆土日蹙，财政匮乏，愈发需要海外贸易来增加税收以助国用，《宋会要辑稿》载：绍兴七年（1137），高宗赵构说：“市舶之利最厚，若措置合宜，所得动以百万。”绍兴十六年（1146），高宗又强调：“市舶之利颇助国用，宜循旧法，以招徕远人，阜通货贿。”南宋王朝对海外贸易的重视和需要溢于言表。南宋《梦粱录》称：“海商之船，大小不等，大者五千料，可载五六百人。中等二千料至一千料，亦可载二三百人。余者谓之钻风，大小八橹或六橹，每船可载百余人。舶商之船，自入海门，便是海洋……风雨晦冥，惟凭针盘而行。”船的属具也有大的改进，如平衡舵和大型铁锚的使用。宋代的远洋海船向西已沟通了中国直达红海和东非的亚非航线，向东对日朝的航线也有进一步发展。

宋瓷外销海上航线，从泉州、广州和宁波等港口输出到东亚、南亚和西亚一带；至于输出到欧洲的瓷器，仍多为阿拉伯、波斯商人所垄断，经土耳其的伊斯坦布尔等海港辗转出口到罗马，意大利的威尼斯城担当中国瓷器的销售中心。日本学者冈崎敬说：从东向西的丝绸之路，也是从西往东的“白银之路”。信然。

当年扬帆海上的无数船舰，为金钱，为欲望，为闯荡，为兴趣，为开阔视野，或兼而为之，但不管船长商贾，不管有意识无意识，他们都在展示着人与海洋的关系，人的探索、发现、征服、和谐。

而沉没于海洋深处或浅处的古代船只，无论是根据史料定位还是今人捕捞偶然发现，都极具探索性和高价值，可能带来一夜暴富的惊喜，也可能是投入太大收获甚微的失落，但即使如此，每艘沉船都是一条通往过去的隐秘之路。沉船与货物的同呼吸共命运，不仅印证了瓷器商品的历史，而且与古代造船工艺及远洋航海技术密不可分。

“南海一号”的发现和整体出海，是中国痛定思痛、奋起直追的一次超重拳出击于海上海下。这是一个挑战海洋陆地同时也挑战中国自己的话题。是中国第一次亲自涉足海底古沉船古陶瓷等的大行动、大事件。它，需要大担当。当然，是离不开巨额资金支撑的大项目。

从 1987 年的“偶然发现”到 2007 年的“整体打捞”出海，移往水晶宫，时间已过去整整 20 年；20 年间惊动了多少体制内外的决策者热心人，困扰犹疑了多少为之解谜的各行各业的专家学者。据称水晶宫将全面开放。有说是具有划时代意义的里程碑，有说是“不计成本的疯狂举动”。但不管怎么说，“行”是最重要的。

压力是巨大的。动力也是空前的。

广东海上丝绸之路博物馆坐落于阳江市南部海陵岛上，远眺博物馆，全然现代风建筑，五个大小不一更不对称的圆洞，解构着传统建筑风格，似昭示着人们穿越时空隧道。博物馆面向大海洋，波涛轻轻逐打十里银滩，纯美简洁，仿佛是宋瓷之象征。馆中水晶宫，高 24 米、面积 2400 平方米，有 12 米深的海水，游客可以透过水下走廊的亚克力胶板观看到沉睡了 800 多年的古船。

回溯 30 年前，1987 年，广州救捞局与英国海洋探测公司原本在上下川岛海域寻找东印度公司沉船莱茵堡号（RIJNSBURG）时，却意外在水下仅 23 米深处发现另一艘古代商船，船身覆盖了近 2 米的淤泥，打捞出 200 多件瓷器，后鉴定为南宋沉船。1990 年代初，由中国水下考古事业创始人俞伟超先生命名为“南海一号”。

1989 年冬，中国历史博物馆与日本水中考古学研究所合作，正式开始对“南海一号”进行水下考古调查，这是中国水下考古队伍成立之后，在中国海域所进行的第一次水下考古调查。

2002 年始，在香港水下考古协会会长陈来发赞助并提供技术协助下，遂开始有计划的海底沉船调查发掘活动；同时，广东省经过反复论证，通过建设广东海上丝绸之路博物馆项目。

2007 年 12 月 22 日，“南海一号”整体出水。2011 年 4 月底，古沉船“南海一号”完成第二次试发掘，为其整体发掘奠定了基础。2013 年 11 月 28 日，“南海一号”的全面发掘工作启动。至 2015 年，经过 7 年的保护发掘，“南海一号”表面的淤泥海沙贝壳等凝结物被逐层清理，船舱内超过 6 万件层层叠叠、密密麻麻的南宋瓷器得以重见天光。

几次海捞和出水后水晶宫中的清理，“南海一号”竟然汇集了南方多个窑系的瓷器。有景德镇窑系、龙泉窑系、福建建窑系，德化窑、磁灶窑、广东沿海窑口等。

景德镇影青瓷，有划花瓶、葫芦瓶、青白釉葵口碗、青白釉叶脉纹芒口碗，青白釉婴戏纹碗，与传世瓷有所同有所不同；龙泉窑青瓷，有划花碗、盏、青釉菊瓣纹碗、青釉划花瓷碗等；德化窑瓷，有印纹白瓷、釉四耳罐、小盒、鼓腹白釉小瓷瓶等，瓷足底墨书各姓氏，是窑户还是商家？泉州磁灶窑瓷，有绿釉小瓷盘，器型西式，内壁印折枝花卉，莲瓣形口，宽折沿，绘缠枝菊花。还有酱黑釉瓷，与绿釉器物为福建晋江磁灶窑等窑址南宋晚期产品；还有建窑黑釉瓷，有小口矮颈壶等。还有福建、广东等各民窑烧制的瓷器，各式碗、盘、碟、壶、瓶、罐，乃至为数不少的白釉瓷盒，高矮大小器型不一，瓜棱形、八角形、圆形等，品种多达 30 多个。

一些喇叭口的大瓷盘大瓷碗或瓷碟，棱角分明的酒壶，一些陶瓷首饰盒，似具有异域风格，是否国外客户所定制？不过，与唐代外销瓷的飞扬跋扈的异域风范还是不同的，仍见内敛含蓄。

这些窑口除了景德镇与宋真宗有底部留年号的典故之外，其他皆为民窑，且看德化窑今日的真情告白：“尽管德化白瓷自宋代诞生起到清朝末年，从未与‘官字号’沾亲带故，始终以民窑身份存在，但今天，德化白瓷已然成为国际文化遗产中的经典项目——既是世界各大知名博物馆的重要藏品，也是国际拍场上一个常见、必备的品种。”

中国古陶瓷学会会长耿宝昌对“南海一号”出水瓷器表示惊叹：“搞了一辈子的瓷器研究，却从未见过如此多的瓷类珍宝，很多连听都没听说过！”

同时，“南海一号”也被确认为迄今发现最大的宋代沉船。船长 30.4 米，宽 9.8 米，高 3.5 米（不包括桅杆），发现时，甲板已经腐烂，而船身其他部分尚保存完好，是马尾松木和杉木的全木质结构。

除出水大量瓷器外，还有金器 151 件套、银器 124 件套、铜器 170 件套，铜钱约 17000 枚以及大量动植物标本、船木等。还有出水文物 14000 余件套、标本 2575 件、凝结物 55 吨等。沉船上的金页、银铤上多有店铺名称、重量、地名等戳记，沉船发现钱币已达上万枚。东汉的货泉，隋唐的五铢钱和开元通宝，五代十国的周元通宝、唐国通宝，还有北宋各年号铜钱，最晚的年号为南宋高宗时期“绍兴元宝”，而金页和银铤铭文都与国内出土的南宋时期同类货币一致。这么多的钱币的确表明国力富有，船主富有，也表明南宋海外贸易无比活跃，但是，宋代不是

磁灶窑绿釉长颈瓶 高 8 厘米

德化窑白釉葫芦瓶 高 9.5 厘米

磁灶窑绿釉菊瓣口碟 径 10.7 厘米

清义窑青釉葵浅腹碗 径 17.2 厘米

景德镇青白釉婴戏纹碗

龙泉窑系青釉菊瓣纹碟

有政策禁止金钱外流吗？那么，这是一艘走私船？还是另有缘由？

中国古代陶瓷技术、造船技术以及海外航运的历史，在沉船“南海一号”中都可细细剖析。但是，它究竟是南宋早期沉船？中期沉船？晚期沉船？却还在探研之中。

印尼西爪哇出水宋元时期龙泉窑青瓷残器

只知800年前的一天，一艘南宋商船满载瓷器、铁器、银锭、钱币等货物，从福建泉州港扬帆远航，目标东南亚、南亚印度……是因为大风暴不期而至，还是舵手偏离不慎触礁，或是因800吨严重超载，行驶到广东东平港南面海域时，船开始不可扼制地下沉……财富和梦想顷刻之间化为泡影。也不知船上的人是否都已安全逃离？距港口不过20海里，沉入海底亦不过20余米。漫长岁月中人们知情否？有没想过打捞？但这种定位肯定如“刻舟求剑”，850年间沧海桑田的变化，你能肯定就是当年沉船遗址？但也不会有太大的差异，因为这艘船在海底分外安静，船头上一摞摞的瓷器依旧码放得整整齐齐，还真叫海底奇迹。

沉船中长达179厘米由四股八条编织的异域风鎏金银腰带、鎏金龙纹拉手、镶嵌珍珠的金戒指，还有铜镜、粉盒等等，着实叫今人迷离，是怎样的中国船主？或是订货的外国商贾？还是别的什么神秘人物？难道连随手带走的时间都没有？船尾遗留的饮酒陶杯、食器和精致的漆盒，还原出当年厨房的情景，远航孤独，以酒当歌？

……

航船航海承载着中国瓷器的外销历史，承载着中国文化的传播与交流。出水的何止是数以万计的稀世珍宝，还有无比丰富的历史信息和非同寻常的学术价值。造船业的兴衰，航海业的起落，是国家海洋意识的表征，反映出社会生产力发展的内在需求，影响和改变着国家经济需求的结构，甚至是命运。

美丽的南海，自古至今，安静又不乏动荡。南海海底发现沉船很多，但大多是中国沉船，印证最早经营、开发南海的就是中国。

“华光礁一号”于1996年我国渔民捕鱼时发现，位置在海南省西沙群岛永乐群岛南部的海域，属于华光礁环礁内侧，故作此命名。沉船的出水瓷器中，有一件底部清晰地标明“壬午载”干支纪年，结合出水瓷器的断代，专家推断为南宋早期的沉船。其沉船六层船体、水密隔舱，印证我国拥有领先世界航海的水密隔舱船传统技术。

1998 年，国家博物馆和海南省文物部门联合作初步试掘，出水文物近 1800 件。又经国家文物局批准，由国家博物馆水下考古研究中心和海南省文体厅文管办共同承担，调集全国水下考古专业人员组建西沙群岛水下考古工作队，分别于 2007 年 3—5 月和 2008 年 11—12 月实施“华光礁一号”南宋沉船遗址发掘项目，共发掘近万件出水古瓷器。

出水陶瓷产品主要为福建青瓷和江西景德镇青白瓷，福建晋江磁灶窑酱黑釉瓷等。主要有青白釉、青釉、褐釉和黑釉几种，器型主要为碗、盘、碟、盒、壶、盏、瓶、罐、瓮等。装饰手法和纹样丰富。

2008 年底完成了船体发掘，对船体构件分解提取，计 511 块，运回海南省博物馆，进行去霉、脱盐、脱水、加固、定型、封护等保护工作，最终完成船体复原工作。这标志着我国在水下文化遗产保护领域迈出了重要一步，对我国水下考古事业的全面发展也具有里程碑意义。发掘获得的丰硕成果再次证明南海诸岛自古就是我国的神圣领土。

民族英雄岳飞，一首《满江红》，虽悲壮，但阳刚。“靖康耻，犹未雪；臣子恨，何时灭。”指的是北宋靖康二年（1127）正月，寒风呼啸，漫天飞雪。陷落的汴京城，金人烧杀奸淫掳掠，多少无辜惨遭杀戮，或冻死饿死！而求和求和再求和，投降投降再投降的徽宗钦宗父子，也先后被关进金营；四月初一，金军将俘虏的徽、钦二帝和后妃、皇子、宗室、贵戚等 3000 多人押送北行，并将宋朝皇室贵族商贾的所有贵重财物一掠而空满载而归。任你是皇后公主、金枝玉叶，一律沦为女奴，或入“浣衣院”——军妓营。这就是标志北宋灭亡的靖康之耻。为何婉约女词人李清照都有“生当作人杰，死亦为鬼雄。至今思项羽，不肯过江东”的一番豪气，而文化素质巅峰之高的徽宗却如此软骨头？！

靖康之耻 152 年后，南宋祥兴二年（1279）二月初六的黄昏，在广东崖山海面上飓风海啸，恶浪滔天，南宋与蒙元历经二十余天的血战，最终南宋惨败，左丞相陆秀夫背着 8 岁的幼主赵昺在腥风血雨中投海，10 万军民紧随其后。风花雪月的瓷上文明如何敌得过刀光剑影的铁血文化？赵家王朝三百年终被摔得粉碎，惨烈地落下了帷幕。

就在此前一个余月，即公元 1278 年 12 月，陆上抗元的文天祥在广东南海被元军所俘，被拘押战船中。船过零丁洋，文天祥写下诗篇：辛苦遭逢起一经，干戈寥落四周星。山河破碎风飘絮，身世浮沉雨打萍。惶恐滩头说惶恐，零丁洋里叹零丁。人生自古谁无死，留取丹心照汗青。

也就在这个共时性的冬的黄昏，有一支蒙人轻骑队来到了景德镇昌江西岸，过渡到景德镇设立瓷局。这时的景德镇，历经北宋南宋300年的烧炼御瓷兼外销瓷，已从湖田、湘湖、瑶里渐至沿河成窑，窑系成市，黄家洲、西瓜洲和拜天洲三洲成了景德镇民间瓷的集散地，但黎民终是草芥，古镇也还是草鞋码头，宽阔的昌江上并无一座大桥，从西岸到东镇，都得渡船，徐家、曹家、湖南、刘家四码头已成气候。在改朝换代的日子中，窑火却不曾熄灭，反而愈燃愈旺。

从北宋的繁荣昌盛，与北方民族磕磕碰碰中拿钱买平安，到偏安江南的南宋小朝廷仍西湖歌舞不得休，宋朝的定调到底凭什么偏离了军事国防强大的前提？虽然人们为宋代存世300年而感叹不已，但是，在面对辽、金、西夏、蒙古的骚扰侵略中，其脊梁骨硬是太软。血，应该是热的。为何后世多赞颂汉唐雄风，宋代再富庶再文艺，却没有安全感，一切是那么浮光掠影，靠不住！

青瓷纯清白瓷温润，又何能承受得了弱国外交中民众所受的蹂躏痛苦和悲剧结局？

一切都将逝去，留下来的只有文化。血脉传承中文化也是基因。

宋徽宗　听琴图　北京故宫博物院藏

天苍苍，野茫茫
风吹草低见牛羊
——敕勒川民歌

二、国色元青花：原来竟是外销瓷

元世祖忽必烈

元代，给世界留下了太多的谜，太多的思考。成吉思汗和他的子孙，如龙卷风般席卷欧亚，掠夺、杀戮、征服，称霸世界，可不足百年，却也平庸萎顿乱糟糟而亡。然而，清丽婉约的青花瓷却分明怒放于这个凶猛的朝代，又分明成为行天下的主流外销瓷。因了她，陆上丝绸之路与海上陶瓷之路编织出幽蓝锦绣。是血与火的鏖战中人们到底奢望美与静？还是无言的青花瓷静静地给了人类和平友好的昭示：你的心能静下来吗？

一代天骄成吉思汗带来的震撼，却并没有远去。13 世纪元人的马蹄硬是踏遍了大半个世界，横跨亚洲欧洲，所向披靡、无坚不摧，以雷霆万钧之势、排山倒海之力，跃马横刀压倒一切！只听马蹄声碎、喇叭声咽；只见刀光剑影、矢箭如雨；只闻风腥雨血，残阳也血；战火纷飞，枪林弹雨，横扫千军如卷席等等，所有的形容词都无法夸耀元人崛起时的气势和力量！你只有在眼花缭乱的晕眩中恐惧，隔着 800 年的岁月仍会为之战栗惊悚！这是一个元气荡荡霸蛮孔武的元王朝。从成吉思汗离世到他的孙儿忽必烈登基，短短 32 年，兵荒马乱中元已更迭六朝。忽必烈在稳定欧亚后再灭南宋，一直追到海角天涯！本来昏庸软弱的南宋在赳赳蒙人的眼里，必不堪一击，然而，却如此纠结不已，让他绞尽脑汁而百思不得其解。文天祥被俘后既严刑拷打又以亲情感化之，但皆不为所动，一介书生，为何如此坚强？他曾亲自到监狱以高官厚禄劝其降元，却遭坚拒。这，似乎让他看到另一种坚忍不拔。而南宋王朝集体沉溺于南海的一幕，在悲壮惨烈中升腾起的是正气歌。南宋官兵百姓还有如此坚硬的骨头？人，终究是要有一点精神的。是什么样的山水地域养育了文天祥这样的人物？文天祥的故乡吉州窑，那时，已在战火中灰飞烟灭。不，应是吉州人自己主动地用泥封了窑，远眺宛若起伏的丘陵。年轻力壮者别妻儿，追随文宰相参军参战。老弱者则流浪至景德镇，绝艺难舍。而这座内陆山城张开双臂，早已将北方南方诸名窑的能工巧匠，乃至波斯被俘匠人热情接纳。说它是座移民城镇，倒也没有夸张。

当南宋朝廷还在作最后的挣扎时，忽必烈就急不可待地在浮梁县设立瓷局。为什么？

战争需要钱，南宋已证明瓷器贸易最赚钱，忽必烈不傻。现实的是，景德镇和龙泉窑的瓷器源源不断地巨量外销，为元朝财政注入源头活水。卵白瓷的诞生、元青花的绽放，是陶瓷科技的两次革命。青花，唐宋才露尖尖角，元青花是湮灭几百年的唐青花重生，还是非流传有序的另一种创造？不管哪种说法，到元代爆炸式地输出海外异域，广受欢迎。比起繁荣昌盛的宋代海外贸易，元朝的海外贸易还有所扩大，元青花不只是兴旺于伊斯兰地区，也流行于东南亚、乃至欧洲，赢得了世界各国的仰慕和垂青。从 1976 年朝鲜半岛新安海域中国沉船元初景德镇青白瓷和龙泉青瓷出水，到 2010 年西沙群岛海域沉船元末青花面世，海上元瓷之路勾画出轮廓。

元代外销瓷，景德镇窑和龙泉窑为主打，东南沿海浙江、福建、广东地区等民窑也大量仿烧造瓷器纷纷出口，德化白瓷尤见“墙内开花墙外香”。

元青花从元朝重新走向海外，从繁茂一代到销声匿迹；从世上仅存不足百件，到窖藏墓地海底的频频现身，真真假假，难识难辨，于当今一次次成为爆炸新闻引发激烈的争论不休，元青花传奇也像元初旋风一般呼啸迅猛。2003 年中国考察团一行七人经土耳其总理的特批，前往托普卡帕宫参观 40 件元青花瓷器，域外元青花与娘家人有了零距离接触。然而，这些景德镇元青花当年是怎样漂洋过海而去？有着怎样的故事和秘密？元青花依然清丽庄重，默默无语，但它们不仅见证了中外文化的交流，而且进入了当地人们的饮食起居生活，无论是物质的还是精神的。

元初至元十二年，马可·波罗从陆上随同父亲、叔叔历经四年才来到大元上都，在中国 17 年之久，才从海上丝路回到威尼斯。后著书《马可·波罗游记》，影响直逼地理大发现。他赞叹：元代的瓷器运销到全世界！元末，南昌小伙汪大渊两次从泉州登上远洋商船出海，践行海上陶瓷之路，共计 6 年，也著书《岛夷志略》，翔实记载了瓷器输出的种类数量和各口岸情况。马可·波罗启程时 17 岁，汪大渊初行 19 岁，有奇缘的是，汪大渊第二次远航时竟然也是“至元”时期。两个小伙仿佛隔着 70 余年的时空对话，都向海外探索陌生的国度，为中外文化交流写下了奇谲瑰丽的故事。

孔武有力的元代如旋风崛起，又如旋风结束匆匆，不过百年。看来，文化底蕴还是很重要的。水可载舟亦可覆舟。安居乐业是天下百姓最低底线也是最高愿望。瓷器是富有哲理的昭示：

人如瓷，要经受炼狱之苦。人的情感如瓷，不小心轻轻一碰，就可能摔得粉碎。

1. 忽必烈情有独钟

1983 年，约翰·艾惕思爵士从伦敦致信古陶瓷学者刘新园，饶有兴致地探问：为什么元王朝要把唯一的瓷局设置在景德镇？龙泉窑不是当时生产规模最大、技艺水平最高的窑场吗？是影青瓷美还是卵白瓷美？元代印有“太禧”与“枢府”的官瓷为什么只是卵白的呢？元青花上流行的六瓣花是什么花？……

视角独特且细致入微，也许应了“旁观者清”？提出这些问题比解决这些问题更有价值，其难度更大。

约翰·艾惕思是中英建交后首任驻华大使。他对中国文化一往情深且欲罢不能，后竟辞去官职专事中国古陶瓷研究。

据《元史》卷八十八记载，至元十五年（1278），奉忽必烈命在景德镇设置浮梁瓷局，这是全国唯一为皇家掌烧瓷器，并漆造马尾、棕藤笠帽笠帽的官窑瓷局。瓷局掌管官匠 80 余户，长官为小小芝麻秩正九品，但由掌管着国家军事的枢密院监管。至元三十年（1293），浮梁瓷局隶属元廷将作院，瓷局实物的特异纹饰由元廷将作院提供。虽属官办手工业，但对朝廷无岁供常例，只是“有命则供，无命则止”。1989 年珠山北侧考古出土了大量元代卵白釉、青花和金彩残器，器件上都绘有双角五爪龙纹，为帝室用品，印证了元代文献。

那么，忽必烈为何对景德镇情有独钟?

学者们各辟蹊径各说各话。

有说一方水土一方人。塞北多雪，游牧民族尚白，以白为吉；江南山清水秀，农耕族尚青，以青为贵。蒙古族离不开蓝天白云白羊群，崇尚的自然是白瓷；战乱使北方诸窑横遭破坏；龙泉窑土质只能烧制青瓷，而地缘成就了景德镇，既能“青如天”，更能“白如玉”，枢府希冀的是烧制出“玉骨冰肌”的白瓷。

有更深入的，称蒙古人“国俗尚白，以白为吉”，在蒙古族的传说中，其祖先巴塔赤罕是“孛儿帖赤那”苍狼和“豁埃马兰勒”白鹿的儿子，故将白色视为所有颜色的母亲。1206 年，成吉思汗建立“蒙古帝国”，象征大汗权力的是一杆九角白牦纛，给部落首领最高的赏赐是“骑白马、着白衣”。蒙古族皇宫喜覆以白瓷琉璃瓦，忽必烈的金銮殿上有白伞，而喇嘛塔则为塔身洁白之白塔。然，既能烧造青瓷又能烧造白瓷的当时只有景德镇。

有说枢密院作为国家最高军事机构，其负责监制的卵白瓷上印有“太禧”与“枢府”字款，示极端重视，意义非同小可。是因为要对酷烈战争中亡命疆场的蒙将士再行祭奠，以告慰亡灵，安抚家属、笼络人心，强化凝聚力，需要大量的祭器作佛事，又用以岁赐下属。或许无往不胜反而使忽必烈更要向上苍向祖宗虔诚祈祷？然而，印有“枢府”等字的卵白釉瓷，而今竟然在东南亚和中东各地都有出土，有人由此推断，可能枢府瓷不仅仅是御用瓷。非也。而是蒙人粗犷、不拘小节，在海外大需求的诱惑下，用不了的卵白釉何不变现？

有说天时地利成就了景德镇。蒙古军队在血腥战争中，拔城必屠，血洗北南，“关中地区八州十二县焚斩之余户不满万”，“扬州至中原七百里无人烟”……北方窑口皆遭摧残，龙泉窑亦未幸免，吉州永新县更遭到“屠城”；唯非战事中心的内陆山城景德镇，成了天南地北陶瓷匠人逃难首选，况且景德镇早就是“匠从八方来，器成天下走”。

……

说来说去，实质相辅相成。而且，都强调了景德镇有得天独厚的炼瓷资源。但，实际上此时的景德镇，历经汉唐宋的大力开采，优质瓷石已面临危机！此前的瓷胎仅用瓷石制作——将瓷石舂打成粉加水制成的石泥料。而龙泉窑在元代仍旧是重要的窑系，与景德镇共同担当外销瓷的主窑场，直到明代永宣时期才渐渐衰败。

既如是，为何忽必烈仍将唯一的瓷局设在景德镇？

或许，这其中蕴含着对汉文化复杂难言的情愫？是因为儒雅之士文天祥的硬骨头？是因为耿耿陆秀夫的忠义？是因为南海上漂浮着十万宋民的遗体？为何自愿为南宋小朝廷殉海？或许，杀戮太多，心如铁石，却还有一小隅留存着柔软？对精神不灭的苦苦思索和孜孜以求？……谁知道呢。忽必烈也是人，矛盾着复杂着变化着捉摸不定，战后，他既主动吸收宋文化，但又置北人、南人为最下等。他的目光落在了内陆山城景德镇，或许，那里是北宋真宗皇帝青睐的小镇，那里与文天祥家乡有着同是赣地山水同是古窑的关系。“体貌丰伟，美皙如玉，秀眉而长目，顾盼烨然”的文天祥，是他脑海中抹不掉的身影。文天祥的浩然正气：“若使无人折狂虏，东南那个是男儿！”这使忽必烈也不得不折服：“文丞相，好男子也。”

在蒙统治者追思死于战争的将士时，南宋遗民难道无动于衷麻木不仁，难道不会引起种种追忆与反思？马背上民族的狂飙式的拓展力和所向披靡的征服欲，是否给血性未泯者带来震撼？难道为宋战亡者或被屠杀之无辜百姓，无须祭奠？并非高抬底层平民之觉悟，但中华传统文化几千年的积淀，300 年宋代郁郁文乎哉的上下濡染，其情感总得有个宣泄口。

在血与火的颠覆中，蒙元统治者没有完全对瓷器进行轻而易举的摧毁，又有匠籍制度网开一面，在统治者，确实出于经济之需，在攻城掠地血腥屠杀中，“惟工匠得免”。并先后大肆搜获各色各式匠人近百万，先挟往大漠劳役，后迁往京师，设固定户籍，以便强制服从征调。对等而下的南宋遗匠而言，活下去，除了免遭杀戮、有饭吃有盐配有衣穿的生的庇护之外，还当有“为什么活下去”的念想。

明里暗里北方南国审美倾向都指向白色土。

在白色土的寻找中，很快发现与发掘了麻仓土——这种土是硬质瓷的骨骼，而瓷石则是瓷的肌肉，唯有两者按适当比例相配，入窑烧炼，方可耐 1300 摄氏度以上的高温，而且烧炼出的瓷洁白无瑕。这就是世界陶瓷工艺的一次技术革命，一次质的飞跃——“二元配方”。由此，硬质卵白釉瓷脱颖而出！不经意间，竟为粗犷雄浑之元朝赢得了瓷的原创精品。欧洲人寻寻觅觅难以破解的硬质瓷的秘密也就在这里。优质麻仓土断口若麻布，将其放入水中，它会像玫瑰般瓣瓣绽开，真是神奇。麻仓土柔中见刚的特性，似折射出景德镇瓷匠们的一种品格。

元青花灿然开放，是素瓷向彩瓷的飞跃。卵白釉的创造，促青花瓷出现飞跃。如果说，唐代巩县窑的青花瓷如嫩芽初绽，宋代扬州青花瓷片如雪泥鸿爪，那么，元青花一面世却已长成，回眸一笑百媚生。中国青花瓷的轨迹就这样难以捉摸。也有言，元青花与唐、宋青花无甚传承关系，元青花就是从景德镇这方水土中独立长成的。但是，如同唐青花是在接受中西亚文化、技术、钴料、图案色泽、纹饰影响下诞生的一样，不必讳言，景德镇人很早很早就豪爽又智慧地懂得“拿来”，坦荡荡地汲取了中东和西方的科学艺术精华。元青花就是应伊斯兰地区的定制需求而诞生的，他们崇尚蓝色。刘新园曾指出：“就现有相关文献与遗物来看，中国官窑按外国人的需求而生产外销瓷似乎始于元代。”景德镇元青花采用了波斯苏麻离青料或称苏泥勃青料，伊斯兰器皿的造型和纹饰也开阔了景德镇人的眼界，驰骋欧亚的蒙人从经济贸易赚钱出发，以风驰电掣的速度完成了种种交流。

元青花，是一个里程碑，中国陶瓷从单色素瓷走向了彩瓷。其文化意义更见深远，她是汉族文化、蒙古族文化和波斯文化等的碰撞和交融的结晶。

青花瓷，绝对不是简单的模仿，虽说有“定制”的起因，但实在是极其复杂情感的碰撞交融后的凝聚。元青花构图纹饰的繁茂密集，往往被人们读解成伊斯兰风格，但是，再繁缛再细密的图纹中，你也能看到水路（留白），能有透气的流畅。那么，你想过当年匠人们落笔时的心思吗？在密不透风的压抑中，他们仍沉稳地寻找自由和幸福的彼岸，哪怕曲折迷离、柳暗花明、山重水复、云遮雾障！所以，元青花的生命力何其旺盛，穿透岁月，仍让人感到高贵的清丽、柔肠百结的缠绵悱恻、婉转哀怨的幽蓝神采，还有深沉凝重的力量……真是仁者见仁，智者见智，美者见美，酷者见酷。

21 世纪的年轻人尚且能与周杰伦演唱的《青花瓷》引发心的共鸣，血与火中的幸存者岂不能感同身受？就蓝色而言，象征着幸福，也饱含忧悒。但毕竟战争已然结束，和平岁月的日子温馨着破碎的心。况且，元王朝对汉族读书人仕途设置种种障碍，使原本为宋代文风浸淫的瓷上，在元代又留下了文人们若隐若现的别样身影。从高贵温润的天青瓷，过渡至纯真坚忍的青花瓷，且大气磅礴，既有蒙古族的豪迈粗犷阳刚雄健，又有汉族的深沉细密励精图治，还有西亚中东的习俗风采，表达的是战争走向和平的诉求。

当然，起初元青花的确是为伊斯兰地区所定制的外销瓷，但也不全部是。要不，你如何解释绘制于元青花瓷盘、碗、瓶、罐等的龙、鹿、凤凰、鱼、鸳鸯呢？你更难解释为什么元青花的最高境界是“鬼谷子下山”“萧何月下追韩信”等人物纹，伊斯兰教不是禁止绘动物和人物么？

元代瓷器对外输出路线，仍主要分为两路，一是自汉代开通的陆上“丝绸之路”，一是自宋代发展起来的海上“丝绸之路”。西域为四个藩属汗国所辖治，大疆域使其四通八达、畅通无阻，还便捷安全。忽必烈对外国商船的政策是：“往来互市，个从所欲。”而外国商船最看重的贸易是中国瓷器。忽必烈登基 30 年间，建立驿站上万处，元代瓷器贸易依托这全国性乃至国际化的交通网络，开辟出更为广阔的空间。忽必烈对元上都充满着眷顾和优待，作为元朝第二大都城，依托驿站体系，以其为中心，欧亚间畅通无阻，北至俄罗斯，南至南亚，东往日本朝鲜东南亚，西至西亚和欧洲，而且为鼓励贸易，忽必烈对外来商贩给予“置而不征”的免税优待，以致各条路上挑夫摩肩接踵，络绎不绝。同时，元上都还曾是长城以北最大的窑厂之一。看来，忽必烈对瓷器还是有感觉有感情的。只是，今天作为世界文化遗产存在的元上都，金莲花虽年年盛开，却早已不见昔日的繁华。

景德镇不同，她一直是活着的千年窑口。她依凭得天独厚的天然资源，又以海纳百川的胸襟“集各家之长，成一家之法”，元代即跃为瓷都。其时，已有二百多座窑口，初，仍采用龙窑，后吸收北方窑炉技术采用馒头窑，即马蹄窑；至明初，则开始采用葫芦窑，这是将南北窑炉技术结合而创造的一种新窑炉，此外还有独创性的制匣工艺等。枢府窑卵白瓷胎质细腻，制作精巧，还有仿宋印花、划花青瓷，百里挑一乃至千里挑一，再进贡京师。蒙古民族风尚的高足碗和小足碗也应运而生。同时，青花、釉里红、青花釉里红、五彩等纷纷诞生，从宋瓷的天青境界渐进绚丽多姿之人间富贵，亦不知是福是祸是进是退，但是，发展终究是硬道理。

景德镇元青花瓷器形多厚重、色泽清丽、绘画饱满，扑面而来的是武功赫赫的元代之刚健雄风，但又有朴实安详的家常生活之气。如元青花孔雀牡丹纹罐，既有中国文人水墨画雅致空灵的意境，又有民间艺术清新质朴的底蕴。艾惕思询问的元青花上流行的六瓣花，波普认为是

古窑址——马蹄窑

元代青花釉里红开光镂空花卉纹盖罐
河北保定出土 北京故宫博物院藏

射干，但景德镇学者认为应该是开在山里田头老百姓喜爱的山栀子花。当然，也是佛教之花。

珍藏于故宫博物院的元代青花釉里红开光镂花盖罐，1964 年河北保定出土，牡丹石榴菊花与绿叶相扶，满目茂盛富贵，丰富多彩总是人们向往的。这集绘、镂、雕、塑技艺于一体的国之瑰宝，展现了元代景德镇能工巧匠的高超技艺。

景德镇虽是内陆山镇，但瓷器输送到明州、泉州、广州等各海港有多条航线和路线，既可从昌江顺流而下，过鄱阳湖，从湖口入长江，顺江出海，至沿海各口岸。也可水陆兼程，或从昌江联通信江再至福建各海港，或逆赣江而上，翻越赣粤交界的大庾岭，再越过广东九江的险滩，顺北江而下至广州，这样再销往亚洲各地和东非沿岸。

入元后，龙泉窑也得以恢复和发展。1979 年文物普查时在龙泉县东部安仁口地区发掘了元代窑址，印证元代仍是龙泉窑的兴盛时期。窑形仍沿用长条形斜坡式龙窑，但长度上略有短缩，对烧制大型器物很有利。在器型和装饰上又有新创造，比如露胎工艺。由于外销瓷需求量激增，龙泉窑迅速向瓯江和松溪两岸扩展，瓷器便可顺流而下，至温州和泉州出口。在日本大阪陶瓷美术馆，珍藏着一件国宝级文物玉壶春瓶，便来自中国元代龙泉窑。而一只曾属于罗马大主教华尔哈姆现收藏于英国牛津大学的中国青瓷碗，直径 5 英寸，深 3 英寸，银托座重 1530 克，可见弥足珍贵，它也出自浙江龙泉窑。

市舶司给元朝带来的巨大的回报，仅 1289 年（至元二十六年），就上缴珍珠 200 公斤，黄金 160 公斤。据两次出海的汪大渊实地考察，福建沿海地区的商人多达 6200 户，比守海军人还多两倍。马背上的民族挑战海洋也足见其气魄和活力。

2. 汪大渊与马可·波罗隔代对话

雄健的忽必烈时代，无论他有多少丰功伟绩，但意大利威尼斯小伙子的《马可·波罗游记》无疑是这个时代奇谲亮丽的一笔，他对中国的礼赞和真心无悔让我们感动至今；而末路元顺帝妥懽帖睦尔的时期，江西南昌小伙子汪大渊两度出行东西洋后撰写的《夷岛志》，无疑为这个时期人的最强音，虽然只是一个民间航海家，但逼人的朝气和蓬勃的青春，自觉担当的精神至今也值得我们效仿。

元代龙泉窑青瓷云龙纹大盘
英国大维德基金会藏

至元八年（1271），忽必烈定国号元，南宋王朝还在南海坚守之时，17 岁的马可·波罗跟随父亲尼古拉斯（Nicolas）和叔叔玛窦（Matteo）一行，从威尼斯出发，入地中海，横渡黑海，再经两河流域来到巴格达，至波斯湾出海口霍尔木兹，眼见可搭乘驶往中国的船时，却遭遇了强盗！惊魂稍定后，久等无船，他们决定向东走陆路，穿越荒凉的伊朗沙漠和高寒的帕米尔高原，疾病饥渴、猛兽袭击在等待着他们，历时四年，于至元十二年（1275）夏天，终抵达元上都，并得到忽必烈的隆重召见。

原来，早在 1260 年，熟知鞑靼语的马可·波罗父亲与叔叔曾来过这里，并见到正在雄起的忽必烈。忽必烈委托他俩捎信给罗马教皇，希望能派来使团。这对兄弟商人毕竟精明又诚信，这次带回了教皇的回信和礼物。

此后，他们在中国生活了 17 年，因元世祖“爱之切，欲置之左右，不许共归”。直到 1289 年，波斯国王阿鲁浑（元世祖的曾孙）的元妃去世，特派三位专使来元廷求婚。忽必烈选定族女阔阔真为元室公主，1292 年春，马可·波罗一家才以护送公主出嫁之名，随三使者从刺桐港（泉州）起航出海，至波斯湾忽鲁谟斯登陆，待公主完婚后，1295 年马可·波罗一家才从陆路回到阔别 24 年的故乡威尼斯。1324 年（元泰定元年），马可·波罗去世。享年 70 岁。

元武宗至大四年（1311），57 岁的马可·波罗在威尼斯备受争议时，江西南昌施尧村汪家垄一户耕读世家，伴随着赣江行舟排工号子声，一男婴呱呱坠地，取名大渊，字焕章。至顺元年（1330），19 岁的他身背简单行囊，于赣江滕王阁码头登船赴泉州。年少志高的他，决心单枪匹马行天下。

到了泉州，第一次见到海，他的心胸便如海风鼓涨了的红帆。港湾停泊形状迥然的中外航船，码头街头中外货物琳琅满目，各种肤色各种语言的人们熙熙攘攘。那时节，泉州与98个国家和地区建立了外贸关系，很多外国人就定居在此，“市井十洲人”，死后也葬于此，墓碑和墓盖石上留着阿拉伯或波斯文。季风起时，汪大渊搭乘一艘远洋商船出海闯荡。

马可·波罗在中国17年，因精通四种语言又精力充沛，很受忽必烈赏识，得以走遍大半个中国，此后在扬州担任盐官3年。扬州是京杭大运河的重要港口，与镇江、杭州、福州、泉州等皆为城镇兼港口，有着舟楫之利的广阔的水域系统顿令马可·波罗意趣盎然。而对元大都汗八里（北京），则怀景仰之心。

他的足迹遍及云南、西安、开封，又行至东南沿海各城镇。淮安府因产盐且行销各地，引起他的关注；九江濒临江边，船舶不下15000多艘。苏州产绸缎，行销海内外市场，而三千澡堂十万人家的杭州，南宋旧都，仍让他认定是世界最美丽的城市，胜过威尼斯。

金银珠宝纺织品丝绸、油盐柴米酱醋茶姜糖香料酿酒都纳入了他的视野，“大汗用树皮所造之纸币通行全国”让他惊愕。他为南蛮平民的工艺和经商才能而赞叹，尤其是其时已出类拔萃的瓷器。

当他离开杭州，经衢州，而到达福建建宁时，城中三座古石桥让他感叹为“世界最美之桥也”。但是，他忽略了建窑黑釉瓷。

他去到对外贸易商港福州，他伫立于穿城而过的大河畔，河上有印度船舶数艘，他知道，船上装载着贵重的宝石，换回瓷器丝绸茶叶?

马可·波罗渡河后，骑行五天，终抵达其时最大的对外贸易刺桐港，即泉州。那时以生产锦缎而闻名，但外国商船在此采购最多的是中国瓷器。让马可·波罗眼前一亮的是港口的恢宏气派：印度、阿拉伯国家的船舶多达百余艘！泉州港货物堆积如山，买卖盛况空前。故“在此港征收税课，为额极巨”。元灭宋后次年，忽必烈就在泉州设立市舶司，泉州其光耀如冉冉升起的新星般。

马可·波罗对德化瓷器大加赞赏：“刺桐港附近的德化，制造碗及瓷器，既美且多。除此港外，他港皆不制此物，购价甚贱”，他还打听到了制造瓷器的方法是：“先在石矿取一种土，曝之风雨、太阳之下三四十年，其土在此时间内成为细土，然后可造上述器皿，上加以色，随意所欲，旋置窑中烧之”。但他没有亲莅德化。因泉州城中瓷器市场甚多，威尼斯钱币一枚可以购买八个瓷盘，他情不自禁大夸便宜。马可·波罗带回威尼斯的瓷器多为德化瓷，有一只德化瓷香炉，约为 1290 年（至元二十七年）所烧制，至今仍珍藏于威尼斯圣·马可大教堂，成为中意友好往来的历史见证。以后西欧学者遂将德化白瓷特称为“马可·波罗瓷”。马可·波罗当是第一个为德化白瓷义务做国际广告的友人。但也有学者认为大教堂所藏并非元代之瓷，然而，一位中国博士生黄忠杰做毕业论文去到威尼斯考察时，在圣·马可大教堂瞻望这只外销瓷香炉，认为它与德化屈斗宫和碗坪仑古窑址所出土的残片样本完全一致。今天，德国德累斯顿国立美术馆就存有德化瓷 400 余套 1255 件，大英博物馆则多至 2000 件。

马可·波罗慨叹：“元朝瓷器运销到全世界。”

汪大渊第一次出海远航，前后历时五年。他从泉州出发，经海南岛、占城、马六甲、爪哇、苏门答腊、缅甸、印度、波斯、阿拉伯，再入红海到埃及，又横渡地中海到西北非洲的摩洛哥，再踅回埃及，又出红海到索马里，折向南直到莫桑比克，横渡印度洋回到斯里兰卡、苏门答腊、爪哇，再到澳洲到加里曼丹岛，又经菲律宾群岛，元统二年（1334）夏秋间才返回泉州。

汪大渊又于至元三年（1337），再次从泉州出航，历经南洋群岛、印度洋西阿拉伯海、波斯湾、红海、地中海、非洲的莫桑比克海峡及澳大利亚各地，于至元五年（1339）返回泉州。

汪大渊以亲身经历见证中国瓷器输往的国家和地区有 50 多个，其中记“青白花器”贸易用瓷就有：三岛、丹马令、丁家卢、戎、东冲各剌、苏洛鬲、爪哇、龙牙犀角、喃呸哩、加里那、小呗喃、朋加剌、天堂、天竺、甘埋里、乌爹等 16 处，这些地区分别属于今天的菲律宾、马来西亚、印度尼西亚、伊朗、孟加拉、沙特阿拉伯等国家。此外，还记载着“青白瓷器”、“青白花碗”“青白花瓷器”“青白花之属”。在今日研究者中引起各种争议，有的认为书中的“青白花器”是指青花瓷器，有的则认为是指胎上刻画或印有花纹的青白釉瓷器。以汪大渊少年老成的谨慎来看，青白瓷，即指青瓷；而“青白花器”“青白花之属”当指青花瓷。

马可·波罗回到威尼斯著述出于一偶然因素。那是他归家三年后，即 1298 年，威尼斯和热那亚为商贸利益进行了一场激烈的海战，马可·波罗也卷入其间，当威尼斯的 25 艘军舰被热那亚所击毁后，马可·波罗被俘，被关禁在热那亚的监狱六年。因他名声在外，不少热那亚人常来探监，为的是听他讲中国的故事，时间一长，这使他不胜其烦，但狱友鲁思梯谦科（Rusticianco）是位作家，他觉得有意思更有意义，于是由马可·波罗口述东方见闻，他用法文笔录下来。这就是至今有 119 种文字版本的《马可·波罗游记》。

马可·波罗像

但是，马可·波罗生时，这本书既给他带来荣耀和知名度，却也给他带来无尽的烦恼。因为一些人认为他并没有到过中国，书中所记录的不是道听途说于波斯商人，就是凭空虚构夸张捏造。1323 年（至治三年）初，年近七十的马可·波罗病危时，竟有好事者劝导亲友，让马可·波罗忏悔，否认书中不实之内容，以拯救其灵魂。面对这些自以为是、孤陋寡闻的人们，马可·波罗淡定地摇摇头，言："所见的异事，还没有说到一半！"

汪大渊腹有诗书气自华。第二次出海归来后，汪大渊在泉州一带声名鹊起。其时，泉州路正在修郡志，泉州地方长官偰玉立与主修郡志的人吴鉴，因"诸蕃辐辏，不能无记"，他们恳请小汪整理手记，后《岛夷志》收入《泉州路清源续志》中，作为附录。于是，已近而立之年的汪大渊也就静下心来，文思泉涌回溯两次出海远航，自己亲自抵达的国家和地区计有 220 余个，形形色色的风土人情、诡谲奇异的奇趣异事、海上行船港口靠岸的起起落落、商品交易货物买卖的进进出出，各国各地区社会经济、奇风异俗等等，遂将手记梳理撰写成《岛夷志》。全书共 100 条，其中 99 条为其亲历。自言："皆身所游焉，耳目所亲见，传说之事则不载焉。"为书作序的泉州地方官、著名文人张翥说："汪君焕章当冠年，尝两附舶东西洋，所过辄采录其山川、风土、物产之诡异，居室、饮食、衣服之好尚，与夫贸易用之所宜，非亲见不书，慢信乎其可征也。"另一作序者，泉州方志主修吴鉴说："其目所及，皆为书以记之。以君传者其言必来信，故附《清源续志》之后。"

1346—1347 年间，有一位摩洛哥旅行家伊本·白图泰也三进三出刺桐城。而汪大渊已从摩洛哥等回国七年了。伊本·白图泰也写了《异境奇观——伊本·白图泰游记》一书，对刺桐赞美不已："我看到港内有上百条大船，至于小船可谓多得不可胜数。""刺桐港是世界上最大的港口之一，甚至可以说就是世界上最大的港口。"

明朝永乐年间，随郑和七下西洋的马欢对《岛夷志》亦充分肯定高度评价："随其（郑和）所至，……历涉诸邦……目击而身履之，然后知《岛夷志》所著者不诬。"

马可·波罗可能没想到，他去世 180 年后，正是这部"世界奇异之书"所记录的中国的美丽富饶、东方的神秘，唤起了欧洲冒险家和航海家的热情，成为 1500 年前后新航路开辟的精神动力，成为地理大发现的重要契机。开辟新航路的欧洲冒险家们，远航船上多带着这本书。哥伦布留下的纪念物中，至今仍保存着一部做过大量批注的《马可 · 波罗游记》。

西方研究马可·波罗的学者莫里斯·科利思（Maurice Collis）认为，马可·波罗的游记“不是一部单纯的游记，而是启蒙式作品，对于闭塞的欧洲人来说，无异于振聋发聩，为欧洲人展示了全新的知识领域和视野。这本书的意义，在于它导致了欧洲人文的广泛复兴。”

是《马可 · 波罗游记》点亮了欧洲人洞察遥远东方中国文明的火光。神话般的描绘走进西人的阅读，人们争相传抄，家喻户晓。

而《岛夷志》的丰富翔实，对元代中西交通、海道诸国历史、地理，尤其是元代外销瓷的输出航线和文化交流等，有极其重要的参考价值。1867 年以后，西方许多学者研究该书，并将其译成多种文字流传世界，遗憾的是，汪大渊后来不知所踪，但他对世界历史、地理的伟大贡献是永存的。

节略后的《岛夷志略》仍涉及亚、非、澳各洲的国家与地区达 220 多个，其风土人情、物产、贸易之状跃然纸上，弥足珍贵。书中记载了我国领土台湾、澎湖的贡献，其时，台湾属澎湖，澎湖属泉州晋江县，盐课、税收归晋江县。书中还记载了华侨在海外各国，为当地做的种种贡献的情况，等等。

《马可·波罗游记》一直饱受争议。甚至有外国人指责所谓探险家马可·波罗就是一个“骗子”。还有人认为在中国古代浩如烟海的史籍中，无数学者皓首穷经查阅数十年，竟然找不到有关马可 · 波罗的史料，甚至他的名字都没有。中国特色的长城、茶叶、中医、妇女缠足、用鹭鸶捕鱼、印刷术、中国汉字、筷子等等，他也没提及。唯一的孤证是在永乐大典残片《站赤》中找到一条记载“兀鲁得、阿必失和火者取道马二八往阿鲁浑大王位下”。

退一万步说，即使马可 · 波罗真的没到过中国，即使其游记是道听途说，是综合许多到过中国的波斯客阿拉伯商人的见闻，那岂不是更有说服力，更真实可信，这么多的见证者呵。

如果因为中国史籍没有记载，就应否认，那么，郑和下西洋的资料也全不见了，每年输出的瓷器，有详细记录吗？中国在档案资料方面还真有疏忽马虎和人为干扰在里边。

法国的东方学家伯希和认为马可 · 波罗到过中国。

中国的钱穆说：他宁愿相信他真的到过中国，因为他对马可 · 波罗怀有一种温情的敬意。人同此心。

而《岛夷志略》可以说是上承宋代周去非的《岭外代答》、赵汝适的《诸蕃志》，下接明朝马欢的《瀛涯胜览》、费信的《星搓胜览》等的重要历史地理著作，而其重要性又远远超过

马可·波罗威尼斯旧居

这些宋、明的著作。《四库全书总目》说："诸史（指二十四史）外国列传秉笔之人，皆未尝身历其地，即赵汝适《诸蕃志》之类，亦多得于市舶之口传。大渊此书，则皆亲历而手记之，究非空谈无征者比。"汪大渊两下西洋，游踪的广远，著述的精深，直到清代中叶以前，还是名列前茅的。

后来汪大渊回到久别的故乡南昌，将《岛夷志》节录成《岛夷志略》，在南昌印行。这本书才得以广为流传。但《岛夷志》一书却在元末兵乱中大部分散失，明朝后终于失传。该书被今人评为影响中国的100本书之一。

3. 元青花海外传奇

2001年3月底，春暖花开，莺飞草长。

土耳其伊斯坦布尔托普卡帕博物馆迎来了费伯良、汪庆正、李辉柄、刘新园、闫振堂、许明等一行，这个高端访问团可谓老中青三代结合组成，当他们自北京登上国际航班的瞬间，是否有种极其复杂的责任感填满心田?

因为托普卡帕宫中国瓷器馆与中国元青花有不解之缘。

元青花，犹如锁在云雾中的山峦，影影绰绰，若隐若现。瓷学一代宗师陈万里曾将元青花列为"中国瓷器史上十五大难题之一"。他一直希望能去土耳其实地考察中国元青花，然而，一直未能如愿。

他的学生冯先铭也有此愿："亲自到土耳其考察中国早期青花瓷，对中国陶瓷史至关重要，我的老师陈万里老先生曾怀有这样的梦想，对此我也朝思暮想。"学西语的冯先铭有着极其扎实的历史学养，自1947年供职于北京故宫博物院后，一生只为古陶瓷了。遗憾的是，陈先生已于1969年去世，而冯先生也于1993年去世，两代古陶瓷研究领军人物最终都没能实现夙愿，所以，李辉柄才会说："不到土耳其亲眼看一看这批元青花，中国的陶瓷专家死不瞑目！"

路漫漫其修远兮，吾将上下而求索。

然而，从最初的策划至今，十年逝去，这一次由土耳其总理特批，才梦想成真。此时此刻，托普卡帕宫中国瓷器馆内外弥漫着非同寻常的威严肃穆又神圣热烈的气氛。博物馆做出了一个非同小可的决定，中国馆闭馆两个半天，专门让中国学者零距离鉴赏。大展厅旁的临时库房内外，荷枪实弹的土耳其军警岗哨林立，中国40件元青花珍宝被一件件小心翼翼地打开。当中国瓷器馆馆长莎曼女士亲自捧出一件件中国元代青花瓷器，并破例允许中国学者们亲手抚摸时，元青花的故乡人心在战栗！轻轻地小心翼翼地摩挲，相隔660年的时间，距离万里迢迢的路程，在手指与青花瓷的触摸顷刻消融又交融了。

土耳其托普卡帕宫博物馆

不需要任何的语言。所有的语言在一件件元青花面前，皆没颜落色，自惭形秽。

托普卡帕博物馆收藏有数千件中国瓷器，元青花瓷为40件，无论从数量还是质量上，这都是全世界元青花第一大收藏。件件器形硕大，大盘、大碗、大葫芦瓶、高八棱梅瓶等；图案富丽雄浑、画风豪放，纹饰密集，多采用通体满绘、多层次，五层乃至九层，繁缛精细，看似不留地但仍见清丽典雅；色泽艳丽浓翠，鲜亮细腻，用料均匀，不晕散。从总体上讲，其图案纹饰和青花的鲜艳程度堪称世界之最，大量文献也证明当时中国将最好的青花瓷都输出到了西亚。这些瓷器中有很多件都是世界唯一：直径41.5厘米的蓝底白花麒麟飞雉双凤图菱口大盘，这是全世界最大的；高达70厘米的牡丹纹葫芦瓶，也是世界仅有的；高60.5厘米的一对多棱葫芦瓶，是传世最高的一对……专家们惊叹称其为世界级宝物都毫不为过。

元青花的大气、雄浑、精美，那种逼人的气势，沉静中的震撼力，第一次看到她时，迫使你不由得不往后退几步。

收藏家费老唏嘘不已：“初看再看咽声细，一抚再抚赞不停。”

汪老感叹：此次考察，我的题目是世界各国博物馆藏中国早期青花瓷与托普卡帕博物馆藏中国早期青花瓷的比较，不见实物根本无法想象这批青花瓷会如此精美……能亲自上手，这样的机会是绝不会再有的……

孙学海老先生，曾在非常岁月为国家抢救了众多国宝。他对土耳其和伊朗博物馆所藏青花瓷盘硕大无比，早作过如是推测：“这可能与元青花外销的主要市场——中西亚地区人民的生活习惯分不开。手抓饭需用大盘，大执壶用来洗手。”

果然如此。

从巴布胡玛运大门走进，在树木蓊郁开阔的御庭右侧，有一长排建筑似无尽头，多个圆拱顶和烟囱展示它的御厨房身份。据载，这里每天可供应数千人两餐饮食。是否相当于汉族的流水席？但抬眼墙壁上的苏丹宴请群臣的图画，还是很不同的。群臣围坐在一张张大圆桌旁，圆桌上摆着硕大的盛着美味佳肴的青花大盘，还有硕大的青花汤盆。原来伊斯兰教徒喜团团围坐集体用餐，可能也是逐水草而居的游牧部落大家族的饮食习俗吧。这些美丽绝伦的青花大餐器，走出金戈铁马杀戮霸占，却以安宁幽雅柔和将人心俘获，提升了众臣聚餐的品位和情趣！还有安全卫生。如若换成粗陋不堪的木器陶器瓦器又用手取手抓，那时光将倒退到什么时代呢。难怪伊斯兰地区对中国青花瓷如此倾慕和痴迷。苏丹另有更华丽的餐室，金碧辉煌中，成套的青花大餐具更见器型之巨大、器物之精美，将巨大与精美集一身，本身就是艺术的高境界，美食不如美器。元青花瓷的相当一部分是为伊斯兰教国度度身定做的。

奥斯曼土耳其又是政教合一的国家，信奉伊斯兰教。信徒们前往清真寺做礼拜，必须净手、净脸、净耳——洗耳恭听，脱鞋进寺。清真寺门前多设置水亭；在家中做礼拜，也使用净手壶。军持则是中国专为东南亚的佛徒及阿拉伯世界的穆斯林所生产的外销瓷中的重要种类。托普卡帕皇宫中就收藏有象形、蛙形等动物形的军持。

那么，作为托普卡帕博物馆的镇馆之宝的这些精美绝伦的元青花，是如何远嫁到这里的呢？用诗一般的语言记述了这次访问过程的许明在思考。其实，托普卡帕宫建于 1478 年，即明代成化十四年，元代已灭亡 110 年了。那么，这些元青花是历代中国皇帝的赠品？是征服埃及后的战利品？是从各地征集或巧取豪夺而来？是通过伊朗及阿拉伯世界贸易交往而购入？况且，1574 年（明万历二年），宫殿还不慎失火，至 1681 年（清康熙二十年），宫殿所登记收藏的中国瓷器仅剩几百件！至 18 世纪，苏丹急了，这才命令急速地增加和补充中国瓷器的藏品。

博物馆的说明书中赫然写着："如今在世界上任何国家、任何地方，甚至是这些瓷器的祖国，你都再不会找到另一个藏品如此丰富的瓷器馆，它是世界上独一无二的。"

作为瓷器祖国的子孙们，是否会触目惊心呢？

中国代表团此行，当载入陶瓷史。短短的行程，解了谜，却又增加了许多谜。

托普卡帕宫的元青花崇高的地位，实与大维德基金会那一对如雷贯耳的"元至正十一年"铭青花云龙纹象耳瓶血脉相连。

这对瓶，似不能说是元青花的开山鼻祖，但因有"元至正十一年"（1351）的铭记，为世界上已知最早的有确切纪年的青花瓷，故当作元代青花研究的标准器。"大维德瓶"的身世来历似跌宕起伏又依稀朦胧。在兵荒马乱的 20 世纪二三十年代，福建古玩商吴赉熙将一对原供奉于北京智化寺（一说北京贡院）的青花云龙象耳瓶，请北京琉璃厂古玩行家估价并准备出售。虽然瓶的颈部有六十二字铭文，明确是元至正十一年烧制而成，但是，行家一致认为这是一对赝品，不过是晚清民国的仿品而已。后几经周折，这对瓷瓶为波西瓦尔·大维德爵士（1892—1964）所收藏。后来就将它们简称为“大维德瓶”。不知这其间有何奥秘，对其来龙去脉有多个版本。一说，这对瓶由吴赉熙带至英国再出手；一说大维德在北京购得带到海外；还有一说就颇费周折了，是吴赉熙先出售给英国收藏家芒特斯图阿特·鄂尔芬斯东，后大维德从鄂尔芬斯东手中买到一只，再后来又从苏富比举办的查尔斯罗素专场上以 360 英镑成交另一只，这才让失散的这一对重逢。但又说罗素的这件的拍家其实也是鄂尔芬斯东云云。这就很绕了，充满悲欢离合的戏剧性。不过，这还只是故事的开端。1929 年英国大英博物馆的中国古陶瓷学者霍布逊在《东方陶瓷》上发表了《明以前的青花瓷》，向全世界介绍了这对青花瓶——这是故事的发展，但未引起轰动。直到 50 年代，美国弗利尔美术馆原馆长约翰·波普博士见到这对大维德瓶时，灵光乍显，他将“至正”瓶作为元青花标准器，以此为标杆来衡量流散于海外的许多同类型却无纪年号的青花瓷，他深入土耳其和伊朗调研和一一比对，1952 年发表了《14 世纪青花瓷器：伊斯坦布尔托普卡帕所藏一组中国瓷器》，1956 年又发表了《阿德比尔寺收藏的中国瓷器》。波普的 32 开的黑白图集，改写了元青花的命运。元青花的许多问题似迎刃而解。确认：土耳其托普卡帕宫博物馆珍藏元青花 40 件，伊朗阿德比尔寺珍藏元青花 32 件！登峰造极才是故事的高潮。前辈冯先铭给予回应，从故宫博物院 30 多件 14 世纪青花瓷中，挑选出了 4 件论证为元青花，并发表了论文《14 世纪青花大盘和元代青花瓷器的特点》。而国内国外原本深藏地底下的元青花残器和碎片，像是受了波普的感应似的，不紧不慢陆陆续续地纷纷出土：1964 年河北保定发现一处窖藏有 6 件元青花，1965 年景德镇湖田窑发现元青花大盘残片……

这时，再回眸这对大维德瓶，却不改国籍，不见傲慢，依然故我地折射出分娩它的祖国的光辉，只是多了一个洋名字而已。那么，它们是外销瓷吗？是“偷渡”还是“移居”英国 80 年？只能说是外销瓷中特殊的一种。瓶高 63.8 厘米，口径 14.3 厘米，足径 17.5 厘米。自瓶口至下，有缠枝菊花纹、蕉叶纹、象鼻纹、云凤纹、缠枝莲纹、云龙纹、云纹、缠枝牡丹纹、杂宝纹。共 9 层，主题纹为云龙，龙爪为四爪。

这对大维德瓶，它们与同代元青花在一起的话，却有种直觉，怎么看怎么不像一家人，不是鹤立鸡群，而是格格不入。难怪荣宝斋的行家会一致否认。人的眼睛有时真比仪器还毒。

然而，大维德爵士对中国古陶瓷的一往情深终生不渝，以及卓越贡献，是让我们心悦诚服并深为感动的。从 22 岁在朋友家的壁炉上第一眼与中国瓷器结缘，到生前将“大维德中国艺术基金会”全部收藏捐献给伦敦大学，这是一种精神的升华。他所珍藏的中国古陶瓷有北宋汝

景德镇元青花罐 伊朗阿尔德比勒灵庙藏

元代“至正十一年”铭青花云龙纹象耳瓶
英国大维德基金会藏

窑大碗、元青花云龙纹象耳瓶、明成化斗彩鸡缸杯、清宫秘藏珐琅彩瓷等，皆为稀世珍遗。难能可贵的是，在他的鼎力倡议下，20 世纪 30 年代，英国伦敦大学就成立了全世界第一个中国艺术与考古系。而今，“大维德中国艺术基金会”成为大英博物馆永久的收藏。至少，大维德是一个懂得并挚爱中国古陶瓷的外国人。

2005 年，天价元青花鬼谷子下山图罐又惊天动地！那是 7 月 12 日在伦敦佳士得举行的“中国陶瓷、工艺精品及外销工艺品”拍卖会上，这件元青花罐以 1400 万英镑拍出，加佣金后为 1568.8 万英镑，折合人民币约 2.3 亿，换算成当天国际牌价为黄金 2 吨！此天价不仅创造中国瓷器的最高成交纪录，同时也创下了中国艺术品的最高价格。

此罐主题纹饰为“鬼谷子下山图”。经考证，故事可见元至治年间刊印的《乐毅图齐・七国春秋后集》，有插图版画一幅与瓶图案相似。战国时代齐燕交战，鬼谷子弟子孙膑被燕国囚禁，齐国使节苏代进山央求鬼谷子下山营救孙膑。鬼谷子，战国中期卫国人，智慧超人，独立门派，隐居鬼谷。苏代是苏秦之弟，纵横家，代表作“鹬蚌相争”“借光”。有意思，这回苏代借了鬼谷子之光。

看通景：老松遒枝翠针，灵芝牡丹叶簇拥，柳枝风中飞扬，山石起伏路旁。光头蓝袍鬼谷子神色凝重、目光炯炯、若有所思，独坐两轮车中，一虎一豹卖力拉着，尾旋起，足呈行状。车前两步卒手持长矛开道，一青年将军手擎“鬼谷”战旗，策马而行，而文官装扮的苏代骑马殿后。器型饱满稳重，直口短颈，溜肩圆腹，腹部下渐收，至底微撇。一幅突显人物、山石植物动物衬托的通景图既旋转于瓷瓶上，又将瞬间凝固成永恒。

唇口微厚，颈部为汹涌波涛纹，肩部饰缠枝牡丹，腹部为主题纹饰，足部开光内饰变形莲瓣纹和琛宝，俗称“八大码”。青花纹呈色浓艳，构图疏密有致，人物生动传神，恍惚间，鬼谷子复活人间。

难怪孙瀛洲感叹：元代瓷器“精者颇精”！难怪李知宴认为：“元青花最突出的特点是气势宏大、饱满雄健，从器物造型到装饰都有一种阳刚之美，其独特的品类、造型、纹饰具有浓郁的时代特征，体现了元瓷工艺从原料、制作、绘画到烧成的完美程度。”

元青花瓷存世本来珍稀，而绘有人物故事题材的更是凤毛麟角。据说，全世界元青花人物瓶罐不上 10 件，还有几件为：昭君出塞罐、三顾茅庐罐、周亚夫屯细柳营罐、尉迟恭救主罐、西厢记焚香罐、百花亭罐、萧何月下追韩信纹梅瓶、锦香亭图罐。

如这件元青花昭君出塞图荷叶盖罐，为日本出光美术馆所藏。盖有半环钮、饰荷叶纹，颈部波涛纹，上腹为缠枝莲纹，腹部为主题纹昭君出塞图，下为变形莲瓣纹，共五层。主题纹中昭君着汉服怀抱琵琶骑白马，端庄忧悒；左右为胡女着胡装，骑黑马枣红马；匈奴迎亲使节凶悍，汉送亲老者和善。远行途中，垂柳依依、松树苍青、芭蕉山石、翠竹丛生，或许是景德镇匠人的一厢情愿想当然的描绘，或许是绘画者有所象喻有所寄托。画工精细准确，栩栩如生。通景构图关注全局，人物形象有符号指代性，情景交融，堪称完美。

人物纹是元青花中的翘楚。叶佩兰在元青花瓷的鉴赏中指出：“还有人物纹，常别出心裁，将戏曲小说中各种人物故事的情节移植到瓷器的画面上，从而呈现一种新的艺术面貌，这是其他时代无法比拟的。”的确，将家喻户晓流传极广的故事的某个瞬间定格于瓷上，其信息量的丰沛、表现的张力，是其他纹饰图案不可同日而语的，也是可遇而不可求的。

2003 年，纽约朵尔拍卖公司一件元代青花朝圣龙纹扁壶以 583 万美元拍出，成为当时的世界记录。2005 年在香港佳士得一件元青花锦香亭图罐，也拍出了 4900 万人民币的高价，其罐口曾破损有过修补。

拍卖行家言，通常有人物故事的瓷罐多为中国本土定造、烧制，质量精益求精，多由世界各大博物馆收藏。那么，它们又是怎么行于域外、落户域外大博物馆的呢？

元代鬼谷子下山图青花罐　伊朗阿尔德比勒灵庙藏

元代青花昭君出塞图荷叶盖罐

元代青花云肩双龙戏珠纹四系扁方壶
日本出光美术馆藏

这件鬼谷子下山图罐的前收藏者是位荷兰人，自称是曾祖父范·赫默特男爵在中国购得。男爵于1913—1923期间在荷兰海军服役，被派驻北京担任荷兰使节护卫军司令，且负责德国及奥匈帝国等使节及领地的安全。他喜爱中国瓷器，并有北京旧宅照片佐证。此罐在家族中已流传四代，但一直不以为然，参拍前还用于放DVD光盘呢。掰着指头算算，当是清末民国初年之事，那可是风雨飘摇的多事之秋。

即有人提出异议。以为此罐来历不明。尤其是对时代背景的描述令人生疑。但是，这件元青花罐倒觉得货真价实，据专家考证，此罐的制作年代可能在1351年左右，即元至正十一年。还真巧，又与大维德瓶属同一时代同一年。

马未都的解读是：元末画人物的第一个原因是元青花受元曲和小说的影响，愿意画情节；第二个原因是元末，早在至正十二年，元浮梁磁局便徒有虚名，很快被徐寿辉的天完政权所掌控，至正十六年后，已落入朱元璋之手。景德镇当时是朱元璋的根据地。朱元璋一天到晚想的都是我怎么能拿下这个江山。所以，鬼谷下山这样的瓷器就应运而生。这样的解读，并不牵强附会。

而林梅村则从更精确的还原历史描摹中，认为元末红巾军首领陈友谅割据饶州时期，便是“至正型青花瓷”烧造之时，窑口则为落马桥。据史书记载，元末海外贸易从未中断，江南首富沈万三在陈友谅大汉国都城江州（今九江）开办“宝市”，将景德镇外销瓷批发给中外海商，然后从附庸风雅的张士诚控制下的太仓娄江港远销海外。倒也合情合理。

2012年拍下这件元青花鬼谷子下山图罐的，是经营中国古董的全球顶级巨擘老人埃斯凯纳齐。他接受采访时说：当时我决定不惜任何代价都要拍到这件拍品，因为这几乎是绝无仅有的一次机会。这是我从事古董交易 50 多年来遇到的最好的一件中国古董瓷器，我成功地说服了我的客户，他给予我完全的信任。

当然，这又是一件极其特殊的传奇“外销瓷”。

这使人不由得想起元代青花釉里红堆塑楼阁式人物谷仓——国家文物局于 2002 年公布的首批禁出国（境）展览文物名单中，江西省博物馆这件镇馆之宝，榜上有名；2012 年、2015 年又公布了第二、三批，它皆榜上有名。

为何要“养在深闺人未识”？因为这是元代瓷器的命根子！也可以说，它才是真正的标准器。这件谷仓为明器，1974 年出土于景德镇南山墓葬，1979 年入馆。巧的是就在湖田窑附近。明器背面仓板上青花书写 159 字长篇墓志铭：将墓主及家庭成员等情况交待得一清二楚。民以食为天，事死如事生，谷仓是最理想的冥器。色泽柔熟温馨，表达的也就是老百姓向往丰衣足食的太平盛世。这是目前有确切纪年的青花釉里红瓷器。

这还使人不由得想起 1980 年江西省高安发现的一批窖藏元青花瓷！那是 11 月 29 日 14 时，锦江南岸的江西第一机电厂建筑工地众目睽睽中“显身”。共计 239 件瓷器：元青花瓷器 19 件，釉里红瓷器 4 件，龙泉瓷器 168 件，钧瓷 3 件，青白釉、卵白釉瓷器 44 件，磁州窑绿釉梅瓶 1 件。

其中元青花和釉里红，全产自景德镇官窑，有梅瓶、云龙缠枝牡丹纹盖耳盖罐、云龙纹兽耳盖罐、元青花蕉叶纹觚等。器物纹饰多有五爪龙纹，元代严禁民间使用五爪龙纹。那么，谁这么胆大妄为呢？高安博物馆又从高安史志顺藤摸瓜，原来，就在窖藏附近的上泉伍家，是元驸马都尉伍先辅的老家。其为皇室近侍官，至于他是怎样获得这批宝物的，是皇帝赏赐还是另有隐情，还待考证。学者林梅村认为，这是陈友谅割据饶州时在景德镇所烧制的“御瓷”，只是他在鄱湖大战时败于朱元璋，且一命呜呼，所以，这批瓷器方流落民间。如若真是这样的话，那么，元青花传奇又得添传奇了。

元代青花釉里红堆塑楼阁式人物谷仓　高 29 厘米　长 20 厘米　宽 10.3 厘米　江西省博物馆藏

最值得探研的是，窖藏出土的 6 件梅瓶，分别以《周礼》“六艺”“礼、乐、书、数、射、御”书于器底，《周礼·保氏》言：“养国子以道，乃教之六艺。”卵白釉印花高足杯圈足内素胎上用墨书“中和”二字，是《礼记》“中庸”之道。这究竟与蒙人起用汉人有关？抑或蒙元政权已日落西山了呢？而这件高足杯写有釉下彩诗歌“人生百年长在醉，算来三万六千场”，是汉文人的借酒消愁，抑或恰恰是粗犷蒙人的豪放奔放呢？

这批元代瓷器，穿越历史时空的隧道，猛然显身，让世人猝不及防。

2015 年 7 月 25 日，在高安新落成的现代化元青花博物馆，将这 19 件元青花瓷和 4 件釉里红瓷集体展出，一时人山人海，瞻望出自本土的元青花。

2012 年 10 月 22 日至 2013 年 1 月 20 日于上海博物馆展出的“幽蓝神采：元代青花瓷器大展”更见规模。让天文数字的价值、犹抱琵琶半遮面的身影、争议不休尖锋相对的评价、神秘得不可思议的元青花终下到凡间，走进展室，与芸芸众生面对面，任凭你面面观啧啧叹，虽仍有玻璃橱柜阻隔着，无法零距离触摸，但已经是很有幸福指数了。上海博物馆可谓殚精竭虑，使出了浑身的解数，将海外海内声誉最高的元青花都请来欢聚一堂，走近古瓷，欣赏古瓷，感受冰冷的瓷原来有着恒温，可谓功德无量。

4. 新安江沉船与西沙元青花

至元二十一年（1284）忽必烈任命汉人卢世荣为右丞相，卢世荣是忽必烈所信任的理财家。翌年正月，卢世荣提出了“于泉、杭二州立市舶都转运司，造船给本，令人商贩，官有其利七，商有其三”的“官本船”建议，得到元世祖的认可。即由官方出钱出船，委托商人经营的一种官本商办的海外贸易模式。由于海外贸易获利甚丰，元廷又规定“凡权势之家，皆不得用己钱入蕃为贾，犯者罪之，仍籍其家产之半”。官本船打着增加国家财政收入的旗号，实质维护皇室利益，元廷不时颁布海禁令，禁止私商下海，也就是妄图垄断海外贸易的高额利润。史载“禁私贩海者，拘其先所蓄宝货，官买之；匿者，许告，没其财，半给告者”。这不仅损害了豪强贵族的大利益，而且对一般私商的打击也是致命的，所以遭遇上上下下的反对，而卢世荣自己又不过硬，且过高估计了元世祖对他的信任，故秉政仅 4 个月，便遭遇陈天祥的弹劾，入狱，后处死。

虽然元代的海外贸易被官方强势垄断，但是，又如何能禁绝各种途径大量瓷器的输出呢？早在至元十四年（1277），元廷就在泉州设立了市舶司，又在庆元（宁波）和今上海等地设立了市舶司，由福建安抚使督办。至元三十年（1293），上述三处之外，又在澉浦、温州、广州、杭州设立了市舶司。大德二年（1298），才又调整为保留泉州、广州和庆元这三处市舶司，一直到元末。合法的、走私的、半合法半走私的海外贸易依然风风火火。且看至元三十年（1293）八月二十五日，福建行省准中书省咨，至元二十八年（1291）八月二十六日奏过事内一件："南人燕参政说，有市舶司的勾当，很是国家大得济的勾当……咱每这田地里无用的伞、摩合罗、磁器家事、帘子，这般与了，博换他每中用的物件来……"虽是公文，但行文通俗，元曲腔调，也可窥见其时元人对外贸的积极态度。

元代沉船的发现虽不多，但1976年已在朝鲜半岛新安海域发现了一艘满载瓷器和钱币的沉船，引起大轰动。

那是1976年春寒料峭时。在朝鲜半岛全罗南道新安郡智岛面防筑里的道德岛附近，当地渔民撒网捕鱼时，意外打捞上来了几只青瓷花瓶。后又陆续打捞上一些各式各样的瓷器。经鉴定，这些瓷器多为浙江龙泉窑青瓷和景德镇青白瓷等。

于是，展开了海底考古调查十余次。沉船淹没于海底20多米的淤泥里，船型与1974年在福建泉州湾打捞出水的宋代古船大体相同。船上装载有瓷器、铁器、28吨中国铜钱、含元廷发行的"至大通宝"铜钱，铸有元代地名"庆元路"的金属秤砣等。推断沉船为元代至治三年（1323）后。

外销瓷器自是大宗。种类多，有青瓷、青白瓷、白瓷、黑褐釉瓷和白地彩绘瓷等，共计6000余件，其出品窑口以龙泉窑和景德镇窑为主，龙泉窑青瓷器中有带"使司帅府公用"铭款。此外，还有龙泉窑系的青瓷，吉州永和窑瓷器，福建诸窑口的白瓷和黑瓷等。新安海域出水瓷器与国内相关的窑址或墓葬出土遗物多相吻合。

经景德镇陶瓷考古研究所比对，发现新安沉船中的部分青白瓷碗、盘、瓶、罐等，与景德镇湖田窑址或落马桥窑址出土瓷风格相同或相似。如青白釉芒口覆烧大盘、刻花鱼水纹折沿浅盆、青白釉狮子滚绣球纹芒口折腰碗、青白釉水波枝梅纹芒口弧壁碗等都有对应物。

如沉船出水元瓷青白瓷牡丹纹瓶，喇叭口、长束颈、鼓腹、高圈足，与1978年江西万年县出土的元影青缠枝牡丹琵琶纹瓶及1981年江西高安县城元代遗址出土的一件影青釉玉壶瓶，其造型、釉色和纹饰相近。

元代景德镇窑白瓷凤形砚滴

荷叶形器盖在元代瓷器中盛行。海涛纹、连续几何纹地、锦地开光图案和乳钉纹以及半环形小钮均系元代瓷器中典型的装饰风格。如吉州永和窑、赣州七

元代龙泉窑青瓷净瓶

吉州窑黑釉梅花纹双耳瓶 高 19.5 厘米

里镇窑烧造的“乳钉柳斗纹罐”、“白釉黑画唐草纹小瓶”、“黑釉乳头纹小壶”等，也在新安沉船出水瓷器中发现。

这艘沉船长约 28.4 米、宽约 6.6 米、深约 2.1 米，船体由七个隔舱板分隔成八个船舱，是一艘古代双桅海船。这种双桅海船，汪庆正认为，正是后来明代嘉靖年间为海禁而三令五申强调查禁的类型。他认为，新安沉船揭开了中国古代航海史上的许多谜团：沉船航路展现了古代东北亚航路兴盛之况；满载的中国铜钱、陶瓷器以及紫檀木等贵重中国商品遗物，佐证了古代中日民间贸易的密切关系；而 28 吨中国铜钱则说明了日本镰仓大佛青铜原料的来源；沉船年代木简则解读了元末明初沈万三通番说的可信性。这，也是一家之言。

这艘中国远洋商船，当从宁波港（庆元港）启航，先抵达高丽，卸下一批货物后，再装载一些别的货物，开往日本九州博多湾（福冈），途中不幸沉没于海底。

新安海域沉船印证的是元代中国通向朝鲜、日本等的航线，那么，“下西洋”主航道上什么时候能发现元代沉船呢？

2006 年终于在福建平潭大练岛海域发现元末沉船！中国国家博物馆水下考古中心、福建博物院文物考古研究所、福州市文物考古队联合对沉船遗址水下考古调查，翌年进行抢救性水下考古发掘。采集、发掘出水的瓷器多为龙泉窑青瓷。大盘、盘、碗、小罐等，施青黄或青绿釉，纹饰有龙纹、凤鸟、双鱼、荷花、菊瓣、花草、瓜棱等。可能是民间商船，但没发现元青花。

2010 年 6 月 2 日，又迎来了一次重大发现。海南省政府召开新闻发布会，公布 22 年来南海水下考古，首次在西沙海域水下采集到 180 件元青花标本！那是 2010 年 5 月，中国国家博物馆水下考古队根据渔民提供的线索找

黑褐釉盆 高 11.7 厘米 径 49 厘米

到沉船遗址，在永乐环礁石屿一带，故取名“石屿二号沉船”。沉船此前已遭多次大肆盗捞，以至遗址表面到处留下深约 0.5 米左右圆形或不规则形的盗坑，但是，考古队并不气馁，不屈不挠仔细搜寻，竟打捞出 180 件出自景德镇的元青花残器或瓷片！器形多为碗、杯、罐、瓶等生活用器。从元青花的图案纹饰来看，无论是莲池鸳鸯纹、缠枝菊纹、卷草纹、火焰纹、折枝花卉纹、寿字纹等，皆有奔放狂野之感，不见一丝拘谨，却显酣畅淋漓，常一笔点化，也可能是那个时代外销瓷的感觉，充满了自信和压抑不住的得意。这真是伟大的发现，因为，此前还未在海域沉船发现元青花！

沉船遗址内还发现散落的德化窑瓷器、景德镇窑卵白釉瓷器，以及龙泉窑青釉瓷片等，青花之外，还有青瓷、白瓷、酱釉瓷等不同种类。器形以碗、杯为主，亦有瓶、罐、壶等瓷器残片。

西沙沉船见证了元代中国通往西亚、中东、东非、北非的航线，相信随着水下考古事业的神速发展，海底沉船将如明珠般串起当年的航线图。沉船是悲怆的，但悲怆的付出留下的是永恒的纪录和记忆。

2010 年 9 月，山东菏泽竟然在市区中华路与和平路交叉口、银座南国贸中心项目建筑工地发现古船和元青花！出土 110 余件文物，包括陶器、瓷器、漆器、玉石、玛瑙、石器、铁器、铜器、金饰等，最引人注目的是同时出土的瓷器来自景德镇窑、龙泉窑、钧窑、磁州窑、哥窑等五六个窑系，最光彩夺目的是产自景德镇的三件元青花！其中两件瓷盘为残器，但青花龙纹梅瓶却近乎完整又完美。

船体残长 21 米，宽 4.82 米，高 1.8 米。所用木料初步断定为柏木和楸木。古船在行驶过程中触到浅滩而侧翻。有专家认为这是一艘元末官僚随末代皇帝逃往漠北的内河行驶船只。而船上的钱币竟有宋代的，这又增添了疑惑。

一南一北，一内河故址一西沙海域，也可称元青花交相辉映。

正是年年代代海上陆上中国与外域的来来往往，作为大宗商品的瓷器及其所负载的文化也在碰撞砥砺中相互影响而逐渐融合。作为瓷器，中国传统器型、图案、纹饰、釉类等源源输出，影响着接受的消费地；同样，消费地的生活习俗审美定势倾向的反馈也影响甚至制约着中国外销瓷的生产，而中国商人从赚钱至上出发，也会主动适应市场。如果说唐室大有胡风，其外销

出土元代青花瓷片

瓷洒脱地张扬异域风采；宋朝则回归传统，即使为适应外域的需求，也不大张旗鼓，而是含蓄从容，点到为止；但元代外销瓷又不同了，很是主动地注重销往国家地区的风俗习惯和审美需求，特别是作为大宗商品的元青花瓷，也因地区不同而有所差异。销往中东、西亚伊斯兰地区的青花器，器型一般硕大端庄，大盘、大碗、大瓶等，图案繁密，多以同心圆环进行多层装饰。采用进口青料，发色艳丽，釉面莹润，如此浓妆艳抹与硕大的器型相得益彰，构成了气势博大的所谓元“至正型”青花瓷的特色。一如伊斯坦布尔托普卡帕博物馆和伊朗阿迪别尔寺神庙所珍藏的元青花。伊朗的尼沙普尔遗址、印度托古拉古宫殿遗址和叙利亚的哈马、波斯湾的巴林岛等地，都曾大量出土带有伊斯兰风格的元青花和其他瓷器。东非海岸的哥迪和基利菲古建筑、沙捞越的嵌瓷墓柱上皆有元青花瓷！外销东南亚地区特别是菲律宾、印尼、马来西亚等地的元青花，风格却迥然有异，以小罐、小碟、高足杯等小件器为主，采用国产青料，青花发色灰暗，构图也较为简单，这也与消费水平相吻合。

不足百年的元代，猛然绽放的元青花，沉寂600年后，今世再掀狂潮，且经久不息，而且，谁能说元青花之谜已出谜底？中国瓷器从素瓷走向彩瓷，从中国走向世界，是多元时代的见证。而各民族文化的积淀和结晶，大气与繁茂、浑厚与轻盈、粗犷与细腻、简朴与雅致……就这样抵牾又统一于白地青花或青地白花中，成为世界最美的和平之花、友情之花、文明之花。

或许，正因了其纷繁复杂的诞生背景和多元丰富的民族文化内涵，元代瓷器留下了太多的难解之谜，也正因了它的扑朔迷离，才愈来愈在历史的记忆中光彩熠熠令人探索不已。

3 第三章 / 长风破浪：直挂云帆济沧海

自古能君无出李世民之右者，其次则朱元璋耳。
——毛泽东

一、朕本布衣：天下与我何加焉

“初，太祖定制，片板不许入海。”斩钉截铁，不由分说。就这一句，便将明太祖朱元璋钉在“闭关锁国”之柱上了。朱纨，苏州人，正德十六年进士。他出生于弘治七年，距朱元璋驾崩已近百年，除了姓朱，与朱家皇室并无瓜葛。但他高擎太祖语录，严海禁以绝盗源，不想嘉靖帝反复无常，于是，朱纨愤而自尽，朝野震惊。忠君之臣乎？螳臂挡车乎？一言难尽。

那么，洪武期间，自宋元以来民间商人涌动的海外贸易潮是否就此急剧衰落，作为海外贸易大宗的外销瓷是否销声匿迹？亦一言难尽。

还要回到那对有“至正十一年”铭的元青花云龙象耳瓶。美国学者波普博士在以此为标准器指证土耳其、伊朗所藏元青花时，还指出：同时，还有一组介于元青花与永乐、宣德青花之间的瓷器，那就是洪武瓷器——却被淡化乃至遮蔽了。实可作如是推断：洪武时期中国青花瓷器外销伊斯兰地区从未中断。

1964 年与 1966 年，当代日本学者小山富士夫、三上次男一行以求索的不懈，两度考察了中世纪逐渐频繁使用的海上贸易路线，并改命名为“陶瓷之路”。正是这条劈波斩浪的陶瓷之路，与景德镇窑、龙泉窑等外销瓷息息相关，而沿海口岸及延伸进去的城镇，竟发现了或延绵不断或断断续续的中国历代出口瓷器和残片，清晰的是，明初洪武并无隔断。

这张《大明混一图》，据传绘制于朱元璋时代，图上已有大西洋，还有非洲好望角，是否可以说：郑和下西洋前，洪武大帝就已注目海外贸易，操持瓷业，而并非绝对的闭关锁国？

1. 鄱湖何不通大海

朱元璋（1328—1398）可能没见过大海，但是，他绝对是识水性的。

朱元璋的天下是打出来的，是从水深火热中拼杀出来的一条血路。

历经 18 年的生死拼搏，从红巾军的战士浴血奋战做起，冲锋陷阵，招兵买马，文韬武略，阴谋诡诈，忠义信守，背叛反水……什么没尝试过？单说那大江大湖的逐浪与逆流，长江的宽厚与深不可测，鄱阳湖的恬淡宁静与凶险变幻，他用生命学会了懂得。

他忘不了在鄱阳湖鏖战的 36 个日日夜夜！这在改朝换代的进程中，当是最关键的时间段。

大明混一图

波涛汹涌杀声震天腥风血雨频频入梦又让他夜半惊醒，而碧波万顷碎金鳞鳞水草缠绕渔舟唱晚也总能伴他酣睡，尤其是垂垂暮年，一半清醒一半醉，全为了这湖海的气息。鄱阳湖是中国第一大淡水湖，第二大湖，湖就是海子——海的儿子。他可能没见过海，但他知海的性情，海的利弊。

当年的朱重八，少年的记忆是放牛娃，后入皇觉寺当过50天和尚，因寺维系不下，众僧云游化缘，所以他还要过饭。“至正四年（1344）旱蝗，大饥疫，太祖时年十七，父母兄相继殁，贫不克葬，里人刘继祖与之地，乃克葬，即凤阳陵也”。死无葬身之地，是安徽凤阳赤贫朱家的真实写照。有海外史学家黎东方在《细说明朝》中，言朱重八与二哥以白布裹亲人下葬，由此推断为穆斯林习俗“克凡”，这显然没说服力。用布，用草席，哪是什么习俗，皆因穷而已。

至正十一年（1351）五月，即元至正青花云龙象耳瓶烧造的时候，红巾军揭竿而起。翌年，朱元璋投奔红巾军郭子兴部，得郭赏识，遂将养女马秀英许配之，即日后口碑极佳的大脚马皇后。历经生死搏斗，朱元璋渐拥兵十万，建立以应天（南京）为中心的根据地，在壮大中奉行谋士朱升策略：“高筑墙、广积粮、缓称王”，但仍四面受敌，长江上游有陈友谅，下游有张士诚。1360年，已立国号汉的陈友谅约张士诚东西夹击应天，但朱元璋设计，反使陈友谅败逃九江。朱元璋则乘胜攻克江西和湖北东南部。三年后，陈友谅亲率60万人马乘几百艘艨艟巨舰围攻洪都，朱元璋之侄朱文正硬是不屈不挠死守85天。当朱元璋率将领徐达、常遇春、冯胜、郭兴等空国而来，进发洪都解围时，陈友谅调头在鄱湖迎战。双方实力悬殊太大！朱元璋仅20万人马和舢舨类，陈友谅稳操胜券，朱元璋却没放弃自信。决战起，只见鄱湖百里，烟波浩渺，

朱元璋像

箭矢如雨，杀声震天，天昏地暗，残阳映血河湖！朱元璋一次次绝望，死神一次次与他牵手，他的爱将勇士一个个为他死去，但是，如同鄱湖的变幻莫测，诡谲难辨，千钧一发时总能让他朱元璋转危为安。他不敢奢望恶战会有一天结束，一切仿佛无边无际无穷无尽，常遇春一次次率兵拼死火烧巨舰，皆无功而返，季节不对，何能火攻？偏偏这一回，只见风助火威，刹那间，几千艘艨艟烈焰腾空，火光冲天，湖水沸腾，呐喊厮杀……待陈友谅败退突围时，一支冷箭穿进他左眼，他瞪大独眼死不瞑目，怎么也不明白为何如此迅猛地玩完？朱元璋回归朱重八，捧起一口鄱湖的水，咕噜噜吞下：咸！谁说淡？

岂止是转危为安，而是扭转乾坤。

从 8 月 29 日开火至 10 月 3 日结束，整整鏖战 36 天，朱元璋以弱克强，成为中国古代水战史中可圈可点一例。当然，自信决断、勇猛智谋、不屈不挠、兵不厌诈等等都不是什么完满的答案，只能说：天助朱也。

赤贫农民出身的朱元璋，对鄱阳湖，对景德镇，自是一往情深。对自己，更坚定了走向皇位的雄心。

《明史》中描述朱元璋的长相云：“姿貌雄伟，奇骨灌顶。志意廓然，人莫能测。”其留下的十几张画像中，慈眉善目的仅一两张，余者皆马脸狮鼻长翘下巴，五岳朝天，还有数点麻子，颇有审丑价值。也可说人有异相必有异秉，不同凡响。

1368 年，不惑之年的朱元璋推翻了蒙元王朝，在应天登基，建立大明王朝，年号洪武，在位 31 年。

明初，曾有允许中外私人海外贸易的短暂时期。洪武四年（1371）明太祖才诏令“濒海民不得私自出海”，这才拉开了海禁序幕。

朱元璋对明代外交定下的基调是：一要奉行和睦，二则厉行海禁。和睦外交是华夏天朝“怀柔远人”传统之道，也是对蒙元穷兵黩武对外扩张的否定。

大而言之，这是儒家的天下观使然；小而言之，是朱重八难忘17岁时邻居给地葬亲人。儒家天下观旨在构建理想的“天下”秩序，而要使“天下”有序，就要“协和万邦”，即“命使出疆，周于四维，历诸邦国”。而“不征之国”是明朝宗藩制度和朝贡体系下的重要政策。

洪武二年(1369)，朱元璋下令编纂《皇明祖训》，宣布将朝鲜、日本等15个海外国家列为“不征之国”，告诫后世子孙不得恣意征讨。这些国家是：朝鲜 、日本、大琉球、小琉球、安南（今越南）、真腊（今柬埔寨）、暹罗（今泰国）、占城（今越南南部）、苏门答腊、西洋、瓜哇、湓亨、白花、三佛齐、渤泥。这标志着明朝和平外交政策的确立，此后给各国的诏谕中，也一再表明“共享太平之福”的立场。自然，所谓不征之国并不代表着这些国的主权独立。

朱元璋明示：“诸蛮夷酋长来朝，涉履山海，动经数万里，彼既慕义来归，则赍予之物宜厚，以示怀柔之意。”孔子所总结的周朝治理天下的九条纲领中早有：“厚往而薄来，所以怀诸侯也。”为的是表现“天子有德”。

明廷派使臣持国书去的不征之国，各国即遣使赴明称臣朝贺。惟有日本不予回应，此时，北边尚有蒙元残部，张士诚、方明珍等残部也多逃亡海上，与倭寇勾结掳掠滨海船舶，从大局出发，朱元璋再派杨载一行出使日本，没想到日本杀使团五人，将杨载等拘留了三个月才放回。这当然使洪武大帝大光其火，但仍从大局考虑，暂不发兵，而严禁沿海居民私通海外，否则严惩不贷。一则防御倭寇侵扰，二则断绝日本所需贸易，其时日本对中国瓷器茶叶等需求量可不小。

海禁，禁的只是民间海外贸易；朝贡贸易却是要积极发展的。也可说是海上的“只准州官放火，不许百姓点灯”，但是，长江鄱湖都无法盖上捂严，无际大海岂有盖子？有哪一朝哪一代的“海禁”能完全灭绝海上贸易海上交通呢？无非是走私不绝，海商成海盗。洪武时期曾先后四次下禁海令，其实也反证，禁海从未彻底禁住过。

不过，朝贡贸易也并非完全放开手脚，官方贸易有时间、地点等加以限制。贡舶须持明廷颁发的执照签证，称“勘合”，故又称“贡舶贸易”或“勘合贸易”。各国贡期也有三年、五年、十年不等，譬如规定高丽一年一贡，爪哇、暹罗、安南、占城三年一贡，满剌加和古里不定期。洪武大帝对态度恶劣反复无常的日本则是不接受他的朝贡。后为十年一贡。贡道也分西域贡道、南海贡道等。

朝贡政策发展的是官方贸易，海禁政策打击的是私人海外贸易，发展或压制皆为了将海外贸易牢牢掌握在皇家手里。但不管怎么说，明廷与东亚、东南亚各国在朝贡体系内建立起了新的贸易秩序，中国陶瓷依旧得以继续销往海外。

2. 御器厂的商机

洪武二年帝下诏：在景德镇设立御器厂。这，与宣布“不征之国”为同一年。

这应该不是偶然的巧合，不征之国与朝贡有关，陶瓷是朝贡贸易“厚往薄来”中沉甸甸的分量，朱元璋心里有杆秤。他对景德镇不只熟悉，而且亲切。

曾经有近半个世纪，学界对明代御窑厂的设置时间颇有争议，一说洪武二年（1369），根据清乾隆七年《浮梁县志 卷七·建置，景德镇厂署条》；一说洪武三十五年（即建文四年，1402），根据明代王宗沐《江西大志》卷七《陶书》（明万历二十五年木刻本）。中国硅酸盐学会编的权威性《中国陶瓷史》亦偏向后说。

直到 1999 年 9 月方有定论。那是御窑厂遗址东麓修建台阶时，刘新园率领景德镇陶瓷考古研究所人员在 5 米深处发现了许多建筑瓷，如浮雕方胜纹瓷砖、白瓷水管等；同时，还发现洪武时期的青花、釉里红大盘残片。特别有意思的是出土中有一块尺把长的瓷瓦，上用黑褐色铁料书有 46 字题记：“寿字三号 人匠王士名 浇釉凡道名 风火方南 作头潘成 甲首吴昌秀 监工浮梁县丞赵万初 监造提举周成 下连都”铭，烧制瓦片的工匠、监造官员昭然其上。其中，“浮梁县丞赵万初”在浮梁县志中有记载，咸阳人，恰恰是洪武早期的县丞。于是，洪武二年说成定论。这很重要，反映出明太祖对瓷业的重视和急迫之心。

开国之初，还有战事，买马置军火要钱；大明王朝急需大量铜材用于铸币，而铜材紧缺，洪武三年，朱元璋下令“凡祭器皆用瓷”。百年前的元世祖忽必烈就是这样做的。朱元璋不会不知道，忽必烈匆匆设立浮梁磁局为的是给他带来真金白银！元代浮梁磁局并无固定窑口，镇窑和湖田窑都曾烧制过元官瓷。而朱元璋看中的是珠山。据《浮梁县志》载：“珠山，在景德之中独起一峰，高数十仞，绵亘数里，峰峦遥列，俯视四境。”环绕珠山的群峰如同五龙争抢这颗明珠，于是，祥瑞的龙珠阁方圆五里地便为明皇家御器厂。南临珠山路，北接斗富弄，东止东门头，西止东司岭。明初御器厂的规模是宏大的。洪武窑有大龙缸窑、青窑、色窑、风火窑、匣窑等 20 余座。官匠凡 300 余名，有 23 作 334 名工匠。

斗转星移。新中国成立后，旧址成了景德镇市政府所在地，明清御窑厂地面遗物已荡然无存，只有市政府大院南门的一口古水井，还静静地滋润着这方土地这方人。21 世纪初，景德镇市政府搬离，一片被还原的明清御窑厂已见规模，恢宏壮观。

洪武时期御器厂管理体制，大致承袭元浮梁磁局的管理系统，由朝廷命官、太监和地方吏三方组成监管，也依旧是匠籍制度，将元官窑中执役的工匠编入“匠籍”，但是，对在籍匠人的态度和待遇却有了实质性的变化，至少，民族歧视有所改变。元时，人分四等，一等蒙人，二等色目人，三等北方汉人，四等南方汉人。而明廷的匠籍废除了元代对匠人的工奴制度，推行的是轮班制和住坐制。轮班和住坐，仍是一种劳役制。《中国陶瓷史》中有：所谓轮班制，即规定工匠每 3 年只须为官做工 1 次，每次不超过 3 个月，其余时间官府不再派差。所谓住坐制，即规定工匠每月只须为官府做 10 天，其余时间则由工匠自己支配。不过如此优惠的待遇似乎难以让今人相信，想必其中还有种种奥妙，但是，果真如此的话，无疑使瓷匠们获得了时空和心灵上的自由。《明会典·卷一八九·官匠·二》中确实记载“轮班各匠无工可造，听令自行趁作”。总之，这些或世代相传的瓷匠，或从民间招募而来的高手，不再是前朝匠奴，其精神面貌的焕然一新，从洪武到永宣、成化时期匠人制瓷态度中可见一斑，那种对瓷的精益求精、创造革新、你追我赶、心仪绝品极品的精神，透视出瓷匠们执着沉静中的自信，热烈激越中的自重，这就叫匠心，以瓷为生命者才有的匠心。

烧制瓷器之事，历朝历代皆认为是奢华之举，为作秀让百姓休养生息，新皇帝往往会停烧一段时间，但朱元璋却大张旗鼓，窑火不熄，足见这位草根皇帝的眼光和魄力。要知道，做了皇帝的朱元璋骨子里还是放牛郎朱重八。他的节俭，堪称登峰造极。早饭只有蔬菜，外加一道豆腐；为马皇后祝寿，竟是四菜一汤：炒萝卜、炒韭菜、两大碗一样的青菜，加上葱花豆腐汤。并以此为例，厉行节约，杜绝浪费，严惩贪腐。他还在宫中开荒种菜，百衲被单，龙床轿子皆无金。是否可由此推测：洪武窑火熊熊，是冲着海外贸易？无论是外交朝贡贸易还是赤裸裸的买卖赚钱贸易。

3. 洪武朝贡乐

所谓标本，窑口遗址出土的填埋器当是最真实的、毋庸置疑的标本。

明洪武青花碗 高 16 厘米 直径 41.2 厘米 大英博物馆藏

1964 年，南京博物院于明故宫玉带河遗址发现了一批青花云纹残盘和其他一些青花残片。经考证为洪武官窑出品，明洪武官瓷揭开了冰山一角。

而自 1982 年始，景德

镇珠山明官窑遗址断断续续出土了明代瓷器及残片。1988 年，景德镇陶瓷考古研究所在珠山东麓考古发掘出洪武官窑瓷片；1994 年珠山明御窑遗址出土了洪武釉里红缠枝宝相花纹大碗，与日本所藏洪武红绿彩缠枝宝相花纹玉壶春瓶相同。1995 年景德镇市政府在明御窑厂东院建宿舍楼，景德镇陶瓷考古研究所即在工地进行抢救性发掘清理，从明初官窑瓷片堆积中清理出大量洪武与永乐官窑瓷残片，其中有部分是洪武外销瓷，有青花折枝花卉纹盖罐、青花执壶、青花直口大碗、釉里红缠枝莲纹敞口大碗，青花折沿与菱花口大盘等，品类较丰富，器型硕大，制作规整，纹饰繁满，颇具伊斯兰文化元素。

如口径约 40 厘米左右的直壁大碗，窝形小足青花碗，口径大者 28 厘米，小者 22 厘米；敞口釉里红大碗，口径大者 38 厘米，小者 32 厘米；珠顶荷叶形大盖罐，罐高 66 厘米，器型巨大；玉壶春瓶执壶，其造型仿自 14 世纪伊斯兰金属器等，皆为洪武时期特有……这些大碗大盘大罐大执壶，实与元代外销伊斯兰地区的青花瓷作用一脉相承，而其器型纹饰风格又不完全相同，且有意营造出独有的特色，并与波普对伊朗阿德卑尔回教寺院与土耳其伊斯坦布尔托普卡帕博物馆所收藏的洪武瓷相印证。

1984 年暑期，在北京第四中学基建工地上，当挖掘机铁铲仅铲到深 1 米时，即发现大片碎瓷片！经抢救性发掘和整理，发现为洪武官窑出品的数千片青花和釉里红残片，另外，还有同时期的龙泉窑釉残片。古陶瓷鉴赏家丘小君参加了抢救发掘，以为单独发现大批洪武时期残瓷实为罕见！丘小君论述北京四中为兴盛宫后苑旧址，洪武十七年，燕王朱棣“以元故宫为府”时建为宫廷库房，这大量的洪武瓷推测可能是燕王从景德镇、龙泉购置来的。出土洪武官瓷中多为青花和釉里红两种，虽种类不同，但器形和纹饰却一样。有石榴形瓜棱大罐、玉壶春瓶、执壶、军持、折沿大盘、大碗、盏托等，大盘大碗口径有大于 40 厘米的，大罐有高过 60 厘米的，与景德镇官窑出土的外销瓷相同。其残片印云龙纹，与南京明故宫出土的酱釉碗，日本、美国堪萨斯城阿脱肯斯艺术馆、大英博物馆分别藏有的外酱釉里霁青高足碗印云龙纹相同。

据《大明会典·工部》陶器条载“洪武二十六年定，凡烧造供用器皿等物，须定夺样制，计算人工物料。如果数多，起取人匠赴京，置窑兴工。或数少，引移饶、处等处烧造。”这表明洪武时期，饶州景德镇瓷与处州龙泉瓷皆在烧造之中。在东南亚各国多有明代早期的出土瓷器，来自景德镇官窑、湖田民窑、龙泉窑和磁州窑等。从琉球一地的考古中已发现了大量的明早中期龙泉窑产品。

琉球国在明代早期的朝贡贸易体系中十分活跃，成为中国瓷器输出的重要转口。洪武帝多次赐予琉球铜钱、海船，派航海人员传授航海技术。明朝出使琉球，其船舶满载中国货物，赏赐之外，由琉球人与东南亚各地的商人进行贸易。从而形成了以琉球为中介的中国与东南亚甚至更远处的多边贸易关系格局。

《明史》记载的官方赏赐有：洪武三年（1370）八月，朱元璋派御史张敬之、福建行省都事沈秋出使渤泥国，洪武四年（1371）八月，渤泥国王马合谟沙遣使随张敬之来明朝贡。洪武七年（1374）冬，琉球中山王泰度之弟泰期复来贡，洪武八年（1375）刑部侍郎李浩及通事梁于名出使琉球国，赐其王察文绮 20 匹，瓷器 9000 件，铁釜 10 口；除赠给琉球王本人包括瓷器在内的大量物品以外，另以绸 100 匹，纱、罗各 50 匹，瓷器 69500 件，铁釜 990 口，就其国易马 40 匹。洪武九年（1376）夏，琉球中山王泰度之弟泰期随浩入贡，又得马 40 匹。泰期特别表明他们国家对明朝赏赐货物，不贵纨绮，惟贵瓷器、铁釜等物。琉球对中国瓷器的渴求溢于言表。来华使臣得到赏赐的同时，允许到市场进行贸易，琉球以中国瓷器为重要物资到东南亚各国贩运“贡品”的记载屡见不鲜。

洪武十六年（1383），明廷“遣使赐占城、暹罗、真腊国王织金文绮各三十二匹，瓷器一万九千尊”。1994 年在景德镇珠山明御窑厂遗址东侧出土大量明初外销瓷，完全可相互印证。

洪武十九年（1386），明廷又再次“遣行人刘敏、唐敬偕中官赍磁器往赐”真腊。

西域失剌思、敏真、日落等国都以瓷为贵，有些还特派使臣奏求瓷器。同时，明朝廷也将陶瓷作为交换战略物资特别是战马的重要手段。

至洪武二十八年（1395），“足履其境者三十六，声闻于耳者三十一，风殊俗异，大国十有八，小国百四十九”。

既然明廷自视为中央之国，就必须以国力强大和经济富饶让藩国藩邦受益。又因海上民间贸易被禁，东南亚国家只能通过“朝贡”渠道才能获得中国物资。故明初海外贸易的新格局可归纳为四种类型：一是朝贡赏赐贸易，每当蕃国国王、使臣来朝，上贡方物之后，明朝皇帝都会以数量很大的瓷器给予赏赐；二是由各国国王或使团带来的商品贸易；三是遣使出洋直接进行的国际贸易；四是民间的私人贸易。

值得一提的是，至今有记载输出到欧洲最早的瓷器，是景德镇生产的青白瓷玉壶瓶，当年由匈牙利路易大王（1342—1382）所珍藏。这件玉壶瓶在他去世前一年（1381）被镶嵌了金质的流、盖子和把手，现收藏在爱尔兰国立博物馆。这类青白瓷瓶何以行至欧洲？有可能是擅长经商的阿拉伯商人通过地中海到埃及的亚历山大港再贩运到欧洲的，那时节运到欧洲的中国瓷器可是珍稀之器、无价之宝。朱元璋 40 岁登基时，路易大王 26 岁。这件瓷器是否为洪武民窑烧制？但有史料记载是元朝末代皇帝顺帝于 1338 年派一使团通过陆路出访阿维尼翁教皇

明宣德“雪花蓝”釉大碗

的礼物……

从对文献史料的钩沉到景德镇御器厂遗址数次发掘，从南京北京元上都洪武瓷的意外发现到对散布于世界各国博物馆寥寥洪武瓷的排比分析，洪武官窑与外销瓷寻踪也见了眉目。

虽然，印度洋沿岸港口至今所发现洪武瓷器及残片很少，但并不等于没有，况且发现有早有晚，有时会大大出人意料，将过往的苦心探研精心揣测言之凿凿所谓定论顷刻之间化为灰烬，一切推倒重来，然而，有什么办法呢？探索就是走进历史回溯历史再从历史中走出，人生有涯，探索无涯，每个凡人对浩瀚陶瓷世界的认识，都只能是盲人摸象，难得全观。但探索的目的是在老祖宗的激励下开创未来。

4. 青花与釉里红的纠结

洪武时期官窑民窑瓷器品种多多：卵白釉瓷、白釉瓷、青白釉瓷、黑釉瓷、白釉矾红彩瓷、酱釉印花瓷、外酱釉里霁青印花瓷、红釉瓷等等，但以釉里红与青花瓷为主打，也最重要。

从出土洪武瓷来看，釉里红似是青花数量的两倍。但这与实际烧制数量并不成绝对正比。至明初，青花瓷的生产已较成熟，而釉里红并非炉火纯青，故釉里红废品次品可能会多些。再者，釉里红主要是皇帝的瓷，那是精益求精，自洪武至正德，筛选制度非常严格，不合格品统统砸碎埋入地底；而青花瓷其时主要用于外销贸易，其质量要求，怎么也不可能超过皇帝的瓷。

无论是宫廷用瓷还是民间所用，青花瓷皆不是主流。成书于洪武二十一年的曹昭的《格古要论》，就直截了当指出：“有青色及五色花者且俗甚。”汉人的审美定势仍以单色为美，简约为美，逝去的宋代之宋画宋瓷，还是汉人尤其是上层所追忆的美之所在。而伊斯兰教国家和地区则钟情于青花瓷，人们顶礼膜拜蓝色清真寺，是灵魂皈依之所。宋人追求的美，是雅，是淡，从淡雅中沁出温馨，升腾出华贵端庄；伊斯兰的审美似乎也认同这一点，所以才有了日后的审美趋同。

《明太祖实录》中，洪武十八年十一月己未朔甲子条载：“朕思微时兵荒饥馑，日食藜藿，今日贵为天子，富有天下，未尝一日忘于怀，故宫室器用一从朴素。”念念不忘阶级苦的朱元璋，“一从朴素”之理念和追求，贯注进御器厂的制瓷技艺，如何一从朴素又确保质量？无非用料节约、纹饰做减法等，如是，洪武瓷大器的胎体比起厚实笨重的元瓷，胎质、施釉皆薄一些，无论泛青泛白，都以纯素者佳。元青花纹饰满满当当，层次复杂，繁缛奢华；洪武青花则布局突出主题，开阔疏朗，简练流畅；其纹饰题材不及元青花丰富，多以花卉为主，扁椭圆形菊花、牡丹、灵芝、石榴、宝相、荷花，边饰有卷草纹、回纹、潮水纹、蕉叶纹、缠枝灵芝及莲瓣纹等，其莲瓣纹每瓣的边框相互借用连接为洪武首创。元青花常见的鸳鸯卧莲纹，洪武时期罕见。其实，这本是汉族自唐以来传统寓意纹样，可能是洪武瓷刻意与元瓷拉开距离。鱼藻、历史人物故事等亦如是。所以，洪武瓷既割不断元瓷雄浑粗犷的风格，又因在纹饰上做减法多了留白，于素朴中见清丽，更见民族风韵，从而形成了洪武官窑的独特风格，并影响了永宣瓷的风格。

元代青花萧何月下追韩信梅瓶
高 44.1 厘米
南京市博物馆藏

青花瓷在洪武时期国内的用途可作祭器或陪葬品。在印度、锡兰、东南亚一带，也多有此习俗，镇墓辟邪，神秘玄妙。在明初功臣贵族墓葬中屡出土青花瓷。如遐迩闻名的“青花萧何月下追韩信图梅瓶”便出土于南京市江宁区东善桥乡观音山（殷巷将军山）沐英墓，现收藏于南京市博物馆，为“镇馆之宝”，号称价值10亿。梅瓶自小口至肩腹部丰润浑圆，斜腹、敛胫、平底，造型端庄，线条流畅。瓷胎洁白如玉，发色苍翠浓艳，给人雍容华贵、端庄凝重之感。

通体绘有青花纹饰五层，繁缛密集中又见疏密有致。肩部绘杂宝及缠枝牡丹花纹，下饰西番莲、变形莲瓣纹、垂珠纹等；肩腹部为主题纹饰“萧何月下追韩信”的历史故事，衬以苍松、翠竹、寒梅、芭蕉、山石背景。端详中，只见萧何策马飞奔焦虑无比，一个识才爱才的“伯乐”跃然瓶上；而受不了刘邦冷落的韩信至河边踌躇落寞，怀才不遇中是否想起了胯下之辱？啥也不知的老艄公有客即渡，不过毕竟阅人无数，似看出端倪……一个乱世中的故事就这样舒展其上！既有水墨国画的意境，又见玉瓷青花的别样表达。

这是当之无愧的一级国宝。想当年，它已经落入南京盗墓团伙的手中。只是有人在南京新街口附近兜售时，被南京文物公司的职员陈新民撞见，这位有见识的收藏家，以 5 根金条买下。由此破获了盗墓康永海团伙，通过其时主政南京的刘伯承市长批准，将其枪决。

据说，这样的“萧何月下追韩信图梅瓶”全世界只有三件。2011 年澳门中信国际拍卖有限公司秋季艺术品拍卖会上，拍品元青花“萧何月下追韩信梅瓶”以 8 亿港币成交，创下当时中国文物艺术品单件成交的世界纪录。另一件仍在海外下落不明。这件一级国宝自面世以来，对其出品年代一直争论不休。现定为元青花，但仍有不少人坚持就是明洪武青花。

沐英，朱元璋的养子，明朝开国功臣之一。1368 年，征讨边夷，朱元璋派沐英担任“征西副将军”，先后征战于川、藏、陕、甘、滇等地。后留在云南“镇滇中”。明洪武二十五年（1392）沐英病逝，史称“军民巷哭，远夷皆为流涕”。朱元璋十分痛心，命归葬京师，追封黔宁王。可谓备受哀荣。

梅瓶实为酒瓶，很难想象明王朝建立 25 年后，这些军功贵族还各自珍藏着缴获元朝的酒容器直至随葬?

同样，1973 年安徽蚌埠东郊汤和墓出土的青花缠枝牡丹纹兽耳盖罐（墓志所记时间为洪武二十八年，高 47.5 厘米），2006 年湖北钟祥市郢靖王墓出土的青花四爱图梅瓶，1961 年河南荥阳市楚村周静王墓出土的青花云龙纹玉壶春瓶，1970 年北京石景山明雍王墓出土的永乐青花竹桃纹梅瓶（首都博物馆藏，带盖，通高 41.5 厘米）等等，都遭遇断代的困惑：元至正型？洪武青花?

或许，由是可解答另一个问题：为何朱元璋明令禁止在瓷器上画帝王先贤？因青花瓷不是外销，就是陪葬，帝王先贤何能充当如此角色？当朱元璋坐稳天下后，自然维稳最重大了。况且朱元璋蛮讲迷信，看重风水。矫枉必定过正，不过正不能矫枉。每个时期流行的主题纹饰必与社会、政治、经济、历史相契合。帝王将相英雄豪杰纹饰册页已然翻了过去，代之以花鸟为主的纹饰，而人物仅见仕女、婴戏、胡人等。

1995 年景德镇市政府东出土的梅瓶，有两种样式，一种仍承传元器的肩圆，器身修长；另一种却容颜大改：直口，肩仍丰满，但大幅度束腰，收至底部呈八字外撇以使重心稳妥，这种型制更见张力和动感，为洪武时期独创。洪武六年（1373），提倡节俭的朱元璋令地方不得贡酒，本用于装酒之梅瓶便凸显其审美价值了。

洪武二十四年（1391）九月，朱元璋又下令停止龙团茶制作，直接进献芽茶。为的是不浪费百姓的劳力。朱元璋对吃茶的“革命”，是否毁了兴盛于唐宋的茶道和玄道之意的茶具呢？但沸水冲新芽，又另是一种知根知底知叶的清新，还有嫩芽袅袅先浮后沉的姿态，是另一种享受和感悟……许多事情总是这样，是非交错，毁誉参半。但，毕竟是朱元璋一句话将中国沿袭了上千年的品茗之法之乐之趣，划上句号。往昔那清雅玄妙又让人精神抖擞的茶道就这样渐行渐远，反倒在扶桑之国扎下了根？与茶相存相依的瓷茶具，自然也共兴亡。然，晚明清高隐逸的文人又兴起茶寮文化，将饮茶与琴棋书画、焚香博古系于一处，营造出另种超凡脱俗的气氛。在历史的沉淀浮扬中，婉转折射出种种文化现象。

明洪武红釉暗刻云龙纹盘 大英博物馆藏

朱元璋酷爱红色。因为他姓朱，他参加的起义军是红巾军，而且从南方发迹，在五行学中“前朱雀，后玄武，左青龙，右白虎”。他颁布“以红色为贵”的旨意，规定“服色所尚，于赤为宜”。红釉和黄釉瓷为宫廷专用瓷，并严禁民间生产和使用。红色和黄色成为皇帝的特权象征。最直截了当的原因——他是彻底的农民。民俗中，红色就是喜气、热闹、火红、大吉大利的象征。他能不喜爱吗？

上有所好，下必甚焉。洪武瓷致力于釉里红的烧制。明洪武的“釉里红缠枝牡丹纹玉壶春瓶”由西藏博物馆珍藏，展示出它的高贵和珍奇。器型端庄秀美，主题纹饰为富贵牡丹缠枝莲，辅助纹饰多达九层，自上而下有螺纹、开光花纹、如意纹、蕉叶纹、菊纹、叶纹、开光葡萄纹等。壶把与流口亦有纹饰，丰富华丽。极有可能是洪武帝赏赐西藏的礼物，而加饰银链以连接壶盖，也说明拥有者的珍爱。

民谚曰：“烧红釉，十窑九不成”。洪武时期亦如是。釉里红的烧成环境及温度要求比青花苛刻，其精美器凤毛麟角。故洪武釉里红精品虽不少，但时有烧成黑红或茄红类，因成本高，只要器正，也往往留用。世间还有洪武爱酱釉的传言，酱釉，俗称老僧衣。沉静安详，古朴典雅，仿佛是老年朱元璋忆起当年小和尚的日子。

5. 从重八到元璋

清人赵翼评价朱元璋：盖明祖之性，实帝王，豪杰，盗贼兼而也。

毛泽东评价朱元璋：自古能君无出李世民之右者，其次则朱元璋耳。

朱元璋自叹：我本淮右布衣，天下于我何加焉！

一声叹息的复杂，犹如朱元璋人格的复杂难言乃至分裂相撞。谦卑、骄傲、深刻、虚伪、狂妄、真诚、反讽、感慨、玩笑、得瑟、反躬……说也说不清楚。

朱元璋的胸襟是宽广的。说他心里装着贫苦农民，倒也不算谄媚。他告诫官吏们："天下初定，老百姓财力困乏，像刚会飞的鸟，不可拔它的羽毛；如同新栽的树，不可动摇它的根，重要的是休养生息"。他重农归耕，奖励垦荒；兴修水利，植桑麻棉果，解放奴婢，减免税赋，严惩贪腐等等，无不验证着始终不忘朱重八的岁月。

朱元璋的心胸又是极其狭隘的。为富不仁是他的人生深悟，轻商贬商抑商，特意规定商人只能穿绢、布两种；商人考学当官，刁难重重。仇富徙富灭富抑豪强，无所不用其极。经胡惟庸、蓝玉两案，明朝开国勋臣被诛杀殆尽。"狡兔死，走狗烹；高鸟尽，良弓藏；敌国破，谋臣亡"。朝廷内外，一派肃杀。太子朱标惨不忍睹，劝谏曰："陛下杀人太滥，恐怕会伤和气。"朱元璋于翌日扔一根棘杖在地，要朱标捡起，朱标犹疑间，朱元璋教训道：你尚知刺多，我替你拔尽，岂不好哉？

朱元璋，始终把天下当成朱家的天下。他的心狠手辣、凶暴残忍、狭隘多疑皆出自不遗余力维护巩固朱家天下，这注定了他最初的成功和最后的失败。

然而，朱重八毕竟以他奋斗的一生印证了：吃得苦中苦，方为人上人。尽管出身寒微，一介文盲，孔孟的诗书礼乐之教化与其顽童少年无关，刀光剑影戎马生涯遮蔽了读书天地，但是，就这么一个草莽英雄，硬是自学成材，书法雄强无敌，留下诗词百余首，其豪情壮志不亚于刘邦之"大风起兮云飞扬……"

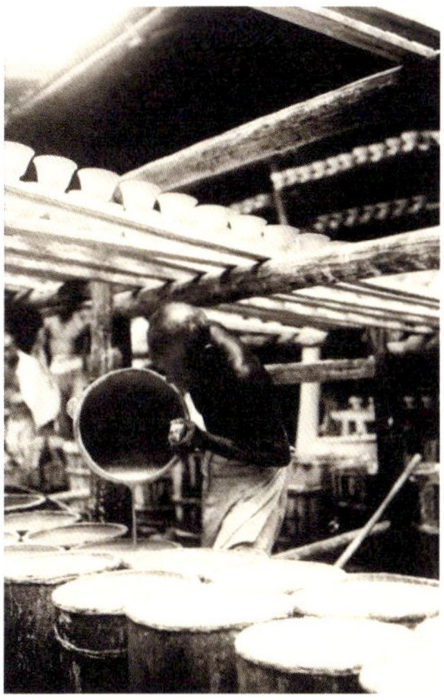
千年传统方式制釉

天才在于勤奋。在遗诏中他说："三十有一年，忧危积心，日勤不怠。""每旦星存而出，日入而休，虑患防危，如履渊冰，苟非有疾，不敢怠惰，以此自持，犹恐不及。"

朱元璋对景德镇，一往情深。民间流传浮梁红塔曾救过朱元璋的命；南京应天三大殿——奉天殿、华盖殿、谨身殿上的琉璃瓦据传从瑶里烧制。瑶里本名窑里，建镇早于唐朝，朱元璋给改的名——若天上瑶池。一水两岸、旖旎婉转，又大气磅礴，有通徽州大道；而且，这里出产的釉果——瓷的外衣，可称"天字第一号"。

景德镇，这座因瓷而生、因瓷而兴的千年制瓷的古镇，洪武大帝一锤定音御器厂，无疑为其独步天下奠定了基础。

朱元璋没有像禁海那样禁民窑，相反，其时民窑规范宏大，多至三五百座。

为了宣扬自己是真命天子，朱元璋很在乎瓷上龙的形象。明代的龙，形象更加完善，集中了各种动物的局部特征：牛头、蛇身、鹿角、虾眼、狮鼻、驴嘴、猫耳、鹰爪、鱼尾等。龙纹除传统的行龙、云龙之外，还有团龙、正龙、坐龙、升龙、降龙等名目。凡五爪龙，定是皇帝的瓷。四爪龙多为赏赐瓷，三爪龙多为外销瓷。

洪武瓷无年款。古陶瓷权威耿宝昌于 20 世纪 80 年代在《明清瓷器鉴定》中感叹："迄止目前，尚未见到署洪武官窑款的瓷器……至于有无署洪武年款的官窑器，尚待发现，始可释疑。"唯有收藏于上海博物馆的一件梅瓶，肩部用篆书写"春寿"两字，但亦遭质疑。

明洪武釉里红玉壶春瓶 高 31.5 厘米
大英博物馆藏

愈是云遮雾障，愈是扑朔迷离，愈有诱惑力。洪武釉里红瓷器一直备受海内外瓷器藏家追捧，香港市场 20 世纪 80 年代就出现过 4 件超过千万港币的洪武精品。如 1986 年一件牡丹莲花纹大盘被日本人以 940 万港元竞得；1987 年苏富比春拍拍品缠枝菊花纹玉壶春瓶，以 1122 万港币竞得；翌年，另一件缠枝牡丹纹玉壶春瓶再创 1705 万港币高价；1997 年再次出现在佳士得秋拍时，成交价格已经涨到了 2202 万港币；1989 年苏富比春拍，一件内绘牡丹菊花纹外绘缠枝牡丹纹大碗更以 2035 万港币创造了当时的世界纪录。2006 年 5 月，一件收藏流传有序的洪武釉里红玉壶春瓶在香港佳士得拍卖会上以 7852 万港币高价拍出……

又据说洪武瓷执壶，全世界只有 12 件。我国仅有 2 件，分藏于北京故宫博物院和西藏博物馆。英国大英博物馆（大维德基金会）、英国维多利亚与艾伯特博物馆和美国布鲁克林博物馆各收藏 1 件，日本竟藏有 7 件。

刘岩、秦大树提出，景德镇江建新认同：根据大量遗物认为，早在郑和下番以前的明代初期实际上是中国瓷器外销的一个高峰。

那，不就是布衣皇帝朱元璋的洪武瓷时期？

瓷虽小道，而于国运世变亦隐隐相关焉。
——许之衡《饮流斋说瓷》

二、朱棣的背影：瓷上霸气满海龙

一部《永乐大典》，历时六年（1403—1408）终编修完成，全书缮写成22877卷，目录60卷，成书11095册，约3.7亿字，是中国最著名的古代典籍，也是迄今为止世界最大的百科全书，名副其实的“宇宙之鸿宝”。一次壮举——七下西洋，永乐六下西洋，宣德一下西洋，历时28年（1405—1433）。每次率大、小海船200多艘，船员27000多人。这支15世纪规模最大的远洋舰队，远航西太平洋和印度洋，抵达过爪哇、暹罗、印度、埃及等30多个国家，最远曾到达非洲东部、红海、麦加，将中国“海上陶瓷之路”延伸拓展为历史上航程最长的远洋航路，建立了由6个主要枢纽点、58条远洋航线组成的纵横综合航路网络。

无论是褒是贬是折衷，你不得不承认，此两项至今空前绝后。虽《永乐大典》由翰林院大学士解缙担任总纂修，七下西洋皆是郑和担纲亲历，但是，总决策是朱棣，决策者永远比执行者更重要。

更不必说他五出漠北，开设贵州、郡县交趾，派陈诚出使西域，抗击外寇，国力大增；迁都北京、气象万千；三十几国来华大阅兵，2000余人来京朝贡，无比辉煌光耀万丈，泱泱中国名副其实。

然而，他登上皇位的历程，分明是违背祖制、大逆不道的篡权夺位之径，不忠不仁不义不孝不悌，全然逆传统道德传统文化之恶行，尤不可忍的是他大肆杀戮不甘迎附的忠臣武将的“狠”劲。齐泰、黄子澄、景清等被整族“瓜蔓抄”，村里为墟。铁骨铮铮的方孝孺誓不为他起草即位诏书，被灭十族，连其老师学生共计873人不放过一个！吉安矮才子解缙终也逃不脱酒后埋雪冻死的可悲下场！为一句查无实据的流言，朱棣竟枉杀宫女2800人，哪怕天雷击焚三大殿也决不手软心慈！驾崩后，30余名妃子宫女活活被逼自缢为他殉葬！生时，建东厂用宦官，以实施“箝口”术，其恶其毒，罄竹难书。

这是一个怎样的人？一半是天使，一半是魔鬼？不，一半是英雄，一半是恶魔。

至正二十年（1360）四月，正是陈友谅与张士诚联手欲进攻应天（南京）之时，朱棣呱呱坠地于南京。10岁时受封燕王；17岁时曾与兄弟们下放老家安徽凤阳体验苦日子，20岁就藩燕京北平，两次率师北征，建立功勋。

他，读书不多，被后人戏谑为半文盲。武力过人，武艺高强，可谓武人武相；无论战场宫闱，皆嗜杀血腥，分明是恶人恶相；既孔武阳刚，又阴险歹毒；南边的种芽，北地的成长，到底是南人北相。但你不能否认成祖毕竟是成祖，事事皆成，无论是坏事还是好事，大事还是小事。

然，有一件事，他却单纯无杂质，那就是：对瓷的始终如一的挚爱。从北京四中出土洪武瓷及残片可见青年燕王居元大内时就对瓷器偏好；从明代王宗沐误记："洪武三十五年（即建文四年）建御窑厂"来看，朱棣一登基便将景德镇御器厂改为御窑厂，一字之差，彰显出永乐更关注生产瓷器的窑口。天时、地利、人和，景德镇瓷业如虎添翼，迎来了一个飞速发展的时空。

永乐皇帝像

明代三保太监郑和率浩浩荡荡的大明舰队七下西洋，数以千万计的瓷器让东南亚、南亚、西亚、非洲、乃至欧洲人叹为观止！毫无夸张地说，瓷与黄金等价。还可毫无夸张地说，绝大部分瓷都出自景德镇！从朱棣执政 22 年竟有 6 次下西洋的史实来推测，永乐瓷至少有三分之二是为了朝贡贸易和外销贸易所用。

而郑和下西洋带回来的青料苏麻离青、胭脂、宝石及域外技艺又使青花、红釉瓷等更上一层楼，促进了景德镇制瓷技艺改进，催生出争奇斗艳的瓷器新品种。

1. 靖难之役红袍白龙

建文四年（1402）元月，朱棣着红色战袍，披上盔甲，率军从北平出发，孤注一掷——直取南京！

这，是建文帝和他的文官武将绝对没有想到的，就是朱棣自己，也深知是自不量力的抉择。可是，没有办法，死，而后生，这是唯一的抉择。

靖难之役，已经打到第四个年头了，历经酷烈的白沟河之战、济南之战、滹沱河之战，虽以小搏大、以弱搏强，北军胜多败少，但毕竟是以乱臣贼子搏真命天子。况且 30 万北军对抗 100 万南军，何能持久？朱棣所谓"清君侧，靖国难"，如司马昭之心，路人皆知。

南军几路将领盛庸、平安、铁铉等早已严阵以待，然而，朱棣绕过他们，取道馆陶渡河，连克东阿、东平、单县，兵峰，直指徐州！朱棣的目标并非德州、济南，而是建文帝的京都！

数九寒夜，大雪纷飞，朱棣率部属在冰天雪地中摸黑疾行军，他不回头，也不敢回头。等到雪霁，他才勒住马缰，放慢了行军速度，这一慢，却漫出了他的心事：四年了，何时是尽头？爱将勇士一个个死在他面前，就是他自己不也一次次面对死亡？他心里清楚，并非苍天护佑，而是他的傻侄儿发出了“勿杀叔父之谕”，若非此，他早已身首异处。挫败感夹杂着动摇感袭来，他沉沉低下了头，身累心更累。刹那间，有若隐若现的金光从他的双肩缕缕喷出，是晨曦初露？是雪后必晴？他听见身后有叽叽喳喳声，这是他的军队行军时决不允许的！但他决不回头！叽叽喳喳声却越来越大，汇聚成声浪，他停住马步，欲回头，莫非哗变？不，他听清了，只有一个单词：龙！龙！龙！

他的爱将朱能已翻身下马，奔至他的青骢马前，卟嗵跪下：禀报燕王陛下——您、您、您……龙、龙、龙……祥瑞祥瑞……

原来，身着红色战袍的朱棣，白雪凝霜满铠甲，在疾奔缓行中，或凝冻或掉落或消融，他的背影，于红袍中便分明飞舞着一条白色之龙！朱棣低首，岂止后背，他的前胸亦如是。依稀仿佛，激越与神秘满怀，天助我也！他勒住缰绳，掉转头想作番演说，不用。三军振臂齐呼：龙！龙！龙！山呼地动，在朝霞的映照中，朱棣胸前的白色龙仿佛在腾跃！

是确实存在过的史实？是虚构杜撰的传闻逸事？是属将为鼓舞军心的即兴创作？是朱棣本人的自编自导自演？还是“心有灵犀一点通”的共同杰作？没有退路了。

明永乐红地白龙纹高足杯
高 9 厘米 径 15 厘米 大英博物馆藏

朱棣一登基，立马宣称他是接洪武的帝位，遂将“建文”四个年头抹去：“诏：今年以洪武三十五年为纪，明年为永乐元年”。又令景德镇御窑厂迫不及待当年就点火烧窑，1987 年御厂西墙的沟道下发现一釉里红盘口瓶，有“永乐元年”题记，可与王宗沐《江西大志·陶政志》所记：“洪武三十五年始开窑烧造，解京供用，有御厂一所、官窑二十座”相印证。

1983 年景德镇珠山明御窑厂出土的这只

红地白花云龙纹水注，高 12.66 厘米，当是再现“靖难”之役中神奇画面而作。

此小壶实以高温鲜红釉为底，露胎处填以甜白釉，如此，纹饰红白相间，艳而不俗。此外，与此纹饰一致的还有白底红釉云龙纹瓶、蓝釉白云龙纹瓶、锥花黄地绿釉梨形壶等，可称系列云龙纹瓷器，就这样带着烫手的体温纷纷出窑了，倒也不张扬，壶、瓶皆不大不小，可置掌中把玩，可沏上清茶慢慢吮吸，其背景纹饰有云彩、海浪、缠枝、折枝牡丹等。

永乐高温颜色釉瓷比洪武时期已有了质的飞跃，红釉色泽纯正，口足刻意留一圈白而肥润的“灯草边”更见特色。翠青釉是永乐时新创，恬淡宁静，直追北宋天青。釉里红与青花釉里红皆为永乐时期成功名品。

然而，朱棣衷情的并非红色，而是白色。这或许与他身为燕王，久居故元大内北平有关；他与北平也确有不解之缘，以至不顾众大臣的力谏，毅然决然迁都北平，改名北京。朱棣好武尚勇的个性似更认同北国的豪迈苍茫。永乐瓷中的甜白瓷可称为一代绝品。《明太宗实录》中载：永乐四年（1406）“回回结牙思进玉碗，上不受，命礼部赐钞遣还，谓尚书郑赐曰：朕朝夕所用中国瓷器，洁素莹然，甚适于心，不必此也，况此物今库亦有之。”

这件甜白釉暗划云龙纹盘，轻盈秀丽，釉厚柔润，盘中刻有朵云纹，盘壁暗画云龙纹，刻画细腻。瓷匠们不懈地做减法，使原料含铁量降低到最低。白釉是“单色釉中的单色釉”。从北宋定窑之白瓷到蒙元卵白瓷，再至甜白釉瓷，质薄如“卵幕”，“汁水莹厚如堆脂，光洁如美玉”。后人难望其项背。少数甜白瓷的碗内心暗划篆书“永乐年制”款铭。

甜白釉瓷器型无比丰富：靶盏碗盘瓶罐豆爵，无所不有。盘口长颈瓶、梅瓶、荷叶盖罐、鸡心扁瓶花口洗；还有形形色色的壶：方流鸡心壶、方流直颈执壶、折肩深腹执壶、四

明永乐青花花浇
高 14 厘米　宽 14.2 厘米

明永乐青花扁壶
高 25 厘米　宽 15 厘米

明永乐白釉龙纹划花大盘　径 39.3 厘米
大英博物馆藏

明永乐甜白划花僧帽壶 高 19.4 厘米 径 19.2 厘米
大英博物馆藏

系矮壶、僧帽壶、梨形壶、扁肚方流大执壶、军持等；而八方烛台、环底双耳扁壶、直颈短流把壶、三足雕花器座、三壶连通器、单把水罐、带盖豆、环底钵、筒状盘座等皆仿伊斯兰金属器皿，洋溢着异国风情。常见纹饰有龙纹、凤纹、花果纹、花卉纹及藏文梵文等。永乐瓷擅长吸收外来文化，与其说帝喜好西亚风格追慕奢侈生活，倒不如说他是为了朝贡贸易之需求，励精图治以洗刷篡位之恶名，他哪能不明白，仅仅用屠杀是无法灭口的。将功补过？然，有些功过永远无法置换。

这件龙纹甜白划花僧帽壶，上绘有神秘的梵文。史载，明成祖永乐四年（1406），曾派侯显往西藏迎哈里嘛到南京，并封哈里嘛为大宝法王，这类壶就是专为法会而制作的。它记载着当时汉藏文化交流的真实情景，西藏自古就是中国不可分割的一部分。

这件永乐白瓷三壶连通器，内三管连通，外饰镂空花纹和弦纹七道，且锥刻有阿拉伯鉴金纹样，据《明太宗实录》载，伊斯兰国家向我国进番香蔷薇露，这件当今世存的独一无二的神奇器皿，就是盛挥发性液态香料用的。

这把青花梵文大杓，一尺长，三寸余宽；杓瓢书梵文五圈，杓柄梵文横向排列，杓背还饰满折枝宝相朵花。大杓之大，稀世罕见，装饰之精，叹为观止。台北故宫藏有同样的一把传世品，也说是宣德年间制品；其实，是永乐时期的，1982 年出土于永乐后期地层。

永乐时期，郑和六下西洋国家行为力度更大，沿途各国尤其是伊斯兰教地区对青花瓷的需求量激增；而郑和一次次带回的青料及域外技艺，又使景德镇瓷匠“艺高人胆大，胆大艺愈高”，每每“更上一层楼”，如此，进入良性循环……

青料，即钴蓝。有称苏泥勃青，或苏麻离青，或回回青，这类进口青料，不惧高温，非烧至 1300—1400 度才显青花本色，靓丽苍翠，略有晕韵，不知不觉间，青花瓷与中国传统水墨画殊途同归，有异曲同工之妙。青花发色的掌握于深沉中透出热烈，冷色调呈暖意，也让国人的审美有了新的趋势，外需内需都认同；同时，从元代马蹄窑到明代葫芦窑的改进，自洪武到永乐，已是炉火纯青，在中外文化百转千回的碰撞交融中幻化升腾，钴蓝呈青花，从唐代的惊鸿一瞥如昙花一现，到宋代的似是而非面目不清，再到元代的热烈绽放却仍处云里雾里，直到

明永乐青花梵文勺

青料

明代永乐，才眉清目秀，让你看了个清清楚楚明明白白真真切切，自此，才毫无悬念地流传有序。

2. 永乐青花天下秀

永乐青花龙为主题纹饰的扁瓶可谓郑和下西洋所精心设计的赏赉、贸易瓷，器型借鉴伊斯兰陶器、金属器、中东地区盛水的玻璃器，以迎合其审美和使用习惯，富有异域风情。纹饰有青花云龙、穿花龙与海水留白暗刻龙，另外还有缠枝四季花卉纹。

其龙纹，与代表皇权的御瓷五爪龙纹是有严格区别的。三爪，高颚，本为宋元时期外销瓷和外销丝绸上图案纹饰，如是，既展示了大明皇朝的国威，又将皇帝的瓷与赏赉、外销瓷分开，并自然而然地适应西亚等地区自宋元以来的接受习惯，从中可见永乐帝粗犷中的细致，交流中的禁忌。

珍藏于土耳其托普卡帕宫博物馆的穿花龙青花扁瓶，青花龙首龙身以工笔绘出细密的鳞片，又以浓淡色差显示出层次和动感；龙首昂然，须发张扬，画龙点睛，栩栩如生；三爪张开，爪尖锋利有力；辅助纹饰缠枝莲繁茂中仍见清丽，反衬出三爪龙的凶猛蛮霸。瓶口回纹上已用金属镶嵌，显出当时收藏者的珍惜之心。

珍藏于英国维多利亚与艾伯特博物馆的青花云龙，也是以细致工笔绘龙见长，但又不失大气磅礴，威武青龙腾云驾雾跃跃瓷上，其精细画笔，并不惧苏麻离青火中晕散之特点，从容落笔，出窑见功力。

……

这些珍藏于世界各大博物馆的青花龙纹瓶可说是永乐时期中外交流盛事的见证者。1994年景德镇陶瓷考古研究所在珠山御窑厂东门头遗址的永乐地层发现了此类扁瓶残件。白龙充满动感和张力，腾跃于扁瓶腹部，又回首张口仰望，一派叱咤风云之霸气。虽是三爪龙，但爪爪锋利，遒劲有力；龙首双角，龙身鳞甲，须发纤毫毕现，辅助纹饰波涛以青色细绘，既工致又见波涛汹涌，与飞龙既相得益彰，又呈搏击互动之势。瓶颈饰以传统富贵牡丹纹，瓶口为卷草纹，其秀丽与纤细的瓶颈相吻，与瓶腹形成反差，海龙的强悍霸气呼啸而出。

明初，尚无规定官窑器须落款，故洪武、永乐瓷器有款的不多，至今发现有永乐款的青花瓷仅存三件，那就是珍藏于北京故宫的稀世之宝——永乐青花缠枝莲纹压手杯。“官窑器落款”制始于宣德时期，至明代晚期，官搭民烧，民窑瓷器也有款。

正因为永乐青花多无款，所以，以往将其推断为宣德所制者有之，或干脆言“永宣不分”。但是，窑址考古还原真相。如大英博物馆、伊朗阿德比尔神庙分别珍藏的青花缠枝四季花卉纹扁瓶，原定为宣德瓷，但后来的考古发现与珠山御窑厂永乐地层出土遗物一致，因此，此类无款扁瓶必为永乐之物。

永乐青花外销瓷的器型极其丰富，永乐青花外销瓷的纹饰亦让人目不暇接。

然而，永乐青花瓷风格与暴君朱棣的个性大相径庭，偏爱永乐瓷的藏家不少，其缘由，传世永乐青花瓷不多，物以稀为贵为其一，但更重要的是，永乐青花无可超越的秀气是其真正魅力所在。

朱棣，一介在马背上横冲直撞打打杀杀的赳赳武夫，为何对精美易碎的瓷器如此情深意长？是不经意间还是有心有意将秀丽青花推上主流？那凝重灵巧的压手杯，或许能道出朱棣的心事？人曰：“压手杯，坦口折腰，沙足滑底。中心画双狮滚球，球内篆‘大明永乐年制’六字，或四字，此为上品。鸳鸯心者次之，花心者又其次也，杯外青花深翠，式样精妙，传世可久，价亦甚高”。永乐青花瓷，牵扯出昔日怎样缠绵苦涩的情爱？抑或斩不断理还乱的单相思？普天之下，莫非王土，普天女子，莫非王妾，可也有敢言“此路不通”的弱女子。骨子里的轻视乃至无视，是最伤男人的。永乐瓷中隐瞒着不可告人恋情的蛛丝马迹？

一个冰清玉洁的婉约女子浮出水面：她是明代开国第一功臣徐达的三女儿，小名三妹，家中兄弟姊妹 8 个。大姐 14 岁为燕王妃，始终对夫君忠贞贤惠，患难与共，靖难之役，散尽了自家积蓄；朱棣南下，建文帝派军北上，朱高炽奉命死守北平，眼看破城时，徐大姐率全城妇女风风火火奔上城头，指挥若定，士气大增，竟扳回了危局。可叹的是，永乐五年，46 岁的徐皇后就撒手人寰。二姐为代王朱桂妃，四妹为安王朱楹妃。只有这徐三妹，心高气傲，又兼战乱频仍，早已错过佳期，年近三十仍待字闺中，迟暮美人却如当今剩女，我行我素，琴棋书画，孤芳自赏，乃超前时代之女性独立者。丧皇后的朱棣把后宫看遍，目光坚定于徐家三妹，感谢上苍为他储存了此冰清玉洁女子。于是下旨徐三妹进宫接替皇后之位，谁知却碰了个坚硬的软钉子，人家出家为尼，法号妙锦，过起不食人间烟火的岁月。本以为踏遍铁骑无处觅，得来全不费工夫之事，却成了如此尴尬结果。是史实还是野史，是文人杜撰还是世上没有不透风的墙？谁也说不清楚。

徐三妹——徐妙锦，就成了朱棣的压手杯，冰凉却温润，沏上香茗，暖意缓缓沁进手掌手指，呷一口，可口可心却咫尺天涯……

3. 瓷香清幽飘万里

自永乐元年（1403 年）始，雄才大略的朱棣便决意从头收拾朱家山河，对内发展农业、兴修水利、疏通大运河、继续修筑明长城；对外，“锐意通四夷”，永乐元年即派马彬受命出使爪哇、苏门答腊、西洋琐里等国；陈诚出使西域；帖木儿帝国的继任者沙哈鲁放弃仇华政策，恢复了“宗主国”关系；朱棣希冀在临御之年真正建立前所未有的大明王朝，出现万邦低首拜皇朝的太平盛世。其派遣郑和拉开了轰轰烈烈的郑和下西洋序幕，就是浩大的国家项目，策划组织、管理分工、兵马粮草、航线外交等姑且不论，就瓷业是怎样热烈而镇定、紧张而又有秩序地高速运转呢？1988 年 4 月、1994 年 7 月，两次在景德镇市中华路、龙岗弄一带的基建工地出土了大量的永乐青花盘碗与洪武瓷堆积，其器形与纹饰都很丰富。相似的器物在伊朗、土耳其等国家博物馆多有传世藏品。经专家论证，当是景德镇御窑厂在永乐三年前为郑和第一次下西洋而准备的赏赉品或贸易瓷。

洪武时期，对外贸易机构市舶司在浙江宁波、福建泉州、广东广州等地设置，规定日本商舶进宁波港，琉球等南洋诸国进泉州港，占城、暹罗及西洋诸国进广州港。永乐三年（1405），面临对外贸易的繁荣和外国来朝贡的使节、商人日益增多，诏令在广州、泉州、宁波等三市舶司置驿站安置和款待外宾，分别名“怀远”、“来远”和“安远”。

永乐帝对待琉球国一如既往地恩宠。以处州龙泉窑青瓷、景德镇民窑瓷器仍由琉球中转其他国家进行互市或商业贸易。永乐二年，琉球山南使臣私自携带白银到处州采购龙泉窑瓷器，事发，本当论罪；但永乐帝却宽宏大量，说：“远方之人，知求利而已，安知禁令。”悉贯之。从永乐至弘治这百年间，琉球至少将95000件青瓷器运往东南亚各国或作交换礼物或进行贸易；

朱棣皇后像

琉球《历代宝案》也记载了1419—1470年（永乐十七年—成化六年），琉球21艘装载中国瓷器等货物的船只发往东南亚的情况：暹罗28次、巨港7次、爪哇5次、马六甲9次、苏门答腊2次、朝鲜1次。而琉球与暹罗的通使互市在永乐、宣德期间，兴盛一时。

对日本，已改善关系。《明史·日本传》记载：永乐时期规定“日本国十年一贡，人止百人，船止二艘。”到宣德时期增至人员300个，船三艘。日本使团来中国朝贡后，请求在市场上公开出售兵器，朱棣也就批准：“外夷修贡，履险蹈危，所费实多……毋阻向化。”这样的实力和气魄，也让人惊叹。

对朝鲜，倾力帮助。永乐十七年（1419），朝鲜李氏王朝世宗派人到中国学习青花瓷的烧造。20世纪80年代，从朝鲜开城等古墓出土了大量李朝的青花瓷，品种繁多，碗盘碟罐壶、文房用具、装饰品香炉粉盒等皆有，仿明初风格。纹饰有云纹、人物、唐草、山水、松、竹、梅、桃、秋草、石榴、鸟禽、蝴蝶、走兽、鲤鱼等。而文莱、满刺加、苏禄、古麻剌朗国等每次都是国王率庞大的使团访中国数月，其中满剌加，于永乐年间先后有三代国王前来朝贡。

但是，从南洋乘船浮海来明朝贡，风险也是很大的。有3个国王率团朝贡期间竟因病而殁于中国，而且都在遗嘱中诚挚地表示要葬于中国。明廷也如其愿，依亲王的礼仪厚葬之。

永乐三年（1405）冬，25岁的浡泥（今文莱）国王麻那惹加那乃遣使至明廷献土特产，永乐帝派官封王给赏。永乐六年（1408）国王乃率全家和臣节150多人，从福建泉州登陆，8月到达京师。永乐帝亲自接见，在皇城奉天门设宴，行迎宾礼，赐予他们喜爱的瓷器等物甚丰。可他福分浅，9月病倒，10月病故。永乐帝甚表哀悼，辍朝三日，遣官致祭。依浡泥国王“希望体魄托葬中华”的遗嘱，厚葬于南京雨花台安德门外石子冈，长达两千言的碑文由文渊阁大学士胡广所撰，雪松、丁香、紫薇环抱，逢春秋祭祀。有意思的是，4年后，他那袭封王位的8岁儿子遐旺，又由母亲带着来华朝贡和祭扫父墓，永乐帝同样厚待之，传为佳话。

永乐十五年（1417），苏禄国（今菲律宾国西南部苏禄群岛）东王巴都葛叭哈剌和西王、峒王妻共率王室随从340多人浮海来北京朝贡。永乐帝同样盛情接待。8月27日苏禄国一行辞归，没想到半月后行至德州时突然病故，明廷遵照遗愿以王礼葬于德州城北。使团中有王妃、臣子等自愿留下，也就在德州繁衍生息。有趣的是有苏禄后人为旅行团导游，在家族旧居和苏禄王墓园讲述600年前的中外交流故事，听者无不为之动容。

麻剌国王哇来顿本，他不幸病殁于福州，永乐皇帝特为谥“康靖”，只是墓地已被湮灭。

在东非，各国古陶瓷学者通过对昔日港口、沿海古城遗址及古墓出土瓷器的考证和研究，发现在肯尼亚、索马里、坦桑尼亚等地都有中国古代瓷器出土，不乏明初瓷，有的就是明确的永乐青花瓷。

美国学者柯尔曼于1953—1954年前往肯尼亚考古，塔纳河口之北的安哥瓦纳古城遗址内有两座大清真寺、小清真寺和一些墓葬，在这里发掘出土许多元、明时期的青瓷和明代青花瓷。在清真寺八号柱墓附近有一件明永乐时期的青花瓷碗。东非沿岸距马林迪西南16公里的重要遗址格迪发现了中国古陶瓷，发现有两座15世纪时的柱墓，墓壁上镶嵌着青瓷、青白瓷和青花瓷碗，是14—16世纪的产品。在肯尼亚给他古城的一些遗址中，也发现了一批元末明初的瓷器残片，其中有两件完好的永乐时期的盘和碗。2010—2012年北京大学对肯尼亚沿海地区出土的中国瓷器进行了调研，这是以往经过正式考古调查和发掘的21处古代遗址和7个其他单位出土的，还对肯尼亚格迪古城出土的580件中国瓷器进行了年代与产地分析，其中有景德镇元末明初、明代早期及中后期瓷器。

明初瓷器已沿阿拉伯海西运，抵达伊朗各港口和内陆地区。并外销北非。在红海沿岸的古老的库赛尔港口，距苏伊士南约550公里处，一直以来，中国古瓷片源源不断出土，其中就有元末明初景德镇的青花瓷。

学者马文宽、孟凡人在《中国古瓷在非洲的发现》中作了统计，在非洲约有17个国家和地区，200多个地点发现中国古瓷，散布的地域广阔，数量惊人，瓷器种类丰富，延续时间很长。而非洲出土中国古陶瓷各遗址中，几乎都发现有明代青花瓷。

而在埃及开罗，英国学者霍布森对中国陶瓷从唐代起就普及到这里的家家户户，无比感叹说：“在开罗周围到处散布着青花瓷片！”20世纪60年代两次去到埃及考查的日本学者三上次男在开罗附近的福斯塔特遗址，则为这荒凉废墟上六七十万片古瓷片而惊艳！其中中国古陶瓷片有一万二千多片，自唐代到明代清代的皆有。

在郑和下西洋之前，中国与欧洲、非洲之间有奥斯曼帝国、伊朗萨法维王朝和印度莫卧儿王朝三个强大的伊斯兰国家阻隔了陆上交通，阿拉伯商人几乎垄断了中国瓷器运往西亚、中亚、非洲的贸易渠道，中国瓷器要想进入欧洲贸易必须由阿拉伯湾转口，欧洲也只能以转口贸易方式从西亚和埃及市场获得少量中国瓷器。但是，自郑和下西洋后，运载瓷器等的舰队就可直接进入阿拉伯海和红海了。永乐时代海外航线的延伸，海外交通的大拓展，开辟了海外贸易和文化交流的新天地。

无怪乎，在伊朗的马什哈德（麦什特）博物馆、土耳其伊斯坦布尔托普卡帕博物馆、德黑兰考古博物馆、大不里士的阿塞拜疆博物馆、印度孟买和海德拉巴博物馆、斯里兰卡科伦坡博物馆、马来西亚沙捞越古晋博物馆、印度尼西亚雅加达国立博物馆等处，都珍藏有15世纪初的中国青花瓷，虽然历尽沧桑，但依旧仪态万方，折射出分娩它们的时代的光辉。

而15世纪后外销瓷以青瓷与青花瓷此消彼长。这种单一化倾向是否因明廷对贸易及赏赉活动的控制？景德镇的青花瓷，已渐渐取代了中国其他窑场的传统青瓷、白瓷外销，成为中国外销瓷的主流，且远销西亚东非北非转欧洲，为世界各国所瞩目——中国的标志，全球的商品。而龙泉青瓷及广东福建沿海窑场瓷器在明初仍多用于东南亚一带的海上贸易，是明廷指定的外销瓷窑口，还是民间走私贸易所为？抑或是已式微的龙泉窑自身谋生存的奋斗？

在永乐帝大力开拓海外朝贡贸易和文化交流中，瓷业的发展也如火如荼。

如，永乐十五年（1417），明朝遣使到阿拉伯，以瓷器、鹰花绫和文锦赠予王公大臣；永乐十六年（1418），明朝以陈诚为使，出使中亚，随后，中亚、西亚国家均组使团随中国使团回访。在《明史》卷323的《外国志》中有载：永乐十六年派遣官员赏赐给勘合、文册等三十二，瓷器九千到一万。

这，仅仅是一年的记录，永乐执政22年，该烧造了多少瓷器，输出了多少瓷器！瓷器充当了和平友好外交的重要器物、主要载体，既是物质的，又是文化的。

明代永乐时期，向明朝称臣纳贡的附属国有：朝鲜、日本、安南、琉球、占城国、暹罗国、爪哇国、浡泥国。郑和下西洋时期又有吕宋、苏禄、合猫裹、美洛居、婆罗、古麻剌朗、冯嘉施兰、真腊、碟里、日罗夏治、旧港、满剌加、苏门答腊、须文达那、三佛齐、柔佛、文朗马神、地闷、西洋琐里、琐里、览邦淡巴、百花、彭亨、那孤儿、黎伐、南渤利、阿鲁、古里、柯枝、小葛兰、大葛兰、锡兰山、榜葛剌、沼纳朴儿、祖法儿、木骨都束、不剌哇、竹步、阿丹、剌撒、麻林、忽鲁谟斯、溜山比剌、孙剌南巫里、加异勒、甘巴里、急兰丹、沙里湾泥、底里、千里达、失剌比、古里班卒、剌泥夏剌比、奇剌泥、窟察泥、舍剌齐、彭加那、八可意、乌沙剌踢、坎巴、阿哇、白葛达、黑葛达等国分别朝贡。

永乐一代，先后有60余个国家的国王及使节泛海而来，与郑和下西洋有关的东南亚及非洲国家使节来华共300余次，平均每年10余次。可见永乐年间国力强盛，威德遐被，四方宾服。明初的中国可称世界上最强大的国家，在对待来朝的各国国王及使臣时，永乐帝既以“宗主国”的身份自居，本着“天下同福，厚往薄来”的怀柔治国之道，往往赏赐多于进贡。明政府对朝贡贸易亦严格限定在会同馆等处进行，限制违禁品交易，由锦衣卫负责究治。

对民间的出海贸易，自永乐至天顺都颁布了禁海令，并以立法的形式将禁海令列入《大明律》，实行海禁和市舶司管理并行制度，对海外贸易实施了最大限度的控制和垄断。“时禁时开，以禁为主”。其防范更加严厉，严禁居民私出境外、下海及私自交易，还“禁民间海船”，严令“原有海船者，悉改为平头船，所在有司，防其出入”！尽管如此，民间走私贸易仍在海禁的夹缝中逐渐兴起。抽刀断水水更流。

4. 南京瓷塔：永乐窑器大广告

明末清初散文家张岱260字的《报恩塔》开篇即一声断喝：“中国之大古董，永乐之大窑器。”接着赞叹：“报恩塔成于永乐初年，非成祖开国之精神、开国之物力、开国之功令，其胆智才略足以吞吐此塔者，不能成焉。塔上下金刚佛像千百亿金身。一金身，琉璃砖十数块凑砌成之，其衣折不爽分，其面目不爽毫，其须眉不爽忽，斗笋合缝，信属鬼工。”

雄伟大报恩寺与巍峨屹立长江之畔的琉璃塔，跨越明清，整整425年。

清康熙帝、乾隆帝曾登塔游览，康熙提笔作诗：涌地千寻起，摩霄九级悬，琉璃垂法相，翡翠结香烟。缔造人功巧，流传世代迁。旷然弥远望，万象拱诸天。乾隆更是兴致勃勃，逐层登高逐层题写匾额，大有心潮逐塔高之意。不能不说艺术魅力是穿越时空的。

这寺这塔还让“海外蛮夷重译至者百有余国，见报恩塔必顶礼赞叹而去，谓四大部洲所无也”。在荷兰出版的尼霍夫兄弟的《尼霍夫游记》、罗切的《在中国战役的结局》，英国贝尔拉德的《纳米昔斯号舰行作战记》这三部书皆一一作了印证，虽前者出版于顺治时期，后两者发行于道光时期，但一样对南京瓷塔推崇备至；乾隆五十八年（1793），英王乔治三世派出以马戛尔尼勋爵为首的庞大访华团在热河行宫觐见了乾隆皇帝。随团的年轻画家威廉·亚历山大将沿途所见绘于画作并于1814年在伦敦出版，其中就有“南京瓷塔”；使团还对瓷塔作了较准确的丈量。每每欧洲纸贵，南京瓷塔声播欧美，凡有条件者，都希望一睹为快。艺术魅力当穿越国界。

这是朱棣策划的杰作，其目的意图当然是大报恩，不管他是出自真心实意虚情假意还是欲盖弥彰，留下的是皇者的气魄建造者的聪明智慧、监者的认真和无名者的血汗结晶。也不管用的石材木材金属材何其贵重，但整体印象是“永乐之大窑器”，海外传颂言南京瓷塔。严格地说，琉璃不是瓷，是陶，但它硬是历经了400多年的风雨摧残，哪怕只要有一点点珍爱，她至今仍遗世独立。看看法国路易十四脆弱的瓷宫，你就知道，中国瓷塔的坚忍不拔！

1793 年英国年轻画家威廉·亚历山大所绘南京瓷塔

这寺这塔，永乐十年（1412），由朱棣启动：“依大内图式，造九级五色琉璃塔，曰第一塔，寺曰大报恩寺”，郑和任监工官，于建初寺原址重建；宣德三年（1428），朱瞻基特下御敕，令时任南京守备的郑和“用心提督”，限期三年内完工。如是，大报恩寺塔历经 19 年，耗银 248 万余两，动用人力 10 万军役、民夫、犯人方竣工。可谓集明代及前中国建筑艺术精华于一身，而郑和将海外带回的五谷树、婆罗树等奇花异木装点其间。

寺址位于南京城南聚宝门外的古长干里，北起秦淮河畔，南至雨花台山麓，周围“九里十三步”，其格局壮观宏大，金刚殿、天王殿、大雄宝殿、观音殿、藏经殿、香河桥、法堂等殿阁 30 多座，石坛栏杆，汉白玉石砌成，雕镂精细。僧院 148 间、廊房 118 间、经房 38 间，为中国百寺之首；而直插霄汉众星捧月般的则是大报恩寺琉璃塔，高 80 米，南京全城与城外牛首、紫金诸山，秦淮河、长江尽收眼底。

大报恩寺塔有九层，八面开门，四实四虚，隔层错开。塔体下大上小，每层用砖数量相同，故越高层距越大越陡峭，宛若攀登悬崖。

塔的外壁以甜白及五色琉璃砌之，温润多彩中镶嵌众多金身佛像，无论昼夜，光耀闪烁；每层角梁飞檐下皆垂金铃，152 个鸣铎随风摇曳，叮当声闻传数里，亦无昼夜；塔顶又有硕大镀金承盘，上承九级相轮，顶冠上镇黄金宝珠，重达两千两！于金碧辉煌庄严肃穆中，又平添生机勃勃令人向往。

塔之底层四拱门以五彩琉璃嵌合，门上刻有琉璃神龙人兽，门两边有窗；内有持戈执剑的四大天王金刚护法神像；各层内壁满布佛龛供佛，自二层始，覆瓦与拱门都用精致生动的绿色琉璃构件，饰以狮子、白象、飞马、飞羊；每层均有青绿藻井；每层开窗八扇，一说以甜白薄胎瓷，一说以磨薄的蚌壳当窗罩，暮色中僧人将窗前门侧篝灯 146 盏一一点燃，佛灯永明，光耀黑夜。

顺治四年（1647），荷兰使团觐见顺治帝后游览了南京瓷塔，《尼霍夫游记》中如是描述：

“寺院的长老们对宾客们打开了所有庙宇的大门。在庙宇的广场中间，是一幢巍峨的钟楼。这是最值得注意的珍贵的建筑，使宾客们大为吃惊。这幢钟楼，高九层，从下面登梯而上顶层，要走 180 个阶梯，每层都有走廊围绕，走廊的墙壁上有无数小塔和佛像，每层塔都用红、绿、黄釉等瓷板覆盖，这幢美丽的建筑是由许多行业的匠师分工合作，最后由建筑的主人合并、组合在一起，但看来天衣无缝，似乎是一个统一的、独立的整体。在许多屋檐的角喙上，装饰和悬挂着很多小钟铃，它们都随风摇晃，发出悦耳的音调。塔的顶端，形状有些像凤梨，那是用贵重而美丽的金子制成的。”

道光二十二年（1842）8 月，英国“纳米昔斯”号远征军舰队驶抵南京，与清廷签订《南京条约》。此间，有英军官兵游览南京瓷塔，有名贝尔拉德者于 1844 年在英国出版了《纳米昔斯号舰行作战记》，其中述写了对大报恩寺的印象：

“在南京城外，有两处最值得注意的有趣目标，乃是有名的琉璃塔和中国古代王朝的帝王的坟墓。……（琉璃塔）由于它的完整和漂亮，以及建筑材料的质地，它高高地杰出在中国所有其他同类建筑物之上。最突出的是它用来砌面的砖，全是各种不同颜色的瓷砖，敷上了光亮的釉质，以及装饰内部的大量金质佛像。”

罗切是荷兰舰船“格累维利”（Granville）号的舰长，其回忆录《在中国战役的结局》于 1843 年（道光二十三年）在荷兰出版，他对南京瓷塔的描述：“整个建筑除了飞檐和台基是用奇怪的（琉璃）巨兽装饰外，都是用灰泥将瓷板牢固地粘在建筑的表面。千变万化的色彩，例如白、黄、红、绿等，都是瓷板，屋檐的琉璃瓦都是皇宫所用的庄严的黄色。每层飞檐的尖端都弯曲的，上面悬挂着像欧洲城堡形状的小钟，它们随风能发出叮当的响声……”

1854 年，美国驻华全权委员抵达南京，其随员法斯等也慕名参观了大报恩寺琉璃塔。其时，尽管琉璃塔已满目沧桑，伤痕累累，但仍遗世独立，法斯等感慨不已：“面对这个巨大而无比壮丽的建筑物的毁灭和破坏，人们不免感到悲哀。”

《尼霍夫游记》写于 1656 年（清顺治十三年），那时，荷兰专门派遣使团觐见清世祖，目的是签订贸易条约，结果不甚了了。而后三者是第一次鸦片战争末期，第五者是第二次鸦片战争前夕。被中国瓷器征服的西方，用武力将日趋腐败的中国蹂躏践踏！前后两百年，可谓沧海桑田之巨变。此前，在外国人眼中的神秘强大无所不能的中国，拒人于千里之外的泱泱中国，竟一落千丈，任人宰割！南京瓷塔始终无言，默默地注视着一切的一切。花好月圆之夜，她依然给行舟秦淮河诗情画意；狂风暴雨肆虐中，她依然温暖慰藉远航长江客。即便没油点灯，色釉白釉就是永恒的温馨之光，只要她不坍塌，她怎能不充当长江百里引航之灯塔？她是不负盛名的“永乐之大窑器”，岁月无情中她也就成了“中国之大古董”。

文人多是敏感的，吴敬梓的《儒林外史》，安徒生童话《天国花园》都对南京瓷塔青睐有加。“东方建筑艺术最豪华、最完美无缺的杰作”便与中国万里长城、罗马大斗兽场、土耳其索菲亚大清真寺、英国沙利斯布里石环、意大利比萨斜塔、埃及亚历山大陵墓并称为中世纪世界七大奇迹。

然而，咸丰六年（1856）秋，七大奇迹之一的南京瓷塔就灰飞烟灭了。

让人捶胸顿足的是，外国入侵者面对400多年的老塔，尚未完全泯灭敬意，而且发自内心免费给中国瓷塔，也为中国瓷的外销做了义务广告；国人却痛下杀手，将她连根炸毁。425岁的她，并非溃于衰老，而是被人为地毁于清太平天国内讧——天京之变中，空剩一片废墟，最终空留北山门、南山门、宝塔根、宝塔山等地名。真是罪孽。难怪八国联军敢明目张胆火烧圆明园，侵略军是不齿于人类的野兽，但自身的不珍惜亦是无比的卑鄙龌龊。

瓷塔虽毁，朱棣为何造塔的流言仍在撒播。

儿报父母恩，天经地义，中国是重孝道的国度，如若朱元璋马秀英在天有灵，或许会批评老四不知节俭，但有此恢宏磅礴的建筑来弘扬忠孝，心里肯定赞许。问题的核心本质是朱棣不是马皇后亲生！据传，朱棣和朱橚的亲生母亲是朝鲜妃子碽妃，碽妃去世很早，朱棣兄弟在马皇后身旁长大倒也不假。洪武二十二年（1389），朝鲜使臣权近一行于农历七月十五日来到北平准备拜见燕王，但遭婉拒，因是朱棣生母的忌日。权近后写书《奉使录》，记述了此事，但马皇后的祭日是农历八月初十。这一细节在朱棣篡位后被好事者挖出。篡位后的朱棣大张旗鼓宣扬为马皇后亲生，自然为稳固皇位，无论朝野，皆认同正宗嫡传。朱棣当了皇帝后，特宠高丽权妃，是否恋母情结所致？权妃哀怨地吹箫拨动了朱棣哪根心弦？后世探研者有认为朱棣建瓷塔实则纪念生母碽妃。如若果真如此，反倒证明朱棣铁石心田还残存着柔软且无助的一隅，为亲情，为爱情。

有说，朱棣为篡位杀戮太多而灵魂不安，尤觉愧对侄儿建文。1402年7月13日，朱棣率将官入南京奉先殿，宫内大火扑灭后，遍查数十具烧焦尸体不见建文帝！建文帝没死，他何能称帝？急中生智，即指认马皇后焦尸为允炆，执其手哭曰：“傻小子，何苦如此？”也并非完全猫哭老鼠之矫情。皇位之争，宫闱之斗，权力博弈无论大小，哪样不是你死我活？但回过味来想想：如若不是侄儿颁的“免死牌”，他能活到今天？不过，话还得说回来，从1399年8月6日至今，出生入死浴血奋战，几近崩溃几近死亡，他又容易吗？……哭了说了，心头也就痛快多了，是年六月廿日朱棣以天子礼葬之。倘说他为报建文之恩而修建大报恩寺，那倒未必，毕竟他是叔叔建文是侄；他既已将建文的年号都一笔勾销，那也等于不承认他们有什么君臣关系。

南京瓷塔为什么而建？为了重树形象，他真的是殚精竭虑，煞费苦心，为太祖立石碑选择最高的，以至无法竖起；为高皇后造报恩寺琉璃塔，也是往天下的极致去做，但怎么做，哪来一片冰心在玉壶？……

不过，最恰当的回答是：朱棣为抚慰自己破碎的心撕裂的灵魂而建。

5. 还是苍凉的背影

永乐十九年（1421），这一年，注定是多事之秋。

正月初一，花费了十几年时间建造的奉天殿、华盖殿、谨身殿华丽收官，正式启用。永乐皇帝召见钦天监管时间的漏刻博士胡奫，让他占卜三大殿吉祥。谁知结果是当年四月初八午时，必焚毁。如此煞风景，永乐大帝即将胡博士下大狱。到四月八日正午，虽电闪雷鸣，大雨倾盆，但平安无事，胡博士自愧，于狱中自杀。谁知就在午时三刻，顷刻间，三大殿突然火光冲天，宫中之人也尽力扑救，但很快这三大殿只剩下焦木废墟。永乐大帝不禁心惊肉跳，神乎？玄乎？机关何在？头上三尺有神明？

此时此刻，278名宫女默默祈祷。因后宫一女子的无事生非，竟生造出权妃被谋杀之案，朱棣不问青红皂白，欲对她们大开杀戒！本以为三大殿被焚，永乐的嗜杀会有收敛。果然，翌日朱棣便下发诏书，虔诚地自责，接受上天的惩戒。然而，278名宫女却照杀不误，而且亲自监督，亲手杀戮！谁不惊悚？何其残暴！何其变态！

三年后，即永乐二十二年（1424），蒙古部落阿鲁台侵扰大同、开元，64岁的朱棣第五次披甲亲征北漠。也许敌方闻风而逃，也许情报有误，始终不见敌骑，帝率军而还。

暗淡了刀光剑影，远去了鼓角号声，没有厮杀的呐喊吼叫，没有杀戮的血腥四溅，只有马蹄声声，仿佛马也通人性，踩在青草鲜花上也缓慢柔和。这样的时刻，武夫也怀旧……

斡难河？金盏花？飘飘雪花？雪浪花……

世界上最强大国家的永乐大帝，应该满足？

永乐时期武功昌盛，名将朱能先平定安南，永乐五年，安南请纳入明朝，于是改为交趾，设立布政司；朱棣亲自率兵五入漠北，终打服了瓦剌、鞑靼，以战胜换来的和平才是稳定长久的；又安抚东北女真各部，并派亦失哈扩大明朝东疆，且于永乐十一年视察库页岛，明示对此地的主权。又派郑和六下西洋和平外交，怀柔远人；各国使团则纷纷来到中国朝贡……一时间，大明帝国扶摇直上，威名远播。

朱棣，热血滔滔，如江浪海浪，常在心头翻滚。他的心，不乏进取和拓展力。自小喜武，在马背上成长，但无论是身为皇子还是贵为九五之尊，他的屡屡出征，只是保家卫国。蒙元旋风虽东到太平洋西到黑海沿岸北抵贝加尔湖南至中国南方，以血与火的蹂躏颠覆将世界 1/5 的土地囊括进自己的疆域，然而，仅仅 97 年蒙元就匆匆落幕。不得人心，就不能长治久安。他不想走蒙元老路，不用野蛮侵略，一样张扬着大明的万方威仪。

《左传》曰："国之大事，在祀与戎"。永乐十九年（1421）大阅兵正是朱棣对外策略的写照。前一年 7 月，27 个中西亚国家使团计 600 余人，由明军 6000 精锐骑兵护送已抵达嘉峪关，先参观明朝九边军镇；11 月 20 日，朱棣在北京皇宫接见各国使臣，使臣们皆行叩拜礼，唯帖木儿国使臣只鞠躬，言：我国无此习俗。接下来前往山东、河南、江苏观光；十九年 3 月，又观览朱棣在怀来"狩猎"。首先展示三营精锐骑兵包抄、步兵突击和步骑合击科目；再是广西、云南、四川的"土狼兵"、白杆兵演练步兵劲弩齐射、长枪步兵刺杀等军事科目；尤其是神机营的火器操练，"虎威炮"、"火龙枪"、"安南铳"、"一窝蜂"、"火龙车"等各展雄威；受检阅的 10 万军队，军容齐整，兵甲鲜艳，步调如一，使观看的 600 余外国人大开眼界又不免惊骇：这样强大的大明帝国，可得罪不起。

果然，阅兵式后，朱棣在土木堡行营接见时，帖木儿国使臣率先"叩首触地"，将当年帖木儿大帝的坐骑敬献上，朱棣则手书信札让转交其国王："愿两国臣民永享太平安乐之福"。

埃及使臣一行回国后，埃及即向大明帝国抛掷橄榄枝，解除了在红海对大明商船的禁令，郑和舰队第六次下西洋，如愿抵达红海沿岸。中亚、西亚诸国心悦诚服大明朝拥戴中国"天朝"地位，其友好关系一直绵延至明末，其中，帖木儿帝国在明代派遣中国使节多达 60 多次。"大阅兵"就这样载入中亚、西亚国家的典籍。

永乐二十一年（1423）九月，北京竟然又出现外国使节 1200 余人前来朝贡的盛况！南浡利、苏门答腊、阿鲁、满剌加等 16 国派遣来的使节们送上各国的特产进贡，而他们得到的最称心如意的赏赉，当然是瓷器、丝绸和茶叶，其中，景德镇官窑的青花瓷为众望所归。在明廷官员的引导下，这些老外热热闹闹熙熙攘攘走街串巷，成为京城一道流动的风景。

光荣啊，我大明帝国！

豪迈啊，我永乐盛世！

……

谁知这是他戎马生涯的最后一次出征而返。他的身手依旧矫健，横刀跃马，一路驰骋，也许敌方闻风而逃，也许情报有误，反正不见敌和骑，只有班师回京。旧历七月，在榆木川（今内蒙古多伦）突然病逝。

这是他自己没有想到的，也是跟随他出征的将士们没有预料到的。在他们的眼里心中，他就是战神，就是无往不胜的战神。其实，英雄也还是血肉之躯，生老病死，谁能隔绝？

海拉尔河穿越呼伦贝尔大草原，风吹榆树林哗啦啦响。

这一次征战回途中，他曾设宴款待群臣，酒过三巡，他不无感慨：自登上皇位以来，每天兢兢业业，不敢有丝毫懈怠。皇帝的辛苦，也是做了皇帝之后才深有体会。朱棣也是个勤奋之帝。他每天“四鼓以兴，衣冠静坐”，“思四方之事，缓急之宜”。“闲暇则取经史览阅，未曾敢自暇逸”，“诚虑天下之大，庶务之殷，岂可须臾怠惰！一怠惰即百废弛矣。”这样算来，一天仅能睡到五六个小时，但哪怕熟睡时，如遇紧急军国大事，必须立刻叫醒他，否则就要治罪。

他对左右说，晚间做过梦，梦见蒙古人。他似乎有点神情恍惚，那么，他在死亡之夜，还梦见过谁呢？

他战胜过太多太多的敌人、亲人、非亲非故的人……但是，他在一个女子的面前彻底失败了，今生今世无法扳回。他心仪的女人回书一封，虽婉拒，但清坚决绝。对他，称“阿哥”，比“姐夫”要亲，但也就是“阿哥”，管你上谕还是圣旨。朱棣怒不得恼不得恨不得怨不得，奈何？只有爱，永恒地放也放不下。想她晨钟暮鼓，心如止水，微波不兴，冰清玉洁。也许，他在瓷上倾注的是对好女子的一种纯情？难怪永乐瓷是这样的秀丽。也许，只不过是弗洛伊德的精神分析学所指出的，缺啥想啥，粗暴的朱棣追求的是秀丽。

月白风清或月残风冷，都是心情；曲终人散，大漠风也清，是他的权妃，还是梦里情人妙锦，又在吹出一缕悲箫……

说什么轻生死，不回头，他何曾有过回头的机会？只有拼命向前。他是白雪中的红龙抑或红云中的白龙，于朕又何加焉？近乎荒诞的英雄人生与虚无缥缈的爱的梦境就这样支撑着他向前，向前……人生不过如此，不过如此。

他就这样倒下了。有说他从马背上轰然倒地，不是仰面朝天，而是扑向苍茫大地，马上皇帝以马上摔下告终，命定。有说他是深夜俯卧心脏受到压迫而亡，留给人们最后的印象到底都是宽厚的背影；应该都是心碎而逝。

他做了不少错事坏事，或可称罪大恶极，但他总想重树形象，总想抹去过去，理智和清醒的是，他没有用更恶来掩盖恶，而是，尽力做了些大事好事来弥补，至少他的心田还留了那么一点点向善向美向真的根芽，所以，才有时至今日也还值得称道的大事业。

梁启超在《祖国大航海家郑和传》中如是说："成祖以雄才大略，承高帝之后，天下初定，国力大充，乃思扬威德于域外，此其与汉孝武、唐太宗之时代正相类。成祖既北定鞑靼，耀兵于乌梁海以西，西辟乌斯藏，以法号羁縻其酋，南戡越南，夷为郡县。陆运之盛，几追汉唐，乃更进而树威于新国。郑和之业，其主动者，实绝世英主明成祖其人也。"为中肯评价。

是年八月，46 岁的皇太子朱高炽即位，翌年改元洪熙。次年旧历五月病逝。如同死后追谥仁宗号，心地善良的他治国为民皆十分仁慈，深得人心。27 岁的皇太子朱瞻基即位，年号宣德，在位亦不过 10 年。这对父子共计 11 年的统治被赞为"仁宣之治"，但实是守成之君。宣德帝在瓷业上的作为如一轮明月照碧海……虽然美若皓月，大背景又是海洋，但是，到底还是水中月之感，恍惚缥缈，可望而不可及。

有人总是责备说，看一个国家不要过于重视其军事国力与统治疆图，但是，倘若丢掉了这个前提，那么，再富庶如北宋南宋，又有何益？以一个阶段的小康生活换来最终的惨烈的国破家亡，值吗？有意义吗？有意思吗？值得夸耀吗？

行路难！行路难！多歧路，今安在？
长风破浪会有时，直挂云帆济沧海。
——李白《行路难》

三、海上传奇：郑和下西洋成绝唱

郑和（1371—1433）的名字，不只是掷地有声，即便掷向海洋，也当铿锵作响。

他是中世纪人类最早的伟大航海家，和平外交家、经济贸易学家、军事家，知行合一。纵论古今，环顾中外，试看有几人能与君比肩而立？

自1405—1433，前后28年，即15世纪的前三分之一时期，他七次率大明舰队浩浩荡荡远洋出航，踏平东亚与西亚东非间的重洋阻隔，开辟了从中国经印度洋直通西亚和非洲东海岸北海岸的远航记录。

在郑和第一次下西洋，抵达印度洋的古里后，葡萄牙国王若昂一世的第四个王子恩里克（1394—1460），12岁的他，才第一次翻开古希腊天文学家托勒密的《地理学指南》；在郑和第六次下西洋抵达非洲东海岸再返航途中，28岁的恩里克才在葡萄牙建立了第一所国立航海学校，起步依靠之一是中国指南针，自此，远航才纳入葡萄牙的百年大计。1443年（正统八年）葡萄牙航海家才从罗卡角出发，穿越了西非海岸的博哈多尔角。罗卡角的石碑镌刻着：“陆地在这里结束，海洋从这里开始。”而此时，距郑和倒在第七次下西洋返航途中已十年整。恩里克当是铭记于世界史的航海家，但，他远不如郑和，他从未出海远航过。

此后半世纪，葡萄牙西班牙等大航海大显身手，中国的远航却彻底偃旗息鼓。1500年前后被认为是人类历史的重要分水岭，“旧大陆在一个世纪里所‘发现’、征服、扩张的未知大陆、岛屿和海洋，超过了以往所有世代的总和”。人类对生存家园的认识从“天圆地方”到“地球是圆的”，从欧、亚、非三块大陆扩充到北美洲南美洲澳洲，才有了名副其实的世界史。然而，这一切却似乎与中国无关。

中国的远航事业虽然起了个大早，最终却连个晚集都没赶上。是否因为中西观念不同国情不同素质不同目的不同取向不同？清晰的是，清代，中国恰恰惨败于来自海洋的外国舰队横冲直撞的摧毁中。

这是怎样欲说还休的悲摧和惨烈。

而郑和，当怎样令中国人引以为傲。

郑和下西洋

这一个遭受了阉割的太监，却是有大担当的真正中国男子汉。

阉割，又称腐刑或宫刑，是最灭绝人性之刑。谁不知司马迁只因替李陵败降之事说了几句公道话，竟被汉武帝定为诬罔罪名，按律当斩，但司马迁为尚未完成的《史记》，毅然决然选择了以腐刑赎身死，忍奇耻大辱继续撰述，终“究天人之际，通古今之变，成一家之言”，被鲁迅赞为“史家之绝唱，无韵之离骚”。

司马迁是座丰碑。没有人不为他倾倒。他是人类中的伟丈夫，惊天地泣鬼神。

郑和，也是一座丰碑。虽然，郑和与司马迁的人生大不同。

郑和原姓马，籍贯云南昆阳州，父系母系家族皆回族信奉回教。祖父马拜颜、父亲马哈只，而“哈只”是回族人对去过麦加朝圣者的敬称。父魁岸奇伟，有侠义心。母温氏贤良，生有两男四女，郑和是小马。所谓三保，或三宝，是小名？佛号？官名？皇帝所赐？至今争论不休。

洪武十四年（1381），朱元璋命沐英、傅友德、蓝玉征讨云南，仅半年，平定了云南全境。班师回朝时带回一批战俘，其中就有 11 岁的小马。小马被阉割后进入朱棣燕王府，并有机缘博览群书。从此，少年跟随燕王征战四方，从树木蓊郁的南方去到大漠黄沙的北疆，在血流成河、尸横遍野中死里逃生，无畏成长。直到靖难之役河北郑村坝之战中，南北军僵持无计可施时，小马的军事天赋崭露头角，让朱棣另眼相看，做了他的贴身侍卫。永乐二年（1404）正月初一，朱棣赐小马姓“郑”，名“和”，当有纪念之意。并封为内官监太监，官至四品，郑和可称朱棣的臂膀。兴建南京瓷塔、两下东洋，三下安南，六下西洋远航，皆委派郑和担纲。永乐二十二年（1424），当郑和正准备七下西洋时，朱棣驾崩于北征返途，下西洋戛然而止。洪熙派郑和任南京守备。至宣德三年（1428），宣德先令郑和三年内将南京报恩寺完工；又于宣德六年（1431），派其第七次下西洋。此时，郑和已过花甲之年。郑和这一次行至非洲时，一说他像其祖父、父亲一样，实现了穆斯林终生的愿望——麦加朝觐；但更多的说法，认为郑和自己并没有去，而是派了 7 个下属前往麦加朝觐。早在永乐元年（1403），姚广孝收 33 岁的郑和为菩萨戒弟子，法名福吉祥。郑和自己也曾言：“凡奉命于四方，经涉海洋，常叨恩于三宝”。

在第七次返航途中，郑和病逝于印度古里。什么叫“鞠躬尽瘁，死而后已”，郑和的一生当为最贴切的诠释。

姚广孝像

郑和是一个几近完美无缺的人，他的人生几乎没有瑕疵。他的名声，实在比永乐大帝朱棣要好得多，也纯得多。他不是那种功过是非搅拌得掰也掰不开的混沌状，虽然他也饱受猜忌诋毁诬蔑打压，但他全心全意为大明，忠于永乐，忠于祖国，忠于中华民族；认准目标便排除万难，既运筹帷幄又亲力亲为，纯粹，高尚，不纠结，勇于担当；对邻邦友善，但触及底线，则该出手时就出手。可谓集忠孝节义于一身者，即便当代也称得上是一个富有人格魅力的人。其颜值也极高，身长九尺，腰大十围，眉目分明，耳白过面，鼻直口方，齿如编贝，行如虎步，声音洪亮，体貌丰伟，气度轩昂，于严肃威仪中又透出温和亲切。

他的空前绝后的丰功伟绩，无论中外不管褒贬者，都不得不肃然起敬。高山仰止，景行行止。试看 83 年以后的所谓可圈可点的地理大发现：1488 年在葡萄牙若昂二世的支持下，迪亚士发现好望角；1492—1504 年，在西班牙女王伊莎贝尔的资助下，哥伦布 4 次横渡大西洋抵达中美洲沿岸等处；1497—1498 年达・伽马率葡萄牙船队首次完成了绕道好望角到达印度的新航路；1519—1521 年葡萄牙人麦哲伦率西班牙船队完成首次环球航行……有哪一次西人远航不是损兵折将、内讧不断、七零八落？有哪一次“发现”不伴随野蛮霸占血腥侵略不断？有哪一次不是天灾人祸相伴？折戟沉沙而归？还想问问，有哪一位西人远航英雄折腾过整整七次？而郑和，七次七回，基本上是有去有返，有险化险为夷，有危转危为安，赢得大平安。又一路和平载歌载舞欢天喜地，几次武装解决实属光明磊落，目的还是疏通海道繁荣经济保和平。

长风破浪会有时，直挂云帆济沧海。

郑和把握了机遇，赢得了时间。这是千年之绝唱。

其他姑且不论，就瓷而言，郑和以国家行为将瓷行天下。青瓷白瓷青花瓷，尤其是景德镇青花瓷名扬天下，笑傲海外。瓷结国缘，瓷耀各国，瓷与黄金等价，瓷播中国文明；而下西洋带回的苏麻离青、胭脂石、紫绅、风磨铜、紫石、澜砂等，又使青花瓷、颜色釉瓷等出现质的飞跃，瓷国瓷都，就这样享誉天下。所以，下西洋于瓷，有百利而无一弊。

郑和，是一个虽没有卵蛋却分明阳刚雄伟顶天立地的英雄男子汉。

梁启超于1904年发表于《新民丛报》第3卷第21号上的《中国之新民》，百感交集纪念郑和下西洋百年，曰：“……而郑君之烈，随郑君之没以俱逝。我国民虽稍食其赐，亦几希焉。则哥伦布以后，有无量数之哥伦布，维哥达嘉马以后，有无量数之维哥达嘉马。而我则郑和以后，竟无第二之郑和，噫嘻，是岂郑君之罪也。”

“前有司马迁，后有郑和，皆国史之光也！”

1. 西行目标忽鲁漠斯

碧波万顷的蓝色海洋上突地滔天排浪呼啸而来，追赶着白色巨浪的是千张白色巨帆，在樯帆与浪涛之间是举世最巨型最先进的舰队，屹立于船舰上的是大明无敌之威武之师，成群的海鸥张开白色的翅膀，结集成吉祥的巨形瑞云，向沿海和海上诸国报道大明和平使者的到来。

海上奇观让沿途各国官民们，从最初的惊愕茫然，到放下心来的等待，再到翘首远望的期盼，因威武之师是和平舰队。每逢郑和舰队来到，港口便如年节般热闹。他们诚信守诺，公买公卖，带来他们急需的紧缺商品。更不消说一些小国国王，携家眷和臣相，搭乘船舰朝贡，兼顾出国观光旅游，傍上大中国，面子里子都有了。谁叫中国的造船业、航海业、丝绸业、茶业、瓷业等，都遥遥领先于世界呢?

明初，沿海和长江中下游皆有造船修船厂。南京的龙江船厂和直隶的清江船厂属建制完备的国家船厂。至今，龙江造船厂遗址尚有7个大型船坞。据《明成祖实录》载，永乐六下西洋期间，共造海船2735艘。永乐三年（1405）第一次下西洋，造船多达1273艘。性能最为优良的是“福船”，即宝船，出使的“封舟”亦为福船，更见精良。九桅十二帆、长44丈、宽18丈，第一次下西洋宝船多达64艘。南京博物馆陈列一根船舵舵杆，长11米！可见宝船的舵、篷帆、锚等，没有两三百人是举不起的。宝船外，还有坐船、二八橹、战船、粮船、六橹等。郑和舰队规模浩大，船舶宏伟，航技高超，航域广航线长，可谓独步四海，冠绝东西。

郑和舰队已掌握了以“星斗高低，度量远近”的天文测定位技术和过洋牵星导航技术，还把握了西太平洋与印度洋海域季风规律，于每年十月至翌年二月，凭东北季风从港口扬帆出发；返航则于五月至八月，借西南季风举帆归国。

从航海技术比较，郑和也胜于哥伦布们。他已将传统的海上对星发展为过洋牵星术，配备罗盘定向测定针距，即海道针经，《郑和航海图》为当时最先进的航海技术成果。正因了高超的航海技术，中国瓷器方漂洋过海安然无恙。

虽说郑和下西洋的故事，无论官方民间男女老少皆耳熟能详，但，耳熟为真，能详未必。

幸而1931年在福建省长乐县天妃宫中发现了郑和等撰写的石碑《天妃之神灵应记》，这1117字的碑文，当是最切实的记载。然，碑文只记录了起航时间，又经中外学者多年探研，往返航线才见明确，但也还是各说各话的粗线条，所谓56条航线，并未见明细。

第一次下西洋从永乐三年六月十五日（1405年7月11日）始，至永乐五年九月初二（1407年10月2日）归国。

郑和与副使王景弘率领208艘船组成的舰队，其中宝舰64艘为主力，27000余海军官兵与外交商业等各式人才，自南京龙江港起航，经江苏太仓刘家河编队集结出海，驶向福建长乐县太平港驻泊，等候东北季风到来。

冬季，郑和率舰队从福建闽江口五虎门出洋远航，经南中国海域，首先到达占城（今越南归仁），然后到爪哇、满剌加（马六甲）、旧港、阿鲁、苏门答腊、南巫里（以上四地均在今印尼苏门答腊岛上）。再从南巫里进入印度洋到达锡兰山（今斯里兰卡），再到小葛兰（今印度奎隆）、柯枝（今印度科钦），最后抵达目的地古里（今印度卡利卡特）。古里是其时东西方海上贸易的重要港口。郑和在此立下了远航国外的第一座纪念碑。

这期间，出航时遇爪哇误杀船员，郑和了解真相后冷静处理，避免了一触即发之战争，后以对方谢罪、赔款万两黄金了结。返航时又遭遇海盗巨魁陈祖义佯装归顺实则抢劫，郑和舰队一举全歼海盗5000余人，击沉敌船十余艘。将陈祖义押回京城，当众斩首，既为民除害，又扫清海路障碍，确保航线畅通。

第二次下西洋从永乐五年（1407）十一月始，到永乐七年（1409）七月归国。两次相隔仅仅两个月！亦由249艘战舰组成舰队，直接从江苏太仓刘家河出发，与第一次航线相同，抵达当时中东贸易最大的集散地加尔各答。这条航线，确实是东亚与南亚的重要海道。

这一次，郑和从锡兰国请回释迦牟尼佛化身名僧伽罗的佛牙回京都，此佛牙，金刚坚固，历劫不坏，宝光遥烛，如星粲空，如月炫宵，如太阳丽昼。永乐以此证明自己的正统地位，大喜。

第三次下西洋从永乐七年（1409）九月始，至永乐九年（1411年）六月归国。规模基本相同，两次相隔也仅仅两个月。行前，永乐帝特下诏书：大明帝敕谕南京守备驸马都尉宋彪、囊需伯李隆：今道太监郑和往西域忽鲁谟斯等国公干，合用扛抬搬运钱粮官军，尔等即便照数差拨，勿得稽延，故谕。

永乐的目标是忽鲁谟斯。忽鲁谟斯，即今日之伊朗霍尔木兹，阿曼湾北岸；而不是以古里为终点。

但是，出航即遇苏门答腊国苏斡剌叛乱，为了设置于占城、淡马锡、满剌加、苏门答腊等地货物中转站的安全，郑和不得不出手相援苏门答腊国王宰奴里阿比丁，平定了叛乱；再从爪哇、苏门答腊前往锡兰时，谁知锡兰王子见利忘义，试图打劫！又一个不自量力的家伙。智勇双全的郑和不仅大败锡兰军，且生擒国王亚烈苦奈儿父子押回京城，经永乐帝严厉教育后知错认错，获得放回。

正因了这场意外，第三次下西洋可说未完成使命。但是，海上咽喉满剌加驻扎地已修建好。郑和非常明了满剌加海峡对中国远航船队的重要，必须拥有与控制这一通津要道，方可用之于扩大经略海洋。

从 1405—1411 年这 6 年中三下西洋，郑和率舰队如打铁般锤锤不停，如抽打的陀螺般飞速旋转，几乎没有间断过，这需要超人的毅力、魄力、精力、体力和组织力，彰显的是国力和震慑力，增强的是与东南亚、南亚等国家和地区的亲和力。郑和舰队随航线而合 - 分 - 合，以达高效益。当舰队自福建五虎门驶入南海，如若顺风张帆，十昼夜便可到占城，再沿印度支那半岛海岸抵达南端的马六甲，自马六甲分为两条航线，一条往东到苏门答腊、爪哇；一条经由巽他海峡，往西到印度半岛、斯里兰卡，若要往阿曼湾、红海口和非洲东岸，则再西行。

这一年 11 月，在朱棣的关心下，忙碌的郑和才奉命远道归家，祭扫父墓，自古忠孝难两全。此前后外国使臣纷纷回访中国，郑和善解人意，舰队常常让朝贡国国王率团搭顺风船往返中国，只见南海桅帆点点，中外往来日趋频繁。

第四次下西洋从永乐十一年（1413）十月始，至永乐十三年（1415）七月归国。与上次相隔两年，规模相似，成功完成了永乐帝的嘱托，抵达西亚、东非地区。发现了从古里到溜山（今马尔代夫群岛）可以避开风暴区，开辟了直接到达阿拉伯半岛红海沿岸和东非国家的航线！这远远超过了季风航行的要求，在航海史上无疑是创新性的突破。航线可达东非索马里、摩加迪沙（木骨都束）、卜喇瓦、肯尼亚的麻林地（马林迪），并向南航行到比剌（莫桑比克港）、孙剌（今索法拉港）。

第五次下西洋从永乐十五年（1417）秋始，至永乐十七年（1419）七月归国。与上次也相隔两年，航线基本同前。从东南亚经印度诸港，然后进入波斯湾；而另一支分队则经由阿拉伯南岸远航至东非海岸的摩加迪沙、布腊瓦绕到马林迪。这又是值得载入史册的远航。

第六次下西洋从永乐十九年（1421）春始，至永乐二十年（1422）八月归国。与上次亦相隔两年。这次远航中船舰的本队驶入波斯湾，而另有分队绕非洲东海岸诸港口航行，中国和东非的距离，似乎神奇地变得越来越近。郑和足迹所至，是否是其时古代中国人抵达最远的地方？

至此，郑和重要航线有56条，航线总长约2万千米。

令人扼腕长叹的是，永乐二十二年（1424），第七次下西洋已基本准备就绪，但随着永乐帝的与世长辞，原本开世界之先的中国海洋远航事业便戛然而止，朝廷上下甚至有不少人想从根上斩断。人亡政息！

面对这一切，郑和却仍一片冰心在玉壶。他力谏洪熙帝保留舰船：“欲国家富强，不可置海洋不顾，财富取之海洋，危险亦来自海上。”真是字字千钧，结论来自实践，言语发自肺腑。自信满满的是六下西洋为国家富强尽了力，忧心忡忡的是不幸被他言中。郑和超前的海洋意识海权意识可惜难觅知遇。

沉寂九年后，宣德六年，帝终派年已六十的郑和第七次下西洋。其时，宣德似忧夜长梦多，恐机缘稍纵即逝，就以永乐时期留下的瓷器装载上船，扬帆远航；宣德八年诏景德镇狂烧瓷器，可能是为八下西洋作准备。

第七次下西洋从宣德六年（1431）正月始，至宣德八年（1433）归国。这次规模同永乐时期，但，是时间最长的仿佛总结性的一次远航，成了最后一次告别式远航。郑和派部属七人到达麦加朝圣是实，但郑和是否亲自去过并无定论。无论其朝圣与否，并不等于郑和内心世界复杂无比，郑和的脑海非常纯净，中国是他的祖国。

命运如此不可思议，又似乎早已命定。郑和病逝于古里，古里恰恰是他第一次在海外立碑之地。不要说终点又回到起点，而是命运就这般轮回不已。

郑和下西洋的目的是什么？

不必隐讳受朱棣委派，寻找建文帝的下落。郑和先后七次下西洋，三次出海——永乐元年出使暹罗，永乐二年出使日本，永乐二十二年他又出使旧港，目的中应都包含追查。

但，朱棣登基后，“锐意通四夷”，树大明威服四海、胸怀远人的形象，当是大使命。他明确宣称，郑和下西洋的目的：“宣德化而柔远人也”。孜孜以求的是大明王朝在他的手中，出现太平天下、万国咸宾的盛世。可以说，他做到了。

郑和率领的庞大舰队，七往七返，当是一次次海上大阅兵。虽耀武扬威，但耀的是不侵略霸占抢掠欺凌邻国之“武”，扬的是保护帮助弱小友邦之“威”。纵览此前此后千年，唯有我中华。这，才是伟大的国家伟大民族的大胸怀、深底蕴和远眼光。这，才能真正让万国景仰，威服四海。

郑和率领的庞大舰队，实践着“经济大海”的伟大战略。天朝上国，物产丰盛，如果说下西洋前三次还只是在传统航线与东南亚南亚一带直接贸易，那么，后四次下西洋则与波斯、东非等直接贸易，中国瓷器直接运输到了阿拉伯、东非沿海港口，甚至有说还绕过了非洲最南端，抵达今日的开普敦。郑和舰队的停泊地都是其时最重要的国际性贸易港口要冲，郑和舰队在波斯湾的忽鲁谟斯、印度古里和马来西亚满剌加等建立了明代“官厂”的海外驻地，印度洋曾一度如中国的“内海”般穿行自由。

随着航线的延伸和拓展，“厚往薄来”和“买卖公平”的慷慨帮助和贸易公道，正是践行着以德服人。中华民族的先进科学技术文化艺术成就凭借浩渺的海洋传播到遥远的西方，沟通了域外。强盛的大明帝国，在朱棣五次北征的同时空，郑和沿着海岸线反复出航且渐行渐远，在中国梦的遐想中，东西方文明交流的高潮即将来到。

谁知却遭遇全面退潮？

2. 瓷瓯宛转丝绸路

历经岁月，郑和下西洋的意义却呈现两极分化之态，有高度赞美的，也有极其贬低的。其“政治压倒经济”、“厚往薄来”、“面子工程”、“赔本赚吆喝”等似言之有理。那么，郑和七下西洋中，中国与西洋诸国间是否真实存在着繁盛的贸易往来？在仅存的以国家关系的朝贡贸易及在郑和舰队主持下的官方与民间贸易，究竟是海上贸易的巨大拓展还是萧条萎缩？其实，明史专家吴晗在《明初的对外政策与郑和下西洋》文中已明确指出，郑和下西洋“是从国际贸易的收入上来解救当前的”大明财政困难的。

拓展海外贸易，为求赢利的经济目的是郑和下西洋的动力。也是下西洋的商业性质所在。

明永乐青花西瓜纹大盘 径 37.3 厘米
大英博物馆藏

朱棣为大明经济的发展也是绞尽脑汁，盘剥百姓自是不可开脱的一条；派人到全国各地开采银矿；继承明太祖遗训，对海外朝贡国实行开放政策，鼓励他们来华朝贡，以求输入更多的海外物品；派郑和下西洋走出去，赏赐、买卖、以物易物，绝大多数都是国内紧缺物资和稀有物资。如胡椒为生活必需品和药用，郑和第一次带回胡椒的时价是原产地的 10 倍；而永乐二十二年（1424）胡椒时价已暴涨至原产地的 20 倍。下西洋从海外进口香料番药多达 164 种，如苏合香、没药、安息香、乳香等，皆为当时国内稀有紧缺物。海外苏木表象是珍贵木材，但可作染料，其根又可解毒。往深里一想，中国丝绸是出口大宗商品，需求大量的染料；北方战事不断，何能缺少解毒剂？但当时并没有声张，可能从经济机密军事机密考虑。苏木之暴利，与胡椒一样，价可比黄金。明廷的确出现过将文武官员的俸禄折合胡椒、苏木发放，并非财政赤字，而是搞活经济适当发福利。固然，海外诸番向天朝上国献奇珍异禽、郑和亲自带回非洲麒麟（长颈鹿），确有奢靡之嫌，但决非毫无价值。中国的金鱼不也是在明代流向了欧洲吗？

有人给明初海外贸易算了一笔粗略之账：白银千余万两，黄金三十万两滚滚输入明廷国库。

马欢在《瀛涯胜览》中记："番人殷富者甚多，买卖交易行使中国历代铜钱"。张燮在《东西洋考》中载："东洋吕宋地无他产，夷人悉用银钱易货。"以物易物外，亦用货币直接交易。湖北省博物馆藏有五十两重的番式金块，那是当年郑和将交易货币在当地换成黄金，再铸成此物带回国。明代开国以来，即将外销瓷的生产和输出当成富国策略之华章。

遗憾的是，郑和每次下西洋装载瓷器数据至今不明，让人眼前一亮的仅据《大明会典·工部十四·陶器》卷一百九十四载，宣德八年（1433），一次"往饶州烧造各样瓷器，四十四万三千五百件"。

下西洋的中国瓷器在海外极受欢迎。三上次男在《陶瓷之路》中就指出："有幸跟随郑和远征的马欢，著有《瀛涯胜览》一书，巩珍著有《西洋番国志》的见闻录，还有费信著有《星槎胜览》的旅行记。在《星槎胜览》上，记载着有关摩加迪沙（木骨都束）和布腊瓦（卜剌哇）的情况，其中指出在这些地方是使用瓷器的。瓷器在当时已经是重要的商品，远征军本身当然是知道的。总之，由于郑和的海军远航东非，使中国陶瓷在那里得到普及，这是毋庸置疑的。"

马欢，字宗道，浙江会稽（今绍兴）人，精通阿拉伯文，回教徒，随郑和出使西洋，职为通事。"随其所至，鲸波浩渺，不知其几千万里，历涉诸邦……于是摭采各国人物之丑美，壤俗之异同"以及"土产之别、疆域之制"，于永乐十四年（1416）将所见所闻写成《瀛涯胜览》。

费信，字公晓，江苏太仓人。曾"四次随从正使太监郑和等至诸海外，历览诸番人物风土所产"，时间长达20余年，于正统元年（1436）"图写成帙，名曰《星槎胜览》"。

巩珍，南京人。也随同郑和"往返三年"，"涉历遐方，睹斯胜概，诚为千载之奇遇"。于是，"凡所纪各国之事迹，或目及耳闻，或在处询访，汉言番语，悉凭通事转译而得，记录无遗"，在宣德九年（1434）写成《西洋番国志》。

在《瀛涯胜览》中，马欢记载了与爪哇"国人最喜中国青花瓷器"，用"铜钱买易"；在占城，其国贸易流通七成淡金来交换"中国青瓷盘、碗等品、苎丝、绫绢"等；锡兰山国也最喜爱"中国麝香、苎丝、色绢、青瓷盘碗"等，"则将宝石、珍珠换易"。在祖法儿国（今阿拉伯半岛南端阿曼佐法儿），“中国宝船到彼，开读赏赐毕，其王差头目遍谕国人，皆将乳香、血竭、芦荟、没药、安息香、苏合油、木别子之类，来换易苎丝、瓷器等物。”他们还与天方国（今沙特阿拉伯麦加）进行了瓷器贸易。

在《星槎胜览》中，费信记载：每次出使前，他们都准备了大量的瓷器、麝香、丝绸等，每到海外诸国时，或作为礼品馈赠，或进行商业贸易。与暹罗、锡兰山、柯枝、古里、忽鲁漠斯、榜葛拉（今孟加拉）、大喃、阿丹（今也门亚丁）和天方等国进行了青花瓷器贸易；而与旧港、满剌加、苏门答腊用龙牙犀角等进行了青、白瓷交易；还与交栏山、旧港、花面国、剌撒、淡洋、吉里地闷、琉球、三岛、苏禄、佐法儿、竹步、木骨都束、溜洋、卜剌哇和阿鲁等国家或地区进行了其他各类瓷的交易。

在《瀛涯胜览》中，马欢还饶有兴致地描绘了郑和舰队与古里贸易的细节：其二大头目受中国朝廷升赏，若宝船到彼，全凭二人主为买卖，王差头目并哲地未讷几计书算于官府，牙人来会，领船大人议择某日打价，至日，先将带去锦绮等物，逐一议价已定，随写合同价数，彼此收执。其头目哲地即与内官大人众手相拿。其牙人则言某月某日於众手中拍一掌已定，或贵或贱，再不悔改。然后哲地富户才将宝石珍珠珊瑚等物来看议价，非一日能定，快则一月，缓则二三月，若价钱较议已定，如买一主珍珠等物，该价若干，是原经手项目未讷几计书算，该还纻丝等物若干，照原打手之货交还，毫厘无改，彼之算法无算盘，只以两手、两脚并二十指计算，毫厘无差，甚异于常。

在《西洋番国志》中，巩珍也同样记载了占城国以七成色淡金交易“所喜者中国青瓷盘、碗等器”；爪哇国人“最喜青花瓷器，并麝香、花绣、苎丝”等货；锡兰山国也“爱中国麝香、苎丝、色绢、青瓷盘碗”等，“以宝石、珍珠易换”。

埃及马木鲁克王朝史料中也记载有郑和第七次下西洋的贸易活动。马格里兹在他的《道程志》中记述了希吉来历835年（宣德七年）郑和远航舰队中的两艘船到达阿丹港时，因也门情况混乱，他们所带的瓷器、丝绸、麝香等商品难以交易。如是，“那两艘戎克的首领便向麦加的埃米尔希拉夫、伯拉克特·本·哈桑·本·艾兰和秩达的纳兹尔、沙特丁·易卜拉欣·本·姆拉呈递了书信，要求准许他们前往秩达。于是，伯拉克特和沙特丁二人便请求（马穆鲁克朝）苏丹（巴鲁士贝）俯允，并说，他们到来时将会获得很大的利润。因此苏丹回答说，让他们来航，并殷勤地接待他们。”结果在麦加这两艘船所带来的“奢侈品”很快告罄，皆大欢喜。估摸可能是去麦加朝觐的洪保、费信等七人。

史籍记载之外，当代考古亦印证上述各国和地区大多有明初时期瓷器出土，景德镇青花瓷之外，还有龙泉窑青瓷、福建德化白瓷和广东窑口的瓷器等。

以马六甲为中心的东南亚地区，明初瓷器时有出土。20 世纪 60 年代马六甲古城镇墙基下曾发现 7 件 15 世纪青花瓷片；旧柔佛地区的哥打宜丁出土 33 件中国明代白地青花瓷，有盘、碗、压手杯等三大类。叶文程鉴定为永乐朝下西洋活动所带去的。

东南亚海域沉船多多，时有发现打捞新闻，然而，似与郑和七下西洋无缘。但退一步思考，郑和下西洋本来就极少有沉船记录呀。所谓沉船，有气候骤变风暴袭击海啸席卷操作失误不慎触礁战争歼击船体质劣等众多缘由，然而，郑和舰队是无敌之舰队，上哪去海捞呢？

南亚地区，三上次男于印度调查见到 14—15 世纪中国陶瓷，种类为青瓷及青花瓷；印度东岸发现同时期龙泉窑青瓷大平碗；于巴基斯坦，则在印度河上游旁遮普地区发现 15 世纪前后的青花瓷片；在斯里兰卡的科伦坡博物馆中，珍藏 15 世纪郑和下西洋带去的中国瓷器等古物。南亚的溜山（今马尔代夫），也见明初青花瓷出土。奇怪的是，伊朗忽鲁漠斯（霍尔木兹港），曾是郑和后四次下西洋的重要港口，遗存物至今仍未发现。其实，奇也不奇。波斯湾沿岸遗址中已见明初青花瓷零星出土，考古就是这样，你只有耐心地静心地等待惊艳。

20 世纪 80 年代，三上次男在北非东非一带进行古陶瓷调查时，既为埃及数以几万计的中国瓷器碎片而震撼，又为在东非沿岸，沿坦桑尼亚领土以南，至今未发现中世纪中国陶瓷而思虑，但是，他坚信，假以时日，终会有所发现。对位于非洲东端的索马里的似被人遗忘的海岛索科特拉岛，他同样坚信中国陶瓷在中世纪定作为重要商品在此登场，等待的是发掘。

今天，电视系列片《瓷路》还在为非洲是否为郑和所发现而遗憾时，由北京大学秦大树领队与肯尼亚合作的考古项目已经启动。其内容一是水下考古，寻觅和打捞传说中的郑和沉船遗址；二是陆上考古，对肯尼亚马林迪市范围内的曼布鲁依村遗址、卡提布清真寺遗址和马林迪老城等 3 个遗址点进行考古调查；三是对肯尼亚沿海地区经过考古发掘和调查的 27 处古代遗址出土的中国瓷器进行课题研究。

至今，考古队已发现明代“永乐通宝”钱币、明初景德镇官窑青花瓷和龙泉窑青器等，印证曼布鲁伊村是郑和下西洋时在非洲的一个登陆地点；在马林迪老城出土了许多从明代成化、弘治时期到万历年间的中国青花瓷器，而且发现了早于 15 世纪葡萄牙人到达马林迪以前的地层，可追溯至 12 世纪，因而，该地的历史要远远早于殖民时期，葡萄牙人到达前这里已是一个重要的海上贸易据点。

600 年前郑和舰队中有船只在肯尼亚拉穆群岛中的帕泰岛附近沉没过吗？其幸存者的后裔居住并繁衍生息于此吗？中国水下考古队从中国渤海、黄海、东海、南海四大海域终迈向了世界的第一大步，20多年来，历经西沙水下考古、碗礁一号水下考古、南海Ⅰ号整体出水、南澳Ⅰ号水下考古等的历练，他们会从海底考古者的辛勤调查中，还原历史怎样的真实呢？

真实往往比戏剧还要充满戏剧性的张力和出其不意。每一片沉睡于海底或地下的瓷器碎片，每一件从岁月深处来到你面前的瓷器，都有着曲折离奇的故事。荷兰里瓦顿的陶瓷博物馆珍藏一件烧制于永乐年间的青花龙纹瓶：龙的眼神犀利，爪子刚劲，身躯威武，勇猛狂傲，淋漓尽致地展现着朱棣王朝意气风发的气势。当是景德镇官窑产品，但皇帝的龙是五爪，而这件龙纹瓶的龙仅三爪，由此旁证御窑亦烧制外销瓷，倒合情合理；但要以此印证郑和下西洋已与欧洲荷兰直接贸易，则经不起推敲。事实是，这是郑和下西洋时送给印度尼西亚某岛国的赏赉瓷，荷兰占据了巴达维亚后辗转所得。

瓷器比茶叶丝绸乃至比人都强大的地方，就是她的不朽。见证着沧海桑田枯荣兴衰毁誉成败。她是渺小的又是伟大的，是脆弱的又是坚强的，是无情的冷冰冰又是炽烈的暖融融。小小的瓷，承载着满满的中国元素，就这样宛转谦卑又决绝昂然地行走于天下。

贸易与文化从来都是双向交流的。没有外域的苏麻离青，或称苏泥勃青，又哪来瓷上青花的清而不淡、浓而不烈、艳而不俗？能够为不同种族不同肤色不同语言不同信仰不同习俗不同传统的天下人一往情深呢？这也堪称一大奇迹。郑和七下西洋人们只知青花瓷为海外热捧，却不知已带回了外域的苏麻离青色料，有说苏门答腊，有说伊拉克索马拉地区，有说东非索马里等，总之，来自外域，价格不菲。可说是为从中国本土寻找这类色料所交学费，可能是为维护青花瓷在国际市场上不败之地位而保密。青花，曾在唐代昙花一现、宋代惊鸿一瞥，随后三百年无影无踪；到元代再绽放便呈成熟状，于伊斯兰地区风行一时；直到明代，至永乐宣德才出奇地妩媚又清雅，也才有了入得皇宫、出得了国门的国色青花之名。

有关永宣青料用苏麻离青的记载，最早见于万历十七年前王世懋所著的《窥天外乘》：“我朝则专设于浮梁县之景德镇，永乐、宣德间，内府烧造，迄今为贵。其时以棕眼、甜白为常，以苏麻离青为饰，以鲜红为宝。”

永宣青花，的确与众不同，其发色凝重浓艳，略有晕散，并有似铁锈的斑点。后世无可替代。

3. 锚起锚落古港口

以“三宝”或“三保”命名的城镇、港口、禅寺、庙宇、宫殿、山洞、水井、石碑等，随着郑和航线和足迹而遍布南亚、西亚和非洲。见证着一个伟大民族走向海洋走向世界的气魄和实力。为什么郑和会扎根于异国他乡的人们的心中？以致对郑和的纪念早已演化成对神的虔诚朝拜仪式？为何历经改朝换代山河易主，但人们对郑和的崇敬有着 600 余年如一日的真情和持久？岁月的筛选，民意的终极测验，郑和完胜而出。

也许因了郑和一生虽经历了无数屈辱与暗算，但到底安然无恙，留得清白在人间。即便在沧溟万里、诡形异状的航海中，也曾遭遇恶浪险滩狂风巨浪，但郑和总能化险为夷逢凶化吉。舰队上几万出海追随者信赖他传颂他，沿途民众被感召感动感化，认定郑和就是活菩萨。民众坚信郑和是一位旷世圣人，对他顶礼膜拜，祈祷祝愿，希冀他的灵魂能护佑世世代代安居乐业，已然没有地域种族信仰的隔阂。谁说人心不是一把公平秤？谁说没有永恒的价值观？

印度尼西亚有三宝垄，今为爪哇省首府和商港，其名源于郑和。这里的人们一直牢记阴历六月三十日是郑和首次登陆日。每逢此日，数万人前来朝拜。三宝垄上建有三宝庙，三宝洞传说是王景宏养病之所，洞中供奉郑和神像，洞旁有三宝井，相传是郑和所凿。左殿供一三爪大铁锚，据称是郑和船队遗物，但有学者指出，中国船锚四爪，葡萄牙大铁锚双爪，而这三爪大铁锚究竟是怎么回事呢？在雅加达的公园里，有郑和当年赠送给土人的四门大炮和石木定。在苏门答腊北部亚齐的万达拉惹博物馆，珍藏着郑和当年赠给亚齐王子的一座大青铜钟。

郑和了然马六甲海峡是海上生命线，是贸易网的咽喉，是航道的分散聚集地。在马六甲建立了城墙、排栅、鼓楼、角楼和储存仓库。历经岁月风雨，对三保太监的纪念愈来愈浓烈。三宝山、三宝亭、三宝街、三宝庙、三宝井，处处可闻三宝名。遥想当年，郑和驻扎于此，每每登上山坡，常伫立于苍老大树下向北眺望，海涛汹涌中，只见他眉毛紧蹙，锋利如剑，部属说，这是他在想念祖国。此山便称中国山。山下三宝街，古旧狭窄，屋宇参差，墙壁上镶嵌着瓷砖，仿佛刻意保存当年景象。三保路直通三保庙，三保庙庄严气派，全然中国风格，山门两柱镌刻对联："五百年前留胜迹，四方界内显英灵"。庙内供奉戎装佩剑的郑和塑像。院里有直径逾二米的三保井，为郑和第二次下西洋时率部属亲手开掘，水清又甜。来烧香祈福的，旅游观光的，皆排队等候喝一碗三保井水，如是将永远不忘故乡。香火爆竹酿闹热，古木参天见幽静。历史与现实在这里穿行。茂物有三保井；槟州三保宫供奉着郑和金身塑像和"郑和的脚印"大石；海珠屿有大伯公庙，庙中碑文云："南洋言神，辄称三宝大神，或云三宝即太监郑和也"。

柬埔寨今磅湛市东古城建立了"三保公庙"；泰国曼谷有三宝禅寺，90 公里外古城有三宝公庙，殿门对联："三宝灵应风调雨顺，佛公显赫国泰民安"；海港即命名三宝港。

斯里兰卡的郑和《布施锡兰山佛寺碑》则是别样传奇。永乐七年（1409）为郑和所立，后不见踪迹。1911 年，英国工程师托马林在斯里兰卡南部港口高尔市工作时，一块盖在下水道上的大石板让他眼前一亮，虽岁月让其蒙尘，但奇妙五爪双龙戏珠雕刻图文依稀可辨。一经清洗，果然光华照人。碑额部分呈拱形，高 144.5 厘米，宽 76.5 厘米，厚 12.5 厘米。碑文从右至左、从上至下分别以中文、泰米尔文、波斯文三种阴刻文字记载。碑文尚可见：“锡兰山介乎海南”，今“遣使诏谕诸番，海道之开，深赖慈祐，人舟安利，来往无虞，永惟大德，礼用报施”。这真是在平淡中寻找出了传奇。弥足珍贵的石碑即移至科伦坡国家博物馆典藏，该馆还珍藏有斯里兰卡出土的中国古代青瓷、白瓷、青花瓷等外销瓷，共同见证着古代海上陶瓷之路和中斯友好交往的源远流长。

那么，第一次下西洋立于印度古里的纪念碑呢？

古里，西临大海，素称“香料之城”，又称“西洋诸番之会”，为古代印度洋海上的交通要冲。郑和第一次下西洋驶进古里国时，海岸上的人们只见一片片白帆如云蔽天，缓缓移来，如若没有欢快激越的锣鼓号角声伴随，从未见过高达几幢屋宇宝船的他们，会以为繁华的海市蜃楼来到眼前。上岸后，郑和向国王颁赐瓷器、铜铁器、金银器和锦绮纱罗等礼品，并与当地人通商贸易。第二次到达古里国，国王接受永乐帝诏封古里王敕书和诰命银印，各头目接受升赏品级冠服，郑和在古里立石碑亭纪念。《瀛涯胜览》中记载：“永乐五年，朝廷命正使太监郑和等，统领大宝船到彼，起建碑亭，立石云：其国去中国十万余里，民物咸若，熙嗥同风，刻石于兹，永乐万世。”直至 1613 年（明万历四十一年），一位耶稣教传教士还曾亲眼见过此石碑，并予以记载。但是，石碑而今不见踪影。

新德里、孟买、海得拉巴的博物馆，印度南方的博物馆，无论邦立还是私立，皆陈列着明代文物——极有可能源自郑和下西洋时，其中不乏青瓷、青花瓷等。古里旧港因淤积严重，已让位于南部的科钦。当年的科钦，中国人曾在海边建造过大佛寺，科钦海滩“中国鱼网”在海风中拂扬，“中国锅”炒的“中国炒面”成为科钦“舌尖上的中国”，郑和的到来改变和优化了他们的生活质量。

那么，600 余年前一次次高扬云帆出海的中国港口而今怎么样？

郑和七下西洋，从哪里起航？也有争论但总算尘埃落定——江苏太仓刘家港。但仍有南京学者通过实地考察、《郑和航海图》和史料等一系列研究，言，至少第一次和第七次是从南京龙江港（今下关码头）起航的。

太仓刘家港却已是沧海桑田。太仓之名，源于元代在此建立粮食仓储基地，内联江南，外接大海，已是大规模海上漕运起航港。也不仅仅是“天下第一仓”，漕运之外还经营多种贸易，并设提举市舶司，一时商贾云集，万帆远扬，兴隆不已。郑和下西洋多始发于此不假，但船队泊于崇明，洪熙登基停止下西洋，在郑和力争下，船舰也泊于崇明。从正德年间编纂的《崇明县志》有载：“天妃宫，昔在西沙宝船港口”。600 年逝去，河流改道新城崛起，恍惚间，唯有崇明县博物馆陈列的郑和下西洋船队模型，让人发思古之幽情，感叹岁月的无情又有情。该留下的记忆，永远不会泯灭。

高高矗立于长乐港口岸的郑和塑像是世界郑和像最大的一尊。五虎山巨石巍然高耸，如五虎雄踞，静静地俯视着闽江。长乐太平港，旧名马江，是罕有的淡水港湾，称“鱼米之乡”和“水手之乡”。春秋吴王夫差曾在此造船，三国吴主孙皓在此训练水师，而最大的光荣是郑和选中这里作舟师驻泊、补充给养、招募水手的基地和开洋起点，并改此吉祥之名。1431 年第七次下西洋时，仿佛冥冥中有谁指引，耳顺之年的郑和一行在长乐南山寺，刊立了篆额《天妃灵应之记》的石碑以铭记。后湮没，1930 年在天妃宫遗址出土，碑文 1177 字，历述郑和下西洋目的意义，前六下西洋经过、成果和第七次下西洋任务等。

在长乐高隍巷20号住宅前有口古井，据《长乐县志》载：“天妃宫大井在县治西隔四十余步，太监郑和造井栏。”1992年6月，在长乐闽江口南面的仙岐村，偶然发现了已埋于地下的庙宇——显应宫，宫里供奉的“巡海大臣”，正是其时乡人所塑郑和像。海内海外，人同此心。

浩浩荡荡的舰队又一次气势磅礴地出洋。桅杆如林、风帆如云，高大魁梧的郑和屹立于封舟之首，海风掀动他的黑色斗篷，他情不自禁高声吟颂：“观夫海洋，洪涛接天，巨浪如山，视诸夷域，迥隔于烟霞缥缈之间。而我之云帆高张，昼夜星驰，涉彼狂澜，若履通衢者，诚荷朝廷威福之致，尤赖天妃之神护佑之德也。神之灵固尝著于昔时，而盛显于当代。溟渤之间，或遇风涛，即有神灯烛于帆樯，灵光一临，则变险为夷，虽在颠连，亦保无虞……”

无畏的郑和一次次率领着中国人下西洋，他给了中国人，尤其给了沿海百姓闯荡世界的梦，也给了中国瓷器浩浩荡荡闯荡世界的梦。

大量福建德化等窑口瓷，从闽江支流大樟溪一船船运往长乐太平港；最大量景德镇官窑的青花瓷、湖田民窑的青花瓷则从几条水路运上郑和的舰队，走向海外的市场……

江西省博物馆刘禄山在《古代江西外销瓷出运沿海各港口路线探讨》中将江西瓷器出海传统路线梳理了四条，现将景德镇出海路线剔出：

第一条路线：从昌江顺流而下，过鄱阳湖，从湖口入长江，顺江出海，至扬州、杭州、宁波、泉州、广州等沿海各口岸。

第二条路线：从昌江经鄱阳湖水系联通信江，逆信江而上至铅山河口镇，可以经衢州、金华，沿富春江至宁波；也可以过福建崇安穿越武夷，泛江建阳，到达建宁，或者是由王虎打关

郑和七下西洋前所铸铜钟

郑和七下西洋纪念之碑
《天妃之神灵应记》碑（局部）

经过光泽，下邵武，过顺昌，到达南平，顺闽江上游而下至福州，再转达泉州；或经浦城至龙泉，顺瓯江而下温州。

第三条路线：从昌江至赣江水道溯而上入贡江、锦水至瑞金，过福建长汀、龙岩，顺晋江而下，至漳州、泉州。

第四条路线：从昌江逆赣江而上至赣州，溯章水到大余，过梅关，顺浈水而下珠江水系主支流北江，顺北江而下到广州。

有全水路，也有水陆兼程。总之，条条道路皆可通向外贸港口。

第四条路线是景德镇瓷器出口的最主要的路线，但是，郑和下西洋的瓷器却不可能走这条路线，因为不是上至刘家港，便是东进福建厦门港，没有必要至广州再转福建。

景德镇三宝蓬流传郑和的故事。人们说，那是永乐初年，为筹办下西洋的瓷器，事必躬亲的郑和来到了景德镇，御窑、观音阁、湖田等民窑，他都要探个究竟。湖田窑，方圆四十多万平方米，始于晚唐五代，以影青兴于北宋南宋，据说，第一窑卵白釉和元青花皆出自这里。从湖田窑往山上行，是瓷石矿，开采出来的瓷石靠水轮车和水碓舂碎，水流自是丰沛，河渠纵横，跌宕起伏，此时，正值春夏水发，几百支乃至几千支水碓此起彼伏，“重重水碓夹江开，未雨殷传数里雷”，响彻数里，是景德镇独有的声画。郑和恰恰置身其景，不禁赞叹：好石好水好瓷。三宝蓬之名由此而来。也有说，郑和亲率龙江造船厂技术人员到此，搭篷造船，好将湖田青花瓷速速运出。景德镇倒是有船芳里，但与三宝蓬不同方向。这些说法都查无实据，但湖田青花窑在明初期蓬勃发展，至明中期便渐衰落，其兴其衰，到底与郑和下西洋是紧密相关的。

这里的民间青花被称为独树一帜：其器多粗犷，其花多简朴，不过寥寥几笔，或绘花草鱼虾，或描小贩小官，或似花非花，却都极传神，清新悦目、生趣盎然、永不凋敝。民窑产瓷靠的是自力更生。湖田是民窑聚焦中心，在这里并延伸至更远处，民窑兴起几百座，工匠人夫不下数十万，终岁烟火相望，商贾四方云集，国内、以至海外，凡舟车所到处，莫不销售湖田青花瓷！

自汉唐以来中国瓷行天下。但是，没有哪朝哪代像郑和七下西洋这样声势浩大地远销瓷器，尤其是将青花瓷器如此风光地直接运往西洋。以“瓷器”作为中国的代称，郑和真正完成了传播中华文明的使命。

七下西洋中，外国使团一批批搭乘郑和的船舰来到中国朝觐又返回，计 400 多批，他们没有不乐意顺带做瓷器生意的，有的就在京城或港口采买，有的则进景德镇：“九域瓷商上镇来，牙行花色照单开”。郑和七下西洋酿成中国历史上最大的开放，国家行为的主动大量输出瓷器，其庞大的海外需求量和强大的推动力，亦使景德镇稳稳当当为世界瓷都。

景德镇古码头

而恰恰因了下西洋的断然中止，造成青花瓷外贸需求的突然断链，也造成湖田窑从繁茂巅峰跌入萧条低谷，几百座窑口窑火熄灭，悄然生出的资本主义萌芽，也遭受霜打冰冻，湖田窑渐湮没于历史的尘埃中。

直至 1937 年，一个英国青年学者普兰柯斯东关注起景德镇湖田窑并考察之，这才有了沉寂五百年后的一声呼唤；20 世纪 50 年代中国陶瓷考古先驱之一陈万里公布了他对湖田窑考察；20 世纪 70 年代刘新园深入对湖田窑进行田野调查，而其时英国驻中国大使艾惕思也来到湖田窑考察；湖田窑二度纳入国际视野，这才让人们惊回首！ 1982 年 2 月 16 日国务院批准景德镇为国家第一批 24 个历史文化名城之一。因为景德镇是“古代瓷都，保存很多古代窑址，明代民居以及宋塔等古建筑，现在是以生产瓷器为主的工业城市”。同年 3 月 12 日，国务院又批准景德镇的湖田古窑址列为全国重点文物保护单位，成为当时我国唯一的国家级文物保护的古瓷窑遗址。20 世纪 90 年代，国家考古队对湖田进行了大规模的发掘。但，20 世纪 90 年代之前，湖田和三宝仍是宁静又寂寥的，没有湖，却有田，有水草淤塞于仍未干涸的古河道。田野旷野疏阔，硕大的古窑包悄然无语，荒寂中难觅昔日“村村陶埏、处处窑火”的踪影遗痕。

理解的开始是热闹，认同的同时是开发。当今的三宝蓬与湖田，已成新旧杂陈五花八门土洋结合的爆发式格局，来自海外的、北上广的、五湖三江的、老少边的、国企私企个人景漂的人儿都扯出各自的大旗当虎皮，真真假假，上哪去借双慧眼看个清清楚楚？各式建筑将此风水宝地挤了个密不透风，倒是那独树一帜的“三宝国际陶艺村”，硬是引进域外陶艺家来瓷都作零距离探秘。

当年，披着黑斗篷的郑和是否徘徊码头青石板上，或许弯下腰，拾掇草蔓石缝间零星的碎片：半边火照？一角火牌？压手杯的残片？他的大手轻轻地摩挲着残片，瓷片也是知冷暖的，瓷杯是否冲过浮梁茶叶？白居易都知浮梁茶好，他嗅嗅，还有茶的醇香呢。河道弯弯如梦。当御窑沉溺于龙凤呈祥的审美情趣时，民窑青花分明卑贱又自信地舒展泥土的芬芳。或许，郑和是想让东南亚的平民百姓也能用瓷器吃饭喝茶，所以来此鼓励民窑多多生产价廉物美之器？

今天的人们在大兴土木时，是否会一不留神找到郑和来过三宝蓬的佐证？

景德镇是属于中国的，但又不仅仅是属于中国的，她是属于全世界的。

郑和是属于中国的，但郑和精神分明是属于世界的。

4. 器成何如走天下

器成走天下。

珍贵又易破碎的瓷要走天下，无论陆上海上，必须要有严实牢靠的包装，否则，功亏一篑。

据明代沈德符在《万历野获编》载：瓷器“轻脆，何以陆行万里？既细扣之，即初买时，每一器物内纳沙土及豆麦少许，选数十个辄牢缚成一片，置之湿地，频洒以水。久之，则豆麦生芽，缠绕胶固，试投牢确之地，不损破者始以登车。既装驾时，又以车上扔下数番，坚韧如固者始载以往，其价比常加十倍。”可见瓷器包装如同种庄稼般费时费力费神。上海科学技术出版社 1982 年出版的科普读物《陶瓷史话》，就引用此说，并配以画面，读之印象深刻，而且，很有回味，还有诗意的想象。今日关乎瓷的电视纪录片也多采信此说，并以图像还原之。

但是，是否有误导呢？

《万历野获篇》所言，有可能是瓷行天下最早的包装：那梦魂游荡的古老的丝绸之路上，叮叮当当的驼铃声，驼峰两侧豆藤麦苗稻草缠绕着团团泥土，沉甸甸稳笃笃。瓷器、湿土、青青豆麦芽，农业与瓷业就这样浑然一体，且充满了童心童趣。但是，以古人的智慧，绝不可能延续到明代郑和下西洋。

原来，沈德符所记是他在京师看见鞑靼女真诸部、天方诸国贡夷归装打包瓷器的方法，这体现出这些国家使节对瓷器的极端珍惜。但也太麻烦了，无论是包装还是拆开包装，有一电视镜头是西亚人赤脚立于河水中慢慢冲刷出来，估摸是摆拍的。

瓷都景德镇的瓷器包装可不是这样。传统的包装行当叫茭草行，不是绞草行。翻阅字典，茭，书面语为喂牲口用的干草。茭草当是联合词组。初惑，后算有了感悟，是情真意切的感叹和呼唤：干草，啊，干草。

在20世纪90年代之前，景德镇的包装车间，多是破败的老屋，有厅堂有天井还有阁楼。楼板上堆满了陈年和今年的禾草，地上也堆着貌似散乱实则有序的草结碎草，草结以好几根新鲜禾杆打结而成，还有剖成指头宽的上好的细篾。屋角堆放着垒得高高的待包装的瓷，屋中码着已用茭草包装好的瓷，老屋弥漫着禾草特别的复杂的气息，新鲜与腐烂混浊一处，有时还会有几只麻雀从天井上啁啾地飞来掠去。

景德镇人喊老师傅做老倌。茭草老倌的气质也多有老瓷工的共性：古朴淳厚的山民气与精明机敏的手工业者的性情。但还有一种并不盛气凌人的自负。茭草业虽然功夫在瓷外，但此关键岗在瓷行中待遇最高。况且包装成本低廉；草结、碎草和篾箍而已，功夫全在茭草老倌的手上！世世代代，茭草师傅都一丝不苟系着围裙茭草，那是对明嘉靖年间率领他们先祖罢工的领袖郑木子的纪念，茭草史上亦有过悲壮的一页。

碗盘碟等包装10只一筒，先用草结绑紧，接着用碎草卷之，再用草结缚牢，最后以篾箍箍紧，篾箍颜色有红黄蓝之别，是类别质量等的标识。茭草地的茭草凳，属于各个老倌的工作凳，矮矮的宽宽的，被岁月和一代代茭草人摩挲得油光透亮。茭草老倌一开工，便见其两手生风，黄松松的草结在脆生生的瓷上上下下缠绕、翻身打滚，却无半点碰撞声。有板有眼有韵有律有刚有柔，老倌子的眉宇口角就有种灿烂辉煌的心满意足。事毕，老倌子将黄灿灿的圆柱体往地下一滚，如有参观者满眼狐疑，人家就说：放心。坐不破的。踩都踩不破。摔都摔不破呢。

酿就乡音乡思乡恋乡情的茭草包装的瓷器，装上了郑和舰队的底舱漂洋过海，可做压舱石可当桌凳还可当床，躺上，暖暖的，在海浪的颠簸中梦回家乡收割的田野。

在当今越来越吸引眼球的海捞瓷中，对沉船中外销瓷却语焉不详，仿佛就是《万历野获编》所描绘的那样，甚至有人惊呼：沉船上这些瓷器是赤裸裸的！如南澳一号沉船，外销货物在船舱内“依层整齐码放”。其实是历经海底岁月，碎草草结篾箍皆腐烂成黏糊糊一片，哪有赤裸裸上船的？

有报道云，2005年，福建东海平潭“碗礁一号”沉船残迹挖掘显示：在沉船的西三舱、六舱、七舱内，清康熙年间（1662—1722）景德镇生产的大盘、五彩杯、葫芦瓶等瓷器装在木桶中，其中，有麻制绳索的残迹，以及在瓷器之间充当填充物（起保护作用）的稻谷——茭草包装后再分类置于木桶、木箱、竹筐、篾篓，乃至大陶缸，倒是常有之事。

另，明代郑和舰队的一则生活轶事是否能让我们作另种推测呢？

民国时代外国人拍摄的外销瓷茭草业的留影

郑和七下西洋，所率部属牺牲者不超过万人，这还是反对者所言，可能有夸大，比例约 1/20，与大海洋时代葡萄牙西班牙的远航相比，算很少。尤感欣慰的是，没有出现过日后欧洲远洋船上普遍性的坏血病。究其原因，因为我们的船舰上有绿茶喝，每天都有豆芽豆苗吃，豆芽中含有丰富的维生素 C，我们的船员还在船上种菜……我们的部分瓷器，如大型的敞口瓷器瓶罐是否确实装有湿泥土，种豆种菜，既抵御了坏血病的侵扰，又加固了瓷器的海外运输，还装点出茫茫大海的农家风景？

当然，智慧过人组织能力超强的郑和下西洋的航线是沿着海岸线走的，每次都建设和巩固沿途的基站，一路补给，顺风顺水。

随着 21 世纪的来临，茭草业成了一曲挽歌。不说国际贸易遭拒，即使上京都开展销会，拆下瓷的草包装，绕着京都打磨磨圈，也无法卸车！最后开到田野上，弃之焚之，唉，质本洁来还洁去，算是归根了。代之而起的是规格大小装饰各异的纸箱，似也失掉了原先那独特的韵味。

郑和去世于第七次下西洋的归途中。有说死于古里，依穆斯林的葬礼火化于此，但是，古里没有郑和墓。有说，逝于海上，郑和长眠回到南京，赐葬于南京牛首山。牛首山上确有郑和墓，但人们说，那是衣冠冢。

不管葬于何处，郑和的灵魂随着返航船只回到了中国。

大海的涛声是他的哀乐。那种呜咽，是人类发声不出的呜咽，是领头的老象独自走入原始森林深处静静地死去前的呼吸；是狮子王独自寻找荒凉处倒下大地的震撼。郑和太累了，大海知道，让他安静地长睡吧。

他并不了无牵挂。

他想起了两年前在福建长乐镌嵌于南山宫殿中《天妃灵应之记》碑，其中有：

“……人能竭忠以事君，则事无不立；尽诚以事神，则祷无不应。和等上荷圣君宠命之隆，下致远夷敬信之厚，统舟师之众，掌钱帛之多，夙夜拳拳，惟恐弗逮，无不竭忠于国事，尽诚于神明乎？师旅之安宁，往回之康济者，乌可不知所自乎？是用著神之德于石，并记诸番往回之岁月，以贻永久焉。”

永久？他微笑着摇摇头。永久？

已经有太多的聒噪不绝于耳。

行路难！多歧路，今安在？

长风破浪会有时，直挂云帆济沧海。

问心无愧。就好。

他的信仰，已然超乎了各类宗教。伊斯兰教、佛教，他都信。向善，向和，就是最大的信仰。

成群的白色海鸥为他送葬。

他长眠了，再也不用听聒噪了，而聒噪，从此，也没消停过。

的确，郑和之后，大明在远航沿途所建立的贸易网点基站随之分崩离析，但是，谁之过呢？是后人的废弃，而不是郑和之错。

为什么要淡化乃至诋毁郑和七下西洋呢？为什么要将长达 28 年的热烈镇定紧张又秩序井然的远航事业说成是劳民伤财、国库虚空呢？自洪武至宣德，少闻官逼民反农民起义，只听“洪武之治”、“永乐盛世”，洪熙只在位不到一年，宣德在位 11 年，也被称为“洪宣盛世”。

其实，我们都应反躬自问：我们能有这样的雄才大略吗？我们能有这样的坚忍不拔再接再厉的精神吗？我们能有这样的组织才干和纯洁的报效国家的忠诚吗？

国家行为有什么不好呢？此后的葡萄牙西班牙荷兰英国美国等等难道没有国家行为吗？没有西班牙女王、伊丽莎白女王的坚挺，没有葡萄牙王子的远大志向知行合一，会有地理大发现吗？这些欧洲国家的一次次冒险，哪一次不伴随着船毁人亡？况且他们与郑和下西洋相比，不过是小打小闹，小巫见大巫。当然，欧洲国家采取的是“公私合营”而已。

郑和版世界地图　清乾隆年间绘制

中国的国家行为如若与民间贸易相结合，那会是又一番景象！

千秋功罪，谁人曾与评说？

郑和以自己的努力、英勇和智慧成就了一段中国人的海上传奇，留下了这一个伟大航海家波澜壮阔的人生传奇。在郑和之前历史上有过无数的王侯将相，在他之后还会有很多，但郑和只有一个，空前绝后。

美国作家海明威笔下的硬汉，无论是乞力马扎罗的雪，还是老人与海，与郑和相比，大概可以忽略不计。

406年后，民族英雄林则徐出任两广总督时，在总督府衙题书堂联：

海纳百川有容乃大

壁立千仞无欲则刚

这，当是郑和一生的最准确的写照。

不知禁烟运动的硬汉题写时是否想起过郑和？

4

第四章 / 性格决定命运：无心插柳柳成荫

日月之行，若出其中。
星汉灿烂，若出其里。
——曹操《观沧海》

一、错失海帆宣德瓷

宣德皇帝像

1982年临近除夕的一个黄昏，景德镇市工程处在珠山路铺设地下电缆线，当推土机沉闷地刨过地表时，一个中年男子恰恰路过，职业的习惯让他不禁打量起推土机铲过的地下，一条宽约12—30厘米的全是瓷片的地层掠过眼帘，他的眼睁大了：不是窑业垃圾，也不是景德镇处处可见的渣饼堆，是干干净净的碎瓷片！他的眼睛发亮了，他高叫：不准推！推土机司机却漫不经心地看了他一眼，并未停下，他猛一下跳到推土机近前，张开双臂，大声喊道：要推就从我身上推过去！司机一怔，被镇住了。古陶瓷历史就这样凝固于男子与推土机之间。

奇迹出现了。原来这是大量宣德御窑瓷片和叠压在下的永乐官窑瓷片的堆积层！他迅速组织景德镇陶瓷考古研究所的人们夜以继日地发掘清理。以后又在中华路口市政府南围墙前发现一座宣德窑炉遗址，发现明初外销瓷专门烧制遗址，在珠山一带发掘出正统官窑瓷片、成化官窑瓷片……被掩埋的历史与火热的现实接轨，与活生生的生命相撞了。自元代始就在本土设立的珠山御窑，确切的窑址就在这里。景德镇又一次引起世界瞩目。

已过不惑之年的他带领年轻的助手们，将古陶瓷看得比自己生命还重，玩命似地工作着。在已对景德镇城乡300多处古窑遗址进行深入调查研究与考查工作的基础上，一面配合城乡基本建设，一面进行抢救性的发掘清理，使大量珍贵的地下文物免遭破坏。前后共抢救出的历代地下古瓷（残器）重达30余吨！继而进行了细致繁琐的修复，已修复的陶瓷文物达1200多件，绝大部分都是罕见的陶瓷珍品，有的是绝品，不仅为国家创造了难以估量的巨大财富，而且弘扬了中华民族历史文化。与此同时，他还率领助手们对景德镇城乡130多栋明清古建筑进行了调查，使之得到就地保护或集中保护。

他，就是古陶瓷学者刘新园。学中文的他却为陶瓷考古奉献一生。也许，正因了深厚的文学功底，始终不泯灭的丰富的想象力创造力，还有永远的人文情怀，使他在陶瓷考古研究中高屋建瓴气势磅礴又别开生面独具匠心。

他与他的团队开拓了景德镇陶瓷田野考古的处女地。他们的研究所，就在御窑址旁的一幢明代成化商人的古宅中，不过，他们只问瓷，而不问利，如瓷般清清白白，他给研究所题名“品陶斋”。

他觉得上天特别眷顾他，永乐、宣德和成化，这三代的瓷，是他的最爱。

他沉静又深情地将目光投向明代的这位宣德帝，以文人的情怀理解和解释宣德的所作所为，他试图走近这位15世纪中叶执政仅10年的年轻皇帝，试图读懂这位为艺术而生的朱瞻基的心。

他负重若轻地解读出宣德八年命景德镇烧制443500件瓷器的目的就是为了下西洋，那么，宣德瓷是否能如愿载上船舰笑傲海洋行天下呢?

1.“爱”的天罗地网

明代，是中国瓷器的鼎盛阶段、黄金时代，而又以宣德瓷为最。这位皇帝在中国陶瓷发展史上举足轻重、无法绕过。他有很高的文学艺术素养，工于书法，尤爱绘画，山水、人物、花果、翎毛、草虫等，无所不能；他最欣赏的是南宋宫廷画的雅致清淡，又将高雅之艺术情趣融汇于制瓷技艺中，赋予宣德瓷以新的品格，使宣德青花、红釉和五彩冠绝一代。《陶说》中对宣德瓷赞赏有加：“此明窑极盛时也，选料、制样、画器、题款无一不精。”

宣德瓷成为中国陶瓷史上的一座丰碑，成为后世匠人仰慕追求的标杆。宣德的孙子成化时期，景德镇瓷匠们在成化瓷上题写“大明宣德年制”款识，并非作伪假冒欺诈，而是“恨不同时”的遗憾，更是“心向往之”的追慕。成化的孙子正德时期，景德镇民窑第一批为葡萄牙国王定制的纹章瓷中，就发现一只玉春壶上款识竟为“大明宣德年制”！近年在马六甲海峡发现的“宣德号”海底沉船，命名缘于沉船中有大量“大明宣德年制”和“大明宣德年造”等款识的瓷器，但经深入研究，竟是嘉靖十九年（1540）民间走私沉船！也许嘉靖走私船的目的不再像成化瓷匠们那么纯洁，乃是暴利驱动之故，但也印证了海外市场高度认同、赞赏并需求宣德瓷器，无怪乎后世仿宣德瓷成风。

宣德帝在御瓷质量把关和不得流入民间方面，皇权意识极重。这从他对督陶太监张善窃取落选御瓷的贪污行径处以极刑可见一斑：“宣德二年（1427），十二月，癸亥，内官张善伏诛。善往饶州监造瓷器，贪酷虐下人不堪，所造御用器，多以分馈其同列，事闻，上命斩于都市枭

明宣德青花龙纹罐 高 52 厘米
日本出光美术馆藏

首以狗”。而就在宣德时期，湖田民窑青花瓷竟有使用进口苏麻离青烧制而成的，而且多为外销瓷所用！从中是否又可窥见宣德对民窑的网开一面？据学者考证，宣德民间青花渣胎碗上流行的纹饰，竟来自宣德御窑蝶耳杯上的小朵折枝花。民间青花竟有高贵的皇室血统？静思之，合情理。在广袤又苍茫的文化背景下，南文化与北文化在战争与和平中交融，民间文化与皇家文化在森严的禁忌中难道不能热切渗透？陶瓷文化在多方位多渠道的交融中方生生不息，有哪座御窑不是瓷匠百姓在淌心血挥汗水？况且明里暗里都在“官搭民烧”。一位当代陶艺家还有感而发：所有西方现代派艺术奇葩，其根都能在中国民间艺术的沃土中寻到。

这是一个走出国门面向大海的时代。不管出于怎样的动机，永乐已然开了风气之先，瓷器、丝绸、茶叶作为大宗商品，随着郑和六下西洋而浩浩荡荡行天下；宣德自登基后也跃跃欲试，洪熙驾崩后第三个月便命景德镇大批量烧瓷，在他心中已立下誓言：今生今世，必再扬起下西洋之风帆。

然而，来自四面八方的阻力何其之大，超乎他的承受力。困扰他的是，阻拦者并非敌手仇人，而是他的至爱亲朋，是大明的中流砥柱！如何冲决出爱的窒息般的包围？他不忍，也不能。他的体内虽流淌着祖父霸气的血脉，但也中和着父亲温厚的基因，他只能一次次被说服，绝非心如止水，而是伺机而动。

这一天，他终于等到了。

宣德六年正月，帝诏：“朕祗嗣太祖高皇帝、太宗文皇帝、仁宗昭皇帝大统，君临万邦，体祖宗之至仁，普辑宁于庶类，已大赦天下，纪元宣德，咸与维新。尔诸番国远外海外，未有闻知，兹特遣太监郑和、王景弘等赍诏往谕，其各敬顺天道，抚辑人民，以共享太平之福。”

郑和终第七次扬帆下西洋，这是宣德时代海洋贸易的大起点，亦胜利返航。因郑和的辞世不免濡染悲凉，但生命之歌如太阳升起亦如星辰坠落，谁也挡不住。

而第七次所载运的仍是永乐末年为下西洋准备而封存起来的瓷器，并非宣德时期所烧制的瓷器。虽然宣德八年，已“差本官一员，关出该监式样，往饶州烧造各样瓷器四十四万三千五百件。”那是为第八次下西洋作准备。这个巨大的数字，无数次出现在陶瓷研究的论文论著中，谁说宣德没有搅海腾浪的气魄？宣德瓷的青花海水龙纹比之永乐瓷，更丰富生动凶猛，白地青花龙纹之外，还有青地剔出白龙纹，青蓝色波涛、白色巨龙，更见海之汹涌龙之腾跃。仿佛成了壮志未酬的纪念。

明宣德青花龙纹盘
英国大维德中国艺术基金会藏

宣德始终没有忘怀继承祖父的意愿，将下西洋进行到底；他还年轻，他会牢牢抓住千载难逢的机遇，迎来第八次、第九次……然而，造化弄人，36 岁的宣德帝染病仅三天便撒手人寰，留下的是永远的憾。第七次也成为大明下西洋的终点。

朱瞻基的父亲朱高炽（1379—1425），年号洪熙，在位仅 8 个月即驾崩，宣德登基，可这一年，南京大大小小的地震震个不停；接下来三年，每年都发地震，多时十次，少时七次，似不祥之兆。所以，平安稳定也提到特别高的位置。宣德炉名满天下，当与虔诚祈祷上苍护佑相关。

洪熙生性仁慈厚道，8 个月中已做了不少好事：废除宫刑，安置流民，减免赋税，开放山泽，厉行节约，停止皇家采办珠宝，一言以蔽之，休养生息，安定和谐。此时，户部尚书夏原吉等以海事耗资巨大为由，请求洪熙帝“罢西洋宝船”，这也正是洪熙之愿，当即同意，悉皆停止。永乐末年其实已启动第七次下西洋，于是急令在国内海港待命的，出海先行采购的，人一律返回，瓷器、缎匹等货物一律入官库；下西洋的海军安置修理南京殿宇，正是由于郑和据理力争，那几百船舰才泊于崇明西沙港，否则还不知怎么毁掉，一了百了。此时，朱瞻基心中却另有想法。但他不会逆忤，不仅因了“百善孝为先”，而且这对父子之间爱得很真挚。

朱瞻基呱呱坠地时，其祖父梦见曾祖父送给他一个大玉圭——吉祥！而小瞻基聪慧过人，深得祖父宠爱，12 岁时就被永乐立为皇太孙。朱高炽却因患肥胖病和足疾，很是窝囊，所以虽为长子，朱棣却在立太子问题上举棋不定，犹疑难决。朱棣看上的是勇猛果决、战功赫赫的二子高煦，老二自是骄矜，不把大兄放在眼里。有次，朱棣命朱高炽率众人去拜谒孝陵，虽有内侍扶持的朱高炽还是崴了一下，随其后的朱高煦便心怀叵测言：“前人蹉跌，后人知警”，话音刚落，身后就响起了少年朱瞻基回击声：“更有后人知警也。”其对父亲的深切爱护溢于言表。

瞻基的母亲——洪熙帝的张皇后，还是太子妃时，公公朱棣就很器重她。可叹她只当了八个月皇后，洪熙驾崩于钦安殿，便做起了张皇太后。事无巨细，皆一丝不苟，在世人眼中，她被誉为女尧舜。在停止下西洋的大事上，她也是赞同洪熙帝的。

当然，湘人夏原吉不仅是发难者，而且是反对下西洋的中坚人物。

夏原吉，明初重臣，五朝元老。朱元璋看中他诚笃干济，朱允炆欣赏他一心为民，永乐时仍重用他为户部尚书，即当今的财务部长。朱棣北征南战，北京修建皇宫，造巨舰下西洋等，夏原吉悉心筹划，全由户部安排熨帖。为何朱棣一死，他就180度大转弯？难道是两面派？非也。此事无关品质，而是观念之故。其实，永乐最后一次北征前，夏原吉就以“内外交困”和“圣体欠安”为由力谏免征，这惹恼了朱棣，将其押进大牢，并抄其家。永乐北漠临终前竟长叹：夏原吉爱护我！后，朱高炽跌跌撞撞到大牢释放夏原吉，并哭着诉说时，夏原吉听后竟也哭晕过去许久，实乃不折不扣的忠臣。

依夏原吉的思维，宝船出番折腾了六次，别没完没了；作为管钱的，出的比进的多，便心痛，至于带回了苏麻离青苏木胭脂玛瑙珍禽奇兽，那是奢靡，与百姓吃饱饭何干？老传统观念是：凡事节省，与民休息，天下归心。

夏原吉治水患，兴水利，与民同甘共苦度饥荒，实是清官、好官。他比朱瞻基长24岁，曾受永乐帝之托，带着瞻基到民间体验百姓的疾苦，相互又滋生出如师如兄的情感，宣德曾亲手画了一幅《寿星图》送给老人。宣德元年（1426年），汉王朱高煦谋反，也是杨荣、夏原吉等拿主张予以剿灭。

夏原吉的主张，无论从理智还是情感考量，宣德不得不从。

其主张，还有朝廷内阁元老“三杨”——杨士奇、杨荣和杨溥的支持，三杨官为尚书，职为太学守，谓皇帝益师良友，可直接影响皇帝的决策。三杨虽个性各异，但恰是君子和而不同。社会稳定，仓廪充积，国泰民安，天下太平，眼见已经营出一个“洪宣盛世”，皇上您还有什么不如意？宣德只有被说服，被认同。

他们所做的一切都是出于爱，爱皇帝，爱百姓，爱大明，为何众口一致罢西洋，亦事出有因，比起洪武“家给人足，外户不阖”的太平景象，大动干戈的永乐时代是有距离的。但宣德明白：眼光不远，仅守成，不开拓，是没有前途的。

他毕竟年轻，热血奔腾，总想着开拓，宣德五年就命工部采用从南洋进口的所谓“风磨铜”数万斤，制造出近百种优质铜炉，名噪一时；还有宣德的素馨纸、羊脑笺，宣德的雕漆家具，宣德墨，宣德织绣等等，艺术的感觉情趣总要从器物的创新中流泻出来，方觉酣畅淋漓。而他钟爱的瓷器，何不能遍行天下？大海洋贸易当是民富国强的大举措。他要从这天罗地网般的爱中逃遁，这爱太浓稠，他崇拜的是祖父永乐大帝，他向往着建功立业。宣德的心事谁懂得？

当年，祖父不仅要他攻读儒家经典，还带着他巡视征讨，出入边疆，劳累艰苦，危险四伏。永乐帝欲将他培养成文治武功皆有建树的帝王，而眼前包围着他的都是正统儒家思想的传承者，老母皇太后亦苦口婆心喋喋不休，从大折腾下西洋到小玩意斗蟋蟀搅混一处，上纲上线劝诫，让他欲干不得欲罢不能，莫非这就是后世所言的“代沟”？然，祖父去世已年过六十，郑和也已近六十，人生七十古来稀，但为什么在他们身上还有青春的气息、奋斗求索的精神？

宣德五年元月，夏原吉病逝，享年六十五。

沉痛的悲哀中，宣德忽然觉得罗网撕开了缺口，飞翔的感觉瞬间来临，他自己都吓了一跳，似有失忠厚，愧对夏臣，但顾忌不了这许多了。他急召郑和与王景弘，还是这对老搭档，还干老本行：七下西洋拉开帷幕！

宣德心中也有隐隐的不安，眼前的两位已是老人，不是二十多年前意气风发的青年了，时光岂能倒流？

但温良恭俭让的他，毕竟也还有霸气决断的一面。

曾记否，父皇病逝于北京时，他尚在南京。奉旨北上时，周遭的人们顾虑汉王二叔会设伏兵加害于他，劝他率军而行或改小道前行，他坦荡荡言：君父在上，天下归心，岂有他虑？

执政以来，宣德在文治武功方面很有成就，也被人称颂为仁孝节俭之帝，前言基本属实，后言则有阿谀之嫌。

明沈德符在《万历野获篇》中载：“我朝宣宗最娴此戏，曾密诏苏州知府况钟进千个”，此戏指斗蟋蟀，难道宣德好这种民间下里巴人之游戏？难道《十五贯》破案有方的清官况钟还要帮帝觅勇斗的“蛐蛐”进贡？这么看来，清代蒲松龄的《促织》是纪实在虚构中穿行？“蟋蟀天子”的戏谑让宣德帝的鼻端抹上了厚厚的白粉。或许是野史戏说，姑妄说之，姑妄听之。因为传世的蟋蟀罐几乎难觅踪影。

但是，景德镇御窑遗址的考古发现，却终让真相大白，露出了麒麟底下的马脚。那么多的精致秀美的青花蟋蟀罐残器碎片，还有富丽清雅的鸟食罐，几乎承载了大部分其时流行的纹饰，似为人们揭示了宣德人格的另一面：“骄奢淫逸”中，他不骄不淫，但追求着“奢”和“逸”。他爱宋瓷，爱宋人温文尔雅的生活，随意中讲究，散淡中雅致，无为中开放。无论是吃茶吃酒，文房绘画作诗，赏花喂鸟斗蟋蟀，其器物当简洁又讲究，由是以精细现深广。

这使宣德母亲很不安，“宣庙崩，太后即命将宫中一切玩好之物，不急之务悉皆罢去，革

明宣德青花海兽纹蟋蟀罐

明宣德青花地浮雕螭龙纹鸟食罐

中官不差。”张太后为维护皇帝的完美正统形象，必须斩草除根！

于是将蟋蟀罐砸个粉碎，且颇用心地东丢西掷，否则后世还会拼贴还原，看来张太后的忧虑并非多余。创业难，守业更难，防微杜渐亦无可指责。

然，宣德好斗蟋蟀似乎可作另样诠释呢？是否可与瓷器下西洋作一点牵强附会的关联呢？或许正因为下西洋久无着落，才使宣德恋起少时痴迷的斗蟋蟀，并从“斗”中激昂亢奋的嗷嗷叫中让郁闷得到排泄呢？

还能有第八次下西洋吗？宣德不知道。他对郑和充满敬爱，但郑和的永别，对他是致命的打击。他有自知之明，选拔人才方面，他缺乏经验和判断力。他所用的几乎全部是老臣。而今，把栏杆拍遍，郑和之后还会有郑和吗？

那景德镇御窑厂、湖田民窑为海外市场需求所烧造的青花外销瓷，什么时候才能载上船舰，劈波斩浪下西洋呢？

2. 错失海帆的黄金瓷

宣德青花瓷自诞生以来，一直得到高度赞颂。明代王士性在《广志绎》中说：“本朝以宣、成二窑为佳，宣窑以青花胜，成窑以五彩。”

许之衡在《饮流斋说瓷》中说：“宣窑之美，为有明一代冠，不但宣红、宣黄彪炳奕叶已也，即青花五彩各器，亦发明极多，咸为后来所祖。”

今天人们亦认为宣德青花为绝代之冠。尽管有人提出成化可后来居上，但成化瓷匠对宣德瓷都心向往之，何劳你鸣不平。

宣德时期，景德镇窑业热火朝天。御窑厂从洪武二年的20座，至宣德年已增至58座，同时，民窑数量也大大超过前代；其瓷业人员，虽无具体数字记载，但用宣德自己的话来说：今工匠数倍于祖宗之世。热爱艺术的宣德对瓷匠施以善政，关爱有加，并多次下诏，如“命行在工部，凡用工、军民人匠，每月人与米五斗，钞四锭，盐一斤，如洪熙之制。”等等。关心瓷匠等的柴米油盐穿衣鞋袜，实属难得，也最容易温暖人心。宣德一朝，瓷匠们的创造积极性得到空前激发，认真勤奋，肯动脑筋，宣德的审美旨意情趣也影响了一代瓷匠，其器物精美，颇有创意。

宣德在朝为九年六个月，在历史长河中不过短暂的一瞬；宣德烧制瓷器，也仅仅两次。

第一次是宣德于1425年六月登基后的第三个月，年号尚未改，就命少监张善去到饶州监造景德镇瓷器。少监为正五品，比管理镇御窑厂的工部营缮所丞正九品要高得多，从中可看出宣德对景德镇瓷的极其重视。但一般而言，在老皇帝驾崩、新皇帝继位之际，新皇帝为表忠孝，皆会停烧一年半载，宣德的做法有悖伦理，但是，这次烧造的数量极其之大的瓷器，是因了永乐、洪熙相隔不到一年就前后驾崩，宣德“命行在工部江西饶州府造奉先殿太宗皇帝几筵、仁宗皇帝几筵白磁祭器”，从另一侧面来看，这又是宣德孝心的表现。因烧制量太大，至宣德五年都没完成总量，于是，宣德以劳民费物而罢。至此，烧瓷并未关海事。合格的御瓷从昌江运至鄱阳湖，入长江经大运河北抵京都。直到宣德八年才第二次下诏烧制巨量瓷器，完全是为了海事下西洋。

刘新园认为，永乐青花瓷90%以上用于外销；那么，宣德青花亦如是。事实上宣德八年在景德镇所烧制的瓷器目标非常明确——为第八次、第九次下西洋所烧制的巨量瓷器，却因宣德驾崩而与大海洋失之交臂，并未能登上国家行为的船舰海帆而远走天涯！

然而，从当今世界各大博物馆、博物院所珍藏的明代瓷器中，宣德瓷器竟然位居第一，质量最佳，数量最多。那么，宣德瓷是怎么登堂入室于此中的呢？每一件瓷器的后面肯定都有着曲折动人的故事，因为这些为外销而烧制的瓷器既未搭上下西洋的末班船舰，也不可能大量藏入走私船舱，想想对张善的极刑处置吧，贪污的还只是落选瓷呢。在500多年的岁月中，她们是怎样旖旎而行外域？而由于宣德瓷仿品多如牛毛，是否也混迹其间？

土耳其托普卡帕·撒奈博物馆和伊朗阿德卑尔回教寺院珍藏了不少中国十四五世纪的青花瓷器，刘新园以景德镇珠山出土的明初瓷器为依据，仔细认真地比对两馆所藏同期青花瓷，得出结论：所谓明初瓷器，除7件属洪武盘碗外，几乎全是永乐官窑瓷器品，竟无一件属于宣德官窑产品。

明宣德青花缠枝莲纹瓶 北京故宫博物院藏

明宣德铜红釉碗 大英博物馆藏

珠山出土的带宣德纪年款的青花瓷，尤其是有伊斯兰风格的瓷器，当是宣德八年为外销生产却错失海帆未能外销之瓷。

它们出土于 1982 年景德镇珠山路铺设地下电缆线，1983 年景德镇珠山路铺设水管，1984 年又在同一地点翻修马路时，1988 年在景德镇中华路铺设煤气管道；1992 年与 1993 年之交，中华路西修建商品长廊，动土面积约为 3000 平方米；1993 年初在御窑遗址东，1996 年改建下水道……

出土永乐、宣德官窑残瓷残片总约十几吨，宣德瓷片在 60% 以上。类型丰富，其中有大量仿伊斯兰金属器的瓷器，有青花也有白瓷，八方烛台、双耳扁壶、短流直颈长壶、双耳绶带瓶、灯笼瓶、抱月瓶、天球瓶、方流执壶、网格纹盖罐、带盖豆、花浇、单把水罐、圜底钵、笔盒、花卉纹鼓腹钵、馒头心碗、三壶连通器、青花折角瓶、青花灯等，还有从元以来的传统型的青花大盘、大碗、卧足碗、军持和僧帽壶等，既与永乐瓷一脉相承，又专门设计了一部分为适应国外市场需要而特殊制作的器形！这类大量出土的永宣器物，还见于中东等地的收藏中。英国学者格雷早在 20 世纪 40 年代就撰文论证明瓷受西亚金属器皿的影响，冯先铭在 80 年代也论证永宣外销青花瓷中有 9 种器形受到西亚金属器的某些影响，后来马文宽等学者又进行了深入拓宽研究。至明永宣时已走得更远，金属、陶器、玻璃器皿等皆仿制；但必须看到的是，这是永宣为适应伊斯兰市场的需求而主动积极开拓之，与晚明至清盛世的被动定制瓷，如纹章瓷之类，还是有本质区别的。都是拓展海外贸易，都是赚钱，但主动方与被动方掉了个个。

出土瓷中还有器型各异纹饰丰富精致的鸟食罐、蟋蟀罐、编笼花瓶，四方、六方、八方镶器花盆等，当为宣德时期特有的瓷器。

此外，1988 年，在御窑故址的西围墙下出土两块宣德官窑斗彩莲池鸳鸯纹盘，红彩荷花、绿彩荷叶的衬托中，鸳鸯以创新的紫彩绘成。同年又在修建食堂时，发现了御窑遗址西院与东司岭之间的沟道，出土青花斗彩莲池鸳鸯纹盘、孔雀绿地青花鱼藻纹碗盘，青花填矾红花钵，以及无款的黄地堆绿龙纹盘等，皆为珍稀品种，并印证斗彩起于宣德，而非成化。

从上述情况来看，宣德外销瓷继承、丰富并发展了永乐的器型和纹饰，宣德像他的祖父一样，对海外瓷器贸易都非常关注并投入了极大的热情。

2001 年 3 月 29 日，刘新园随考察团去到了土耳其伊斯坦布尔，在托普卡帕宫零距离接触元青花中，他证实了自己的结论：宣德瓷没有载上第七次下西洋的船舰，与国家行为的瓷行天下失之交臂。托普卡帕宫建立的时间已是成化十四年，虽然，百余件中国瓷器团聚在这里，但作为传世品，它们一个个仍是“孤独的瓷”，存在真伪问题；而窑址出土物的烧造年代绝对可靠，它们则是品类更丰富的“有机的瓷”，因为它们接地气，无法做假，与诞生它们的环境水乳交融，能反映当时的生产面貌，复原当年的烧造实况。

宣德辞世时，心里肯定有种种的不甘。

以往言：永宣不分。但实质上宣德对永乐的继承中是有丰富创新的。最有意思的是，永乐青花被誉为秀美之最，而宣德青花却追求厚拙大气。如宣德瓷器上的龙纹比永乐的还要凶猛雄伟，张牙舞爪，一往无前。其象征吉祥的螭龙纹、有翼的应龙纹等特别生动，仿佛流注了宣德的心意。应龙纹、莲龙纹、衔花龙纹为宣德瓷首绘。祖孙各自追求自己心身的欠缺不足。

风流总被雨打风吹去。

那独步四海、冠绝东西的郑和宝船队难道从此烟消云散?

我们的摇橹、平衡式梯形斜帆、船尾舵、平衡舵、水密隔舱、船壳包板、车船（轮船）、航海指南针、利用八面风等等，无论是硬件还是软件，中国造船业皆是遥遥领先于世界 N 世纪呵！

宣德九年（1434）二月，“漳州卫指挥覃庸等私通番国”，似发出民间出海走私贸易在海禁的夹缝中悄然兴起的信号。明朝官方此后从海洋退缩，漳州附近月港兴起，造起大洋船，“犹抱琵琶半遮面”地出口进口忙，那是后话。

3. 举世瞩目宣德瓷

宣德瓷在北京与台北的故宫所珍藏的明代瓷珍中都是数量最多的，北京故宫有 700 余件，台北故宫有 1774 件。应多为准备外销之瓷。

宣德青花瓷为何天长地久般受到世人青睐又频频惊艳于世？这与其数量大品种多质量高分不开，最夺人眼球的是独特的青花色调，那纯正蓝中略带紫色调是后人难以模仿和难以超越的。宣德青花既不同于永乐也不同于成化，但她恰恰既有永乐青花的深沉艳丽，又有成化青花的淡雅清新，谓之“浓而不烈，清而不淡”，如宋玉的《登徒子好色赋》中形容美人罗敷般：“增之一分则太长，减之一分则太短”。

研究者多以为这是郑和下西洋从波斯等地带回来的苏麻离青料的功劳。对，也不全对。据中科院上海硅酸盐研究所根据景德镇陶瓷考古研究所提供的典型宣德青花瓷片测试结果，所用青花料竟是一种低铁高锰的国产料！而景德镇陶瓷考古研究所于 1995 年在珠山明御窑宣德地层出土的一块书有“乐一号”、“乐三号”铭青花试料盘可能就是乐平青料，即文献记载的陂塘青或平等青。亦证明宣德时期已发现并使用乐平青料。

问题是有了答案，但是，后人为什么无法仿出以假乱真的宣德青花瓷呢？或许这正是宣德青花的神秘玄妙所在。

无可否认的是，朱瞻基是艺术天才。宣德时期的艺术可以很自如地将时间和空间打通——在时空中穿越！他早早地就有意识将中西各种器物互动借鉴，将已逝岁月的美好复制于当下，或许无意识中又为皇家与民间本不可逾越的鸿沟搭起了小桥，哪怕是独木桥。文化、艺术不就是在交流中互通，在互通中提升吗？用当今流行语来说，宣德瓷可谓“混搭交融”之鼻祖。

域内域外，民族之间，官窑民窑，不同材质之间，或照搬，或移植，或嫁接，或变异，或全部或细节，于混搭中求交融，于交融中品新的意味。

前文已述民窑青花渣胎碗纹样，就来自宣德官窑蝶耳杯，嫁接变种为分格小朵花，似花非花，一如当代前卫抽象艺术。20 世纪 80 年代，日本电视台前往景德镇湖田窑博物馆拍摄，摄制组面对湖田民窑青花瓷时，竟扑通扑通跪下顶礼膜拜。就在那一刻，仿佛明白了为什么日本在晚明学会了中国瓷“芙蓉手”、“金襕手”，继而以伊万里瓷在欧洲市场风光一时。

各民族之间纹饰的借用也反映于宣德瓷上，如藏传佛教中悬挂在佛像胸前的璎珞，就用在了明宣德官窑青花罐肩部，后用于景泰、弘治民窑碗上，嘉靖以璎珞纹装饰的琢器就比较多了。其实，这也是不同材质间文化元素的转换。

这件僧帽壶于 1982 年出土于景德镇珠山地层，壶口形状若僧帽，边口内外饰缠枝灵芝，

明宣德青花花口蝶耳杯（官窑，后嫁接到民窑青花渣胎碗，形成民窑青花变种）

明宣德青花龙纹僧帽壶 景德镇古陶瓷研究所藏

珠顶盖面饰以莲托八宝；自上而下流畅收腰，繁茂的缠枝牡丹花间有遒劲有力的双角五爪龙纹腾跃其间，腹部留白多，中间流畅走一圈藏经文吉祥语，既抢眼又神秘，腹上方是疏朗的云肩纹，下腹收口与足外壁饰以莲瓣与卷草，足内书四字双圈款。如此端庄讲究、富丽堂皇的僧帽壶，是藏文化与汉文化的完美结晶，此类饰以藏文或梵文的大碗、靶盏、斗彩盘等，以后又陆续在景德镇珠山出土；还在西藏萨迦寺发现过有宣德年款的青花斗彩鸳鸯莲池纹小碗。在瓷器上书写，中国早已有之，但以阿拉伯文、波斯文装饰瓷器，则是明代永乐、宣德之首创。

这件明宣德青花梵文出戟盖罐为清宫旧藏，据称是弘历帝乾隆的最爱。

青花梵文出戟盖罐，器型高大敦厚，与众不同，尤其是肩部向外突出八个小长方形戟，像是将军盔甲的变形，有种威武张扬之气场。罐盖周遭是汹涌的海水纹，盖顶是八吉祥纹，罐身有三行看着都铿锵作响的蓝色梵文，上下两行还以莲瓣纹相间。盖内莲瓣纹环绕中有篆书“大德吉祥场”，应该是皇家法会的佛教法器，为宗教礼仪所用。即使不懂梵文意义，将其当成纹饰来看，这尊青花梵文出戟盖罐也给人不同凡响之感。后清代宫廷画师姚文瀚为乾隆画像，即《是一是二》图，便将其置于屏风边方几上，尽管围绕手拿书卷着汉服的乾隆有五张大小形状不一的桌或几，且皆摆了不少物件，然而，这置于最后最右边的青花梵文出戟盖罐还是喧宾夺主地跳将出来！艺术的抢眼和养眼，皇帝佬儿也挡不住。

宣德五年，进口“风磨铜”数万斤铸造铜器时，宣德亲力亲为，要选内库所藏宋代柴、汝、官、哥、钧、定各窑器皿款式作为参考！可见宣德何其酷爱宋瓷，宋瓷魂就这样穿越依附于宣德炉等铜器中。这既是不同材质之间的借鉴，也是穿越元代至宋代的借鉴。

明初外销瓷的主流，当是仿制伊斯兰风格。其纹饰浸淫于明初外销瓷器上，马文宽研究有

12种之多。既然用于海外贸易及与中东各国政治交往，器物的造型、纹饰符合伊斯兰地区人们的生活习俗和审美需求也在情理之中。在宣德外销瓷器的烧制中，似乎有意让瓷匠们直接以伊斯兰的金属器皿为参照。如宣德青花瓷灯分明参照伊斯兰12世纪的青铜灯；宣德青花扁壶腹部的大朵花，无档尊、三壶连通器上的花纹均是仿伊斯兰金属器上的錾金花纹。

这种八方烛台，永乐宣德两朝皆有之，仿自12世纪伊朗的金属烛台，但宣德八方烛台更酷肖伊朗原件。是否因郑和下西洋带回了这样的金属烛台作样品呢？

这件宣德青花八方烛台，于1982年出土于珠山宣德地层。高26.1厘米，口径17.1厘米，足径20.7厘米。其器型可以说几乎照搬伊斯兰金属器皿，口部短小，底座高且宽大，皆为八棱台式，颈部比口部略长，为上小下大圆柱形。烛台柱子外壁纹饰繁密，留白空间狭窄，装饰有11层之多，全然典型的伊斯兰美学风格。但是，主题纹饰为底部外壁八个开光内所绘折枝四季花卉，是中国传统式的，还有从上至下的如意云头、莲瓣、缠枝菊花、缠枝莲等纹，亦为中国传统纹饰，而作隔离的五层几何纹饰应是伊斯兰风格的。中部台面侧壁青花书六字楷书横款。在装烧工艺上，宣德比永乐时有改进，烛台内底有一涩圈，是装烧时在中部安有一柱状支垫之故，以托住台面的内底，防焙烧时颈部插座坍陷。插烛处留深口，因伊斯兰烛为软芯，又设有凹台面，以承烛泪。

而被三百年后的清代乾隆帝命名为“无档尊”的宣德瓷，实是宣德错失海帆的外销瓷。器身布满一圈圈花草纹和阿拉伯文神秘纹饰，本仿自伊斯兰金属器，原为舂药用的臼，但乾隆不知其用途，只见器呈筒状而无底，便给它取了个“无档尊”的雅号。

透过此例，我们还可看出宣德对未来的第八次下西洋的准备是非常认真细致的，很有可能对前几次下西洋作了充分的调研，所以，器型之丰富多彩和实用的五花八门，超乎人们的想象。连乾隆都搞不懂的玩意儿，明宣德景德镇瓷匠硬是生产出来了。

值得玩味的是，永宣时期御窑厂生产的大量饰有伊斯兰纹样的器物，但器物上多无本朝年款。《中国陶瓷史》中也记有“在正德以前的青花瓷器中，不论造型和装饰图案都和国内常见的基本一致，但有一点值得注意，即同一种瓷器，国内的有官款而阿迪别尔寺所藏的往往就没有，例如《阿迪别尔寺所藏中国瓷器》图版62成化四龙碗与上海博物馆所藏的具有‘大明成化年制’官款的四龙碗基本一致，但前者就不书官款。”那么，其中有何玄机呢？是将海外贸易瓷与国内瓷区分开？是没有官款的无疑是民窑瓷？还得深入研究。

瓷器上的海兽纹，亦起于永宣，其缘由也可能是郑和下西洋带回的域外图案域外传说之故。这只瓷盘上翻滚着青花海涛纹，盘心是双翼海象，尽管海中没有海象，更无双翼海象，可人的想象力就这么丰富！如若你仔细观察，这只盘中海涛间、内外壁间出没的海兽多达十几种，如海龙、海虾、海鱼、海鹿、海羊等。景德镇陶瓷考古研究所在深入研究中发现此纹饰与南京天妃宫壁画的海怪纹相似，故而推断与郑和下西洋有关。

明宣德青花花卉纹八方烛台
高 26.1 厘米 口径 17.1 厘米 足径 20.7 厘米

郑和下西洋促使中外艺术相互交流、仿照和碰撞，青花瓷成了跨越了国家、种族、地域、宗教信仰等隔阂的艺术奇葩。她不仅仅为伊斯兰地区而绽放，也渐渐成为真国色，从时空的隧道完成了前世今生的情缘。也许，正是这批巨量的错失海帆的黄金瓷，让国人得以静静地欣赏并陶醉于青花瓷："发千古之未有，开一代之奇葩"，并不夸张。恰如吴仁敬所言："明人对于瓷业，无论在意匠上、形式上，其技术均渐臻至完成之顶点。而永乐以降，因波斯、阿拉伯艺术之东渐，与我国原有之艺术相融合，对瓷业上，更发生一种异样之精彩。"

永宣时期，对青花瓷的烧制技艺并不保密，尤其对周边的小国友邻，如朝鲜、越南、泰国、日本等，也远至波斯等。越南在明朝早期已能仿烧青花瓷，泰国也能仿烧龙泉窑瓷。对朝鲜，更是一以贯之相助。如永乐二十二年（1424），明代使节尹凤来到朝鲜，赠送其优质白瓷；宣德三年（1428），明使昌盛尹凤等至朝鲜，曾代表宣德帝送给世宗庄宪大王"白素瓷器十桌，白瓷青花大盘五个，小盘五个"。朝鲜《李朝实录·世宗庄宪大王实录》亦有明确记载。朝鲜国王李世宗命官窑仿制，烧造出青花瓷。后来，除官窑外，在平安南道的成川、全罗北道的南原、庆尚北道的青松等地的民窑，也都烧造了青花瓷。那时朝鲜已有瓷窑 136 座。宣德五年，明代使节又赠送不少青花瓷给朝鲜。在宣德釉里红的影响下，朝鲜也模仿并烧制出辰砂瓷。

曾有这样一则小典故：一人非常贫困，但他虔诚信奉吕祖，即吕洞宾，为道教全真道派之祖。吕祖为其诚而感动，来到他家，不胜怜之，便伸食指于庭中石头，瞬间化为灿灿黄金。问：想要么？其人摇头。吕祖大喜，以为此人可传授大道，谁知那人说：我想要你的点金手指头也。吕祖倏地不见了。但是，中国人没吕洞宾转得快，中国人从来不悭吝将"点石成金"的金手指给了别国别民。是福是祸？是喜是悲？

明宣德釉里红海兽纹堆花莲子碗

刘新园认为："假如没有宣德盛世，景德镇官窑就不可能获得发展的机遇；如果没有明初的太平盛世，也就不可能有宣德瓷器的黄金时代。"宣德帝有很高的艺术造诣。从国画移植到瓷上，除瓷板是从平面到平面，瓶罐碗盘等则从平面到立体，无论取材承接等都有一定的难度，要掌握"通景"；从富有渲染力的宣纸到瓷胎，或到没有吸附力的釉上瓷，用色用笔轻重缓急皆不同。而宣德青花瓷或褐花瓷上的折枝牡丹纹、鹦鹉寿桃纹、喜鹊柿子纹等纹饰均来自明初花鸟画。这不仅是材质之间的转换，而且是当瓷从单色走向彩色后，由俗到雅的一条成功路径。

宣德极富有想象力和创造力，将传统与创新结合，匠心独运，终使宣德青花瓷器具有水墨画淋漓挥洒、浓淡不一、清新脱俗之名品。宣德创制的青花五彩瓷器，成为中国瓷器发展史上的亮点，为成化斗彩奠定了基础。

宣德对自己使用的小玩意儿蟋蟀罐等上的纹饰，可谓匠心独运、精益求精，还屡屡创新，在小天地玩出大意境。不仅明初浙派画家笔下的花鸟禽兽、芦苇栖雁、荷塘鸳鸯、猎犬飞鹰无所不有，还有"两个黄鹂鸣翠柳，一行白鹭上青天"的唐人意境，刘新园推测：这些纹样的粉本如不出自宣德帝，便极有可能是画院中的画师来镇制作。如此这般，明瓷怎能不"欲穷千里目，更上一层楼"呢？

宣德器彻底冲破了洪武时期忌讳人物画的禁锢，并将人物放置于亭台楼阁的背景中，是否潜意识中有"以人为本"？

宣德瓷中的花果纹将花与果或四季花果绘于同一器物上，如今日之大棚菜蔬瓜果，冥冥中是否有"来不及了，来不及了"的催促和暗示呢？

也许，他更像艺术家，虽然皇帝做得也不算赖，但是，他的命运里总有一点"百无一用是书生"的苍凉况味，尤其对其国土边疆的守卫方面还是有微词的。

日月之行，若出其中。星汉灿烂，若出其里。仅凭这首《观沧海》，曹操就可称文人，可文人有几个能这样观沧海呢？

刘新园率领他的景德镇陶瓷考古研究所的团队，始终脚踏实地工作于这片土地上。鞠躬尽瘁，死而后已。没有他们的忘我研究，中国古陶瓷史的书页不会这样真实生动、血肉丰满，让我们感慨万千又复杂难言。

我们骄傲。骄傲的是老祖宗留给我们多么丰富的文化遗产，景德镇的每一寸土地，密密麻麻写满了世界陶冶历史，随便掘下去，几块古瓷片都价值连城！但是，我们又是多么羞愧，因为我们没有珍惜这片热土，从来没有认真地做一个长远的切实可行的将损失减到最小的计划，将她保护起来，我们总是随着这里那里的基建、翻修马路、铺设水管、电缆线、煤气管道等等，一次次将古镇开膛剖肚，然后抢救性考古发掘，还要受到哄抢的骚扰……

在大数据的今天，我们缺的却是古陶瓷的数据。究竟郑和七下西洋带去了多少瓷器？可是，郑和下西洋的档案不见踪影了。

景德镇为郑和下西洋烧造了多少瓷器，不知道。幸亏还留了一条宣德八年烧制海量瓷器的数字。

清宫究竟珍藏了历代多少瓷器，有没有翔实的入藏纪录？

究竟是我们民族的劣根性马马虎虎、差不多在作祟，抑或包藏祸心、自我践踏呢？

在中国瓷的面前，我们要有扑通一声跪下去的朝圣者的灵魂。

你们的居室不应是锚，而应是桅。
——纪伯伦

二、躲进斗彩成一统：心在瓷梦中游走

明成化斗彩鸡缸杯

2014年4月8日，香港苏富比举行中国瓷器及工艺品春季拍卖会，拍品中玫茵堂所珍藏的明成化斗彩鸡缸杯成为拍卖的焦点。此杯每次拍卖，都能刷新中国瓷器的世界拍卖纪录。

成化斗彩鸡缸杯被称为明代瓷器的巅峰之作，久负盛名。明沈德符《万历野获编》谓："成窑酒杯，每对至博银百金。"清朱琰《陶说》谓："成窑以五彩为最，酒杯以鸡缸为最，神宗时尚食御前，成杯一双，值钱十万。"帝王与文人学士的推波助澜，更让珍稀成化斗彩杯千金难买，一器难求。

因存世不上20件，私人收藏仅为3件。世界各大博物馆以台北故宫博物院所藏最丰，多达6件；北京故宫博物院、伦敦大英博物馆、英国大卫基金会、伦敦维多利亚与艾伯特博物馆、剑桥费兹威廉博物馆、纽约大都会艺术博物馆及日内瓦鲍氏东方艺术馆等也各有收藏。因寥若晨星，为存世珍品，其器型玲珑端庄，大不过掌盈，胎釉温润晶莹如玉，色彩柔和中见清丽，画面淡雅精致，又有生活气息扑面而来，实为难得，故历代收藏家莫不趋之若鹜。

况且这枚鸡缸杯，称得上流传有序。1949年，香港古玩收藏家仇焱以千元港币购得。前面流经坂本五郎、桂斯・艾斯肯纳奇之手。时隔30年，1980年11月才重出江湖，在香港苏富比举办的拍卖会上，以528万港元拍出。19年后的4月，仍在香港苏富比举办的中国文物艺术品拍卖会上，竟翻了6倍，以2917万港元的天价成交，振聋发聩地刷新了中国瓷器世界的拍卖纪录。

这一次，上海收藏家刘益谦势在必得。他以2.8亿港元买下，令世人刮目相看。有钱人善于钱生钱。传闻今日之景德镇，有专门的仿成化鸡缸杯的瓷作坊，还原明成化作坊氛围，院落芭蕉晒场流水沟，原木高梁横板其上供晾干，瓷土精益求精，器型重量分毫不差。斗彩是二次

入炉工艺。第一次是烧制釉下青花，在坯胎上用青料细勾出图案纹样的轮廓，青花讲究分水，即将青料的浓淡递进演化得清清楚楚又过渡自然，常人难以把握；有的则预留空白。尔后施白釉，入窑经1300℃高温还原焰烧成青花瓷；第二次，在釉上轮廓留白处，填上相应的红、黄、绿、紫等色釉，色彩自多多益善，越细腻越好，但也要搭配自如，再入低温窑炉经800℃左右氧化焰二次烧成，下素上彩，争艳斗奇，故称之为斗彩。五彩，始于明代永乐，至成化，极为工致。而成化斗彩，不仅在工艺技艺上精湛，而且在胎釉、色彩、造型方面创新不断。

仿古作坊画师老少男女皆有，各自坐在高竹椅上独向一方，气定神闲，专心致志，沉浸其间，其乐无穷。斗彩画师，一般手指间夹几种笔，像鸡缸杯，器具本小，毛笔便是微型的了，指间灵活替换，还兼嗒嗒作响，富有音乐的韵律，不是景德镇本土者，难以学会。景德镇人做高仿瓷天下第一，仿佛已成为地域基因遗传于子孙万代似的。皇帝的瓷都能仿个惟妙惟肖，何况对付你们这些暴发户？子母鸡缸杯图案纹饰也多多，主题纹子母鸡，辅助纹牡丹花、湖山石，描绘精工，点染深浅，跃跃欲动，有的还有小儿扬袂，这就喧宾夺主了。

成化斗彩鸡缸杯是皇帝的御用瓷，并非外销瓷。但成化鸡缸杯分明在海外市场上拍卖，20只鸡缸杯中，流失海外的也超过一半。婀娜娇秀又淡雅清新的小小瓷杯是怎样娇骄行天下？

成化多小器。但也不至于大器绝迹。若将明代瓷器排位，成化瓷无非在老大老二的位置上来回走而已。明代王士性《广志绎》卷四谓：“本朝以宣、成二窑为佳，宣窑以青花胜，成窑以五彩。”明代沈德符《敝帚斋剩语》谓：“本朝窑器，用白地青花间装五色，为古今之冠。以宣窑品最贵，近日又重成窑，出宣窑之上。”清代王棠《知新录》卷二五引《蓉槎蠡说》论有明一代的传世瓷器时谓：“……其品之高下，首成窑，次宣、次永、次嘉，其正、弘、隆、万间亦有佳者。”

斗彩鸡缸杯，直接与成化帝有不解之缘。他几乎把一生的岁月、心血和精力直接投之于瓷上。民间俗话“隔代亲”，这在朱家王朝仿佛成了宿命。基因的遗传是怎样的缥缈虚幻？朱见深在艺术天赋、造诣上可说直追朱瞻基。

但是，对这位结巴皇帝而言，命运既垂青于他，又频频戏弄于他。

1.“一团和气”难下西洋

朱见深生于正统十二年（1447年12月9日），是正统帝朱祁镇长子，最初名朱见浚。朱祁镇六岁时，宣德驾崩，他在张太后和一帮老臣的辅佐下，懵懵懂懂一路走来，倒也平平安安。长子的出生给了他满足，也给了他压力和动力，似乎该干点大事业了。

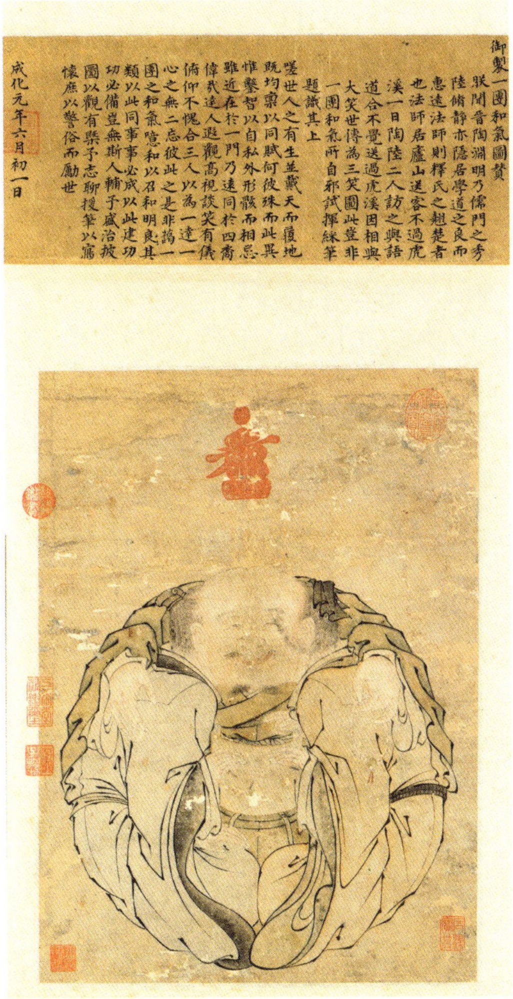

一团和气图

史载，正统十四年（1449），帝朱祁镇在太监王振唆使下御驾亲征，不幸被蒙古瓦剌部落俘虏。其实，朱祁镇年已二十，而不是十二，应该有自己的独立主见和担当。但坏事的王振私欲极端膨胀，欲借出征捞名捞权捞利还顺便衣锦还乡一把，可他又无一点军事常识，如是，在土木堡明军全军覆没，瓦剌头头也先生擒朱祁镇！史称“土木之变”。也先以他为筹码要挟大明，为挽救危势，于谦等主张拥立朱祁镇异母弟朱祁钰继位，在孙太后的讨价还价中，匆匆立正统帝不满两岁的儿子朱见浚为太子，改名见濡，作为交换条件。

景泰帝朱祁钰原本无野心，但一旦尝到当皇帝的滋味，就再不想罢手，视太子朱见濡为眼中钉，反悔之心于景泰三年践行，将朱见浚废为沂王，并逐出宫。立了自家儿子为太子。

没想到瓦剌竟然放回了朱祁镇！而朱祁钰正经历丧子之痛，更视同父异母兄为丧门星，将其软禁南宫七年之久，近乎虐待。也是活该朱祁钰倒霉，景泰八年染病多日，旧臣逮住机遇，拥朱祁镇复辟成功，三下两下废了景泰，史称“夺门之变”。朱祁镇第二次坐上金銮殿，为天顺帝。如是，10 岁的朱见濡也就从乡野回到皇宫，第二次有了太子之位。

父亲从“正统帝”到“天顺帝”，他的名字也从见浚、见濡到见深。

然而，功劳卓著的兵部尚书于谦竟被戮于西市！

正统乎？天顺乎？失而复得的朱见深，那双幼稚的眸子实实在在见识了宫闱的诡谲残忍血腥：深！

皇位争夺的酷烈，手足兄弟的反目，命运的不可知与逆转的稍纵即逝，世态炎凉人情冷暖，给童年时代的他带来的不是在战斗中成长，而是无边的恐惧和无处逃遁。即便在景泰帝治下当太子的三年，也没谁看得起他，包围他的只有孤独和轻蔑。他是早熟抑或再也无法成熟？就像民间称长着长着就老相的植物、动物为“长老了火”那样，他也“长老了火”。生存环境对童年的摧残，落下了严重口吃的毛病，即使再过起皇太子的锦衣玉食生活，却再也无法温暖他那颗心。他希冀的是，不要斗了，都不要斗了，不要你死我活了，一团和气不好吗？

他登基后，于成化元年（1465）六月初一画了一幅工笔人物画《一团和气图》，其构思新颖奇巧，与今天流行的智力测试图依稀仿佛。

这幅画珍藏于北京故宫博物院，可称馆藏瑰宝。长 48.7 厘米，宽 36 厘米，并附《御制一团和气图赞》一首。乍看仿佛一圆球，再看是一盘腿而坐的弥勒佛，“笑口常开笑天下可笑之人，大肚能容容天下难容之事”。定睛细看，却是三者合一抱成一团图。左为道冠老者，右为方巾儒士，各执经卷一端，团膝相接；中间光头者手捻佛珠，与左右搭肩。三人为江西浮梁人佛印、江西修水人黄庭坚和四川眉山人苏轼。浮梁景德镇留下过他们的屐痕。

朱见深的理想、艺术灵感、文人情趣、诙谐幽默流泻于这幅匠心独运的画中，表达了 19 岁皇帝对本土的儒、道、佛三教错综复杂关系的化解，来来来，一团和气也。作为从惨烈纷争中走来的朱见深，是其人生观的真实反映；作为皇帝，代表了他初登基时的治世思想，一团和气就好。

其实，成化元年并不风平浪静，广西、四川叛乱四起。正月，即任命都督同知赵辅为征夷将军，率军征讨广西大藤峡瑶族的叛乱，十二月，平定叛乱，将大藤峡改名为“断藤”。押回京城的俘虏中有一位瑶族女孩，五年后的 7 月 30 日，神秘地生下为帝宠幸的男孩，这是后话。

成化前期尚辨是非明事理有担当，做了些可圈可点之事，如废除活人殉葬制度，为父亲错杀的忠臣于谦平反，后又恢复了代宗朱祁钰的皇帝尊号，成化能以德报怨，可见英明宽仁。又宽免赋税，减省刑罚，政治清明，经济复苏。但是后期任用奸邪，不理朝政；皇庄制度，实则与民争利；增设了西厂特务机构，痴迷佛道之说。躲进斗彩成一统，哪管春夏与秋冬，作为艺术家来说，一生只做一件事，或许是入了境界；作为皇帝，那可是“以其昏昏，使人昭昭”了。

然，成化却有一件颇见动静之事，那就是成化九年（1473），宜静不宜动的成化忽动议“下西洋”，想来决非心血来潮，而是流年逝水，距郑和第七次下西洋归来已整整四十年，而自己眨眼奔三十，怎么也得干番事业留名青史。

其时，琉球、哈密、暹罗、吐鲁番、撒马儿罕等国纷纷入贡，成化还记得白头宫女给他说的趣闻轶事。就在他出生前后，正统帝在光禄寺举行宴会，招待东洋西洋人。美食美器让外国人大饱口福更大饱眼福，觥筹交错、杯盘狼藉后，一清点餐具，竟被有头有脸的外宾们顺手牵羊580余件！侍者们啼笑皆非，外域对中国瓷器的爱好，可到了不要面子的地步。

而早在正统六年闰十一月，琉球官方国事通架就船载大量中国瓷器等物前往爪哇，以购买胡椒、苏木等做转手走私买卖。《明实录》中有不少关于琉球以中国瓷器为重要物资到东南亚各国贩运“贡品”的记载。暹罗亦如是，在洪熙元年（1425）到成化五年（1469）期间，暹罗派遣使节19次访问了日本，赠送中国青瓷就有40000多件。

十五世纪，中国的青瓷早已由阿拉伯商人流传到埃及和非洲东岸索马里的摩加迪沙（Mogadishu）。而不满阿拉伯人垄断航道的葡萄牙航海家也在1443年（正统八年）从罗卡角出发，穿越了西非海岸的博哈多尔角。意大利上层社会贵族家庭则已将中国瓷器视为珍宝，列入家庭财产清单中。1447年（正统十二年），埃及王子向法国国王查理七世赠送了珍贵的中国青花瓷器礼品；1461年（天顺五年），埃及、苏丹又将中国瓷器作为珍贵的礼物送给威尼斯的贵族。

而土耳其的伊斯坦布尔自古以来就是沟通远东和欧洲的繁华贸易城，1467年（成化三年）富丽堂皇的国王宫殿落成，后成为世界上首屈一指的萨拉（Saray）博物馆。其国王酷爱中国瓷器，将其所搜集的瓷器和世界上的奇珍异宝都陈列于宫殿中。这些珍贵的中国瓷器又来自何处？郑和下西洋时的遗物？郑和之后仍有明王朝的馈赠礼品，仍有朝贡贸易，仍有大量民间走私瓷器？清楚的是，阿拉伯商人阿里·埃克巴尔（Ali EKbar）在1516年（正德十一年）出版的《中国传说》中记载，宫殿里有明英宗朱祁镇赠送给国王的两件瓷器。自南海经马六甲至印度洋到非洲东岸再由红海抵达埃及的陶瓷之路，本来自古已有之。中国的对外航海贸易并没有停止，中国瓷器仍然作为大宗商品装载于走私船上出没于大海中。

据《明史》载，天顺三年（1459），锡兰国王派王子世利巴交喇惹奉使大明朝，并居泉州。成化二年（1466）锡兰国王去世，外人篡位，锡兰王子有国不能归，便定居泉州，取“世”为姓，娶妻生子繁衍生息，后成为泉州的名门望族。

成化六年（1470），阿拉伯人学得的中国造瓷技法传到了意大利，意大利威尼斯的炼金士安东尼奥模仿中国瓷器，于欧洲最先烧制出软质瓷，他实事求是地称这是“中国瓷器的模仿品”。

……

至成化九年（1473），其成化瓷口碑极佳且直追宣德，朱见深虽结结巴巴表述不流畅，但他是茶壶里煮饺子有货难倒出而已，心里还是清楚外销瓷器丝绸茶叶等国际贸易能赢利。他想先看看郑和下西洋的海事档案资料，再作安排。

航海档案《郑和出使水程》原存兵部。当然，不单是一张无价之宝海图，还应有大量原始材料，譬如皇帝敕书、郑和船队的编制、名单，赏赉、贸易商品清单，往来账目，航海日志等。兵部尚书项忠接旨即令下属查找，谁知查了整整三天，资料却不知所踪。

这还了得？丢了重要资料，不要说乌纱帽保不住，一旦龙颜大怒，那是砍头也只当风吹帽的。项忠急了。召来部属，厉声呵斥：怎么回事？库中档案，难道会飞不成？

众人面面相觑，个个灰头土脸。胆小的已浑身筛糠似的，哆嗦不已；胆大的则眼珠子滴溜溜转，想个法儿，嫁祸于人，撇清自己。众人的目光不觉皆投向于中等个头的男子，也只有此君稳稳伫立，目不斜视。

他是时任兵部职方司刘大夏。这一官职其实不高，掌理各省之舆图（地图）、武职官之叙功、核过、赏罚、抚恤及军旅之检阅、考验等事，但与郑和下西洋所绘海图确实应有干系。

众人所指，善意恶意混杂。皆因此君是条硬汉，湖广华容人，有股子犟劲，不管你有何来头，他说话笔直不拐弯，忠诚恳笃一根筋。大太监汪直找他要永乐年间讨伐安南的文书，他竟藏着不给，认定：兵祸一开，西南就完了。朝鲜入贡要求改从鸭绿江进入。他沉思良久，曰：恐怕另有深意。咸吃萝卜淡操心，他就爱挤进“肉食者谋之”。

果然，刘大夏向前迈一大步，满是湘音昂昂然：三保下西洋，费钱粮十万，军民死者万计，纵得奇宝而回，于国家何益？此特一时弊政。

项忠一听，虽双眉紧蹙，但却又微微颔首。

刘大夏就又反问：旧档案虽在，也当销毁，怎么还来追问？

从此反诘句的内容和语气分析，并无伸头戴枷之意。虽义正词严，但并非他藏匿或销毁了下西洋档案的证据，只是表达了他的保守观点：下西洋是劳民伤财之举。于国家于百姓无益，不过是皇帝骄奢淫逸不思进取而已。所以，旧档案不要说找不着，即使在的话，也应当销毁。

这个刘大夏，在郑和去世三年后——正统元年（1436）才呱呱坠地，今 37 岁的他与郑和航海文献资料能有多大的仇？看来，刘大夏躺着中枪的可能性不是没有，而成化也并未追究惩罚刘大夏，下西洋之事不了了之。

刘大夏虽与宣德时期反对下西洋的户部尚书夏原吉同一个“夏”字，却是八辈子也打不着杆儿的。但是，他们是同一类人：都是清官，还是为民干实事的好官；他们反对下西洋，皆为观念问题，而非品质问题，然而，给中国海洋事业的发展带来的困扰也是不可忽略的。

事实是，“一团和气”难下西洋。没有霹雳手段，哪来菩萨心肠？从此，大明下西洋彻底打上了句号，不复再举。造船业日益萎缩，海上漕运大多为内河漕运所替代，海上国防与贸易力量锐减。永乐时代几百艘乃至上千艘可远洋航行的舰船，到成化十年（1474）仅剩下140艘。

成化十一年（1475）五月丁卯，心灰意懒的朱见深晨起梳洗时，面对镜中已见苍老的面容，不禁悲从中来：莫非天要灭我？我连个儿子都没有！人到中年天过午，既未立伟业，膝下两子又均夭折。此时此刻，替他梳头的太监张敏赶紧跪下，言：皇上——有皇儿！都六岁了！这，真是大悲而后大喜！原来，六年前他偶尔宠幸的广西纪姑娘竟怀孕生子，宫闱阴谋血腥残忍，这个本必死的胎儿却在宫中上上下下舍命保护中秘密长大了。父子相见时，六岁孩儿，胎发拖地，这就是后来的弘治帝朱祐樘，说来都叫人齿寒心酸。阳谋战阴谋，正义胜邪恶，成化版宫斗剧充满戏剧性张力。姑且不论真假，是年十一月，立六岁皇子朱祐樘为皇太子，是载入了史册的。

仿佛解除了后顾之忧，成化帝从此不上朝。成化十三年（1477），设立了特务机构西厂，大太监汪直横行宫内外，多次作为监军随军出战，一路搜刮百姓，乌烟瘴气，民不聊生。此外，“纸糊三阁老、泥塑六尚书”也如同虚设。而成化则一鼓作气又增添了十个儿子，并迷信佛道沉醉于瓷器。佛道修来世，可忘今生；瓷器小天地，可细细挥洒才情；皆可慢慢品味。

欧洲西南边角伊比利亚半岛上的蕞尔小国葡萄牙，却积蓄了变革力量，景泰十一年（1460），既富有冒险激情，又踏实苦干的葡萄牙王子恩里克去世，但他的遗愿正在实现——打破其时先由阿拉伯商人后由奥斯曼土耳其垄断的与远东贸易的地中海路径，开辟另一条海上新航线。激流涌向大西洋，遥不可及的彼岸不再是个未知数，意大利人的《马可·波罗游记》有着清晰生动的描绘。东方的胡椒香料和黄金让葡萄牙“穷则思变”。1482年（成化十八年）6月，葡萄牙航海家迪亚士奉葡萄牙王唐·若昂二世之命扬帆远航，1483年（成化十九年）抵达刚果、安哥拉，埋下了第一个用里斯本近郊岩石做成的发现碑。

成化二十三年（1487），埃及、苏丹又送给意大利美第奇国王和佛罗伦萨贵族20件中国青花瓷器。国王爱不释手，青花瓷器的幽蓝神采风靡欧洲。德国王子使用过的中国青瓷茶杯，瓷杯上款识为景泰四年（1453），边沿镶以金边和银边，现陈列于德国卡塞尔博物馆。而对美嗅觉敏感的美术界，则使装满水果的青花大盘或青花大碗成为静物画的主角，进而成为人物画的不平常的点缀。

2. 斗彩鸡缸杯的前世今生

中国青花瓷，从元代为伊斯兰地区的习俗和审美需求特别定制，到明初精益求精的追求中渐为国人接受，青花瓷渐渐上升为中国瓷器主流；至明代中期，中国青花瓷又为欧洲国王、贵族们一见钟情、爱不释手……青花的流播，呈现出中外文化交流互鉴而丰富多彩的图景。

至成化时期，因朱见深的人生遭际将其内心揉搓成别样形态，在情感的需求上与众不同，其移情于对艺术的依恋，不知不觉间在青花瓷与五彩瓷间悄然进行了嫁接，那就是被称之为“斗彩”的新品种。今人不无幽默地将其戏称为一场小家碧玉式的革命，其实不然。1988 年 11 月景德镇陶瓷考古研究所发现斗彩源于成化祖父的宣德官窑，斗彩当是明皇帝祖孙接力赛。成化斗彩不同于宣德斗彩。一是强调器型之小巧；二是以青花料双线勾勒细致，釉上诸色皆在线条内；三是色清雅淡薄透明；四是刻意追求青花的淡雅纤细。刘新园是这般形容成化斗彩的：“在中国彩瓷中有如荷叶上滚动的露珠，具有一种极为特殊的轻盈、晶莹美，这也许是清代热闹的五彩和丰富的珐琅彩未能取代它的原因吧。”信然。

成化斗彩从宣德斗彩走出，除却工艺技术上的进步，那就是审美需求的不同，成化斗彩为明代彩瓷中无人可超越之最。这是刻骨铭心的感悟，是随着岁月而浸淫于骨髓的感觉，是人与自然的无声对话，是人与人虽无语却了然的感知……

他是谁？他是皇太子？他是被废黜的皇太子？他是被放逐的沂王？他是小屁孩……

很小很小时，他就深知祸从口出，不，深知举手投足甚至一个眼神都会丢掉脑袋！深知生命的朝不保夕。深知人情冷暖世态炎凉，哪怕是皇太后也保护不了他，更不消说自身难保的哭瞎了眼睛的钱皇后和生母周贵妃……

只有这只时时刻刻攥紧他小手的手，传递着温暖和可靠，才让他踉跄的脚步挣扎着没有跪倒，很小就深知行路难。这只女人的手，不见十指尖尖削似葱，却仍见手指绵长手掌柔软，掌上有几个微硬的茧。另一只不见茧的手则常为他拭泪拭汗。他很小就晓得，这个女人粗中有细，一举一动呵护着他，一心一意为着他，他是她的心肝，她别无二心。这个女人孔武有力，常常猛抱起他就疾奔，似乎在逃命！

是暖风和煦的春日，还是枫林尽染的秋天，青砖瓦屋田舍野地，花开着草长着，是月季蔷薇牡丹芍药月桂忍冬兰草……幼时的记忆已混沌模糊，只见母鸡领着一群小鸡正在觅食，那幅图画绚丽多彩中沁出温馨，色泽斑斓又悦目地和谐，小小年纪的他好欢喜。突地，一只老鹰俯冲下来，母鸡张开翅膀将小鸡死死护住——母鸡颈项上的毛都乍了开来！他吓着了，可也看得一清二楚……母鸡护小鸡是可以拼命的！就像这个女人待他一样。果然，女人冲了过来，先用扫帚奋力掷向老鹰，再紧紧搂住他，喃喃道：心肝别怕别怕，有我有我……是的，有她就有平安，有她就没恐惧，有她就能吃饱穿暖，还不失体面。他喜欢依偎在她的膝旁，看她给他做鞋头袜脚，当她叉开拇指和食指量他的脚长时，她眼神里满满的喜悦：又长长了。他无比依赖她，仿佛她就是他的命。两岁时，她已十九岁，就照看他，她比他的亲娘还要亲。当所有的人都离他而去的时候，她朝朝暮暮守护着他，连“离开”的想法都从未有过。她就像母鸡面对来势汹汹的老鹰，明知不可为而为之，无论他贵为皇子，还是逐出宫门沦为“弃儿”，她忠贞不渝，几十年如一日，誓死保卫朱见深，且愈来愈浓烈，仿佛她与他已然合二为一。

这种情感非常单纯又格外复杂，没有血缘却胜似血缘，早已转化成生物属性，融进她的生命和血液里。母爱、情爱、姐弟亲情交融。

这个女人是万贞儿。

懦弱细腻的他岂能无知无觉？在严酷的形形色色的或武或文的阴阴阳阳的争斗煎熬中，她是他的生命之泉。在惶惶然若丧家之犬的日子里，无辜的他落下了严重口吃的毛病，还有难言之隐疝气，上下不通，自卑无告，只有她懂他，无须他开言。

他当了皇帝，对她的依赖不减，依赖在岁月中滋生出依恋，亦伴随着他的生生死死，不管言官宦官的种种舆论，不管万贞儿做出或传出多么骇人听闻的“事件”，他对她的依恋，或曰变态的爱永远不变。其实，这其中是不是有善良的根芽呢？多少人能做到“苟富贵，毋相忘”？多少人叹息“贫贱夫妻百事哀”？他与她却能牵手始终，不离不弃。

他不喜说话，做了皇帝的他更不喜与群臣交流。并非惜话如金，而是生理之障碍。当然，即使他浑身上下都是嘴，也说不过一群言官的嘴；况且他一张嘴就结巴，一结巴就乱了方寸，起初短语还可维持，后来短语都结巴。如此尴尬，不如不见。所以，追究后来的万历、嘉靖不上朝的根子，当是成化开了先例。

他只要听花开的声音，嗅草长的气息。

他原本就喜欢绘画，绘画成了他的精神寄托。

他喜欢景德镇的瓷，以至将景德镇的瓷的细腻纯真做到极致。

朱见深给出的另类答卷：历经生死搏斗，看淡世态炎凉，躲进斗彩成一统，把小小的瓷技瓷艺做成了600年的大事。幸耶不幸？

后人对斗彩鸡缸杯有两解。一曰，成化见到宋人所绘《子母鸡图》——母鸡带着几只小鸡觅食的温馨场景，颇有感触，即题七言诗一首，由此萌发了制斗彩鸡缸杯的心愿。二曰，成化元年是鸡年，“鸡”谐音“吉”。这只不过是契机而已。

是成化帝有心寄情子母鸡图案，欲将风云变幻皇位争夺中尚存的人性人情细腻再细腻晕染而出，从而创造出成化斗彩瓷的意味韵味？还是景德镇人创制出别具一格的斗彩鸡缸杯让成化帝怦然心动，从而促使斗彩瓷在成化一代一枝独秀，以至后世都无法逾越？谁说得清呢。只有

明成化斗彩高足杯
大英博物馆藏

真正捋清瓷画的创作意图，才能使潜于瓷画深处的意义浮出水面，也许浮现出一触目惊心的政治事件，也许是隐秘不可示众的情感世界，也许是难言之隐的种种纠结……

当代的人吹毛求疵，为成化斗彩鸡缸杯上的图纹费周详。杯之外壁绘有两组鸡群：雄鸡或昂首或回首，母鸡护卫几只小鸡觅食，是蜈蚣是蚯蚓？而相间的湖石花卉到底是哪种花哪种叶呢？其实，是模糊的，要的就是朦胧美。清乾隆对成化鸡缸杯亦推崇备至，并尽心仿造，但是，仿品将花卉定为牡丹，其花其叶酷肖之，将鸡群也全然工笔化；与成化杯比较，少了情趣少了生动，反见木讷。艺术要的是似与不似之间，留一半清醒留一半醉。

瓷器的本质本性是女性的。

没有哪种物质文化，比得上陶瓷如此真实、忠诚、完整地摄录下历史文明的投影。感悟最深的是炼瓷的过程。卑贱的泥土、清纯的水，经人的热心热手揉成一处后，进到火的恋膛里，是相知相交相融，却也是拼搏撕掳改造，是撕心裂肺的呐喊，更是情切切的憧憬希望！等到天地归于寂静时，砸开窑门，捧出匣钵，看看都变成了些什么吧！也许大多数都属正常也平常的产品，可也有期望为精品的就成了精品，可仍有次品，还有废品，乱七八糟的什么也不是。偶有那意想不到的巧夺天工之极品，真让你大喜过望！这就是一窑千变的火的艺术。可不管结局如何，一句话，它们再也回不到从前了。而愈是精美的瓷器愈怕碰撞，一不小心，它就会粉碎。整个炼瓷的过程就像人生一样，特别像女人的人生和女人的情感。

女人如花，如瓷……历朝历代的皇帝们对瓷的钟爱，是否与他身边的女人有关呢？当中国瓷最初传入东洋时，朝鲜、日本的需求量就大得惊人，由惊艳到拜倒学习，似乎没有传闻多少女人的故事。但是，中国瓷器进入欧洲美洲后，反响不同了，丝绸瓷器仿佛是同质不同形的绝品，因为她们赋予人类的不仅仅是实用，更多的是美的享受！使人类的生活质量发生了根本性的改变和提升。丝绸不光是遮体，夏觉凉爽，冬可铺就丝棉保暖之外仍显轻盈，这种美使人类的感知与精神从自然天然到用自己的双手创造出美。瓷器亦如是，实用之外，赏心悦目的陶醉，是人类的精神享受。更重要的是，瓷器不同于丝绸，丝绸经不起岁月的淘洗，会显破旧，瓷器扛得住岁月的沧桑变幻。这是人们对瓷器珍爱的重要元素，人非但物是。当海上陶瓷之路将中国瓷器源源不断运往欧美时，宫廷命妇皇室宠姬热热闹闹地出场了：葡萄牙皇后、路易十四的曼德侬夫人、路易十五的情妇蓬皮杜夫人、路易十六的安东尼特皇后……形形色色的女人们演绎出一出出脍炙人口的故事。当瓷器走下神坛，进入普通百姓家时，又编织出多少流光溢彩的传奇与童话！

朱元璋的大脚马皇后留下了瓷的故事吗？患难夫妻白头偕老，足矣；徐家姊妹给了朱棣是瓷的温润抑或冰凉？朱瞻基三十以后自责对不起胡皇后：那时候我太年轻了；朱祁镇坎坷，钱皇后却如瓷般坚忍；朱见深专宠比他年长 17 岁的万贞儿，因为她是宫廷血腥政变的反衬……中国明朝，九五之尊的皇帝对身旁女性的态度似乎曲里拐弯地透视出对女性的别样尊重，哪怕是扭曲了的尊重……

万贞儿成了皇妃后，不出一年就掰倒了吴皇后，又怀孕生下皇儿，成了贵妃。然而乐极生悲，不到一年皇儿夭折。自此别的孕妃皆保胎不住，罪魁祸首就成了她。《明史》《明通鉴》载："妃性嫉妒掖庭御幸有身，饮药汤堕者无数"。纪姑娘本也难逃厄运，幸亏后宫终出于各种目的而众志成城，方保住了朱祐樘。虽正史野史都有记载，但毕竟还存疑点，几百年后的清代乾隆帝第一个跳将出来为万贵妃鸣冤叫屈，也许不无道理，否则如何解释万贞儿自己的儿子也保不住？但是，万贵妃对成化之爱具有强烈的排他性和占有欲，也是不言而喻的。其实，这不正印证她苛求爱的专一吗？为何莎士比亚的《奥赛罗》催人泪下，而万贞儿落下的是千古骂名呢？

这个女人，绝对非善良柔弱类，日后曹雪芹笔下的袭人与她当属同类，伺候贾母时，心里只有一个贾母；伺候贾宝玉时，心里就只有一个贾宝玉！她时时刻刻都像一张拉得太满的弓，铮铮作响。既具防卫力，更具攻击力。否则，一介小宫女，何能护住幼主？

沈德符曾感慨："妇人以纤柔为主，今万氏反是而发异眷"。《明史》《万历野获篇》等载："万氏丰艳有肌，每上出游必戎服，佩刀侍立左右。"可知万贵妃是与传统女性柔弱美相悖的女人。不过，这岂不是"巾帼不让须眉"？

强悍的女性并非不美。就像西班牙女王伊莎贝尔，1490 年的春天，正是她率领十万大军包围了格拉纳达城，赢得了西班牙的独立；还是她作为哥伦布的总赞助商，赢得了西班牙的海洋霸权。就像英国女王伊丽莎白一世，终身不嫁的她，如一只凶狠的老母鸡，张开双翼，孵育着护佑着壮大着她的英格兰。

然而，万贞儿远远没抵达那种境界，她没受到良好教育，没有文化，眼界很低视野很窄，她只看到她的万家，后人指责她造成了明朝第一个外戚乱政的局面，并不夸张。

万贵妃贞儿

西班牙女王伊莎贝尔

英国女王伊丽莎白一世

懦弱的成化能怎么样呢？“多少次你们沉浮于我的梦境。如今你们驶入我的清醒，也就是我更深的梦境”。

有研究者提出：成化斗彩杯有可能与万贵妃有相当密切的关系，比如是她设计的。但也有学者很不以为然：如此精美的斗彩瓷的设计者怎能与杀气腾腾的老皇妃联系在一起？

成化四年（1468）之后，成化瓷器底部统一用的是“大明成化年制”六字款铭。这六字款不同于永乐宣德时期用的是书法家、文人的字款，富有书卷气，而是显得稚拙，学者推断是朱见深少时的字迹，以作纪念。但是，我们是否能大胆假设一下，既然是为了不能忘却的纪念——那么，是否是比他长 17 岁的万贞儿的手迹？年少的皇帝登基后，辛辛苦苦教了文盲万贞儿识字写字，于是从成化四年始，一朝皆用这六个字。这是他与她拥有的一份贴心贴肺的秘密，以期流芳千古？

爱情是不讲道理的。是没有理智的。中外皆如此。西方的爱神丘比特是个瞎子。中国的月老也是“千里姻缘一线牵”——实在是在月下胡扯。

成化帝朱见深也是短命的，成化二十三年（1487）八月，41 岁病逝。《万历野获篇》载：“妃怒挞一宫婢，怒极气咽，痰涌不复苏”，“讣闻，帝不语久之，但长叹曰：‘万侍长去了，我亦将去矣’，于是悒悒无聊，曰以不豫，至于上宾”。万皇贵妃暴毙可能死于高血压，而成化追随而去，是一生依赖的坍塌而心理崩溃。所谓“侍长”，是明代奴仆对主人的称谓，朱见深将万贞儿称为“侍长”，一是她就是他的天，他生命的源泉；二也自然流露出这位皇帝不无幽默感。

成化斗彩在明代就与金子等值，岁月悠悠，其值只增不减。成化并无甚政绩，但，瓷器是名垂瓷史的，都说“成化无大器”，但恰恰是以斗彩母子鸡之类的精致温馨的小器赢得了世界市场和人心，这是怎样的“以小博大”。况且，成化时期亦有大器。

3. 奇技淫巧引领瓷外销

成化一朝，挥霍惊人。成化年间（1465—1487），景德镇烧造御器最多，且久费不赀。其费用为“饶州、广信、抚州三府三十县的钱量，每岁耗银数万两”。

1975 年，在景德镇珠山龙珠阁的东北侧发现了成化官窑遗址；1987—1988 年，为配合复建龙珠阁基建，景德镇陶瓷考古研究所对成化遗址遗物进行了细致发掘，并在品陶斋复原出千件成化瓷。结果发现，其砸碎埋入地下的不少瓷器并非废品，只是稍有瑕疵，可见名副其实的百里挑一，也反映出皇权意识的森严，一经淘汰，便不准流入民间。如一出土碎片复原的龙凤纹盘可称完美无瑕，器型端正精巧，青花发色好，当初为何砸碎？原来，升龙的一足画成了六爪——五爪为皇帝的瓷，六爪，岂不犯上作乱？

成化瓷深受宣德瓷的影响，“明宣德年制”款频频出现在成化瓷上。因来自波斯的苏麻离青及本土麻仓土日渐匮乏，青花不及宣窑，成化瓷匠便滋出“生不逢时”的感喟，但却没有怨天尤人自暴自弃，而是在追慕中精益求精。这是中国几千年来匠人的一种高贵品质，所谓匠心是也，而非匠气。可叹的是，这种品质至今消弭殆尽。

明成化斗彩罐“天”字款
高 12 厘米 径 11 厘米

明成化斗彩海兽纹壶

明成化青花天马纹直壁钵

明成化青花海水海怪纹碗

釉下青花与釉上五彩相结合的斗彩创新高出一筹，子母鸡外，高士杯也是珍品之一，一面是陶渊明赏菊，一面是周敦颐爱莲，笔轻线细，色彩淡雅，为传世绝品；彩蝶蹁跹鸡儿戏耍，色泽艳丽而不俗，又见精巧工笔画的情趣。成化斗彩在人物绘制上，初以青色绘出面目和衣褶，再加填五色。成化人物一件衣为特色之一。还有秋花蝴蝶、葡萄、团花、青花湖石山茶、十六子等，皆成化独创之纹饰。有趣的是，景德镇瓷人评判纹饰优劣，不看纹饰本身，而看“水路自由”否，所谓水路，指的是青花空白处。首创于永乐的海兽纹，源于郑和下西洋，本有九种，但成化时期作出简化，如青花墩子碗只画海马一种，天字罐只画海象一种，永宣扁壶上沿用伊斯兰金银器上的结构繁复的大朵花（佛花），简化至成化后期的“回回花”。

成化后期采用锰钴比较高的国产料绘成，线条不晕有如游丝，渲染处容易控制，呈色亦较为均匀，应属空前工整的精细之作。

宣德器气势雄伟多属厅堂陈设之器，成化器小巧精细必为手中把玩之物。但也有例外。

1987 年出土于珠山成化晚期地层的鸭形香熏，真让人眼睛一亮。香熏上下两部分以子母口相合，腹中空空。下部分为可盛放香料的鸭下腹、足和中空的方形器座；上部分鸭昂颈张嘴中空，点燃香料青烟袅袅而出；上腹部肥硕尾翘，与下部合缝处又有隐孔，可进空气且与嘴对流。比之宋影青瓷等鸭熏技艺上又有改进。从色釉来看，以墨绿色低温铅釉、土黄釉、孔雀绿釉、铅绿釉、茄皮紫等装饰于各部分，既和谐又各自分明。器底以青花书双行双框六字款。从这只香熏可见“奇技淫巧”之一斑。

300 年后的乾隆一朝，曾有批量鸭形鹅形猪头形盘外销欧洲，引起欧洲人的喜好和热捧。如《为西方而制的瓷》一书中莫塔赫德收藏的外销瓷中有对鸭形带盖汤盘，其年代为乾隆中期。其鸭盘长度为 13.7 厘米，比成化鸭形香熏略短。盘子呈鸭子凫水状，也分上下两部分，上为

明成化景德镇青花龙唐草纹鹤首瓶

盖，下为盛汤之深盘，上下可以子母合缝。也有三彩，黄色喙，紫色羽毛并渐黑。无论是造型还是色釉，比之成化鸭形香熏都逊色不少。在工艺的要求方面，盛汤显然要比香熏简单多了。但是，在《为西方而制的瓷》中竟肯定："毫无疑问，这种瓷器是仿制欧洲原件制作的；但是，虽说这鸭形状瓷盘在许多瓷器和粉彩工厂制作，这种漂亮又逼真的造型让人难以琢磨。"这位英国作者可能没有见识过成化鸭形香熏，才作出草率的判断。对于景德镇瓷匠来说，早已是熟极如流的活计。

这件青花龙唐草纹鹤首瓶，看长相，很是奇特。它有点像朝鲜族舞蹈中戴着高高尖顶帽的阿里郎。果然，日本大阪市立东洋陶瓷美术馆就收藏有一件朝鲜 12 世纪青釉白花鹤首瓶，两者依稀仿佛。不过，这件是 1987 年出土于景德镇市珠山成化地层的青花瓷瓶。那么颀长细细的瓶颈，与浑圆饱满的瓶腹形成鲜明的对照，仿佛要解除观者的担心似的，瓶足只是稍稍收口，很是稳妥。长颈上方还有珠顶小盖，长颈本身又被凸起的一圈白色分成上下两节，上节绘云纹，口饰卷草；下节有两条竖着的穿花龙；至腹部，又有两条大型的穿花双角五爪龙，底部是汹涌的海水。朵云器盖内有长长的空心管状物，如此确保器盖不会跌落。

据朝鲜《李朝实录》载："皇帝喜朝鲜献物，亲执玩赏，凡可佩之物，悬于带上。"指的是成化帝。成化细腻恬淡的审美趣味是否受到朝鲜文化的影响？清晰的是，朝鲜瓷业倒一直受到中国的扶植和关照。如景泰元年（1450），明代使节郑善赴朝鲜带去青花茶杯、盘、碗等，此时，朝鲜李氏王室已能烧制出白瓷，又下决心学习烧制出青花瓷。其时，由波斯进口苏麻离青料价钱昂贵还稀缺，但中国仍满足了他们的需求。景泰七年（1456），李氏王朝在今汉城东南的南汉山附近，倚汉江建窑，竟取名广州官窑。成化五年（1469），朝鲜学习中国寻找本土青料，并烧制出青花瓷器。成化"斗彩"风靡遐迩时，朝鲜、日本也相继模仿学习，称之为豆彩。

4. 挡不住的民窑走私潮

随着景德镇珠山明代御器厂故址屡屡考古发掘，渐渐还原出明代官窑生产的真实图景，而湖田等窑址的考古发掘，又从另一视角展示出民窑的繁盛景象。鼎盛时有官窑 58 座，民窑 900 余座，从事瓷业的瓷工达 10 余万众，白天浓烟蔽日，夜间红焰冲天。宽厚的昌江静静流淌，“四方远近，挟其技能从食力者，莫不趋之如鹜”，这没有城墙的内陆山城，陶舍重重倚岸开，舟帆日日蔽江来。河东的古镇，黄家洲、瓷器街、斗富弄、龙缸弄、罗汉肚……纵横交错、熙熙攘攘；河西乡野也建起了街巷，供南来北往东去西来的商贾买卖休憩。谁也不知道来自何方的资本主义种子悄然在此萌芽。

官窑的分工极其精细，御窑厂内有大碗作、酒盅作等 23 种专业分工。专业化分工提高了生产力和产品质量。民窑一样分工细致，官民互动，官民竞市，你追我赶。无论是官窑民窑，从瓷土釉料开采到坯胎器型绘制烧炼包装输出等等，要经过 72 道工序，所谓“过手七十二”。如果说明初景德镇瓷匠以匠户的身份被编制起来，其瓷业基本上由本土人经营，“饶民以烧瓷为业”，他们“以水火金木土五行别役，报开民族轮供”，为御器厂服役。那么，自成化以来，景德镇瓷业面貌有所改观，瓷业虽与瓷土不可分割，但与土地的关系毕竟不同于丝织、棉织业。本土居民虽可家传秘技世擅技艺业陶，但外来人也可自强不息，从粗瓷入手，由浅入深，更不要说从外地窑口流向景德镇的行家里手了，一言以蔽之，景漂亦可扎根。随着名噪一时的五大名窑或黯淡或泯灭，空留下昨天的故事，景德镇成为“天下窑器所聚”，“景德产佳瓷，产瓷不产手，工匠来八方，器成走天下。”景德镇世世代代不封闭关锁，不因循守旧，“集各家之长，成一家之法”。如同昌江母亲河，接纳百川，汇集众流，永不枯竭。

民窑的成就也载入史册。如《明宝录·英宗宝录》载：“正统元年（1436）浮梁民陆子顺，一次向北京宫廷进贡瓷器 50000 余件。”其量不可谓不大。又，《明史·食货六·烧造》条：“正统元年，浮梁民进瓷器 50000 余件，偿以钞，禁私造黄、紫、红、绿、青、蓝、白地青花诸器，违者罪死。”面对这两条记录，让人匪夷所思。陆子顺等进贡的到底是什么样的瓷器呢?

《明宝录·英宗宝录》载：“正统三年（1438）十二月丙寅，命都察院出榜，禁江西瓷器窑场烧造官样青白地瓷器，于各处货卖，及锁送官员之家，违者正犯处死，全家谪戍口外。十二年九月戊戌，禁约两京及（江）西、河南、湖广、甘肃、大同、辽东沿途驿递镇店军民客商人等，不许私将白底青花瓷器皿卖与外夷使臣。”

“正统十二年（1447）十二月甲戌，禁江西饶州府私造黄、紫、红、绿、青、蓝、白地青花等瓷器，命督察院仿谕其处，有敢仍冒前禁者，首犯凌迟处死，籍其家资，男丁从军边卫，知而不以告者连坐。”

正统初期，景德镇官窑曾一度停烧。湖田、杨梅亭、黄泥头、湘湖街、白虎湾、柳家湾、南市街、银坑坞等民窑窑口，以湖田民窑最响亮，在朝廷百般打压，三令五申严禁民窑私烧各种彩瓷中，加之正统、景泰、天顺这三个时期内忧外患，连连发生大灾荒，民窑何以生存发展？因以往基本没发现署有这三期纪年号的瓷器，故将其称为陶瓷史上的空白期，又曰黑暗期。但是，当代的考古发现却推翻了这样的结论。是景德镇民窑以不屈不挠的奋斗拼搏精神，突破烧制青花等的禁令，才将挥笔自然、意境隽永的民窑青花带入新的天地。并非“简朴”二字就可概括民间青花的一切，它不受人为的拘束，不刻意地讲究，的确，无规矩不成方圆。可是，不方不圆的就不是东西？民间青花，对中国画的各种笔法不拘一格灵活运用，工笔和写意、细线和狂草、浅淡和浓抹可出现在同一瓷器上，一切皆在有法无法之间。一句话，表现的是生命的韵律或韵律的生命。没有矫情的艺术才是经得起岁月淘洗的真正的艺术。也正是民窑瓷画率先突破人物“禁令”的藩篱，才导致“高士图”早早出现在宣德、成化官窑瓷上。随着瓷业的发展，景德镇的通道也有所拓展，商贾四方云集，国内海外，凡舟车所到处，莫不销售这方土地的瓷。

海禁期间走私活动一直存在。大量的沿途贸易与走私活动也成为这时期陶瓷输出的途径之一。《皇明条法事内纂》卷二十载：成化十四年，有浮梁人方敏伙同弟方祥、方洪“凑银六百两，买得青白花边碗碟盆盏等项磁器共 2800 个”，先私运至广州，再雇请广东东莞县民梁大英，以其自造的违式双桅漕船在金门与东南亚私人商船出海贸易，接买番货。平均每个 0.21 两，可折米八斗五升余！获利不菲，后被捉获刑。内陆深处的平民都有此胆量，更不用说福建、广东等沿海地区的人了，本就以渔业为生，靠海吃海，泉州、福州是琉球等国朝贡登陆的港口，尤见活跃。福建、广东沿海地区民窑近水楼台先得月，生产蓬勃发展，质量虽差于名窑，但域外需求多层次，按质论价即可。成化、弘治之际，福建漳州走私致富，已见繁盛兴旺，竟被称为“小苏杭”。据《海澄县志》卷十一记载，其时漳州“风向帆转，宝贿填舟，家家赛神，钟鼓响答，东北巨贾竞湾争驰”。

试看成化时期，在海外贸易暴利的驱使下，只见风波浪里大片大片海帆高扬，从出行安全考虑，民间走私船往往结成商队，有权有势有钱者支撑下结成海商集团，管你海禁不海禁，大海是没有盖子的！或穿梭于前往马尼拉、日本的海路上，或重走当年郑和下西洋的航道，与南洋群岛、东南亚贸易，远至印度半岛、阿拉伯半岛、非洲东海岸……昔日由阿拉伯人主宰的海上陶瓷之路，而今中国民间走私贸易当仁不让。海商集团的足迹遍布东西二洋。其时日本、东南亚、南洋及印度洋沿岸各地对中国货尤其是瓷器的需求量非常之大，市场商情商机对中国瓷业等经济“求大于供”，仅以“朝贡贸易”无法满足市场需求，其实，这对中国经济的发展是非常有利的。

湖田民窑青花瓷片

福建本就是中国造船基地，郑和七下西洋又得以强化，并培养出大批海员。成化时期，福建商人轰轰烈烈私造双桅大船，收买瓷器丝绸茶叶等货物，带上违禁武器军火乃至炮类，如此远航海外，与番舶夷商货贩方物。海商集团与海盗集团界线朦胧。虽然，明廷严禁私人从事外贸，告示："重以充军处死之条，尚犹结党成风，造舡出海，私相贸易"。从中反而看出当时造船成风，结党成风，毫不畏惧一经捉获便要充军处死。还是司马迁所言：天下熙熙，皆为利来；天下攘攘，皆为利往。

得天独厚的广州，又岂能见暴利而不动心？与广东隔海不到 500 里的游鱼洲，就是一热闹的走私基地，已有外省富商、掮客带上瓷器、丝棉等物适时到此等候，外国番船一到，当地人驾多橹船只，接济番货，将私钱、火药搬至洲街；而通濠畔街，瓷器、丝绵等又急急搬上番船。番船满载而来，满载而归；内陆商贾，又有谁不赚个盆满钵满？追星赶月，日以继夜，夜以继日，习以为常。官兵岂非不敢管？不过眼开眼闭，从中渔利。

浙江海商亦迅猛崛起。据史料载，一天航行于舟山群岛的船只就达 1290 余艘。

不管成化如何自闭，但成化一朝终结的 1487 年，世界已处于巨变的前夜，大海洋时代的序曲于 1488 年奏响。

景德镇陶瓷考古研究所，坐落于景德镇市祥集弄，是一幢建于明成化年间的富商民宅，极有可能是大瓷商私邸，至今保存完好；鉴于等级森严的封建社会不得僭越之规，这所私邸只得在用料和装饰上狠下功夫。梁柱粗硕到一个长臂大人都环抱不过来，构架以穿逗与抬梁式混合结构，梁柱交接处有雕刻繁缛精细的雀替过渡；正堂石刻基础亦华贵凝重，纹饰精丽，地角也用雕刻精细的青石板。"品陶斋"的横匾悬挂于研究所厅堂正壁正上方。幽清宁谧中，品陶斋的研究人员正在复原明代成化出土大龙缸，何其和谐默契！明灿灿的阳光流泻在一筐筐古瓷片上，仿佛连着悠悠岁月的另一端……

得天独厚的景德镇陶瓷考古研究所，一辈子只做这一件事——问瓷答瓷。没有利欲熏心，只有一片丹心在瓷壶。他们中间没谁发大财，成大款，依旧是传统读书人的清高禀性，只凭自己对景德镇古陶瓷的挚爱而辛勤耕耘。他们是辛勤耕作的农夫，每每打交道就是刨地，或出没于荒郊野岭，寻觅被湮灭的古窑址；或在闹市街巷的水管煤气管通信设备等的铺设中，在众目睽睽中与各部门抢速度抢救古瓷，一不留意还要与哄抢者进行搏斗；他们是无所不能心细如发的匠人，在数以万吨的碎瓷片残器中一小片一小片进行拼贴粘连，让它们回家团圆；他们是枯坐书屋的传统学者，从实践到理论升华，既不放过任何蛛丝马迹，又得高屋建瓴驾驭全局；还得绞尽脑汁字斟句酌以求表达的准确和雅俗共赏；他们是景德镇古陶瓷的捍卫者，他们向全世界提供御窑厂往昔的第一手本真原始资料……

品陶斋见证着这片土地上一代又一代师生辛勤耕耘，只有纯粹简朴的师生情，方能真正演绎瓷为人爱的真正内涵所在。

品陶斋并非天天阳光，也遭遇风吹雨打和白蚁咬噬。但那爬满青藤的古砖墙，那天井周遭瓦檐淅淅沥沥的雨滴雨声，那青石板上湿漉漉的清水漫流，让人喜欢让人愁。尔曹声与名俱灭，不废江河万古流……文化承载的当是永恒。

5 第五章 / 欲说还休：失之交臂大海洋

夫子欲寡其过而未能也。
——孔子

一、狂飙叩华瓷：忠厚皇帝之憾

成化二十三年（1487）九月正午，从三更忙到此时此刻，17 周岁的太子朱祐樘终于在奉天殿登基，当他坐上金灿灿的龙椅，成为弘治帝面对群臣山呼万岁时，他抬手：众卿平身。这才陡然感觉华丽衮冕内贴着皮肉的湿凉，那是热汗冷汗浃背的交融袭击，从小身子骨就孱弱的他既无苦尽甘来的欣喜若狂，更无登极之飘飘然，却有若巨石般的沉甸甸之物压上心头——那叫担当，大明帝国，他担当得起吗？冕冠上前后各十二旒晃悠得他有点恍惚，纷繁往事如海潮汹涌于脑际。一个个女人一个个不男不女之人纷至沓来：暴毙的生母纪氏、护佑他的废后吴氏、皇太后，爱着戎装高大魁梧的万贵妃……自缢的太监张敏、被贬去凤阳守陵的原司礼监掌印怀恩……有几缕金光穿透窗棂射进了这庄严肃穆的殿堂，是真是幻？只是刹那间所有的影像都退潮了，只留下 6 岁的他从容奔向那个着黄龙袍有胡须的男人的定格，男人紧紧护住了他双肩，他那么自信地仰面喊出：爹——；而爹则结结巴巴哽咽着：跟跟跟——我我我——一样——我

我我——的——儿儿。

那是急迫间的人间寻常父子相认，冲决了一切繁缛礼仪的捆绑束缚，但是，他们是不寻常的父子，年已三十的成化帝后继无人，而瞒天过海生下来的儿子躲藏了6年，长长垂地的胎发印证着孩子扭曲的童年。终于，懦弱的成化帝平生难得地下了决心，这年冬天，即立朱祐樘为太子。

弘治皇帝像

从太子到皇帝，走了11年，可谓朝不保夕，步步惊心。

终于熬到了这一刻，他明白，他像父亲一样做了皇帝。

他会有怎样的担当呢？

文官武将一一上表祝贺。他们只能仰视他一眼，即俯首拜叩。但那一瞬间，就很满足了：十八岁的皇帝咋就这样沉稳从容呢？这样年龄的少年是绝无仅有的，不是稚嫩，便是轻狂，至少也有几分张扬。他却没有。他的脸庞溢出的是慈悲仁爱。

他似乎也读懂了许许多多“那一眼”的期望，他暗暗立下誓言：朕，今生今世，做一个好皇帝，做一个好人。

朝廷上下，要的是政治清明；平民百姓，盼的是安居乐业。

他当“恭俭有制，勤政爱民”。

1. 弘治登基御窑停烧

他果真这样做了。

他沉稳地大破大立。一面驱逐仙派、春派、后派等五大垃圾门派，奸佞冗官尽数罢免，逮捕治罪，以清除朝政腐败；一面恳请73岁的王恕、63岁的马文升出山，由他们推荐刘健、李东阳、谢迁入内阁。选贤任能，委以重任。他大力兴修水利，倾心发展农业；勤于政事，励精图治，百废俱兴，而唯有瓷业，却见衰落。何故？

就在他登基的九月，日理万机中不忘这么一条：……令江西烧造饶器内官悉令回京。无他，御器厂停烧也。

弘治三年（1490）十一月甲寅，内阁大学士刘吉等上谕：……又如江西磁器，内府所收计亦足用，今又无故差内官烧造、未免扰人……乞将……烧造磁器内官停止不差……上曰：……

弘治（1491）三彩划花雕塑大香炉
高 56 厘米 径 40 厘米 山西博物馆藏

弘治青花供瓶 大英博物馆藏

烧造内官骚扰地方，诚宜停止，江西烧造磁器，内官不必差。

执政刚三年，已两度裁减、停遣烧造内官。瓷业能中兴吗？朝贡如何办？少安勿躁，不必惊惶，成化官瓷屯集多着呢。

中国社会，农耕为本。民以食为天。也许，在弘治帝的眼里，瓷业毕竟不像农业水利那般关乎性命，毕竟“千事万事吃是大事”，即便关乎“穿衣吃饭”之事的纺织业，其中有先帝宪宗生前极爱穿的大红细布，由松江府织造，每年皆加派上千匹；但朱祐樘一当皇帝，立即下诏停止为皇宫织造。因为此布名为布，却用细绒织成，用工浩繁，成本高于锦缎数倍！弘治为太子时便“罢穿”，太奢华了。何况不能当饭吃当衣穿的瓷器。他没有让思维再发散一下，碗盘壶罐等难道不关乎生活？

此后，御器厂仍屡屡停烧，自然烧造数量剧减；即便烧造，其品种亦比前朝锐减，以素为主。让人百思不得其解的是——如日中天的成化斗彩竟然在弘治时突然中断，没有烧制过一件！

弘治五年（1492）三月辛未初八，以皇太子礼成诏告天下：“……白墡、矾红、烧造缸釉等土……等项自弘治二年十二月以前拖欠未征者悉与蠲免，已征在官者仍解本部并本处收贮以备别用”。白墡、缸釉即炼瓷的土与釉，矾红则是烧炼成化斗彩之类的红彩料，拖欠未征的就不征了，征来了的只作备用。从这则诏告似乎可以解释为何弘治朝无一件斗彩。因费材甚多，劳民伤财。当然，这不是唯一缘由。

成化时期，青花享誉中外，创新斗彩夺人眼球，还有五彩、青花黄彩、青花加彩、孔雀绿釉、孔雀绿釉青花、釉里红、青花釉里红、祭红、祭蓝、紫金釉、黄釉、黄地绿龙、白釉、白釉刻填绿龙、豆青釉、仿哥、仿钧等高温低温釉下釉上 20 余品种；到了弘治一代，除青花延续了成化风格，仅剩五彩、青花黄彩、釉里红、黄釉、黄地绿龙、紫金釉等不过十种，瓷上唯一有创新点的是低温娇黄釉瓷，可谓空前绝后，但几乎无大器，多是小碗小碟。

难道说延续千年的景德镇窑火就此黯然了？

如果说御器厂烧造的兴旺与衰败，说到底决定大权还是在皇帝手中；那么，掌控民窑烧造兴衰的又何尝不是皇帝佬儿呢？奇怪的是，这位皇帝对民窑的风风火火却听之任之，民窑瓷器不仅内销，还外销至海外，虽然海禁并未开放，但是，弘治帝却是眼开眼闭。

迪亚士一行穿越好望角

弘治帝治下的景德镇，百姓已见安居乐业之景象。由成化官窑的风光傲气到民窑风火的逆袭，已酿就另一番风景。镇窑、湖田、塘下、杨梅亭、白虎湾、黄泥头窑口遍布，官窑高手流落民间亦有用武之地。这座偏僻的内陆山城，自唐宋以来，不缺的就是地气接皇气，见过世面，运销南洋、东亚、东南亚的瓷器，合法的、走私的、半官半私的，也历经宋、元至明，晓其风险和利益。再说，贩运之事并不要做坯画瓷把桩烧窑者以身试法，自有或本埠或南北乃至外域的商贾豪杰水路陆路兼程，从南至广州、泉州、福州，北至杭州、明州，海上有半海盗半巨贾者接应。虽说今天看来弘治瓷传世出土海捞不是太多，但英国大维德博物馆就藏有弘治九年（1496）纪年款青花瓷供瓶，不仅制作精良，而且形制较大，可以确定属民窑烧造。此物是如何漂洋过海的，还待细究。这也折射出弘治朝外销状况以及海外对瓷的觊觎。

海外对中国瓷的需求，弘治帝不可能不知晓，虽非信息时代，但各种信息依然会通过条条渠道禀报至皇帝，朱祐樘不至于孤陋寡闻得对欧洲一无所知！唐代杜环的《经行记》，元初马可·波罗的游记，弘治帝略知一二。但毕竟是信息不发达的时代。弘治帝对席卷大海洋的葡萄牙西班牙的大动静至少是知道得不太翔实的，并且没有太多的警觉。

滔滔大海上正有葡萄牙武装商船斩浪劈波，1488年（弘治元年）葡萄牙航海家巴尔托洛梅乌·迪亚士在国王若昂二世的支持下，率三艘帆船再次沿非洲西海岸航行，这一次他们行得更远，将接近非洲被称为死亡地带的最南端时，即遭遇大风暴，在与狂风恶浪历经生死搏斗、漂泊数天后，风平雨伫，蓦然回首发现已绕过让他们胆战心惊的非洲最南端，为纪念这次历险，取名风暴角。当他们返航后，若昂二世却更名为大吉大利的好望角——冒险定有希望！这，当是大海洋时代第一抹曙光。于是，若昂二世将远航印度提上了日程。

葡萄牙的毗邻西班牙奋起直追。1490年（弘治三年）春天，西班牙女王伊莎贝尔率领十万大军包围了格拉纳达。1492年（弘治五年）1月2日，殖民者摩尔人弃城投降。雄心勃

哥伦布

勃的伊莎贝尔女王终于用23年的时间缔造了统一的西班牙王国。好事成双，同年8月3日，女王充当总赞助人的哥伦布远洋探险起航！这位意大利热那亚人率西班牙三艘帆船信心满满去寻找印度和中国！而这个西班牙女人有魄力更有眼光，其时西班牙战后财政吃紧，她拿出自家的全部首饰给哥伦布作为资助，且放下身段，以王国与航海家的公私合营打响海上争夺第一枪。阴差阳错的是，历时两个月的海上拼搏和几近“崩盘”，哥伦布意外地发现了“印度”——其实是北美洲的巴哈马群岛，但无论如何，美洲新大陆的发现石破天惊！狂喜的西班牙人将这一天定为国庆节。

公元1500年前后的葡萄牙西班牙的大航海赢来的地理大发现，方实现了人类的现代化进程，才有了“全球”这样的界定，才有了真正的世界史书别样的书写。原本是中国明代的郑和七下西洋，成为海洋时代的揭开帷幕者，然而，非常遗憾地失之交臂。反而让贫穷的蕞尔小国西班牙和葡萄牙占尽风光，或许这正应了“穷则思变”的哲言。最早远洋冒险的葡萄牙和西班牙，明目张胆以暴力进行财富掠夺。

我们的忠厚皇帝弘治并非浑然不觉，他非常忙，非常累，无暇顾及。

弘治元年（1488）他指挥廖冰击败小王子于兰州；

弘治二年（1489）五月，开封黄河决口，弘治帝命户部左侍郎白昂领5万人修治；凡地方官奏报因灾情须免赋，上皆下旨恩准。此外，还送给贫民麦种和耕牛。实乃轻徭薄赋，体恤民生。

弘治五年（1492），苏松河道淤塞，泛滥成灾。弘治命工部侍郎徐贯主持治理；又特地派遣手下人送羊送酒到黄河工地上，犒劳治理黄河的刘大夏及河工人员。这位刘大夏就是成化时被传为藏匿或销毁了郑和下西洋档案的躺着中枪者，弘治倒是蛮信赖他，此时已是右副都御史。历时近三年方消除了水患，苏松流域才又称“鱼米之乡”。

1494年（弘治七年）6月7日，在罗马教皇亚历山大六世的主持下，葡萄牙西班牙在里斯本郊外小镇签署托尔德西里亚斯条约——以教皇子午线为界，以东属于葡萄牙，以西属于西班牙。

弘治则为原本千疮百孔的中国渐渐走向富足而深深松了口气。弘治朝的赋税则收入增至2700万石，成为明中期的高峰。要知道，正统、景泰、天顺至成化都只有2500万至2600万石之间。而且，从弘治元年至弘治八年（1488—1495），人户由9113630户增至10100279户。

在农业社会里面，人口是最重要的生产力！

弘治帝伸直已微伛的脊背，他才 26 岁，已见苍老，不过，他微微地笑了，值。

达·伽马

2. 葡萄牙东进为瓷来

1495 年（弘治八年），葡萄牙国王若昂二世去世，因膝下无子，26 岁的唐·曼努埃尔（Dom·Manuel）继承了王位，被称为“幸运儿”。面对前辈开辟的航海事业成果，他并不一味地坐享其成，而是雄心勃勃欲建立海上贸易帝国。

1497 年（弘治十年）7 月 8 日，唐·曼努埃尔派葡萄牙航海家达·伽马（Vascoda·Gama）率船队东进，10 年前迪亚士已作初探；眼下，达·伽马率四艘武装商船，140 名船员，并随船装载上镌刻葡萄牙国徽的石柱，石柱由里斯本附近岩石做成，取名“发现碑”。“发现”即占有的象征与标识，还可作导航标，同时，亦可作压舱之用，一举多得，何乐不为？每到一处，他们即抛锚竖柱，忙把他乡变故乡。翌年 4 月 14 日，达·伽马的船队来到马林迪（肯尼亚），也如此这般，但忠厚的马林迪酋长并无警惕，相反，热心相助，派出了摩尔水手伊本·马吉德（Ahmedibn·Mjid）导航，仅以 4 个月的时间，终横穿阿拉伯海，到达印度的古里——83 年前郑和第一次下西洋和以后六次都在此驻扎过，不可思议的是，郑和在此去世，达·伽马 26 年后也在此去世。当时，葡萄牙船队欢呼雀跃，以为这就是马可·波罗所描绘的中国！自然，达·伽马立马树起石碑，并与当地签署了一份似是而非的协议书。但此地人却不好糊弄，四个月后，他们不得不返航。当然，满载而归，有印度的香料、非洲的黄金、中国的丝绸茶叶等大量货物，国王还赠给他“一个装有 50 袋麝香的瓷罐，六个像饮酒用的大口杯一样的大瓷碗……还有六个深腹的瓷壶，每个可以容纳 15 升水”。但也留下了一些船员作人质。1499 年（弘治十二年）9 月 9 日，达·伽马的船队回到了里斯本，船员仅剩下 55 个人，但带回货物价值相当于费用的 60 倍！达·伽马忍痛割爱，将瓷器全奉献给了国王，唐·曼努埃尔欣喜若狂，久久地张大眼睛合不拢嘴！他太喜爱这些精美的中国瓷器，此物不应人间有！出于夸耀之心，他拿出几件作为礼物赠送给邻国西班牙国王费尔南德和伊莎贝拉女王。当唐·曼努埃尔一世设宴庆贺时，竟举杯高喊：“我们的香料和珠宝，从此再也不受别人的控制了！”其实，最让他心动的是中国的瓷！

这期间，弘治帝对瓷业的态度似起了微妙的变化。弘治十一年（1498）十一月，礼科给事

明弘治景德镇青花扁壶 高27厘米 径23厘米

中涂旦等进言，提到江西烧造各样瓷器，俱极淫巧，伏望一遵旧制，非常额一切停止。帝首先肯定这是忠言，接着委婉地表示实有所需求，让各地衙门处理。其力度与前不可同日而语，而且另有玄机。

弘治十三年（1500）四月，礼科都给事中宁举等进言又提到内臣往饶州烧造瓷器，动费不赀，假公营私，用一造百……乞取回各处督造内臣……以安民心云云。弘治帝这回倒干脆：纳之。由此可知，两年多来，景德镇的炼瓷可谓如火如荼，无论官窑民窑。

自洪武以来，御器厂皇帝的瓷，的确是不计成本不计人力工时，从原料到烧成，过手七十二，道道工序无不精益求精，待成品出来，百里挑一，乃至千里挑一，余者一律砸碎掩埋地下。这，自然是巨大的浪费。但皇法就是决不允许流入民间，否则，轻则坐牢，重则砍头。弘治不能违背祖制，但是，民窑烧瓷的成本其实是不高的，内销外销都好，何不眼开眼闭？

风，起于青萍之末。初始细微的变化经过不断传递放大，极可能对未来引起巨变。葡萄牙西班牙之浩浩荡荡的海上东进，岂能不对中国带来骤变？能视而不见充耳不闻？

20世纪70年代，美国气象学家洛伦兹在解释空气系统理论时说，亚马孙雨林一只蝴蝶翅膀偶尔振动，也许两周后就会引起美国得克萨斯州的一场龙卷风。此说为蝴蝶效应。没有史料印证弘治帝是因了达·伽马的远航印度而震撼，但亦无史料说明弘治帝两眼一抹黑无知无觉。

他爱瓷吗？

瓷关乎文化。从九岁出阁讲学到十八岁即位，他接受了正规教育九年。熟读经史，养成“仁孝恭俭”的品格。即位后《孝经》《尚书》《朱熹家礼》《大明律》等等，仍手不释卷。尽管他是遵循儒家伦理规范的皇帝，但又有很高的艺术造诣，留有《诗集》5卷，精通琴棋书画，但言官们生怕皇帝玩物丧志，纷纷上疏，他虚心接受，却忍不住嘀咕：“弹琴何损于事？劳此辈言之。”他赐给画师吴伟几匹彩缎，竟让伟急持去，“毋使酸子知道！”一个“酸”字，将弘治帝对言官的讽刺幽默溢于言表。他虽正派守旧，但绝非语言无味、面目可憎者。这样的人能不爱瓷？

瓷于冰凉中透出细腻。冬夜，他在宫内批阅奏折，寒气袭人，问左右内臣：官员有在外办事此刻还在归途的吗？回答“有”后，他感叹道：如此凛冽且昏黑，倘廉贫之吏，归途无灯火为导，奈何？遂传下圣旨，命今后遇在京官员夜还，不论职位高低，一律令铺军执灯传送。——这是颗怎样的心呢？温润，细腻，体贴入微。难怪乎奸臣佞官受到抑制，难怪乎一朝几乎无农民起义！这样的人，能不爱瓷？

瓷是纯净清洁的。为何元朝伊斯兰地区如此崇尚中国瓷器？改变餐具既是为了节俭，更是因了清洁。有什么餐具比得过瓷的洁净呢？弘治帝是爱清洁的。他是世界上牙刷的发明者。2004 年，英国伦敦罗宾逊出版社出版的《发明大全》列举了人类 300 项伟大发明，其中一项牙刷的发明权便归至朱祐樘，时间是 1498 年（弘治十一年）。其将短硬的猪鬃密密插进骨制手把。美国牙科医学会和美国牙科博物馆也早作如是观。其实中国在南宋已有竹柄牙刷，弘治帝不算第一，也属改良第一。这样讲卫生的人会不爱瓷？

瓷属于女人。朝廷内外皆知斗彩鸡缸杯是成化帝为万贞儿所制，蕴含着复杂的男女之爱和变异的母爱。而他，十八年没烧制过一件斗彩瓷！并不等于他不珍爱斗彩瓷。时隔四代的万历还拥有子母鸡斗彩杯，由此可见代代珍藏。而他对鸡缸杯的确是不忍卒看的。人皆有母，独朕无。那会牵扯出太多的让人心痛的陈年往事，是心中永远的憾。他没有对万贵妃鞭尸，没有将万氏家族斩尽杀绝，当然是因为对先帝的孝顺，但根本上是对天下女人的理解和宽容。

3. 开眼闭眼瓷外销

弘治帝是相信天意的。

在他登基前三年——成化二十一年（1485），差一点就被废了太子。起因是太监梁芳、韦兴偷偷将内库所藏金银挥霍一空，成化帝知晓后，回答荒唐：我不追究你们，后人会责怪你们的。于是这两坏蛋撺掇万贵妃废太子，太监怀恩苦苦劝谏，成化帝恼怒下将其赶到凤阳去守祖陵。太子眼见要被废，恰恰泰山连连地震，似天怒人怨。钦天监应验此说。成化帝也是惧怕上天的，这才打消废太子之念。

所以辛劳过度龙体欠安的弘治，也曾对佛道之术痴迷过一阵，希望上苍赐予健康。幸亏他很快就清醒了，识破奸佞祸乱之心。特别是搜查畏罪自杀的宦官李广之家，其贪污、受贿的账本让弘治触目惊心。他幡然猛省，以加倍的努力发愤图强，从而加速了生命蜡炬之燃烧。

他越发勤于政事，天天早朝、午朝、晚朝连轴转，还见缝插针开辟经筵侍讲、文华殿议政，皇帝与内阁群臣的交流互动碰撞切磋治国之道。“民主”的火花已四处飞溅，难怪阁臣李东阳无比感叹：“天顺以来，30 余年间，皇帝召见大臣，都只问上一二句话，而现在却是反复询问，

明弘治景德镇青花松鹿纹盘
高 64 厘米 径 32.5 厘米 上海博物馆藏

讨论详明，真是前所未有啊！”这样的工作狂，本朝皇帝前有太祖朱元璋成祖朱棣后有末代思宗朱由检，而他却是以羸弱之躯舍命拼搏。成化留给他国力凋敝千疮百孔的江山，他以生命为赌注终力挽狂澜，迎得中兴。繁荣复苏的经济中，实有民间贸易海上走私的一份功劳，就瓷业而言，激流暗涌推进了其蓬勃发展，市场经济的萌芽悄然于弘治之治，才有了正德、嘉靖至万历、崇祯几朝外销瓷业的红红火火。

弘治时期的民窑走私瓷，仍然传承明初外销瓷格局和风格，在器型上既有同于国内传统器型的，也有适合伊斯兰饮食民俗的大盘、大碗、抱月瓶、军执、笔盒等；在纹饰上不会有太多的不同，相反，会有意无意地推广中国传统纹饰，如牡丹纹、菊纹、莲纹、松纹、梅纹、竹纹、灵芝纹等，尽管伊斯兰地区不喜绘动物，但外销瓷中也常会出现龙纹、凤纹、狮纹、鱼纹、鹿纹等，这些都是中国传统纹饰中的吉祥纹，如鹿的谐音为“禄”，当官之喜不分中外，所以鹿纹也能为海外接受，尤其在明晚期的“克拉克瓷”中是广受欢迎的。

这件青花敞口浅腹大盘，其主题纹便是松下双鹿，松干苍劲，松针组成圆形且茂密，有梅枝穿插，松下双鹿口衔灵芝，奔跑中不忘顾盼，衬以摇曳的芭蕉叶和嫩竹，一派生机勃勃。盘内外圈为密密的缠枝灵芝，盘外壁则为云龙、天马、麒麟等瑞兽，诸如此类吉祥如意大盘既见于土耳其托普卡帕宫和伊朗阿德比尔寺的珍藏中，又在沉船打捞中有所发现，而且一直流行至晚明。

而青花轮花纹绶带耳葫芦扁瓶，用来盛酒，烧制于弘治—正德年代。这种器型源自西亚，在明初御窑中出现，但宣德后似不再烧制。弘治时期，景德镇民窑应海外市场需求又悄然烧制，并大量走私出海。器型与中式传统葫芦瓶相似但又大不同，它不是球腹，而是两个扁圆体的结合，其主题纹饰轮花纹，从中央凹形牡丹到一圈缠枝纹一圈几何纹再到席纹，四层繁茂；颈细短饰蕉叶纹，瓶口若莲苞初开，饰卷草与变形莲；颈肩部有绶带形双耳连接，不仅使器型于端庄中见纤巧，而且有以双手环抱之感，故俗称“抱月瓶”或“宝月瓶”。

弘治帝对瓷业的发展有难言之隐。如果说初期的御器厂停烧整治是因为“矫枉必须过正”，那么，中期想烧亦不可得。此不得已的难言心事我们从弘治年代的龙纹瓷可见端倪。弘治朝纹饰多数是传统的龙纹，但青花游龙碗让观者不快亦不解，碗中莲池里腾跃着龙，人说：龙游浅底心不甘。这莲池中的跃龙，是否是弘治帝的苦闷心态的写照呢？想大刀阔斧，力不从心。难哉难哉。此生只能修修补补。即使他处处忍让、委曲求全，但也得受到种种钳制。他只能定位于守成之君。白釉露胎刻龙盘当是典型器，但其龙也无生机勃勃态。台北故宫藏弘治五彩龙纹盘之龙也有同感。

弘治十五年（1502）三月癸未，见上疏：浮梁民困和宦官贪酷，请帝命取回饶州府督烧瓷器内官。他只得又一次撤除了督造内官。同年，光禄寺岁用瓶坛未完者量又减三分之一。

弘治十六年（1503）七月，又见上疏，弘治命景德镇烧造瓷器暂停免二三年。同年十二月复奏：弘治十年（1497）以前及十三、十四年分派所宜蠲免停止者十七事疏上俱从之。

弘治帝已快走到生命的尽头。执政十八年，对监烧瓷器内官的遣召谕旨减烧是十分频繁的，均以宦官“骚扰百姓”等原因造成。景德镇御器厂很大程度上停烧或减烧。

等到正德朝统计前朝烧瓷情况：“自弘治以来，烧造未完者三十余万件”。即，计划内的三十余万件没有完成任务！

葡萄牙国王对中国瓷器的渴求却与日俱增！1500 年（弘治十三年），唐·曼努埃尔一世派佩德罗·阿尔瓦雷斯·卡布拉尔发现了巴西。

1505 年（弘治十八年），唐·曼努埃尔一世派弗朗西斯科·德·阿尔梅达为第一任印度地方总督。

葡萄牙坚船利炮所向披靡，在狂涛巨浪的海上一样横行霸道，从大西洋到印度洋，武装航海家每登陆一处，就埋上从里斯本带上的纪念碑，成为他们的据点，渐渐地 50 余个据点如明珠串成的项链，成为葡萄牙海上交通战略，自 1500 年至 1505 年，葡萄牙的香料交易量从 22 万英镑飚升为 230 万英镑！

1502 年唐·曼努埃尔一世派达·伽马远航印度，1524 年再派达·伽马远航印度，并任命其为印度总督。这条航路在 1869 年苏伊士运河通航前，促进了欧洲对印度洋沿岸各国和中国的贸易，当然，也成了葡萄牙在亚洲从事殖民活动的开端。葡萄牙成为其时名副其实的海上贸易第一强国，垄断了半个地球的商船航线。

弘治十八年五月初七（1505 年 6 月 8 日），朱祐樘因病去世，享年仅 36 岁。

他很累很累。什么是鞠躬尽瘁、殚精竭虑？他践行了。让数字做答案吧。弘治十四年（1501），全国增至 10408831 户，弘治十七年（1504）达 10508935 户，人口数则由弘治元年（1488）

的50207934口，增至弘治十七年（1504）的60105835口。废除苛法：他更正律制，慎用刑罚。弘治十三年（1500）制定《问刑条例》，弘治十五年（1502）编成《大明会典》，删除了原《大明律》中多项残暴的法令。你不能不说他有那么一点民主法治的萌芽。一言以蔽之，他问心无愧。

有个瑶族还是土族穿戴的年轻女子在云端向他摆手，他看不清她朦胧的面影，是泪眼婆娑还是泪飞倾盆雨？是怨儿归来太早还是分离太久？她是云南大藤峡土司的女儿还是广西边陲断藤峡的村姑？她是腹有诗书还是目不识丁？所谓专职守内藏是内宫图书馆藏还是皇帝的私房钱帑库？图书藏馆雅私房钱帑俗……他摇摇头：酸子。这有何干？她是他的生母。就够了。

他的张皇后与他牵手一辈子。他们就是一夫一妻，在封建皇帝中真正的空前绝后。至于她的父亲张峦是否最高学府太学院毕业的，母亲金氏是否梦见月亮入怀，皇后是惊艳还是相貌平平，是温柔娴良还是活泼可人还是强悍泼辣……这有何干？酸子。相依相伴一生，足矣。

他有一百个放心不下，但他最不放心的是后继无人。所幸有一帮以国家为重的贤臣，他在弥留之际召刘健、李东阳、谢迁等入乾清宫。留下遗言：“太子人很聪明，但是年龄还小，又好逸乐，诸卿要好好辅佐他，使他担当起大任，朕死也瞑目了。”嘱太子“任用贤臣”。他相信：善良的土壤中长出的植物，必开出善之花果。他的童年不就印证了这点吗？

几千年封建社会中罕见的模范皇帝不无遗憾地离开人世，“深山穷谷，闻之无不哀痛”，“哭声震野”。百姓心中有杆秤。信然。

弘治是个好皇帝，也是个好人。他的了不起，是实践了老子的“无为而治”，不折腾，不咋咋呼呼，不大起大落，在“无为”中“有为”，造福百姓，真正实现了和谐。他的了不起，或曰伟大，是他一改历朝历代皇帝的骄奢淫逸，以一颗平常心上岗。

他是第一个首肯或者是默认或者是不追究中国民窑瓷外销的忠厚皇帝。从弘治开始，中国外销瓷的民窑走私前赴后继。走私潮后浪推前浪，前浪并未死在沙滩上，而是掀动了远航的风帆。

从《明孝宗实录》等涉外史料中，清晰可见中国东南沿海大规模走私活动在弘治六年（1493）迎来第二次高潮：“广东地方，私通蕃舶，络绎不绝”。弘治六年（1493）十一月，南京锦衣卫指挥使王锐言：“又有贪利之徒，治巨舰，出海与夷人交易，以私货为官物，沿途影射。今后商货下海者，请即以私通外国之罪罪之。”都察院覆奏：“从之”……由此推断，东非基尔瓦、麻林迪出土的弘治窑青花瓷片，达·伽马在古里购买的中国瓷器，当为第二次浪潮时从东南沿海走私出境的。

20世纪80年代，日本古陶瓷学者三上次男曾亲自到土耳其托普卡帕萨拉伊博物馆考察，为馆藏中国陶瓷8000件而震惊。他思考的是，这个王室是怎样获得如此巨大的收藏的？他在其著作《陶瓷之路》中是这样回答的：

“幸而，在新宫殿建造前后，宫廷在置备用具方面，有一本详细的收藏目录，借此可以窥见一斑。兹以波普氏的研究为主，略述其情况如下，在收藏目录中涉及中国陶瓷的情况，似在1495年的第二号目录中，但对中国陶瓷有确切记载的，则为1501年的第三号目录。由此可见，托普卡帕萨拉伊开始搜集中国陶瓷，为时当在15世纪末到16世纪初。与埃及、东非以及下面将要提到的美索不达米亚、伊朗等地相比较，事实说明，这里已为时颇晚了。”

弘治在位为18年，1488至1505年，1495年、1501年都在其中。

要知道，弘治三年（1490）景德镇御窑停烧、弘治五年（1492）景德镇御窑各类制瓷原料尤其是价格高昂的或免或减……停了皇帝的瓷，火了民窑的瓷，这样的皇帝，你说善不善？当然，他并不能保证利益都进了百姓的口袋。

1997年，在菲律宾东北部的巴拉望，一条沉没了500多年的商船像是不甘心它的无声无息，在利纳浅滩上被人们不经意地发现了。经考证，该船为明代弘治三年（1490）沉没，船上满载景德镇民窑青花外销瓷，还有越南、泰国的粗陶瓷；这艘沉船被称为“利纳浅滩沉船”。两年后，法国石油公司在文莱海域钻探海底石油时，又发现一条明代弘治沉船，船上又满载上万件景德镇民窑青花瓷、仿龙泉窑瓷，这些海捞瓷藏于文莱首府斯里巴加湾市国家博物馆中。沉船上还有东南亚粗陶瓷，因价廉可作压舱用。

《道德经》第59章曰：“治人事天莫若啬。夫唯啬，是谓早服；早服谓之重积德；重积德则无不克；无不克则莫知其极，莫知其极可以有国；有国之母可以长久。是谓根深固柢、长生久视之道。”

他一辈子都践行节俭，其实他的内心了然：开源节流。开源才有活水，开源是主动进取；而节流是被动，是有限的节约。过度的节流在某种视角看来，会影响和制约开源的想法和践行。

他留下了永远的憾：为什么他不能像成祖那样，让瓷行天下呢？西洋人都找上门了呵。

俗话说：忠厚是无用的别名。但是，弘治帝是个例外。

谬误，罪孽、吝啬、愚昧，
占据人的精神，折磨人的肉体，
就好像乞丐喂养他们的虱子，
我们喂养着我们可爱的痛悔。
——波德莱尔《恶之花》

二、古惑仔皇帝：盲打误撞海洋时代

仿佛是一种命定，当葡萄牙的三桅帆高高扬起，武装商船劈波斩浪东进书写出地理大发现时，最称职的模范皇帝弘治朱祐樘和最不像皇帝的正德帝朱厚照，历史地处于中国与海洋时代的最关键的接点，也是节点上。

真正的人类全球史的开端，撬动其的物质是辛麻的胡椒粒香料？是清香消腻的茶叶？是柔软华贵的丝绸？是璀璨晶莹的宝石？应该都有份，但占首位的当属瓷器。诚如日本学者三上次男在寻访中世纪陶瓷传播的遗址踪迹后，深情感叹：“这是连接中世纪东西两个世界的一条很宽阔的陶瓷纽带，同时又是东西文化交流的一座桥梁。”难怪他会充满自信地将海上丝绸之路改为“陶瓷之路”。毫无疑问，中国瓷的全球性撒播，成为大海洋时代的表征之一。

弘治帝与正德帝这对亲骨肉父子，对全球中外新的空间关系或许略有所察，或懵懂无知，但无论为父的如何兢兢业业鞠躬尽瘁，为儿的如何没心没肺一意孤行，都希冀坐稳泱泱中国朱家铁打江山；葡萄牙武装商船劈波斩浪卷起海风咸腥气息，沿海中外贸易或公或私或公私合营的来来往往，无论是忠厚勤勉如黄牛的老爸，还是随心所欲若野马的儿子，对其贸易中的大宗——外销瓷问题，绝对不会一无所知，而实在是心有灵犀一点通：睁一只眼闭一只眼。老爸的眼开眼闭，是因为懂得，所以慈悲，对民窑瓷器海上贸易的默许，有一份体谅体贴之心，民间受益皇家无碍，何乐而不为？骄儿暧昧中的出击之态，则是因了天生叛逆向往外面世界的野性勃勃，北上边塞南游江西，始终有颗驿动的心，况且对老祖宗都未见识过的佛朗机“番寇”有着生命本体的冲动和激情。

正德皇帝像

1. 从正德青花执壶说起

1990 年 4 月，春意盎然中，香港苏富比举办的中国文物艺术品拍卖会气氛热烈。成化斗彩鸡缸杯以 2917 万元港币的天价成交，成爆炸性新闻，夺人眼球。或许因之遮蔽或曰冷落了另一件本应引起轰动的拍品？其定位和意义值当具有两个中国外销瓷的“第一”性：第一批欧洲向中国定制的青花瓷之一，第一批定制瓷中的青花纹章瓷之一。

这件拍品是明正德青花玉壶春执壶，由景德镇民窑烧制。

因而，它具备陶瓷史中标识性价值和不凡的新闻性，但是，却被平淡处之。后经学者们研究考证，方浮出水面。

这件青花执壶，其器型仍为中国传统的玉壶春瓶，高 18.7 厘米，以蕉叶纹饰壶颈，火焰纹饰壶嘴与壶把，腹部相对两面是葡萄牙王唐・曼努埃尔一世盾牌和浑天仪徽章，并以折枝牡丹点缀其间，圈足为云雷纹，底款书“正德年造”。

西方浑仪最早由埃拉托色尼于公元前 255 年发明。模仿肉眼所见的天球形状，把仪器制成多个同心圆环，整体看犹如一个圆球，然后通过可绕中心旋转的窥管观测天体。葡萄牙国旗上就绘有浑仪。浑天仪是海上航行不可或缺的仪器，自唐・曼努埃尔一世起浑天仪成为该国之象征，当然是对其海上远航的纪念和向全球的炫耀。

当今也有研究者质疑之，以为是嘉靖朝所制，古代匠人将落款往前题写并不罕见。但放在这件外销瓷上，这种推断显然很难让人信服。有明一代，景德镇瓷匠成化落款“大明宣德年制”、成化后落款“大明成化年制”的现象是有的，那是宣德、成化瓷为后代瓷匠们所仰视和追慕。然而，“正德”与“宣德”，不可同日而语。“正德”，还不值得心气颇高的景德镇后人艳羡。

另还发现有两件执壶：一件仍为葡萄牙私人收藏，有残缺；一件为梅德罗斯・阿尔梅达基金会藏品。此两件腹部同样有唐・曼努埃尔一世盾牌和浑天仪徽章，但无折枝花，留白多，更见清爽，符合中国传统审美定势；高矮及颈部、口沿纹饰有所不同；此外，纽约大都会博物馆还藏有一件葡萄牙国王徽章的青花花浇，高 18.7 厘米，以云雷纹饰六边形口沿，但颈部留白；亦有残缺。有趣的是，这三件青花瓷的底款皆书“宣德年造”。

显然，底款是错误的。唐・曼努埃尔一世出生于 1469 年（成化五年）5 月 31 日，卒于 1521 年 12 月 13 日（正德十六年），宣德时代还没他的影儿。然而，这些瓷器与正德青花执壶拍品太相似，推断当为同一批或前后烧制。宣德青花瓷当为此后历代景德镇匠人的追梦，正德瓷匠亦不例外，不足为怪。

还可进行横向比较。正德浑天仪纹章瓷的器型、釉色等与土耳其托普卡帕宫所藏正德景德镇民窑青花执壶相似；而这类饰有葡王唐·曼努埃尔一世保教盾牌和浑天仪图的徽章青花瓷在印度尼西亚雅加达博物馆亦有蒜头瓶收藏；在武汉市江夏二妃山明藩王陵园发掘出土的辅国将军朱均钵墓的随葬品中也有——墓主人是明楚昭王朱桢的曾孙，葬于正德四年（1509）。

如若觉得以物比照仍觉单薄，那么，文献与遗存两相印证，方是铁板钉钉。

这批青花纹章瓷定制于葡萄牙主动积极欲与中国第一次正式外交的时间段。

上述种种，有言之凿凿，有语焉不详。当然，皆非空穴来风，而是事出有因。不过，这“第一次”时间跨度长达五年！以颇具戏剧性的轰轰烈烈开始，却以凄惨悲催收梢。

正德十二年（1517），葡萄牙国王唐·曼努埃尔依仗牢固的海上霸权之地位，为了获取更大的经济利益，尤其为了不可遏制的对中国瓷的欲望，而中国的富有强大，使他不得不考虑改变武力征服之战术，决定放下身段，亲拟国书，派遣使团觐见中国正德皇帝，以期两国建立正式通商贸易关系。这是欧洲派往中国的第一个使团。

第一个使团的第一任使节名托梅·皮雷斯（Thomas Pores），此君阅历丰富。正德六年（1511）九月他曾以药材代理商的身份去印度筛选应发往葡萄牙的药品。半年后，他又至马六甲担任总督手下的商馆秘书、会计师兼药材管理官。正德十年（1515），他返回印度，将其所见所闻所想写成一本《东方诸国记》，对尚未到过的中国，亦写得绘声绘色，颇有可读性。因而以其“博学”而被葡萄牙国王选中，亲手写国书交由他携带。这自然是一份沉甸甸的荣誉，但日后事实证明为此付出了不菲的代价。承载使节的船队队长是费尔南·佩雷斯·德·安德拉德，亦由葡萄牙国王钦定，这是个颇有远航阅历的年轻的老船长，贸易生意做到了国王那儿，也算人情练达的西人。

葡萄牙王唐·曼努埃尔一世金币

十字盾牌

1516年2月底，费尔南率领船队离开科钦，半年后到达马六甲。沿海的中国人见深目高鼻的西人面相不同于东倭，便称为西番；商船皆武装，所用枪支名佛朗机，中国人干脆称其国佛朗机，以至沿海官员中不学无术者，奏章中竟轻率地称佛朗机就在马六甲附近！

皮雷斯在马六甲物色聘请了火者亚三当通事（翻译），这是个地道的华人，还是与景德镇唇齿相依的浮梁人。

万事俱备，费尔南率 4 艘满载胡椒等货物的船队，于正德十二年七月二十八日（1517 年 8 月 15 日）抵达中国广东屯门。屯门其时已有葡萄牙等外商非法居住。费尔南当然不陌生，他先向中国官方人员说明，此行负有护送唐·曼努埃尔的使臣觐见中国皇帝之重任，持有葡王国书，请求领航前往广州。但葡方无人行跪礼，地方官员自是不爽，先命他们在光孝寺中学习 3 天礼仪，随后由广东市舶司大太监宁诚召见，这一关键人物出场，便发生了戏剧性的变化。葡萄牙史料记载，火者亚三贿赂的“镇守中贵”正是这位大太监。其实，通事何来此权力和资本？无非受命而已。面对葡使投其所好，大行其贿，宁诚投桃报李，关爱有加，一切仿佛迎刃而解。

1517 年（正德十二年）10 月底的一个阳光灿烂的日子，托梅·皮雷斯一行衣冠楚楚地登船溯江而上，桅杆上分布着蓝盾绿锚中白四周红色的葡萄牙国旗在海风中猎猎飘扬，眼见临近广州港口，突地炮声隆隆大响！在葡萄牙是鸣放礼炮致意，这在中国其实也有鸣放礼炮礼花的习俗，问题是事先没有沟通，这让中国官军和百姓莫名惊诧：难道是开炮寻衅？与其说葡萄牙方示隆重虔诚，不如说是耀武扬威。

就在种种猜疑和戒备中，兵分两路，皮雷斯与当地官员进行了礼节性会晤，递给一份已翻译成汉语的外交文件；而费尔南不在其中，据称是携带礼物找关系晋见总督，陈述葡萄牙国王与中国皇帝建立友好关系的诚意。毕竟是佛朗机国王派出的使节，礼仪之邦的中国地方官员并无怠慢，表示会立即上书报告皇帝知晓。

事实亦如此。

《明武宗实录》正德十三年正月就有如下记载：“佛郎机国差使臣加必丹末等贡方物，请封，并给勘合。广东镇抚等官以海南诸番无谓佛郎机者，况使者无本国文书，未可信，乃留其使者以请。下礼部议处。得旨：‘令谕还国，其方物给与之。’”

一个面积不足十万平方公里，1143 年才独立的君主制蕞尔小国葡萄牙，就这样进入 28 岁正德帝的视听中。

从上述记载来看，朝廷认为佛朗机国来访的目的是请求加入朝贡队伍。今人认为是中国人走不出的天下秩序观使然，一厢情愿地认为外国使者来到就是“臣服外藩”。其实不然。经火者亚三之手翻译成汉语的文书已篡改成“下国上贡”（这等技巧，在几百年后的英国使节觐见乾隆皇帝时，翻译篡改则有过之而无不及了），这与葡萄牙国王的文书大有出入，很有可能是有意为之，先“蒙”上北京再说。已为最后的结局埋下了伏笔。

但是，葡使一行并不愿意就此无功而返，他们继续赖在广州附近。受了巨贿的宁诚既在码头边提供房子，又批准他们在屯门建房屋和碉堡，还帮着向正德身边的总太监钱宁行大贿。可见“有钱能使鬼推磨”适用于全球，行贿与受贿并不因岁月、地域、种族等而不同，利欲熏心是人性中与恶并存的根芽吧。

整整一年后，水到渠成，明廷终改变初衷，下诏准许葡使皮雷斯一行入京。

这一年，船长费尔南也没闲着，或许是通过中间人，或许是宁诚出了面，总之，接洽上景德镇瓷商，为葡萄牙国王唐·曼努埃尔定制小批青花瓷，要有国王徽章，其时，葡萄牙硬币上就有西方浑仪图案。景德镇瓷匠见多识广，区区小事，何足道哉。

当明廷“诏许入京”之时，费尔南也如期拿到了景德镇送来的订制瓷，不觉喜形于色。仿佛担心夜长梦多，他立即满载而归，要知道，必须依顺季风的规律，否则，一耽搁就得一年半载。此时立在船头的他，心身也被海风灌得像长出了双翅，中国人怎么说的？喜事逢双。他得早早回去给国王报喜——抢头功。接替他的是其弟西蒙·安特拉德（Simao Andrade）。

葡萄牙使节皮雷斯一行则于1520年（正德十五年）1月23日乘船离开广州，虽然二月春风似剪刀，但他们毫无春寒料峭之感，反是一派春风得意。舟至粤赣交界处，他们下舟上岸，翻越梅岭，踏行青石板铺就的岭南古道，满目梅花半开半凋零，千年梅树枝干遒劲，虽车马劳顿，但皮雷斯一行不觉辛苦，反而领略到赣地的别样风情。至赣州，又登船顺流下到古城南昌，未作久留，再行舟至故都南京，已是春夏相交的五月天了。其时，正德帝朱厚照已在南京一待数月，何故？

原来头年六月，江西宁王朱宸濠以正德非皇家血脉——爆料皇后产子时抱错，且荒淫无耻为名在南昌起兵造反。正德闻之，不仅不畏惧，反而动了南下亲征之念，“北伐”还没过足瘾，给自己封了个“威武大将军”，不顾群臣倾力劝谏，8月，率军浩浩荡荡出了北京城。行至涿州时，捷报飞来：右副都御史南赣巡抚王守仁已平定叛乱。原来，王阳明其时就在叛乱现场，但他临危不乱，虽当时只是孤身一人，且赤手空拳，但智勇双全的他化险为夷，以正义之声召集人马，仅在短短的43天就一举歼灭了朱宸濠叛军，俘虏了朱宸濠，并欲押解至京。但是，正德却一意孤行，于12月26日抵达南京，驻跸于此，风花雪月玩乐逍遥之外，还非得搞个“捉放朱”的武装游戏。王阳明知此举后果，誓不退让，这就是在南京胶着的数月。

此时，帮助葡萄牙使团获得入京诏书的总太监钱宁恰恰东窗事发，原来他秘密参与了朱宸濠的造反。抄钱宁家时，有巨量的玉带、黄金、白金之外，还有胡椒数千石——当是通事火者亚三贿赂之物。正德却尚未改变主意。于是火者亚三又受命故伎重演，寻准目标，贿赂正德身边宠臣江彬，江彬心领意会。但御史丘道隆和御史何鳌都上奏正德，义正词严请求帝驱逐这帮佛朗机人，不过正德心中却是希望接触的，毕竟新鲜，且对他们颇有好感。所以，一面应允不在此地接见葡萄牙使团，一面召见了江彬引荐的火者亚三，正德见这浮梁汉语通番汉，说话有趣，一时高兴，就让他单独留了下来，使团则上京等待。正德与火者亚三，边学番语边逗逗乐。是否还有对景德镇的一份心情？而火者亚三见皇上如此待见他，身子骨不禁飘飘然起来。

直至正德十五年闰八月十二日（1520 年 9 月 23 日），正德因溺水意外，才不得不意犹未尽地启程返回北京。

就在此前两个月——6 月，费尔南船队顺利返回葡萄牙。从中国运载回的瓷器、茶叶和丝绸让他们获利数倍。尤其是他为国王唐·曼努埃尔一世定制的青花纹章瓷，不仅让他获得高额利润回报，要晓得，一件这样的瓷器相当于几个奴隶的价格！而且让他在埃武拉得到国王和王后的热情款待。唐·曼努埃尔饶有兴致地要他介绍中国的种种事情，不厌其烦，不惮其详。这，不只是对遥远又神秘的中国的好奇，雄心勃勃的他举起酒杯，提早庆祝葡萄牙与中国贸易建交成功！通往中国贸易的大门已然打开，中国的珍奇宝贝将源源不断涌向里斯本港口，里斯本很快就要取代意大利的威尼斯，而最珍贵的中国瓷器会让欧洲其他国家的皇帝臣相艳羡不已，竞相折腰——葡萄牙世界霸主地位不可动摇。干杯！

葡萄牙国王唐·曼努埃尔当即下令：从东方返回的商船，无论大小，所载货物中瓷器的比例一律不得少于三分之一！

当然，他们都高兴得太早了。

2. 正德与景德镇

正德皇帝是个怎样的人？如若放置今日之网络，让网民评价，可能绝大部分会很茫然，不太熟悉，包括他的老子弘治。但知晓这位皇帝经历的人，一小部分人肯定会深恶痛绝，认定他是个祸国殃民的荒唐皇帝；而另一小部分人，会毫不迟疑地点赞，夸他是超前的极有个性的人；但大部分人会在啼笑皆非中怀疑是新编戏说历史剧。

言归陶瓷。

称正德与外销瓷、正德与景德镇有不解之缘，倒没有夸张。

正德元年，一说正德五年（1510），日本伊势松坂人五良大甫随 85 岁日僧了庵桂悟，从明州（宁波）进到中国，似衔接上远逝了几百年的“遣唐使”的足履。但五良大甫很快去到景德镇学习青花瓷的制作，为自己取了个中文名字吴祥瑞。五年后他回日本有田，自己开窑仿制中国瓷，称祥瑞青花。祥瑞青花瓷多为罐、盘、碗等器型，日本白鹤美术馆有收藏，不假。其胎体结实、釉面肥厚、制作精良，在器物的口沿、内壁及近底部常绘七宝系、石叠纹、几何纹等纹饰。地白纹青，如贵妃杨玉环出浴般高贵华美光艳照人。器底款式竖写两行，左边撰“吴祥瑞造”，右边写“五良大甫”，随意奔放，为同一人所书。此后虽仿品层出不穷，但底部款式与这一批天壤之别。

然而，这是历史真实？是捕风捉影？是自编传奇？说得有鼻子有眼的，却与史实对不上榫头，有认为压根就是子虚乌有！有惊呼谜一样的款识梦一样的人！因为，日本直到1616年（明万历四十四年）才能自产青花瓷，即吴祥瑞返日后百余年才出现有田烧，这时间未免间隔得太长了。于是，又有解释为是吴祥瑞回日本前在景德镇烧制成带回做纪念，还新增续篇：吴祥瑞的三代孙前往景德镇学瓷艺的故事，算是自圆其说。

然而，日本古陶瓷学者中岛浩气（1871—1946）有著作《肥田陶瓷史考》，其为了考证寻找祥瑞在有田的踪迹，生前几乎遍踏肥前各山，但最终失望而归。陶瓷史家松本源次于1996年出版的《窑火之乡有田的历史故事》中也引用了中岛浩气的慨叹，看来，日本陶瓷史上并无这位神龙首尾皆不见的“瓷圣”，知根知底的日本瓷圣是朝鲜人李参平，也有说李参平是汉人。

那么，与高高在上的正德有何干呢？原来，所谓祥瑞青花其胎用料为从域外购来的回青，价倍黄金，只供御窑用，出品皆佳。祥瑞青花如此遮遮掩掩，必不为官窑所出。故有人推断，是官窑中的人偷出卖给了民窑非法牟利。如前朝宣德时张善就干过这种事，后清代《景德镇历代窑考·官窑》中也有如是记载。一经查实，是要掉脑袋的。所以，民窑得之，其成品万不可在本地流通，恰逢日本瓷商有需求，才有了这么一批可敌官瓷的外销瓷！民窑或为民窑悄悄打工的御窑瓷匠，能以金贵的回青料作画，那份自得和自豪又绝对不能溢于言表！于是八字款式云遮雾障，让后世演绎出无穷之解。不如大胆穿越还原——是否有这么一位景德镇瓷匠高手，将自己的真名实姓镶嵌于八个字中，他就是吴良大，刚刚画就。还有什么比“衣锦夜归”而委屈的呢？这八字款识的确也为这批高档瓷绕道出口说打下埋伏。

明正德景德镇白釉碗 高6.7厘米 径15厘米

八字款

说千道万，条分缕析后，可以说，祥瑞青花瓷当是正德年代或嘉靖初期的走私外销瓷。也反衬出正德年代对瓷的外销管理是粗放性的。

如果说祥瑞青花瓷尚有迷雾缥缈着，那么下述史实当完全真实可信。

那是正德四年（1509）三月，一艘满载货物的暹罗商船因台风影响，漂泊到广东海域，镇巡官不管三七二十一，擅自做主，“以十分抽三，该部将贵细解京，粗重变卖，留备军饷”。这可违规了，告状者不少，但是朝廷并不追究责任，反而默许。算是开了番舶之禁，很快在珠江口外设置了外港性质的码头，“无论是期非期，是贡非贡，则分贡与互市为二，不必俟贡而常可以来互市矣”，朝贡老皇历“有贡舶即有互市，非入贡即不许其互市”霎时土崩瓦解，官营海外贸易悄然又骤然向民间私营贸易转变。其实，自正统、景泰、天顺以来，官方海外朝贡贸易已日暮途穷，内忧外患中“阎王”自顾不暇，哪顾得上民间海外贸易的蒸蒸日上？即便三令五申禁止，也大都色厉内荏。况且沿海官员们为利益驱动频频上疏争取合法化，虽然反对之声浪亦激烈，但在反反复复中，忠厚又智慧的弘治帝已半推半就，已然进行了调整，正德更往前跨了一大步而已。广东右布政使吴廷举干脆以“缺少上供香料及军门取给”为理由，在正德的默许下，广东沿海“番舶不绝于海，蛮夷杂于州城”。崛起于海上的葡萄牙西班牙自然首当其冲。

1511 年（正德六年）葡萄牙武装商船几费周折，蛮横地占据了满剌加，可怜满剌加流亡王朝派人多次赴北京告状求援，正德却掉以轻心，对此封敕之国“寥寥数语以塞宗主之责”，却无意出兵援救。殊不知，葡萄牙扼住了中国南部海路外贸的咽喉，切断了中国与印度洋的贸易网，也割断了中国与满剌加的传统联系。郑和七下西洋，对马六甲倾注了多少心血！葡萄牙随即摆开架势，一面正面要求与中国贸易，一面与“海盗”武装走私集团联手贸易，而面对欧洲市场的新需求，景德镇的瓷器生产在刺激中却更见活跃。

新的好望角航线得以延伸，大明王朝并未引起激烈的反应和应有的警惕，葡萄牙不禁大喜过望。1513年（正德八年）葡萄牙商舶试探性到达中国海岸，与中国商人在海上直接交易，但明廷是不准许外国船只靠岸的，于是临近东莞的人烟稀少的半荒岛屯门，就有些葡萄牙人非法居住于此，中国商人也会来此做生意，地方政府时驱赶时默许还上岛收税，渐次形成不无喧闹的贸易码头。1514年（正德九年），葡萄牙文献记载：中国商人为暴利所趋，将麝香、大黄、珍珠、锡、瓷器、生丝及五花八门的纺织品如花绫、绸缎、绵襕等，载满帆船，涉过大海湾，至满剌加与外商贸易。熙熙攘攘互利互惠，即使语言不通，但比比画画肢体语言也能成交，况且，有语言天赋的翻译们应运而生，对中国产品，尤其是瓷器、茶叶和丝绸的大量需求促进了民间贸易的火旺，是不争之事实。这期间，有个名科尔沙利（Corsali）的葡萄牙人，家庭富裕，向往冒险，搭乘商舰远涉重洋来到了广州沿海，他见到中国景德镇瓷器并打听价格后，不禁两眼放光，竟一口气购买了10万个碗盘碟壶！商人天性让他像饿虎扑食般攥住机遇，或许正是这笔买卖，使他有机缘被悄悄地带进广州度过了销魂的数日，他成了登陆中国的第一个洋瓷商！满载而归的他如愿以偿，果然，利润高达数倍！盈利颇丰之外，也使中国瓷器美名不翼而飞不胫而走。他无法按捺久久的兴奋之情，连着写了几封信给意大利佛罗伦萨等地的朋友，交口称赞的是Chinaware，瓷与中国，中国与瓷，交融在一起。

而那烧炼瓷器的景德镇在岁月的沧桑淘洗中，虽然也有起起落落，但始终没有终结过，瓷业成了城镇的活力，瓷与生命不分，人炼瓷，瓷育人。她既没有县治级别的帽子，又无巨族大姓的荫护，从表象来看，似乎背景不硬底气不足，但是，正因为凭手艺吃饭，她极利于“五方杂聚”，包容性极大。土著和客籍、客籍与客籍之间既有矛盾更有互动，瓷匠祖祖辈辈皆靠玩泥巴吃饭，所谓制瓷技艺的家族秘籍代代相传，但也必须温故知新方能出类拔萃。瓷业的主客雇佣又并非全然世袭，常有变化。“产瓷不产手，工匠来八方”，在流动中碰撞，在交融中升华。艺高人胆大，胆大艺愈高。窝在偏僻古镇，却有胆有识与皇帝隔空对话，皇帝喜什么器型好什么纹饰，只要你有样品就能仿得一个样，没样品说得出也成，说不清楚想得到也行，就像当今美国数字大师导演卡梅隆那句牛气哄哄的话：没有做不出，只有想不出。

正德时期的景德镇，早有这份能量和把持。生产皇帝的瓷之外，明的暗的半明半暗的外销瓷也是景德镇的本份。御窑从弘治的休养生息至正德时，冷清的珠山而今窑焰熊熊，皇室需求、外销需求量陡增。湖田、里村、瑶里、昌江西岸等民窑似更见其热气腾腾。仿佛围绕着以御窑为中心，渐渐形成了窑户、坯房、资金、瓷匠、瓷商——不仅仅以家庭手工业为单位的产销一条链雏形。瓷业撑起了景德镇的繁荣，外销需求量大，又刺激制瓷业的大力发展，资本的种子悄然落进景德镇的沃土之中。从正德《饶州府志》的记载中可得知，该州“土产”之“瓷器，

今日佛罗伦萨

浮梁出”，岁办“窑冶课钞二千二百四十一贯”。明中晚期瓷的对外贸易利润在4—10倍，如果饶州景德镇的瓷器全部出口，可换回白银2340两—8800两。

这样的从一却不终的古老瓷镇，在全世界都是一个奇迹。即便欧洲、日本也可数出几个，但比之景德镇，它们实在太年幼……

正是在中国瓷不可抵御的诱惑中，在东南沿海大规模走私贸易勃兴的景况中，才有了葡萄牙国王唐·曼努埃尔派往中国的第一次外交贸易谈判。

好武多动的正德，这辈子的足迹却从未抵达过景德镇，只是在他生命近终结时，光临过江西的边缘。

3. 正德的“出口转内销”

元忽必烈当朝时，曾迫不及待大量烧制外销伊斯兰地区的青花瓷，其中有以伊斯兰纹为装饰的。而明正德一朝，大量的伊斯兰纹瓷流行一时，出口乎？内销乎？

正德朱厚照推崇伊斯兰教，他曾言：“儒者之学虽可以开物成物，而不足以穷神知化。佛老之学，似类穷神知化而不能复命归真。盖诸教之道各执一偏，唯清真认主之教，深源于正理，此所以乘万世与天壤久也。”于是嗟叹：“一教玄玄诸教迷，其中奥妙少人知，佛是人修人是佛，不尊真主却尊谁？”他还给自己取了个阿拉伯文的名字，叫作妙吉敖斓（mejid—Allah），意思是“安拉的荣耀”。

中国皇家正统以儒家学说为立国之本，但历代皇帝有笃信佛教，尊崇道教的，出了个推崇伊斯兰教的正德其实也不为怪，中华文明的包容性与融合性使然。

有人多方考证且信誓旦旦认定：正德皇帝是中国唯一一位皈依了伊斯兰教的教徒，至少是

明正德景德镇釉上多彩八角花盆
高 14 厘米 径 24.5 厘米

秘密加入了伊斯兰教，但，这是绝对不可信的。像朱厚照这样的性格，无所畏惧，难道还有什么事需他秘密而行么？他虽对清真教义推崇备至，然对藏传佛教、中国道教一样表现出极大的热情，在他皆不过是“逗你玩”，他不是一本正经虔诚者。这个皇帝，“学鞑靼语，则自名曰忽必烈；习回回食，则自名曰妙吉敖斓；学西番喇嘛僧教，则自名为太宝法王领占班丹”；纵乐好奇，兴趣而已。值得肯定的是，只要在他眼里是新鲜的，他就去关注去学习。

正德年间，出现许多伊斯兰文饰瓷器，很是火爆。伊斯兰文，即当年穆斯林使用的波斯文、阿拉伯文和小经文字；其内容，有《古兰经》中大段的圣训经语，有赞美真主的颂词，有醒世格言，还有波斯诗人萨迪的《蔷薇园》摘句……五花八门，丰富多彩。有可能出自正德帝朱厚照本人的意愿。

请看这些瓶瓶罐罐瓷碗瓷盘上伊斯兰译文：

“清高尊大的真主说：你不要把手完全伸开，以免你变成悔恨的受责备者”。

“清高尊大的真主说，谁做了尘埃大的好事，谁做了尘埃大的坏事，真主都会看到，这就是行好的人的报答”。

“啊！愿真主保佑其国安全，保佑其子孙后代”！

“争取安逸，丢掉烦恼”。

“善的报酬能不是善吗？”

“我们饮了一口大地上的水”。

“吉庆”。

“实属美品，它的精美工艺在信仰中生辉”。

“追求书法上的完美，因为这是存在的关键之一”。

“科学是无价的长生不老药，愚昧是无可救药的恶魔。”

……

即使放到今天，以上文字也称得上心灵鸡汤，满满的正能量。从回回文内容来看，并非照葫芦画瓢的装饰，而是经过了斟酌选择的，有准确鲜明的指向性，皆劝奉人们不要铺张，不要贪婪，善有善报，恶有恶报。人在做，天在看。

明正德青花插屏　英国大维德基金会藏

正德伊斯兰文装饰的瓷器多是青花，器型以碗、盘、深腹罐、觚为主，还有香炉、盖盒、烛台，用于文房的砚台、笔山、水盂、笔洗，以及插屏、七巧花插等。圆器为主，但也有方器等镶器，景德镇瓷业行话有：十圆不如一方。可见方器成型之高技巧。2005 年 9 月，纽约佳士得拍卖会上，一只正德青花阿拉伯文四方瓶引起了竞拍者的注目，最终以 169.6 万美元成交，被伦敦古董商 Eskenzi 收入囊中。正德时期似乎对方形器也特有兴趣，方瓶、方盒、方砚、方形插屏，连瓷器上书写伊斯兰文的开光也多有方形。

明正德景德镇青花圆盖盒
高 7 厘米 径 16.5c 厘米

正德时期所用的青花料，初用平等青料，发色比较浅淡；还有石子青，发色则浓中见灰；但到后期，由波斯买回昂贵的回青料，蓝中泛紫，艳丽又见深沉，是上等的青花料。

这些伊斯兰文青花瓷官窑与民窑皆生产。如果说是为出口外销的贸易瓷，那么，其器型应不同于自元至明永宣时期，而仿照伊斯兰教地区的金属、玻璃等器物的形状来制作，但它们多是本土中原的造型风格。有学者以为正德伊斯兰文瓷并非应阿拉伯瓷商的需求生产的外销瓷，而是正德皇帝自己享用的瓷。这种说法，是否从一个极端走向另一个极端？有件以红彩书写伊斯兰文的瓷盘或许可以作出回答。此盘为故宫博物院庋藏的正德伊斯兰文瓷计 20 余件中，唯一的红彩瓷盘，国外与此相类似的已发现一件。与众不同的是，盘底款识满写三行伊斯兰文，中间为阿拉伯文，上下为波斯文，释文是：“迪麦尼可汗即阿曼苏来受沙”。“可汗”、“沙”是蒙古、鞑靼等民族对“君主”、“国王”的称呼，故可推断为阿拉伯某国家或地区向景德镇的订烧瓷，如若是正德赏赐阿拉伯国家来往使臣的赏

明正德景德镇青花五峰山形笔架
高 11.7 厘米 长 22.5 厘米 宽 5 厘米
大英博物馆藏 W.弗兰克斯爵士捐赠

明正德景德镇青花五峰山形笔架
高 13.4 厘米 长 20.2 厘米 宽 5 厘米
大维德基金会藏

赉瓷，那么盘底应是“大明正德年制”官窑年款。也不可能是阿拉伯国家定制后返赠正德，那岂不是反客为主？想也不敢吧。红彩瓷盘的特色倒也合阿拉伯人的审美定势：满。盘内盘外纹饰简单，仅以双线圆圈开光，但阿拉伯文书写的经语却是满满当当的。

大维德基金会收藏的正德青花五峰山形笔架，是典型的中国传统器型，纹饰为青花缠枝花，中心部分以菱形内套正方形开光，有人认为阿拉伯人不用毛笔，这样的笔山肯定是皇室宫廷文房用品，那么，看看开光内的阿拉伯文吧：“鹅毛管休息地”，何其幽默！鹅毛管也是写字的笔呀。“大明正德年制”六字楷书款落于笔山底部。当然，相似的笔山，北京故宫博物院、首都博物馆皆有收藏。

正德青花折枝花圆形开光纹碗，胎釉晶莹剔透，底款为楷书“大明正德年制”，极其规范的双圈六字，其“德”字酷肖宣德底款的“德”字，倒是典型的官窑器。碗沿内外以回纹饰边，碗外壁以双线六个圆形开光，内书阿拉伯文，其义为“君王政权永恒”、“兴盛与日俱增”。开光外饰以牡丹花卉，碗足为卷枝花纹。碗心书阿拉伯文“感谢真主的恩惠”，环以双圈线，饰卷叶纹。如此典雅古韵、庄重精细的碗当是正德所用，其伊斯兰文也映照出他内心的真实，对皇位虔诚的祈祷。谁说最不像皇帝的正德最不愿意当皇帝？君不见，正德时期穿花龙纹尤为盛行，盘、碗、渣斗、壶、花觚上比比皆是。

是否可以这样说：流播甚广的正德伊斯兰文瓷是正德时期独特的瓷风瓷韵，她既是外销瓷的大宗，又是皇帝的瓷。

伊斯兰文瓷、纹章瓷和日后诞生于隆庆万历时代的克拉克瓷可谓中国外销瓷中较特殊的品种。至于自元代至明初适合伊斯兰教饮食习惯的青花大盘大碗大罐，弘治、正德时期仍是热门外销瓷，而且，也为欧洲所接受。

《诸神之宴》 意大利画家贝里尼 1514 年

而从这幅著名的宗教题材油画《诸神的盛宴》中，可寻觅到中国外销青花瓷的倩影。这是意大利画家乔凡尼·贝里尼生前最后一幅杰作，由他的学生提香创意。其浑厚又灵动的笔触极有感染力，画中，墨绿色的动态森林浸透了阳光的暖意，享受着美酒盛宴的诸神已是半醉半醒，男神女神们或坐或立或倚，不无优雅又分明挑逗笑闹，暖暖的肉色与女神们白蓝相间的丝绸衣裙晕染着尽兴的意绪，而站立着的女神手中捧着的大碗，地上盛满水果的折沿大盆，虽是点缀，但如点睛般醒目，这就是明代中期的外销青花瓷，布满着缠枝花卉。既与森林后的深邃的湛蓝色天空淡淡呼应，又让女神们更见婀娜纯清。看来画家不是随手涂抹，而是对中国青花瓷情有独钟。

这类景德镇青花缠枝牡丹纹大碗在伊斯兰博物馆中并不罕见。有只高 12 厘米、口径 32.7 厘米、足径 18 厘米的青花大碗，为叙利亚国家博物馆所藏。碗口敞开，内壁稍斜，如此腹部大，盛东西多。内壁饰以满满的缠枝牡丹，外壁缠枝牡丹外，上下有卷云纹和莲瓣纹衬托。大碗内外皆繁茂又清晰，全然伊斯兰风格，但牡丹纹是中国重要的传统纹饰。

这幅画是画家贝里尼于 1514 年（正德九年）所创作。这些端庄秀丽的青花瓷是怎样来到欧洲的？有这样的外事记载：埃及王子于 1447 年（正统十二年）向法国查理七世，1487 年（成化二十三年）向意大利美第奇王，1490 年（弘治三年）向威尼斯总督分别赠送了极为精致的中国瓷器。

至于埃及王子是怎么获得的，理当离不开海上陶瓷之路。

4. 纷繁喜剧的悲剧收梢

让我们的视野再回到正德十五年（1520）八月的南京郊野。

在佞臣许泰、江彬、张忠的怂恿下，正德帝执意要在鄱阳湖上放走朱宸濠，再由正德亲自率兵督战，生擒朱宸濠——有这么愚蠢的奸计吗？

如若不是智勇双全正义的王阳明，何能在短短的一个半月之内，运用神速果敢的军略，平定了差点颠覆大明王朝的宸濠之乱？王阳明为良知再次挺身而出，力劝皇帝不可轻信诡计，以免荼毒百姓，天下大乱。屡立功劳却屡遭构陷，则是王阳明一生的真实写照。

后总算在南京郊野演了一出短暂的“放捉宁王”的闹剧，这才凯旋返京。回程之路，正德依旧没有消停。经过清江浦时，他又兴致勃勃上舟捕鱼，眼见拉上沉甸甸的一网，重心一偏，跌入江中，众人七手八脚将其捞起，以为无事，再说平时身体倍儿棒，谁知就此高烧不退。

一行人这才日夜兼程赶回京城，却只见京城门外：一律白衣，素衣，以至于三十里一片白！实乃不祥之兆。是正德的安排？仿佛是提前为自己送葬！

葡萄牙使团自是心急如焚，但又自视朝里有江彬，对京城诸官很不买账，他们哪里知道，正德已大口吐血，御医已回天无术。而江彬亦自身难保，耗着吧。

正德十六年（1521）三月，弥留之际的朱厚照仍躺在被他称为“家里”的豹房中，自知大限已到，对司礼监太监说：“朕疾不可为矣。其以朕意达皇太后，天下事重，与阁臣审处之。前事皆由朕误，非汝曹所能预也。”人之将死，其言也善？抑或惊回首，愧当了16年皇帝？他那清癯面庞已被燠热烧成红黑，两条眉毛却仍像往常那样高高挑起，依旧对世界充满了新鲜感，又满是捉弄和恶搞。他自己可能也没想到，就此玩完。

他是明代第一位既是皇长子又是皇后亲生的所谓正宗嫡传接皇位者，出生时辰又应了“燳”字，父亲对他满怀厚望：“四海虽大，人民虽众，无不在此子照临之下。朕之江山，永为得人。”少年的他，母慈父更慈；学习环境无比优越，他的天性聪慧，过目不忘，又有语言天赋，通晓几国语言；性格开朗，喜好外交；体格健壮，骑马射箭，行围狩猎，外加擒拿格斗；做了皇帝后竟发展到徒手与虎豹搏斗为乐。其实，他性本善良，一心想跃马疆场，建立奇功，但明代自从英宗朱祁镇出征边疆，尚未开战即被俘虏后，历代群臣遂将看住皇帝当成第一要职似的，逆反中的他便越发率性，“逃”至北营，又搬出皇宫长住豹房；其实，教唆其入歧途的是围着他的几个坏太监，当他为忠臣的死谏吓倒，差点想改邪归正时，是太监刘瑾在他的耳旁说：皇上——您是皇上，天下都是您的，谁敢不听您的？瞬间，少年悟到权力，进而尝到了权力的滋味。那就是：我想怎么着就怎么着，谁能把我怎么样？虽然刘瑾、钱宁、江彬这些围在正德身边的家伙最后都死得很惨，但正德的荒唐乃至荒诞与他们的教唆是分不开的；幸亏正德时期尚有一批忠臣良将，方使正德一朝常常有惊无险。

历史学家黄仁宇的《万历十五年》极为学界激赏，叹曰：历史原来可以这样写。他还原了万历这个活生生的形象；书中，对正德，他旁逸斜出几页夹叙夹议地评说，似乎有着另种的欣赏：“他有超人的胆量，充分的好奇心，丰富的想象力。这样的人作为守成之君，可谓命运的错误安排。正德没有对传统屈服，他有他自己的寻欢作乐的办法，而且我行我素，毫不为臣僚的批评所动摇。与书呆子作对，也许正是他引以自娱的办法。”

似褒扬过度。

这是怎样的一个皇帝！一个拒绝长大的幼稚症顽主，演绎着叛逆期青春残酷物语的皇家版？一个追求个性解放的混世魔王，难道是武侠版的“贾宝玉”？像，又不像。从他身上，仿佛可以寻觅到美国的嬉皮士、香港的古惑仔、中国大陆新近火爆的屌丝的身影……后现代、解构主义、自我嘲讽、恶搞能手、萌萌哒等等一锅煮！他那大幅度游戏人生的劲头，仿佛是生命力的原始奔腾，“娱乐至上”、“娱乐至死”在他身上是超前超前再超前！

明正德青花阿拉伯文莲花纹罐
首都博物馆藏

皇帝，应当有皇帝的责任和担当。

他是否还惦记着等待他召见的葡萄牙使节呢？

4 月 20 日，正德帝驾崩，年仅 31 岁。

随着正德帝朱厚照的匆匆离世，皇太后当天就批准群臣奏折，杀了江彬；并下诏不准佛朗机进贡。葡萄牙与中国的第一次正式外交就这样草草收场。继位的嘉靖帝朱厚熜生性偏执，而且急于树立自己的权威，觉得厚照兄搞了一摊又一摊子乱七八糟的事，让他来擦屁股，当葡萄牙使团被遣回广州后，竟把他们关进了大牢。一说火者亚三病死于牢中，一说被处死。

自此，中国与葡萄牙官方绝交 31 年。

正德的“难兄难弟”葡萄牙国王唐・曼努埃尔一世也于同年 12 月 13 日去世。这位国王其实也不乏骄奢淫逸，但他牢记前任约翰二世的嘱托，继续实施扩张葡萄牙势力的纲领，将贸易遍及全球，决不放手富饶的中国。建交失败后，他倒舍不得拿他收藏的中国瓷器撒气。据载，在葡萄牙的桑托斯宫（Santos palace）有一个由 200 多件中国青花瓷器装饰的“青花屋顶”，其中就有不少是唐・曼努埃尔一世的珍藏物。

这一年的 3 月 27 日，葡萄牙人麦哲伦登上菲律宾岛，企图用武力血腥镇压岛上土著，但遭遇激烈反抗，战斗中，麦哲伦身中毒箭，客死他乡。当麦哲伦的同伴回到西班牙时，仅剩下区区 18 人。但是，麦哲伦毕竟成为第一个环球远航、拥抱地球的人。

似乎都应了喜剧开场，悲剧收梢之结论。

城门失火，必殃及池鱼。明廷颁旨："自今海外诸夷及其朝贡者，抽分如例，或不赍勘合及非期而以货至者皆绝之。"

正德初年已然放宽的对海外各国来华贸易活动的贡期和勘合种种限制，立即紧缩，恢复至老祖宗的"非入贡即不许其互市"的规定。海外贸易又完全掌控于官方，官营朝贡贸易又为唯一孔道。这一政策的实施，造成的恶果十分明显："由是番舶几绝"。——因噎废食也。

6 第六章 / 漫漫嘉靖朝：不问海道问鬼神

波浪悄悄地逼近，泛滥各处，
本身既不生产，又造成不毛之地；
它不断地膨胀，汹涌和翻卷，
掩盖一片令人厌恶的荒滩。
——歌德《浮士德》

一、欧中角逐

嘉靖皇帝像

对嘉靖帝朱厚熜，欲说还休。虽曾有其诞生时黄河水清五日、紫色瑞云满天空等奇异瑞兆，但哪位皇帝没有诸如此类的炒作？当然，少年厚熜资质非凡，学养深厚，诗词书法、音乐艺术，无不通晓，倒也属实。在对道家一往情深的同时，也倾情于文学艺术，特别喜爱青词。实事求是地看，嘉靖前期还是想有所作为的。既能赈灾，修堤防，励蚕桑；又能振经济，兴市场，实施服匠役可以用银两抵换；既能兴文化，建学堂，亲自裁定修改礼仪；又能御外侵，抗“倭寇”；特别有意思的是，他还谕示勘刻《三国志通俗演义》和《忠义水浒传》，可知他对白话小说和戏剧传奇的浓厚兴趣。这样一个有文学艺术底蕴的皇帝，在瓷业方面理当大有作为。

然而，嘉靖一朝 45 年，后 20 多年却避居西苑，一心修炼道玄，崇信方术，虽有一批忠臣名将文功武治大明江山，还有清官海瑞单打独斗，但严嵩入阁首辅，结党营私，权倾朝野，贪腐横行，皇帝本人又生性悭吝，大肆搜刮民脂民膏，民间流传新编谚语：嘉靖家净，家家俱净。以致各处农民爆发起义，边患频频告急。奇怪的是，这位不理朝政者却始终掌控着大明的军政经济大权；更奇异的是，在他昏天黑地的统治下，国力渐衰，然，中国瓷业却见另番景象。一是景德镇青花瓷继宣德后在国内形成第二次主流高峰，且引起欧洲各国的倾慕，继而成为外销欧美瓷主流；二是景德镇列入江南重镇，为“天下窑器所聚”，成为全国烧造中心，并享誉海外；三是嘉靖时因优质麻仓土供不应求，于是在彩饰上狠下功夫，红绿黄紫棕等釉彩争相斗艳，锦地、两面彩图案、内外夹花、年花棒字、棒八宝等彩饰艺术丰富兴盛，富丽繁缛的彩瓷，实质上为清代外销主流彩瓷打下了厚实的基础；四是福建德化白瓷从外销东南亚拓展到远销欧美，民窑陶瓷雕塑家何朝宗遐迩闻名。嘉靖瓷业，其产量，上可追永宣，下不让万历；其质量，无论是御用、内销和外销亦有承前启后之作用。将嘉靖岁月视为中国瓷业嘉年华，也不为过。

然，如果将这些归功于嘉靖，那嘉靖可真是贪天之功了。他既缺雄才大略，又乏仁慈之心；既少陶瓷技术的特别贡献，又无陶瓷艺术的真诚情怀。用专制独裁、极端自私、刚愎自用、残暴凶狠来界定他，亦不为过。

皇权就像口大染缸，难有不变色的；皇权倒更像坏窑口，哪怕优质的坯胎进去，也是变坏的多多。

明嘉靖青花景德镇麒麟座喷泉纹执壶
高 31.8 厘米 大英博物馆藏

如果说朱厚照是从大太监刘瑾的耳语顿悟皇权至高无上的话，那么，朱厚熜则在通向皇位的北京门外，用自己的固执了然皇权的所向披靡。

那是正德十六年（1521）四月，16 岁的朱厚熜随使团从湖北跋涉数千里，抵达北京城外，按老谋深算的首辅杨廷和之意，礼部先用太子之仪迎朱厚熜从东华门入，居文华殿。本来，朱厚熜只是皇室旁支小宗，由地方藩王入继大统，是开了明代先例的。谁知少年却不领情不肯就范，言：遗诏以我嗣皇帝位，非皇子也。双方争执不下，这时，少年执拗，宁愿不当皇帝，欲打道回府，如是，朱厚熜赢了，从大明门入，5 月 27 日于奉天殿登基。或许，从这一刻起，少年就已彻悟：当皇帝就要固执己见，谁奈我何？

接下来，为“大礼仪之争”吵了三年半，纠结了 17 年！说白了，就是朱厚熜的生父生母摆什么位置，弘治帝是否成为宗法意义上的朱厚熜父亲等。这问题的确纠结，但按照民间过继子嗣来看，既然过继了，就得认可这家家长，而不能把自己的生父搬到这家来当家长。然而嘉靖经过 17 年的持久战，不仅追尊生父为兴献帝后又加封为献皇帝，生母为兴国皇太后，改称孝宗敬皇帝曰“皇伯考”；而且，兴献帝的牌位还升祔太庙，兴献王墓改为显陵，“大礼仪之争”终以嘉靖帝的完胜而告终。嘉靖是智慧狡黠的，貌似孝道，实质是确立皇权的无上威严——朕说了算。从此，这位执拗的皇帝一意孤行，为所欲为，独断专行，不达目的，誓不罢休。他不畏群臣众口一致，不惧谏言抨击猛烈，耗吧，耗吧，耗得过朕？朕就是不上朝，静心修道长生不老呢。况且，中国所谓士大夫阶层决非铁板一块，其中奉迎拍马者大有人在。

如果说正德朱厚照所作所为见异端的话，那么，嘉靖朱厚熜所言所行则发散着乖戾阴毒残忍。嘉靖二十五年（1546）让人惊魂的“壬寅宫变”，不到生不如死，杨金英等十余名手无缚鸡之力的宫女，敢差点将熟睡的嘉靖活活勒死？何止是帝“以蕉叶待露，饮露以延年益寿”这活计？结果是这群宫女一个不落押往西市千刀万剐而死。而方皇后也没能善终，几年后坤宁宫起火，嘉靖竟不准救火，将她活活烧死。前陈皇后被嘉靖猛踢至流产而死，前张皇后被废郁闷而死。这样凶残暴戾的皇帝，能爱瓷懂瓷？

嘉靖的确是喜怒无常、恩威莫测、出尔反尔、随心所欲的。单说对海外贸易的态度，他可是历经了几个 180 度的大转弯。从早期严厉海禁到禁而不止，从大动干戈“片板不准下海”到禁海功臣愤而自尽，再到暧昧不明，不知是开还是禁？忽然间，澳门竟为葡萄牙赖上了，华商出洋外销瓷，外商辗转定制瓷，仪态万方的青花瓷成就海上繁华梦。幸耶不幸？

这海上繁华梦，除却葡萄牙、西班牙、荷兰出于瓷器贸易高利润的诱惑，从海上对中国贸易主动进攻，死缠烂打、决不放手之外；除却景德镇、广东福建沿海窑口的积极生产，民间海外走私贸易的兴盛之外；就皇帝本身而言，却很是荒诞——为了延年益寿的龙涎香。他要的就是长生不老，其他了无兴趣。他也搬出紫禁城，住离宫别苑，全心全意修坛炼丹。仅嘉靖十八年（1539）回到过他的出生地——湖广承天府一趟，此后再也没离开过北京城。

嘉靖外销瓷却浩浩荡荡行天下。

1. 从屯门海战到澳门晒货

正德十六年（1521）7 月，嘉靖已登基，尚未改年号，广东官员即报明廷，又有一批葡萄牙人到广州要求进行贸易，但礼部和兵部都认为佛朗机人既在广东沿海屯驻窥探，又有欺凌中国商民之恶行，当拒绝其要求，嘉靖当即下旨，尽快驱逐之，并再不许入境。

8 月底，屯门海面战争一触即发。时年 56 岁的广东海道副使汪鋐出任指挥，他一面加强正规战船与兵力，一面动员望族乡绅渔船百姓保家卫国；葡萄牙方为迪哥·卡尔乌舰队占屯门据点，又有几艘大海船前来援助。汪鋐对葡萄牙人先礼后兵，葡萄牙人则以武力对抗，双方开战激烈，但终因葡人火炮猛烈，中方败阵。然而汪鋐败不馁，也是天助，9 月 7 日，南风忽起，汪鋐率军士 4000 众，分乘小船 50 余只，箭一般驶向葡船，霎时小船变火舟，将葡人大船点燃。葡人没见过此阵势，零距离中火炮变哑炮。汪鋐还派了水性好者潜入水底，凿漏葡船，水火之间，葡人哭爹喊娘，只有跳海逃命。汪军奋勇杀敌，生擒葡萄牙人 110 人，直至天黑，才有三艘葡船逃出，天亮时南风转北，葡船这才逃回满剌加。

屯门海战是中葡第一次在海上硬碰硬的直接较量，是中国第一次抗击西方殖民主义者的激烈海役，中国收回被葡人非法盘踞的屯门岛，以往常受葡人骚扰的屯门海澳与葵涌海澳也恢复安宁。这一战，显国威。汪鋐自是感慨万千：回首长歌无尽兴，天高海阔月明中。

嘉靖元年（1522）7月20日，葡属满剌加总督奥布魁克不甘失败，又派古蒂尼奥率6艘大帆船和300名官兵从满剌加直奔广州，企图夺回屯门修筑要塞，再以武力威逼广东官府恢复通商。但中国海军在新会县域茜草湾海面将其拦截住，重拳出击，经激烈战斗，葡萄牙2艘战舰被缴获，俘虏42人。葡萄牙妄图以武力压倒中国的梦想算是彻底破灭，丢枪弃甲仓皇逃回满剌加。

这两仗，保了20年广东沿海葡萄牙人再无侵扰的记录。

这，本是大好事，至少让葡萄牙知道中国的实力。如若嘉靖审时度势，以战胜者的实力姿态商谈中外通商事宜，可能会是另一种前景。其时葡萄牙与中国的瓷器贸易已占总额的1/3，但是，嘉靖只是对葡萄牙人的频频袭扰不胜其烦，继而非常严厉地宣布实行海禁。

嘉靖二年（1523），因日本大内氏与细川氏两大集团为商业利益在宁波港发生“争贡事件”，这与宁波市舶司受贿也是有牵连的，而大内氏头目宗设谦道猖狂至极，竟从宁波上岸，一路烧杀抢掠到绍兴，这还了得！朝野大为震惊，夏言进言，倭寇源于市舶，建议取缔市舶司，厉行海禁。嘉靖立即采纳，关闭了宁波市舶司，各港口进行封锁，出海船只一律销毁，以断绝倭寇的补给。沿海官民胆敢出海，必依法处以极刑。偏执的嘉靖干脆快刀斩乱麻，将素与中国有朝贡贸易的安南等国，也对其番舶尽行阻绝之。嘉靖八年（1529），广东巡抚林富曾不无忧虑地上疏奏请放松海禁，陈述了海上互市有四利：一是抽分足供御用，二是借以充兵饷，三是流通上下交济，四是小民衣食其中。意即海外贸易对皇上、军队、地方政府和老百姓皆有利，海外贸易关税已成为沿海重要的财政收入，但嘉靖充耳不闻。

然而，为牟取暴利，浙闽大姓的海商集团仍与“番舶夷商”，并形成海上武装走私集团，如王直、徐海等，拥舰数百，拥众数万，既有大海商的头脑和能量，又有能攻能守的海盗实力，也确有少数倭人在内，并在日本沿海岛“安营扎寨”，所谓“倭患”愈演愈烈；又与窜至浙闽沿海的葡萄牙商勾连“互市”，使沿海形势越发扑朔迷离。

中葡虽断交，但走私贸易一直未断过。1528年（嘉靖七年），若热卡布拉尔（JorgeCabral）从满剌加致函国王：“我向一个来到此地的中国船长，为殿下定制了几件（瓷器），他把瓷器带来了，可是，不是我想象的那种。当我回去以后，殿下就知道是什么样子了。由此，我知道中国人在满剌加很守信用，因为如果向他们订货，就会带货回来。”葡萄牙人已向中国采用定制瓷方法，对器型、纹饰等方面提出要求，在沟通交流中会有种种的不到位乃至错位，但也往

明嘉靖白瓷绿彩“金襕手”碗
高 10.4 厘米 径 12.5 厘米

明嘉靖青花大餐盘 径 52.5 厘米
葡萄牙定制有耶稣教标志（IHS）
大英博物馆藏

往在碰撞中生出的火花。现珍藏于葡萄牙博物馆的一只双柄大碗，上有 1541 年号（嘉靖二十年），器型是当时葡萄牙最流行的，碗的外壁绘着欧洲马夫驾马车，内壁则是宗教图案。另一只珍藏于土耳其伊斯坦布尔博物馆的葡萄牙王国纹章的中国瓷碗，碗的边沿上也有 1541 年号，而且铭记是属于葡萄牙贵族法雷埃（Faria）的。其人在 1537—1543 年担任满剌加的地方长官，1546 年去世。在意大利的那不勒斯博物馆还有件与法雷埃同时期却不同纹饰的中国瓷碗。这些瓷器在中葡断交的年代，是怎样通过走私途径出口的？又据同年的欧洲文献记载：一件葡萄牙王室纹章器约相当于几个奴隶的价格！昂贵的中国瓷器因而成为王室财产清单中必须的登记品。因其昂贵，葡萄牙王后和公主的瓷器手镯和艺术品，都像阿拉伯人对待瓷器那样，镶上了金边银边以保护。珍藏于大英博物馆的嘉靖白瓷绿彩“金襕手”碗，带有镀金银质底座及配件，足见其无比珍惜！

诡异的是，绝交期间，嘉靖二十年（1541）的深秋，葡萄牙传教士约翰（PresterJohn）等九人竟获准进入北京，且做了两个月的访问。他们为中国的长城而震惊，为北京有 3300 座寺塔和庙宇而撼动，为宽阔的街道和雄伟的建筑而感叹，为商店里目不暇接的丰富珍贵的商品而惊艳……发自内心的除了赞叹还是赞叹。难道说痴迷道教的嘉靖是出于对“教”的好奇而为之？

然而，嘉靖二十七年（1548），嘉靖却又摆开架势，派朱纨严行海禁。

朱纨于嘉靖二十六年（1547）刚任提督闽浙海防军务。他虽是苏州人氏，但性格刚烈，为官清正，办事雷厉风行。接旨后，说干就干，先在浙闽沿海地带厉行保甲连坐制度，四月，即派都司卢镗率兵攻克“倭寇”巢穴双屿港，活捉日本人稽天和中国海盗许栋等，并筑塞双屿加强海防。为绝后患，当即毫不手软地将捕获的通番头目统统斩杀。这，当然触犯了浙闽豪门势族的巨大经济利益，而豪门势族不仅与走私集团盘根错节，且都是朝中有背景者，所以，朱纨不仅没功，反遭弹劾，而嘉靖反复无常，出尔反尔。朱纨其实内心透亮，明白所谓“倭患”究竟是怎么回事，但是，开弓没有回头箭，抬出明太祖“片板不准下海”且进行到底。嘉靖二十八年（1549）三月，朱纨又俘获海盗李光头等96人，亦尽诛之。更遭弹劾，嘉靖竟革其职，并命其赴京对簿。朱纨仰天长啸：“吾贫且病，又负气，不任对簿。纵然天子不欲死我，闽、浙人必杀我。吾死，自决之，不须人也。”遂服毒身亡，时年57岁。朱纨虽极“左”，但不糊涂，言：“去外国盗易，去中国盗难，去中国濒海之盗犹易，去中国衣冠之盗尤难。”

朱纨死后，嘉靖帝的态度愈加暧昧，“（嘉靖）三十年夏四月，浙江巡按御史董威宿应参前后，请宽海禁。下兵部尚书赵锦复议。从之。自是舶主、土豪益自喜，为奸日甚。官司莫敢禁。”是受了巨贿还是求长生不老所致，不得而知。只是不再设巡视大臣，只见战船哨船所剩无几，海防越来越松弛；海禁之事则变得更诡谲，不知是禁还是开；海盗海商面目模糊，倭寇葡人影影绰绰拉拉扯扯，双桅大船载满瓷器丝绸还有枪支火药往来海上，与广东海面的萧条冷清相比，浙闽沿海分外繁忙喧嚣。此后，明廷又不得不调戚继光到浙江与俞大猷联手抗倭，嘉靖三十六年（1557），灭了海盗兼海商的王直，又陆陆续续近十年，才平息了所谓的“倭患”。

率先于海上扩张野心勃勃的葡萄牙，因受到竞争对手荷兰、西班牙的打击和钳制，加上葡萄牙国王的挥金如土，渐国力不支，成强弩之末，所以，对华贸易也改变策略，由正面强攻又退回与地方贪官污吏纠缠沟通。当然，海盗风格的葡萄牙始终没有收回觊觎中国的目光，嘉靖三十二年（1553），葡萄牙人借口躲避风暴，需借地澳门晾晒被水打湿的贡物为名，并辅以重金贿赂当地官员，这样“借居”了澳门，并在小岛进行瓷器和丝绸的贸易。

这其中，有指证浮梁人汪柏充当了不光彩的角色，虽然他在家乡口碑颇佳。因这一年，他出任广东按察副使。葡萄牙文献1556年有记载：“他想得到龙涎香，用它进贡国王，得王恩换个比布政使更大的官当。国王服用它延年益寿。许久以来，他们向葡萄牙人求索此物，但他们不知道我们如何称呼龙涎香。直到前一年广东海道释放了一个葡萄牙人得到少许后，才知道龙涎香在我们语言中的称谓，他也因此高升布政使。”这个被葡人贿赂的“他”，就是汪柏。龙涎香，西方称灰琥珀，是抹香鲸的排泄物。宫中炼丹术士则说是海龙睡觉时流出的口水，服之可长命百岁。果然，嘉靖三十六年（1557），汪柏擢升广东布政使，后又为浙江布政使。万历《广东史通》亦有记载：“嘉靖三十二年，蕃舶托言舟触风涛，故借濠镜地曝晒诸水渍贡物，海道副使汪柏使之……蕃人之入居澳，自汪柏始。”

汪柏虽默许葡萄牙人在广州外海和平通商，但强调交易一完，必须起锚离开，更未允准其

澳门大三巴

久居澳门。然，葡萄牙人硬是以无赖行径赖在了澳门；嘉靖三十六年（1557），葡萄牙仍以无赖之技获得了租居权，并建起了城镇和洋行，成为葡萄牙的贸易中心，中国瓷器等商品从澳门带往欧洲，葡萄牙的里斯本和比利时的安特卫普则作为中国瓷器等商品的定期集结地。

嘉靖四十三年（1564）夏秋之交，20 多艘葡萄牙商舶来到澳门，一时间，葡萄牙商人在澳门定居者多达万人！澳门，俨然成了葡萄牙人发财致富的天堂，每年只须向广东地方政府交纳一点点税收。至清朝道光二十九年（1849），葡萄牙竟乘中国鸦片战争失败之危，公然拒缴地租！澳门自此沦为葡萄牙殖民地，直至 1999 年才回归中国。

嘉靖为了小小龙涎香，居然认可将澳门贱租给葡萄牙。这样的皇帝，长寿对国家的确是巨大的灾难。上天给国家腾飞的机遇总是稍纵即逝的，回顾历史，每个民族如若不审时度势，不把握腾飞的机遇，自折翅膀，那就只有落后挨揍的命。

2. 西班牙与马尼拉大帆船

西班牙对中国瓷器向往倾慕已久。

早在 15 世纪，西班牙王室的财产清单中，中国瓷器是作为最珍贵的财产登记入册的。那些大而深的中国瓷碗，多通过阿拉伯商辗转进口的。在西班牙人的眼里，瓷器不仅与黄金等价，而且，瓷器代表清洁，代表宽宏大量、豁达而明朗。美轮美奂的中国瓷器，其时在欧洲实乃神秘莫测的不解之谜。16 世纪初，奥斯曼土耳其人阿里·厄克贝在《中国见闻记》中，将中国瓷器描绘为神圣之物：瓷器遇上毒物会变黑，瓷器能沉淀杂质渣子；用瓷器吃饭喝水，定能身强力壮；瓷器无比坚硬，只有金刚钻才能划伤它；瓷器并不透明，但无论是迎着阳光还是对着油灯照看，从内壁看外壁图案清晰可见。同时代的法国作家潘西罗更是充分发挥想象：瓷器是由鸡蛋壳和捣碎了的贝壳制成的，既薄又轻，光可鉴人。瓷器最大的优点是，一旦毒药放入其中，瓷器就会炸成碎片。而葡萄牙国王唐·曼努埃尔夸耀性地送给西班牙国王的中国瓷器，肯定深深地刺激了西班牙远航中国的勃勃野心。

西班牙与葡萄牙崛起远航并争霸海上，皆名列前茅，不分伯仲。此时的西班牙，已拥有千余艘商舶，巴塞罗那、巴伦西亚、塞维利亚等沿海港口，已成为西班牙海外贸易的重要商埠。西班牙几乎垄断了美洲、欧洲、北非洲的贸易，岂能放过巨大利润的远东贸易？尤其是黄金般的中国瓷器。况且1492年哥伦布发现新大陆，是在葡萄牙拒绝哥伦布后，为西班牙女王慧眼所识才成功的。因双方于1494年有教皇子午线之约，西班牙不得不另辟蹊径。麦哲伦的环球航行（1519—1522），又是在遭葡萄牙拒绝后，西班牙的又一次世界意义的抉择。麦哲伦的环球航行证实“地球是圆的”，而且开辟了环球海道大通。海洋分离了陆地，海洋又使陆地相连。

与达·伽马远航印度相比，麦哲伦远航艰辛太多！从1519年9月20日从西班牙海港出发，于1522年9月6日，回到西班牙，整整三年，历经1080个日日夜夜。出发时有旗舰“特里尼达”等5艘远洋海船和265名船员，回到西班牙时只剩“维多利亚”1艘船和18名船员，麦哲伦也客死菲律宾宿务岛，付出的代价是惨重的。大西洋的惊涛骇浪中历时两个月的航行，借东北季风和赤道海流沿非洲西海岸南下的快意，横渡大西洋至南美洲巴西海岸的兴奋，前程渺茫的寻觅港湾，抛锚休整的沉重，何处去寻通往太平洋的海峡？一次次穿越峭壁林立、风急浪高的海峡，一次次驶入宽阔海港的再出发，如此这般像永无尽头……有沉船，有哗变，有狂风恶浪……许久许久，旗舰“特里尼达”率剩下船只于1520年11月28日，通过了海峡——后人命名为麦哲伦海峡——进入了太平洋。麦哲伦泪流满面，1521年3月8日，麦哲伦船队横渡了太平洋，抵达菲律宾群岛中的胡穆奴岛。3月27日，船队到了马克坦岛，其后，又到了宿务岛。就在此，麦哲伦带领船员，手持火枪、利剑，企图用血腥手段征服土著，但遭遇土著的反抗。一支毒箭射中了麦哲伦，航海探险家客死他乡，命乎？后他的下属完成了麦哲伦未竟航程，并不忘交换或采购了香料、瓷器等商品，乘“维多利亚”号于1522年9月6日启航，在海上再绕另半个地球，12月21日，回到了起点西班牙。这是人类历史上第一次环球航行——从西班牙横渡大西洋到美洲，从墨西哥横渡太平洋到中国，再经印度洋，绕过好望角，越过佛得角群岛，经大西洋回到出发地西班牙。海道大通得以形成。这无疑是一次划时代的壮举。人们称麦哲伦是第一个拥抱地球的人。

然而，关于麦哲伦在菲律宾的遭遇，20世纪的美国学者科尔（F.C.Cole）却向我们还原了另幅图景。科尔于宣统元年（1909）去到菲律宾两年之久，并于辛亥革命第二年（1912）出版了《在菲律宾的中国瓷器》。在这部专著中，科尔再现了麦哲伦于1521年3月抵达菲律宾东部的莱特（Leyte）岛时的情景：当地长官和土著热情接待远方来客，赠送给他三个美丽的中国瓷酒坛，坛口盖着青翠的树叶，但仍飘溢出坛内米酒的香甜。当麦哲伦与助手皮加菲塔（Pigafetta）等一行在菲律宾马尼拉登陆后，地方长官亦设宴盛情款待之。让麦哲伦一行艳羡

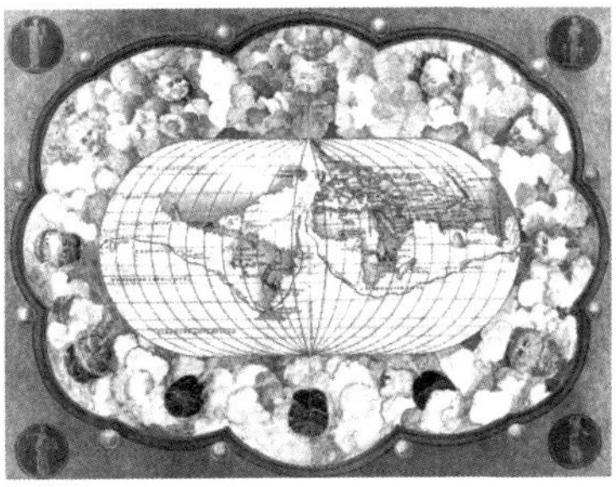
最早标出麦哲伦环球航行线路的世界地图（约绘于 1542 年）

的是华美的中国全套餐具，便觉酒更醇，饭更香，红烧肉更可口。4 月 7 日麦哲伦一行到达宿务（Cebu）岛时，国王视之为座上宾，美酒佳肴，好吃好喝。而远方的客人却领略到美食不如美器，海龟蛋、肉馅饼何如青花瓷酒坛、青瓷盘、碗、杯？在盛酒的青瓷酒杯中插上芦苇管慢慢啜吸，聆听着所有的瓷器、精美的丝绸和地毯都是中国福建的大帆船运来的，麦哲伦若有所思……

麦哲伦究竟是如何倒下的？如若不起掠夺霸占之歹念，不与当地土著发生武装冲突，也不会 40 余岁就客死他乡吧。

但是，西班牙到底以强势武力占据了菲律宾——太平洋和中国南海之间的岛屿，便成了西班牙与中国贸易的基地和据点。西班牙看重的是中国的大瓷坛、日用瓷器和丝绸等。西班牙始终没有与明廷发生正面冲突，仿佛占据着马尼拉，每每候着中国大帆船的来来往往就足矣。事实上，每年来到菲律宾的中国大帆船不下百艘，中国商人多达千名。

嘉靖二十二年（1543），西班牙人爱尔瓦雷多（Alrarado）来到菲律宾，他在棉兰老岛（Mindanao）上亲眼见到由中国大帆船运来的堆积如山、数量巨大的瓷器。

嘉靖三十五年（1556），西班牙国王菲利浦二世非常痴迷中国瓷器，大量狂购，但至今仍鲜有发现，也不知他将珍贵的瓷器藏于何处。奇怪的是，在葡萄牙的里斯本博物馆、大英博物馆，却能看见有菲利浦二世纹章的青花瓷器，它们是怎样现身于那里的呢？

嘉靖三十六年（1557），西班牙传教士阿古斯梯诺、特罗迪希腊斯等来到菲律宾，将大批中国瓷器和在美洲掠夺的金银器一起运回西班牙。

嘉靖四十四年（1565），西班牙远征军占领了菲律宾宿务岛，建立了殖民据点。同年，西班牙开辟了从菲律宾经太平洋到达墨西哥阿卡普尔港的太平洋航线。

万历元年（1573）6 月中旬，两艘西班牙大帆船满载着绸缎 712 匹、棉布 11300 匹和瓷器 22300 件，约折白银 7.5 吨，从马尼拉港驶往墨西哥海岸的阿卡普尔科，其贸易利润高达 6 倍。有人认为是此拉开了“马尼拉大帆船贸易”的序幕。界定是否太晚？万历五年（1577），西班牙神父托第西拉斯（Tordesillas）一马当先，率西班牙商船启锚，开启对中国第一次直接远航。此后，驻马尼拉的西班牙地方长官也遣使抵广州，提出以澳门附近的小岛作为对中国贸易的基地，居然得到同意，但是，葡萄牙不舒服了：卧榻之侧，岂容他人鼾睡？西班牙性格可能不像葡萄牙那么爱纠缠，不到一年半载也就拉倒。葡萄牙与西班牙在利益上一样锱铢必较！当然，西班牙有西班牙的盘算，因为被西班牙所霸占掠夺的美洲，简直成了西班牙的金银库。有统计："从1502年到1660年，西班牙从美洲得到18600吨注册白银和200吨注册黄金；到16世纪末，世界金银总产量中有83%被西班牙占有。"而留给美洲人民的则是奴役、剥削、灾难和疾病。

名闻遐迩的马尼拉大帆船，应该是既包括从福建江浙来到马尼拉走私贸易的中国大帆船，也包括从马尼拉到东亚、东南亚等处做贸易的西班牙等的大帆船，还包括从马尼拉出发到墨西哥再转欧洲的西班牙大帆船，一言以蔽之，与马尼拉有关系的贸易船皆可称马尼拉大帆船，它是世界海上贸易兴盛的一种标识。海道大通开辟后，以中国瓷器为中心的消费市场于16世纪中叶已在欧洲形成。

当西班牙、葡萄牙以海上霸主自居，沉浸于奢侈的消费享受时，原本就是海上骄子的荷兰已在奋起直追，哪怕在海上打劫；而英国女王伊丽莎白一世于1558年（嘉靖三十七年）继位后，巾帼不让须眉，也鼓励子民扩大英国贸易，开拓殖民地，哪怕掠船、当海盗……

因为在这大海洋时代，在地理大发现的时刻，海洋比陆地重要得多！海洋贸易给国家给百姓带来的利润太大！机不可失，时不再来。谁把握住了机遇，谁就赢得了主动权。

回过头去思：永乐帝的策划、郑和的践行真是超前呵，可叹懂得的人并不多，更不用提浑浑噩噩又昏昏恶恶的嘉靖……

田家汩汩流水浑
一树高花明远村
——郑獬

二、瓷外销逐浪高

专注于明清景德镇研究的梁淼泰，不无感慨地在《明清景德镇城市经济研究》中写道：“明宣德四年（1429），全国有33个府州县，为商贾云集之处，江西有南昌、吉安、临江和清江镇，景德镇并不在其列；然而，到了嘉靖年间，《浮梁县志》记景德镇人口已增至‘主客无虑十万余’，‘本镇统辖浮梁县里仁、长乡等都居民，与（饶州府）所属鄱阳、余干、德兴、乐平、安仁、万年及南昌、都昌等县杂聚，窑业佣工为生’，其人数约为万余人。”

据乾隆《浮梁县志》卷五载：嘉靖元年（1522），景德镇的人口已达10.2万余人，发展成为“二十里长街半窑户”的制瓷中心。比起在战乱不息中纷纷萧条冷落的北方诸名窑，景德镇这座内陆江南小镇，皇帝的青睐和海外贸易需求却给其带来勃勃生机，成为晚明社会里为帝国带来巨大经济效益的城镇，成为中世纪中国与世界最著名的瓷器手工业城。

1. 一枝独秀景德镇

景德镇西临昌江，东靠马鞍山，御窑厂在正街珠山路上，所以，景德镇空间拓展便沿着昌江，从北边里市渡向南边扩到小港嘴，民窑则散布于各街巷。前街后街与昌江平行，横向的街弄则垂直于昌江及主干道，基本上形成长方格形街弄格局。有趣的是街小弄大，如斗富弄（又称豆腐弄）、麻石弄，都是宽阔有名的街道；而赫赫有名的瓷器街，让人想入非非的棋盘街，则是又窄又短的小弄堂。横竖规则中又有多多少少的曲里拐弯。住户区与窑户、作坊并无严格的隔离，走哪都热热闹闹，人气旺旺。相比之下，马鞍山以东的湖田、湘湖、杨梅岭乃至更远的瑶里等民窑势头便有所减弱。而河东原本的乡村田野，却悄然在旸府寺的南侧兴起了一条商业弄，人称刘家弄，弄长不过百米，地面由焙烧的坚硬青砖竖砌作拱状铺就，路两旁有排水沟，砖牢固设计巧，风雨侵蚀五百年，青砖路依旧，只留下深深的鸡公车辙痕。两边青砖瓦屋，楼下店面楼上住家，后屋院储瓷货。原来这里是邻省徽州、江浙、闽粤湘地乃至海外客来景德镇的一落脚处，做会馆、客栈、货仓、店铺都可，半公半私或私人所有，与火红热闹的东岸若即若离，是避风的港湾，是商战前的憩园，是走为上计的出处，行事方便又省却众目睽睽。说白了，与海外走私瓷器贸易不无关系。至清朝，又在旸府寺与刘家弄之间兴起了一条三闾街。其名实是匪夷所思。但亲临古街，便知临江的街口是座三闾庙，庙门高丈许，上有石楣，镌刻着“三闾古栅”四个大字，古朴苍劲，是纪念三闾大夫屈原？临江码头是六尺余宽的坚硬的麻青条石，拾级上下，竟有上百级，两旁还有石柱石板石栏杆，可见气派之大。那时节，景德镇人不仅不稀罕外国人，而且有的外国货币还可通用，当然，那是后话。

王世懋是嘉靖三十八年（1559）的进士，万历十六年（1588）去世。他曾亲自到过景德镇，在《二西委谭》中称“景德镇官窑设焉，天下窑器所聚，其民繁富甲于一省，余尝以分守督运至，其万杵之声殷地，火光烛天，夜令人不能寝。戏呼之曰：四时雷电镇。”他并不是夸奖景德镇手工业的超前发展，而是认为此地到处筑窑掘土烧炼瓷器，凿断了地脉，实是败了这方水土的风水，所以，出不了状元。到了嘉靖年间，因匪乱停了三个月窑火，这年的秋天才有个叫吴宗吉的人中了举，但仍未考上进士。——那时真是没有大数据，浮梁夏田的汪柏不就是嘉靖十七年（1538）的进士吗？浮梁池滩的金达也是嘉靖年间的探花呀。不管王世懋是贬是褒，景德镇白天制瓷水轮之声如响雷，夜间火光烛天不夜城，“工匠来八方，器成天下走”，硬是不争事实。

嘉靖时期，青花瓷器已真正上升为主流。虽然宣德偏好青花，但青料进口昂贵；至成化，青花别具一格，并寻找到本土青料；又经弘治、正德，至嘉靖，青花这才真正从宫廷到民间，从民间到海外，皆成为瓷器主流。诚如学者万明所言：“这一时期，货币、商品、贸易三股重要的历史脉络在特定的时空点交汇、互动，构成了中华文明的代表——青花瓷史无前例兴盛发展的基本前提条件，中国青花瓷由此展开，走向了全球。”而荷兰、葡萄牙、西班牙等欧洲国家对中国青花瓷的赞赏和迫切需求，促使青花瓷作为外销主流活跃于欧洲市场，又回过来刺激和促进了景德镇瓷业的不断创新与迅速发展，无论是官窑还是民窑。资本主义萌芽于景德镇古街陋巷茁壮成长。是本土官民在西风熏染下与时俱进审美趋势嬗变？抑或青花瓷在本土形成主流的同时，又赢得欧洲市场、走向全球的契机？谁捋得清？总之，青花彩瓷已取代单色釉瓷，以单色为纯、简约为美、宋瓷为贵的审美定势终蜕变。那曾名声大噪、盛行一世的诸名窑，在悠悠岁月中，或因战乱破坏，或因王朝更迭，或因原料耗尽，或因自身粗制滥造，一个个黯淡泯灭，空留下昨天的繁华回忆；即使南方的龙泉窑，也处于淡出之境。而地处“吴头楚尾”的内陆山城景德镇，方圆不过5500平方公里，却分明一枝独秀，窑火千年不熄。

乾隆《浮梁县志》卷五《物产志·陶政》中有记载嘉靖时期烧造青花瓷的部分数据。如嘉靖十三年（1534），下旨烧造青花白地赶龙珠外一秤金娃娃花盆3020件，青花白地福寿康宁花盅1800件，青花地里升降戏龙外凤穿花碟1340件。嘉靖中期，又烧造白地青花里外满池

明嘉靖景德镇青花双凤纹盘
径 30.1 厘米 上海博物馆藏

明嘉靖景德镇青花松竹梅纹碗
高 13.5 厘米 径 28 厘米 上海博物馆藏

娇花样碗 1300 件，白地青花里外云鹤花碟 6700 件，白地青花里万岁藤外抢珠龙花茶盅 19300 件……嘉靖时期，青花瓷器的确上升为主流。

嘉靖瓷上品青花发色艳丽又浓烈，且蓝中泛紫。有人认为，蓝中泛紫，正是道教文化追求的色泽，其寓意来自道教的“紫气东来”，而嘉靖确实痴迷道教。此说有一定的道理，但实与其青料采用进口回青有关。但回青昂贵且珍稀，嘉靖后期几乎缺货，故一般窑口多采用陂塘青（江西乐平）、石子青（江西上高）而已，如若能掺些回青，这种混合料一般发色偏暗偏灰，甚至显黑蓝色；但也有例外，火候掌握恰恰好时，其色泽浅淡鲜亮，其神韵仿佛成化瓷再生。

2014 年冬，“越洋遗珍——上海博物馆与故宫博物院藏明清贸易瓷展”展出两馆遴选出的 106 件（套）明清时期的贸易瓷，让人耳目一新，感受到外销瓷的别样美。

如这件来自叙利亚的上海博物馆藏嘉靖景德镇青花双凤纹盘，仍是典型的传统流行纹饰。盘中央主题纹饰为一对追尾穿花凤凰，花为四朵折枝大牡丹，口沿为吉祥杂宝纹。龙、凤皆是吉祥高贵的象征。这种盘心与口沿间有白环相隔，俗称“二层盘”。青花发色为典型的嘉靖特色：蓝中带紫。而大英博物馆所藏凤舞缠枝莲则简单潦草些，碗外底有“长命富贵”款识。

同样，这件景德镇烧制的嘉靖外销青花松竹梅纹碗，也还是传统流行纹样。松竹梅是中国士大夫喜爱的岁寒三友，象征坚忍高贵向上的气节，民间民俗亦认同此说。碗外壁松竹梅作缠绕状，碗心有鹭鸶立于松树下。碗底有“富贵佳器”四字款。而嘉靖青花莲鸭纹盘外壁亦为松竹梅纹，内外皆是传统纹饰。

上述此类传统纹样盘碗，在土耳其托普卡帕宫等皆有收藏。在墨西哥，也收藏有嘉靖时期外销瓷，纹饰也还是中国传统的凤凰纹、寿字纹、莲塘水禽纹等，并有带“富贵佳器”、“万福攸同”等款识。

这件嘉靖青花花鸟楼阁山水纹大盘，也出自景德镇窑口，也属“二层盘”。其主题纹饰为盘心三朵牡丹，花大叶茂、小桥流水楼阁和热闹无比的花鸟。双鸭嬉水，双蝶飞舞，双凤昂首，双鸟倒挂，知了对鸣，大雁展翅，蟋蟀玩耍；树木苍翠，牡丹绽放，灵芝献瑞，草叶青葱——也实在是过于丰富繁茂，而且也不合比例，与透视法相悖。幸而“二层盘”中间的环形白起到了协调作用，因其沿口同样丰富得惊人，居然是五组大同小异的山水宝塔柳树和船帆，这真个是大题小作了！应该说这样的设计构图有杂乱之嫌，但偏偏为嘉靖直至万历外销瓷流行图案。何故？我们是否可作这样的揣测：那就是景德镇匠人揣摩欧洲人的喜好，依照伊斯兰地区大盘大碗的需求是图案以繁满为佳，那么，欧洲人也给他一个丰富多彩吧。不过此盘乍一看，还的确抢眼，生机勃勃、丰富多彩、闹中有静，也显示了匠人花费的“工重”。

明嘉靖青花花鸟楼阁山水纹大盘
径 44.5 厘米 上海博物馆藏

明嘉靖青花盘 径 9.8 厘米
大英博物馆藏

嘉靖青花瓷传承正德时期定制纹章瓷，如这件青花执壶上有家族徽章，造型为玉壶春瓶的变形，更见婀娜，主题纹章置桃形开光内，还有蕉叶纹、几何纹、蔓草纹等辅助。因壶颈、流与把手，皆细长又呈流畅曲线型，虽美观，但易受损，因此壶盖和壶口都像阿拉伯人那样镶上金属加以保护，足见其珍贵。据考证此壶为嘉靖时期远航到广东做贸易的帕首投父子（Peixoto）所定制。估计也是出自民窑，这类特殊定制瓷，数量少，价格高，不会大量出口。

但如若不限定纹章，有开光装饰的青花瓷在海外倒颇受欢迎。所谓开光，是在瓷器外壁或内壁以莲瓣形、桃形、扇形、椭圆形、圆形、长方形、菱形等各种图形隔出一个个空间，里外皆绘辅助纹饰，其纹饰多为花草树木鸟类，以衬托器物的主题纹饰。但也有的将主题纹绘于开光内。这类青花瓷很得西人青睐，似在中西各自传统的审美定势中找到了一种碰撞和融洽，因而深深影响了隆庆和万历时期的出口瓷类型，

明嘉靖时期帕首投父子定制的青花纹章瓷

明嘉靖青花葫芦瓶

并成为外销瓷的主流，这就是日后名声不小的克拉克瓷。故也有人认为克拉克瓷应起源于嘉靖时期，至少是克拉克瓷风靡欧洲的前奏。

在中国皇帝中自封“道君皇帝”、信奉道教的，前有宋徽宗，后有明嘉靖。宋徽宗的天青瓷弥漫着神秘与玄妙，让人叹为观止；嘉靖虽相形见绌，但因其信仰痴迷黄老之道，亦使嘉靖瓷浸淫了浓浓的道教文化色彩。其器型追求多样化，流行葫芦瓶、蒜头瓶、觚式瓶、镂空瓶等。葫芦瓶与道教有关，可盛放丹药；谐音“福禄”，又可作吉祥的陈设瓷。嘉靖葫芦瓶器型形形色色，既有同葫芦实物的，亦有变形的，上圆下方、四方、六方皆有。嘉靖主题纹饰上也多打上了道教文化的烙印。如正面龙是嘉靖独创，以前龙纹形态虽形形色色，但都是侧面的。如鱼纹，鱼是道家文化的标志符号。距今6000多年前半坡型彩陶人面鱼纹是最具代表的鱼图腾，河姆渡遗址亦有鱼纹出现。在道教中鱼是神鱼，成为吉庆有余和多子之象征。还有云鹤、八仙、暗八仙、八卦（阴阳鱼）等；还有以鸟树、花枝缠绕形成“福”“寿”图案，意即祥瑞降世。此风延续到万历，如万历时期的五彩百鹿纹大罐和百蝠纹大罐，谐音为“百禄”“百福”。也有借鉴佛教纹饰，如缨珞纹、莲花纹、八宝纹、如意纹、佛教万字纹等。还有海水团龙、海马异兽、八骏、三羊、缠枝莲等中西结合之纹饰。

嘉靖时期，优质麻仓土已出现危机，供不应求，但嘉靖仍不惜挥霍，大量生产大件龙缸、座墩、大盘、大罐，其青料以回青和本土青料混合使用，一样色泽艳丽，且布局富丽繁缛。其实，这是以浓饰艳彩掩盖胎质之瑕，本是不得已而为之的下策，蔚然成风中埋下追求富丽繁缛的媚俗倾向。明嘉靖素三彩绣墩、红地黄彩缠枝花葫芦瓶，直到明万历五彩凤纹镂空瓶、五彩云龙纹尊，已是艳丽取代素雅。

嘉靖瓷镂空则见高技艺，青花和五彩瓷中皆有。嘉靖五彩瓷纹饰很有特色，常借鉴织绣上的纹样做背景，《景德镇陶瓷史稿》言：“明代五彩瓷如制锦之法，故有青地、黄地、紫金地之名。画亦如之，走龙、云凤、鸳鸯、仙鹤、团花、芝草、龟子、鱼藻、方胜、缠枝莲，约略相同”。仿佛在瓷器上织锦缎一般，雍容华贵。这类五彩纹饰常以织锦的一个单元纹样或配色作为瓷器的底纹，如规矩花、龟背纹、锦地钱纹等，绚丽多彩。嘉靖的五彩瓷对清代五彩外销瓷和广彩的影响应该是非常大的。

如学者陆明华所言："加彩贴金和描金瓷器，是明代景德镇烧造的一个品种……是一种外销瓷。三十多年前，我们已认识到这种瓷器应是外销瓷。在日本，这种器物称为'金襕手'，在欧美也有不少收藏。"明清贸易瓷展中展出的一件嘉靖五彩描金执壶，器型与帕首投纹章瓷相似，虽没有其纤细婀娜，却更见端庄大方和稳重。

明嘉靖孔雀蓝茄皮紫彩镂雕温碗
高 9.5 厘米 径 18 厘米
大英博物馆藏

上海博物馆所藏执壶腹部如梨形，以双线勾出对称的两大桃形开光，双线内有蓝色珠串纹装饰；开光内主题花卉纹以矾红为底子，花卉则上金彩，开光外以锁甲纹为地，点缀以蓝色杂宝纹。器身口沿、执手、流及横梁均施矾红，且以金彩绘纹饰。自盖钮至腹上，矾红衬蓝彩杂宝纹，矾红与蓝彩焦叶纹，绿彩菱形开光内矾红织金彩，外还有矾红圈。足部有矾红、绿彩和蓝彩杂宝纹。宛若壶上精细的织锦缎，何其华贵别致。日本人称之"金襕手"，也是生动贴切的。从中似乎见到清代外销瓷广彩的依稀身影。在大英博物馆藏有相似的金襕手执壶，矾红底子上织金彩花卉纹，当年定更见富丽堂皇。外底确有"富贵佳器"青花款识。托普卡帕宫博物馆亦藏有数件此类执壶，还有蓝釉金彩的。

嘉靖对通俗小说、戏曲的网开一面，随着《西游记》《三国演义》《牡丹亭》《西厢记》等故事的广为流传，木刻版画插图在图书上的广泛运用，瓷匠们在人物画中多用通俗演义、戏剧中的故事。

嘉靖瓷在域外的影响十分深远，不仅对伊朗和中亚地区的瓷业发展有着直接的影响，而且对荷兰、意大利等欧洲国家软质瓷的诞生起到了催化的作用。但必须看到的是，嘉靖帝既悭吝又贪婪，既偏执又好标新立异。明代祭器和日用饮食器皿本无严格区别，他却力排众议，于嘉靖九年（1530），硬是要天地分祭——冬至祭天、夏至祭地。朝日坛用红瓷，夕月坛用白瓷酒盏之类的规定。自初年始，明廷对官窑御瓷数量要求极大，每岁上解朝廷用瓷多达数万件。质量上追求精益求精，不厌豪奢，不计成本，追求"龙凤花草，各肖其形容，五彩玲珑，务极其华丽"，每岁耗费银两多达巨万，地方征赋沉重。有官员言其之害，请罢之，但嘉靖置之不理。嘉靖十六年（1537），新作七陵祭器。嘉靖二十一年（1542），因进口西红宝石颜料匮乏，御史徐绅奏诸以矾红代替。嘉靖二十五年（1546），为烧造瓷器共征银十二万两！嘉靖三十七

明嘉靖五彩描金（金襕手）执壶
高 27 厘米 上海博物馆藏

明嘉靖五彩描金（金襕手）执壶
高 24.5 厘米 大英博物馆藏

明嘉靖青花绿釉“金襕手”碗

年（1558），景德镇烧造内殿、祭坛所需瓷器三万件……

嘉靖一朝的官窑瓷器烧造数量，仅从有文字记载的来看，已多达 60 万件，加上弘治以来“烧造未完者”30 余万件，已达百万余件！正因为嘉靖对瓷器需求量太大，御窑厂无法完成如此巨额的烧造量。要知道，御窑要求精，每座仅能烧造小器 300 余件，而民窑的容量则可一次烧造小器千余件。加之内乱频发，国力衰退，时局动荡，朝廷官府脑子转来转去，不得不采取“官搭民烧”的方式，这是官窑与民窑关系出现的新的变革。即在优秀民窑中搭烧，起初严格由御窑厂完成制坯成型绘瓷等工序，仅仅是搭烧；但任务太重时，前道工序亦由优秀民窑完成，故好瓷土、好青料、好色料、好釉料难保不流向民窑。为适应海外市场更高的需求，当时官窑中优等青花料被工匠以各种方式从御厂偷偷带出，以致于王宗沐在其《江西大志·陶书》中感叹：“青色狼藉……流于民间，其制无复分。”一些绘制潇洒活泼，料色幽菁，制作较前考究的嘉靖民窑细瓷直追官窑。这种“官搭民烧”方式一直延续至清朝，并在康熙年代成为固定的制度。当然，“官搭民烧”实质上是官府对民窑的盘剥，所谓“所需费用，按工给值，皆由朝廷库银支付”，却往往层层遭盘剥；但事情总是有它的两面性，“官搭民烧”对民窑的质量要求十分严苛，反而促进了民窑烧造技艺的提高，并使民窑的烧造规模得到空前迅猛的发展，故嘉靖时期被戏称为“民窑发迹时代”。如是，形成了官民竞市的繁荣局面。中国历史文化名城丛书之一《景德镇》记述：“这时镇有民窑二三百座，工匠人夫不下数十万，终岁烟火相望，商贩四方云集，国内以至海外，凡舟车所到之处，都盛销景德镇瓷器。同时，由于一部分民窑进入工场手工业发展时期，使景德镇瓷业成为我国最早出现资本主义萌芽的行业之一。”

一时间，优秀民窑也就成了名窑，让中外世人刮目相看。

《景德镇陶录》就记载了嘉靖、隆庆年间，景德镇有位姓崔的瓷匠，因名字不详，被称为“崔公窑”，以青花和五彩著称，其仿宣德和成化瓷以假乱真，四方之人争购，崔公窑被众口一致认定“为民陶之冠”。

2. 近海闽粤先得月

嘉靖二年（1523），明廷撤销了明州、泉州二市舶司，仅存广州市舶司。嘉靖八年（1529）“令广东番舶例许通市者，毋得禁绝”，对于海外商船一律征榷关税放行，葡、荷、英等欧洲洋船相继靠泊广州港。广州的对外贸易本有着悠久的历史，遂形成海外贸易独占鳌头的垄断格局。近水楼台先得月，向阳花木早逢春。一时间，广州几乎成了中国最美好商品的集散地，瓷器、茶叶、丝绸、织锦、漆器等，瓷器最夺眼球，以致广东瓷器经营业、瓷器运输业和瓷业本身都得到空前发展。

嘉靖三十五年（1556）冬天，葡萄牙传教士克罗兹（Gaspar de Cruz）来到广州，实地考察了几个礼拜。隆庆三年（1569），克罗兹搭乘葡舶“桑德·卡塔雷那”号回到里斯本，并出版了他的回忆录。克罗兹为何去广州？原来他是个有心人。1548年（嘉靖二十七年），他与11位传教士一起渡海至马六甲，在那创建了修道院。发现用中国砖砌成的小教堂墙壁，用十字镐去凿，也不破裂。这使他联想到中国瓷器，到底是用什么制成的？或许，他就是为了获得解密中国瓷的第一手材料而来到广州。他仰望600年历史的广州古老城墙，历久弥新！而他的祖国首都里斯本也有城墙，但造不出瓷器！中国无论贵贱贫富，瓷器都是他们的普通用器，西欧却只有王室贵族富豪花巨金才能享有。他比较，他反思，他要解密中国瓷。他漫步出售瓷器的大街，繁盛又神秘。他注意到一些非常精美的瓷器，如描金五彩釉等，公开售卖是非法的，偶尔也少量秘密地出售，是官瓷？他还注意到瓷器的最大批发商店门口挂着招牌，像是公买公卖。他终深入到附近的民窑一探究竟：“中国瓷器是由洁白而柔软的岩石或是坚硬的黏土制成的。它们经过连续不断地捶打和碾磨后，倒在非常清澈的蓄水池中，然后在水中搅拌。停留在最上层的奶油状的瓷土，用来制作最优良的瓷器；沉下的粗糙渣滓用来制作一般粗劣的产品，那是中国贫困的人民所使用的。工匠们用瓷土制造瓷胎。瓷胎的烘干则完全依靠老天，是在太阳下干的……”他已接近瓷的秘密，甚至粗放型地给出了答案：瓷是由洁白而柔软的岩石和坚硬的黏土制成的。

让克罗兹艳羡不已的还有广州商人的日常生活：“中国人的食量是很大的。他们在用餐时，有一大桌菜，鱼和肉等都分别盛在大瓷盘里，放在餐桌上，由你自己挑选最喜爱的菜肴……还有饮酒用的极小的描金瓷杯，因为中国人每吃一口食物，就习惯啜饮一口酒，所以描金的酒杯是很小的。”

这部回忆录继《马可·波罗游记》后又一次轰动欧洲，法国、意大利、西班牙等都陆续出版，遗憾的是，第一个做中国瓷器海外贸易的葡萄牙只是热衷于瓷的暴利生意，无心探研烧瓷秘密。里斯本早已替代了意大利的威尼斯，经营中国瓷器等的商店、售货亭和货摊在格尔明街琳琅满目。只见真金白银从里斯本流向中国，又更多地从欧美各国卖瓷器而回，钱的声音真好听真实在。

此时葡萄牙的陶瓷生产远远落后于它的邻国德国、意大利、法国、英国等。直到 1790 年，唯一的葡萄牙陶瓷工厂才姗姗成立，也没见什么大动静。

西班牙人天主教教士方济各·沙勿略（Francis Xavier1506—1552）践行的是另样传教路。1540 年（嘉靖十九年），他奉教廷之命前往印度、日本传教。因对中国文化心向往之，决心进入中国传教。先返印度组织了一个使团，欲参见嘉靖帝，嘉靖三十一年（1552）4 月，刚抵达马六甲时，使团便被扣留下来，但他不屈不挠，进入上川岛等待时机，终说服一中国商人应允帮助他暴风雨夜偷渡，但这位商人食言了。不幸的是，他又染上疟疾，12 月 3 日去世，享年 46 岁。今天的上川岛上，作为历史文化遗产的沙勿略墓园仍静静地留存着。虽以悲剧收梢，但他的知名度在宗教界倒比法国传教士克罗兹高，大概人类崇尚的到底是精神。

有只带有基督教标识的大口水壶，据专家考证，大约生产于嘉靖十九年至二十九年。其壶形比起上述嘉靖五彩描金执壶，就显得简约化和实用化了。壶的大腹部由宗教的字母组合或卷曲方框状耶稣饰章 HIS，近壶颈处为一束带枝叶的莲花，周遭是莲蓬和落叶。壶高仅 17.8 厘米，除了壶颈仍如美人盈盈一握，余者皆简朴大方，壶柄和壶嘴皆以带叶状的薄银管镶就，不易破损，更见厚实。

又据学者莫塔赫德在《为西方而制的瓷器》中推断：这是葡萄牙人从中国定制的又一小批高贵典雅的瓷器之一。从水壶文字判断，可能是为基督教仪式定制的。那么，这只水壶与沙勿略有过交集么？

传教士西班牙人沙勿略

嘉靖期间，禁海开海暧昧，变幻莫测，往往走两个极端。但景德镇仍或明或暗接受西方国家定制的外销瓷，今天，在美国纽约艺术博物馆、土耳其伊斯坦布尔、意大利那不勒斯和其他地方的一些博物馆中还能看到这类外销瓷。当年与中国没外交关系的柔佛，也在 16 世纪的王都，发现明代华南窑瓷器 1 件，景德镇民窑青花大小瓷盘 32 件，其中两件书年号“大明嘉靖年制”、“大明隆庆年造”。

福建地区的窑口，老牌的德化、建窑，后起的漳州，及周边窑群的烧造，都围绕外销展开，出口量相当大。元初，马可·波罗曾赞叹过福建德化瓷，至嘉靖时期，德化瓷胎白、釉白如凝脂般更为西人啧啧称道，雅称象牙白，俗道猪油白，而且，从德化艺术沃土中成长的民间瓷雕塑匠师何朝宗也名声大噪。这位民间艺术家，出生于嘉靖元年（1522），去世于万历二十八年（1600），风光两朝。他所塑造的观音、达摩、罗汉瓷像，嘉靖时期就输出海外，几百年下来，海外艺术家鉴赏家收藏家仍“不惜以万金争购之”。今天，他的珍藏于美国、日本等大博物馆的作品，仿佛穿越了时空，常看常新，其艺术永恒地将传统与现代天衣无缝地融合。他生于德化，祖籍却是江西，祖上在江西军伍任职，奉命来到福建屯垦定居。他早年为宫庙泥塑各种神仙佛像，传神写意，栩栩如生。其代表作“渡海达摩”身着长袍，拱手胸前，双目圆睁，赤足立于海浪之上；另一代表作“坐式观音”，端庄肃穆、静美柔曼，极富人情味，是真善美的化身。

何朝宗款 祥云观音 高 49 厘米
荷兰阿姆斯特丹国立美术馆藏

至于建窑黑釉瓷，至明代，日本大行茶道，故建窑的黑釉瓷大量出口到日本。建窑与茶道，日本奉若神明，中国弃之如敝履，不由得令人齿冷。

2007 年，北京大学考古文博学院、江西省文物考古研究所和景德镇市陶瓷考古研究所联合发掘景德镇观音阁窑址时，出土白釉瓷碟，有书青花“海不扬波”铭和书青花“天文年造”铭，学者考证为嘉靖十一年至三十三年（1532—1554）间日本定制之瓷；日本对嘉靖、万历的五彩瓷也非常喜爱，收藏之丰在世界各大博物馆首屈一指。但，从嘉靖二年至二十六年（1523—1547），明廷并未恢复与日本正常的入贡往来，那么，景德镇定烧瓷是通过怎样的途径行至日本的？

海道大通的形成，毕竟使远离海岸的内陆山城景德镇，与海外的联系更加密切起来。还应看到的是，将景德镇瓷器运输到各出海港口者并非全是本土瓷商。沿海等外地瓷商也各有自己的运输队伍，各港口码头也皆有各自的运输船队，陆路亦如此，行会帮会黑社会，哪儿都有。2008 年播放过一部 36 集电视连续剧《大瓷商》，似见中国陶瓷史诗剧之格局和气魄。该剧以景德镇为背景，以陶、赵两陶瓷世家的恩怨情仇为主线，展示了几代陶瓷人的悲欢离合，既上

观音阁窑遗址碎片

接明末清初景德镇制瓷业的变迁，又下连民国抗战民族陶瓷业的兴衰成败，从空间的跨度来看，从瓷都到省会南昌，从南昌到浙皖鄂粤沪到马六甲海峡，坐地日行八万里，巡天遥看一千河，纵横捭阖洋洋洒洒。从陶瓷手工业到陶瓷机械化，从制瓷秘籍到技术革命，从工业到商业，从中国到日本到法国，从陆上陶瓷之路到海上陶瓷之路，《大瓷商》之“大”使出了浑身解数，海阔天空，不可谓不大，彰显了编导视瓷文化的发掘展现为己任。但其主人公陶昌南既是烧制秘瓷高手，龙缸釉里红美人醉无所不能，又是窑厂组织能人，还是海内海外大瓷商！这样的全能高人实属罕见。分工明确，有得有失，方是常态。

景德镇乃至江西外销瓷运输到各港口的路线，当随着朝廷海外贸易政策的变化、海外需求的变化和港口的兴衰变迁而有所选择和有所侧重。但，自宋元至明清，溯赣江而上、经章江过梅关驿道入珠江水系至广州是景德镇外销瓷的最主要的通道。这条通道往北过扬州联通大运河，还是沟通岭南与中原内地的黄金交通要道。这条通道水陆兼顾，最重要的陆路就是翻越大余梅关驿道。巍巍雄关，梅花万树。据载唐代张九龄凿山扩建，宽丈许的青石板铺就；宋代苏东坡曾在此亲植梅树一株；成化十五年（1479），南安知府彻底修复；而当代陈毅则在梅岭打过游击，留下不朽诗篇《梅岭三章》。千年驿道上留下了多少挑夫的屐印和汗水，一代一代又一代，每年数以千万计的景德镇瓷器从这里经过，进而输出到海外世界各国。说这里是幽美的风景名胜区，轻了，这里记录的是人类文化史上让人肃然起敬的奇迹。

嘉靖四十四年（1565），朱厚熜病重，但还在奢望长生不老，似乎他活着的意义就是活着。他惧死，却又为自己的皇陵烧制了太多的祭器，都可用几代了。某日，气息奄奄的他倚坐龙榻上，龙袍拖地。太医徐伟遵诏来到，却不敢近前，嘉靖蹙眉问何故？徐伟答曰：皇上龙袍在地上，臣不敢进。太医走后，嘉靖竟下一道手诏：徐伟刚才说“地上”，最能体现他的忠爱之情。地上，人也；地下，鬼也。徐伟闻之，魂飞魄散，他可没有字斟句酌，如若说成“地下”，岂不早已

明嘉靖红绿黄彩大盖罐

成冤鬼？嘉靖一辈子就这样疑神疑鬼，难以伺候。李时珍曾被推荐到太医院，亲眼目睹嘉靖所作所为，只有坚辞归家，才有不朽之作《本草纲目》。唐代李商隐的《贾生》诗云："宣室求贤访逐臣，贾生才调更无伦，可怜夜半虚前席，不问苍生问鬼神。"这个朱厚熜，比起素爱谈鬼神、对国家社稷不思进取的汉文帝来，有过之而无不及。在嘉靖心中，只有龙虎山上清宫的道士邵元节和驱邪捉鬼的黄冈道士让他满意。在他身边阿谀奉承了 20 年之久的严嵩，也没落个善终，虽因祸国殃民而罪有应得，但也因嘉靖对他父子疑神疑鬼了。嘉靖四十五年（1566）十二月十四日，弥留之际的朱厚熜从西苑被抬回到乾清宫中，不久"龙驭宾天"了。嘉靖一朝在海疆大大小小的仗也打了不少，禁海开海也反反复复，可他，见过海吗？明代皇帝，又有谁见过海？

20 世纪末，在马六甲海峡发现"宣德号"沉船，船是葡萄牙船，之所以命名为宣德号，是因为最初在沉船遗物中发现一些"大明宣德年制"和"大明宣德年造"款识的青花瓷器。但是，一深入探研，不对了，有 170 件具有典型嘉靖风格的青花瓷清晰可辨，而且可推断为此船沉没于嘉靖十九年（1540）左右。

在南非海岸，还发现两艘葡萄牙沉船"圣班多号"和"圣若奥号"，分别沉没于嘉靖二十三年（1544）和嘉靖三十一年（1552），当然，沉船遗物中嘉靖外销瓷多多。

看来，所谓中葡绝交 31 年期间，外销瓷却从未断过，更不用说西班牙了。正是这些漂洋过海的瓷器，让欧洲人为中国竞相折腰，为中国喝彩！中国瓷器改变并提高了欧洲人的生活质量和审美情趣，也促使欧洲人绞尽脑汁想解开瓷器的秘密。

当年，中国民间商船冲决一切禁忌前往马六甲贸易的情景又浮现出来："巨大的中国商舶有很多货舱，每个货舱又分隔为许多可以密封、不透水的小舱，船上的水手多达一百名左右。马六甲出产的著名的胡椒、珍贵的硬木、宝石、首饰，甚至附近马鲁里群岛上会唱歌的鸣禽等，都是中国商人们购买的货物。中国的瓷器、麝香、大黄、樟脑、珍珠、黄金、白银、丝绸、织锦、铜器、漆盒、橱柜、折扇等，也随商舶运载到马六甲。葡萄牙商人们垄断了东南亚的贸易，他们把胡椒卖给中国商人，可以获得四倍的利润。然后把中国的瓷器运到遥远的欧洲去卖，所获得的利润当然更为可观了。”

然而，即便金银像潮水一般涌进葡萄牙、西班牙，后来又怎么样了呢？远航贸易的确能赚大钱，但是如若本国没有发达的工业没有繁盛的农业没有强大的国防力量，那么，潮水般涌进的财富又会落潮般地退去，空留狼藉一片的沙滩让人怅惘深省。

7 第七章／一半是火焰　一半是海水

大家都知道一点你各个朝代的历史，
他们抿着嘴说着“明朝”或者“瓷器”
仿佛在欣赏着草莓的滋味。
——聂鲁达《向中国致敬》

一、无赖儿郎与万历潮

万历皇帝

有人说，万历奏响了明朝衰弱至灭亡的终曲；有人说，万历开拓了中国瓷外销亚非欧美的广阔天地；有人说，万历的昏庸无赖扼杀了中国人向海外扩展贸易的自信和力量，从明初的主动蜕变为被动；有人说，正是万历的无为使中国瓷器丝绸茶叶等手工业获得了空前的自由和创造力；有人说，万历的高税收毁了大明王朝；有人说，恰恰是万历的高税收才使中国与世界贸易接轨，才创造了外销瓷输出高峰，由是瓷作为中国元素在海外形成了中国文化潮……

让我们的目光穿越至万历三十年（1602）初冬的马六甲海峡，北风强劲，波涛翻滚，葡萄牙商船“桑·亚哥号”（Aan Jago）载满瓷器、丝绸和茶叶等商品从容不迫从马六甲起航，其中，有超货物总量 1/2 的青花瓷器十万余件。葡萄牙自正德初年起干这种营生，风风雨雨已近百年了，况且商舶即战舰，谁敢招惹？只见商船犁开海浪，好风凭借力，眼前仿佛映现出欧人疯狂抢购的情景……突然间，红毛番驾轻艇从海天中蹿出！荷兰人素以高大著称，长身高鼻，猫睛鹰嘴，拳发赤须，魁伟彪悍；又拥有世界上最先进的船只和航海技术，被称为“海上马车夫”，驾驭海船如履平地；最要命的是其火药枪炮十分威猛强劲，在一半是火焰一半是海水中，葡萄牙虽拼命抵抗，但终惨败，商船很快被掳掠！若葡萄牙将此作为偶发事件，那太看轻了荷兰。翌年初冬，葡萄牙商船“圣·凯瑟琳娜号”（Santa Caterina）又装载重约 60 吨的满满一船中国青花瓷器和 1200 大包中国生丝等，从马六甲扬帆归国，谁知同样遭遇厄运，荷兰海船如法炮制发动袭击，将船上青花瓷器等一掠而空。1604 年，荷兰人将这两次所掠的青花瓷器在荷兰米得尔堡和阿姆斯特丹分别公开拍卖！这真是绵延轰动三年的“长效新闻”。要知道，其时中国瓷器虽声名远播欧美，却仍属珍稀，普通人难得一见。而荷兰此举，无疑是一次面向大众的免费展览，买不起也可一饱眼福，即有画家记录了当时节日般的喧闹情景。而欧洲各国君主大臣、贵族富豪按捺不住激动心情，纷纷派遣人员前往认购。法国皇帝亨利四世、英国国王詹姆斯一世皆不甘人后，拍卖场面如火如荼，雅俗共赏，万众欢腾。据称，法皇亨利四世买进的青花西餐餐具——权威论著《中国陶瓷史》是这样言说的："据 T. 佛尔克现著的《荷兰东印度公司与瓷器》一书的记载，万历年间我国瓷器的输出不仅数量很大，而且还按照欧洲的需要专门生产欧洲的餐具，例如该书记述 1604 年荷兰人因袭击葡萄牙船"圣·凯瑟琳娜号"（Santa Caterina）得到中国瓷器约 60 吨。后来运到荷兰阿姆斯特丹拍卖，法皇亨利四世买得一套餐具。这种餐具显然是西餐餐具。"言之成理。同时，也印证万历时期景德镇已普遍烧制外国来样定制瓷。

而欧洲人将这两船青花瓷器称为"克拉克瓷"，克拉克瓷的名声就此风靡全球。对这名称的解释可谓众说纷纭，有说是那艘海船的名称，有说是惊叹声，有说是从葡萄牙语"大舶"（caraack）的读音而来……版本若干，争论不休，但无非为两大类，一类认为这两艘被掠船只被荷兰人称为"克拉克"（Kraak），意即葡萄牙大舶；一类认为欧洲人称这批精美的青花瓷器为"克拉克瓷"（Kraak Porcelain）。仿佛又是一种象征：青花瓷器与远洋船舶"中西合璧"。当然，克拉克青花瓷器只是中国外销瓷多类型之一种，即有鲜明开光特征、专门针对外销市场所烧制的。有人认为数量不会太大，但可以肯定的是决不会太少。澳门称之为"加倧瓷"，日本称之为"芙蓉手"。克拉克瓷的源头，有研究者认为起源于隆庆，甚至推至嘉靖，流行于万历至崇祯，直到清康乾盛世才淡出，与清外销瓷主流五彩、广彩等抗衡了漫长时段。克拉克瓷源于景德镇窑，其后与福建漳州平和窑等皆为主要产地。随着克拉克瓷风靡全球，日本、英国、德国、荷兰、西班牙、伊朗等国都先后仿制

16 世纪葡萄牙大帆船

16 世纪荷兰商船

明万历青花克拉克盘
约 1600 年　直径 28.7 厘米

英国女王伊丽莎白一世

过克拉克瓷。

当荷兰人无比卖劲地为中国青花克拉克瓷大做国际广告的年代，大明王朝却已式微。历史学家黄仁宇认为万历十五年（1587）是其转折点，自此，不可扼制地走下坡路。没有史料记载万历对阿姆斯特丹等瓷器拍卖的反应，但已过不惑之年的他反而更见其惑。少年天子时的血气方刚、聪慧机敏、勤奋俭朴、励精图治荡然无存，就连颜值高贵、声音深沉洪亮、余音袅袅，似乎也换成了萎靡不振、昏庸懒惰的臭皮囊。万历十年（1582），首辅张居正离世，其极力推行的改革新政不到两年便名存实亡，万历到了不视朝，不御讲筵，不亲郊庙，不批答奏章的地步。同时，还成了一个视金钱珠玉为命脉的贪婪之徒。万历的堕落，虽与首辅张居正“严于律帝、宽于待己”不无关系，张氏生前奢侈淫逸、结党营私、口是心非的“真相”披露，使万历无比震惊：原来首辅一直在欺骗他们孤儿寡母！顷刻间帝信仰崩溃。他对张居正的鞭尸、清算全族，对冯保的贬谪虽解了心头之恨，但国家也无可挽回地一蹶不振。成也张居正，毁也张居正？而万历与郑贵妃的情感纠结和难以如愿，也成了他的心病；在“争国本”——立谁为太子的问题上竟与廷臣争执了15年！仿佛重演祖父嘉靖的“大礼仪”之争。万历生时既有外销瓷横空出世之壮举，又有青龙缸屡烧屡败屡败屡烧没完没了的烦恼，但他最大的遗憾，怕不是为了青龙缸，而是，最钟爱的女人不能与他死同穴。郑贵妃生时不能为皇后，死后也不能陪伴在他的身旁，他是否便将种种的不如意撒到青龙缸上，跟社稷宗庙闹别扭？直至万历二十七年（1599），景德镇瓷匠童宾奋不顾身跳窑牺牲，万名瓷工以罢工反抗督陶官潘相残酷压榨，此时的万历应感受到金銮殿的剧烈晃动。

此前一年，江西抚州才子汤显祖完成其传奇之作《牡丹亭》（《还魂记》）。他在布满荆棘和龌龊的仕途上行行复行行后终迷途知返，回归家乡临川埋头戏剧创作，此后，《还魂记》、《南柯记》《邯郸记》和《紫钗记》这“临川四梦”，流传四百余年，却越来越新鲜。

或许，万历如若观看《牡丹亭》，会有所悟，问世间情为何物？直教人生死相许。但他没有。

他没有像此时的英国女王伊丽莎白一世那样，坐进伦敦剧院的包厢，与观众一起欣赏莎士比亚的《第十二夜》。“女人啊，你的名字叫弱者。”“女人如蔷薇，转眼即凋零。”她淡定地坐着，因为她很自信：我是强大的，永不凋零。

万历帝没有这样的自信心。

可糟糕的是，他在明代享国最久，10 岁即位，58 岁驾崩。

1. 隆庆开海与“四国杀”

万历之父隆庆朱载垕，是平平淡淡且庸庸碌碌的一位皇帝。昏暴之君嘉靖在世时对载垕母子冷漠刻薄，直到 1567 年 2 月 4 日，苦苦熬到 30 岁的载垕才奉遗诏接班。

起初，朱载垕也想重振朝纲，勤于早朝，但很快发现嘉靖留给他的是一个千疮百孔的烂摊子，只怕是先天不足后天不良的他无法补救的！于是，每每上朝，面对文臣武官，他都主动调个位，好像笨学生遭遇严厉先生，惶惶然呆若木鸡。他既缺乏雄视俯瞰之魄力，又无问询对答之口才，没办法，干脆让大学士来替他回答。但他毕竟不傻，自己也觉尴尬，先是主动免了早朝，再是放手让名臣武将发挥才干，倒落了个用人不疑的美名。也多亏隆庆时满朝人才济济，张居正、戚继光、李成梁、海瑞……然，隆庆命短，御宇五年半，四舍五入，算是六年，就匆匆离开人世间。大明江山又交给了孤儿寡母，或许，这就是定数？

不过，隆庆元年（1567）就有个“隆庆开海”，振聋发聩，且载入了史册。

其实，是形势逼人。在国内外的呼声和国库空虚的实情中，隆庆不得不开海。其时，白银已成为全球通行货币，而中国偏偏白银稀缺，而海外贸易能吸纳白银。恰福建巡抚右佥都御史涂泽民奏请在漳州月港开放海禁，“许贩东西诸番”，于是奏议获准，隆庆开海，月港开放，准许该港对东西洋进行贸易。中国民间商船可从此港合法放行海外贸易，而外国商船商品也可从此港合法进口。其实，东南沿海走私贸易早已勃兴，隆庆开海，“除贩夷之律，于是五方之贾，熙熙水国刳艅艎，分市东西路，其捆载珍奇，故异物不足述，而所贸金钱，岁无虑数十万，公私并赖，其殆天子之南库也”。繁荣的海上贸易，反过来又推动了景德镇和沿海制瓷业等手工业的迅猛发展。

“隆庆开海”还鉴于嘉靖时期对沿海武装走私集团“剿灭”的反思。剿不胜剿，剿而不灭。实事求是地看，沿海地窄人稠，以船为家，以海为田，靠海吃海，海外贸易的需求、巨大利润的诱惑，是“海禁”无法彻底禁绝

景德镇青花麒麟纹盘
径 10.5 厘米　南澳一号出水瓷
广东文物研究所藏

漳州窑青花人物纹盘
径 25.8 厘米

的原因，官逼民反，反而酿成苦果。明廷不得不改弦易张，“易私贩为公服”，将走私贸易转化成严格控制的合法贸易，既缓冲了海盗走私集团对朝廷秩序的冲击，又缓解了朝廷财政危机。但，毕竟标志着贸易新时代的到来。

然而，明廷所谓月港开放，仍是保守的。月港为九龙江入海处，其形如月而得名。月港并非深水良港，其所在漳州地处偏僻海隅，交通不便，并无直接出海口，海外贸易船必须借潮至厦门出海，或许正因如此，自正统、景泰以来，早成为海外走私贸易的中心活跃地。故隆庆元年（1567）正式以月港为治而设立海澄县，只是对月港地区海上走私贸易的被迫承认，欲以民政管理因势利导来稳定福建南部的统治秩序而已。

月港开放限制很多，一开始就以“于通之之中，寓禁之之法”为原则，有“出海船引”（又称“商引”）制度：层层勘报保结申请，获批后由海防机构发给船引；船引填写十分繁杂，又必须经层层核查复查；领得“船引”后必须交纳“引税”。初，每张船引纳税银3两，后增至6两。政府对船引总量进行严格控制，初，每年仅为50张，万历三年（1575）增至100张。有船引的，出航国家还有种种限制；以文莱为界，划分东、西洋，并禁止前往日本。最让人匪夷所思的是竟苛刻规定漳泉二府以外地区商民不准参与海外贸易！以致万历三十七年（1609）浙江一起“通番罪”，竟是几个杭州人搭乘月港出海商船去暹罗、吕宋做买卖获利丰厚的缘故！甚至连福州商人也不能出海贸易！种种禁忌只能又一次激起走私贸易的大规模泛滥，并且，造成沿海百姓大批移民南洋、吕宋、日本等。

月港东西洋港线及主要港口图

所谓解禁，宛若给缠脚经年的女人松裹脚布，还要严密监视其行程和时间。但禁忌重重的“月港开放”却硬是带来令人咋舌的财政收入！万历四年（1576），月港的关税收入高逾万两白银；万历二十二年（1594）从菲律宾流入的白银逾26.4万两，月港的关税收入则高达2.9万两白银！为此，福建与漳州皆眼红，争夺税收归属权直吵到皇帝那里，岂不是送肉上砧？果然，万历二十七年（1599），帝直接派宦官为税使进入福建，月港税银便落入了万历囊中，“天子之南库”名副其实。

短暂的隆庆期间，外销瓷情况如何？国内资料匮乏，但从2007年发现的“南澳一号”沉船，2009—2012年三次打捞情况来看，竟有上万件出水克拉克瓷，有学者推断沉船当为隆庆出海贸易船，但大多数学者认为是万历沉船。

不过，隆庆往事却载入了欧洲人的著述中。

曾到菲律宾棉兰老岛做生意的西班牙商人帕尼（Panay），记述了隆庆四年（1570）一件让他费解的事。5月8日那天，他即将启程回国时，闻讯有两艘中国大帆船到达，帕尼认为有商机可寻，便与同伴主动登船拜访。映入眼帘的是甲板上堆满了碗、盘、坛、瓶等普通瓷器，这些廉价瓷器既可压舱，又可卖给当地平民，但让帕尼感到意外的是，中国商人警惕性非常高，且有武装人员来回逡巡。如此戒备森严，是否可推测“开禁”中仍存走私现象？帕尼终究还是窥探到船舱里装满了珍贵的描金的瓷碗和瓷罐，还有丝绸、生丝、布匹、麝香等。后又获悉，又有6艘装载瓷器的中国大帆船来到马尼拉海湾。

隆庆皇帝像

隆庆五年（1571），西班牙商船队在明都洛外海营救了一艘中国遇险商船，这无疑为两国贸易传递了友好信息。同年，已被西班牙占领6年的马尼拉港开放。估摸每年至少有三四十艘中国大帆船满载瓷器、丝绸等商品来到这里做贸易。而西班牙殖民政府每年都派遣1—4艘大帆船，往来于墨西哥与马尼拉之间，从嘉靖四十四年（1565）一直延续到清代嘉庆二十年，并不包括民间商船。

万历元年（1573）两艘西班牙加利安大帆船（Galleon）满载着墨西哥白银，泊于马尼拉港，为的向中国购买瓷器、丝绸和茶叶，还有东南亚的香料。中国，就这样正式地被纳入了西方航海强国的环球大贸易体系中。西班牙商舶如愿以偿，一次性就运载了22300件瓷器、11300匹棉织品和712匹丝绸等货物横渡太平洋，转运至美洲墨西哥的阿卡普尔科港，一部分就在当地出售，另一部分运回欧洲。

明隆庆五彩莲池鹅燕纹鱼缸
高37.8厘米 径55.2厘米
伦敦大维德基金会藏

万历三年（1575）对海关征收的关税，又称水饷，也作了明确的规定。据张燮的《东西洋考》记载：“西洋海舶长一丈六尺为银八十两，二丈为银一百四十两，二丈二尺为一百七十六两，二丈三尺为一百九十五两五钱，二丈五尺为二百三十七两五钱，二丈六尺以上者为二百六十两，等等。来自东洋的海舶则按西洋海舶丈量，但其水饷为西洋海舶的百分之七十。”这不能不说是与西方接轨之举，欧洲的海港关税也是丈量海舶之长度。明廷虽仍重农轻商，但水饷不及农业税沉重，更能为外商所接受。至万历四年（1576），从漳州月港至马尼拉、马尼拉至阿卡普尔科的中、西大帆船贸易已成常态，每年约有50艘中国商船抵达马尼拉，运载的货物总价也比初期上涨5倍。而西班牙大帆船单艘吨位也突破700吨。

西班牙国王、王后对中国瓷器、黄金首饰和丝绸一见钟情，不仅在生时享用它们，而且还将精美的中国瓷器作为陪葬品，放在死者左手手指附近，以为可唤起死者的灵魂。这自然是西班牙的新风俗，在不知瓷器为何物的欧洲，哪来此古老风俗？这也反衬出对中国瓷器的顶礼膜拜——神器。不想盗墓贼闻讯而动，以至国王不得不加强皇室陵墓的保卫。

而葡萄牙人对中国的贸易也早走出低谷，做得风生水起。从万历六年（1578）始，葡萄牙竟从广东地方政府获准每年春夏两季可进入广州海珠岛参加为期数周的定期市场贸易，直接购买瓷器、丝织品等运回澳门，再转运东南亚、日本和欧洲各地出售。万历十一年（1583），葡萄牙竟又获准每年需付500两白银作为地租银，就可在澳门实行了葡萄牙社区自治管理！这当然是明廷的无原则大失误！

葡萄牙西班牙远航中国，瓷器等远洋贸易的丰厚利润，让荷兰和英国怎不眼红？1553年（嘉靖三十二年），英国便试图从北冰洋绕过俄国的西伯利亚来到中国，与英国钩心斗角的西班牙葡萄牙是不可能给出航海图的，暗礁密布，航道诡谲，风暴难测。威罗贝爵士率三艘商船向北航行，大部分人皆冻死于俄国边境，只有一艘船抵达白海，与俄国建立了贸易关系。后又作了几次探险，但，往北的航道——此路不通。1580—1583年（万历八年至十一年），英国人弗兰西斯·德雷克在英国女王伊丽莎白一世的支持下，成为继麦哲伦之后完成了环球航行的又一人，他给投资者们带来巨大的惊喜，仅女王分得的利润几乎相当于英国政府一年的财政支出！但也有说远航失败，音讯杳无。无论真假，切实的是西班牙认为自己的利益受到侵犯，于1588年（万历十六年）7月7日发动“七七事变”，史称“英西大海战”，实是西班牙挑起的。其国王菲利普二世自信拥有赫赫有名的无敌舰队，在海洋驰骋近百年，所向披靡。这回，130艘战船、8000名水手和两万名士兵声势浩大起航，抱着必胜的决心打趴英国佬，也让其他国家看看，还敢轻举妄动不？英国其时并不强大，先是求和，对方不允，只有开打。由武装商船和海盗组成的杂牌小舰队，似乎不用开战就决定了胜负。然而，最关键的是，英国拥有比西班牙先进的火炮。加上天有不测风云，船小好调头等因素，英西大海战竟然是英国取得了压倒性的胜利，成为历史上以弱胜强的最重要的海战之一。

仿佛一锤定音，一战定乾坤，自此，英国通过殖民地扩张和远洋商业贸易等走向大国强国。1591 年（万历十九年），由雷蒙德率三艘商船历时一年千辛万苦抵达马六甲海峡后，立即疯狂地抢劫葡萄牙等国的商船，大有收获；1596 年（万历二十四年）由瓦德率三艘商船第二次抵达远东。1600 年（万历二十八年）12 月 31 日，由伦敦企业家史密斯（Smyth）倡导，许多英国商人组成了“伦敦到东印度贸易商人的公司”，女王伊丽莎白一世亲自登舰祝贺，颁特许状，批准这家公司垄断所有东方贸易，专利期十五年，后改为无限期。筹备中，英国东印度公司就派出商舰远航远东，买卖加大肆掠夺，仅抢劫胡椒就多达 515 吨！首航大获利润后，又改“认购某次航程式”为出售公司整体业务的股份，降低了投资者的风险，又大大盘活了营运。英国此时盯着的是香料和茶叶，瓷器尚未聚焦于视野。英国自称尊贵的公司，但更多人称之为臭名昭著的公司。

葡萄牙西班牙英国荷兰虽是毗邻之国，但一个比一个狠，其处事风格抢掠手段也迥异，毕竟是百里不同风，千里不同俗。对中国瓷器需求迫切的荷兰，与葡萄牙西班牙的纠葛却是持久性的游击式袭击战。荷兰选准了时机远航中国，对中国瓷的向往和渴求，是荷兰人来自生命本体的需求。他们没有“学而优则仕”和“官本位”的集体无意识，而是坦诚地热爱财富，喜欢过富庶的好日子。这个蕞尔小国，其优势是濒临北海的地理位置，给它带来夏季千万公斤鲱鱼洄游的收获，捕鲱鱼卖鲱鱼，不仅要与海浪搏斗，还要动脑筋于鲱鱼保鲜，还要有过硬的造船本领及合理地减少水饷，在这些方面，都显示了他们的才华和机敏。钟情于生活“小题材”的油画于荷兰名画家们的笔下比比皆是，维米尔的《窗前看信的女孩》《睡觉的女孩》《被打搅的女孩》，画面上都出现了中国青花瓷。看信的女孩是独角，硕大的青花瓷盘倾斜着，连同水果，是一封怎样的信，让女孩的表情如此复杂？睡觉的女孩不是睡在床上，而是在桌前打盹，桌上有盛着各式水果的青花瓷盘和白瓷壶，她睡得那样香甜沉醉，她是满足的，生活是富庶的。女孩旁有一个不令人欢喜的男人，她才“被打搅”…… 中国青花瓷就这般自如地嵌进荷兰百姓的生活中，给后人留下曾经的辉煌，并生出无限的想象空间。

窗前看信的女孩 维米尔

为了中国的瓷器，荷兰也像英国一样，也试图开辟另条通往中国的路径。1594—1597年（万历二十二年—二十五年），荷兰船长威廉·巴伦支曾率17名荷兰水手试图向北方冒险探索通往中国的航路，他们曾抵达北冰洋，并在那里度过了长达8个月的零下40摄氏度的冬季，寒冬、饥饿、疾病侵袭着他们，有人付出了生命，但是他们丝毫没有挪用投资者们委托的货物，那里边就有可以救命的食物、衣物和药物等。当失败的他们回到荷兰时，却向世界宣告了商人最高贵的品质：诚信。难怪荷兰人给中国人最初的印象："市易但伸指示数，虽累千金不立约契，有事指天为誓，不相负"。同时荷兰参照远航前行者们的航路资料，几经探索，终于在1611年发现了先沿着非洲旧航路，利用南半球"大西洋的风暴带"的洋流，绕过好望角，快捷地穿越印度洋，从巽他海峡通往印度尼西亚，往南发现了澳大利亚大陆。这条从好望角直达巽他海峡的航线，以后又有从好望角经科摩罗群岛或毛里求斯直达印度和斯里兰卡的航线，这两条航线均避开了东非海岸。16世纪末，荷兰的船队出现在亚洲海域，荷兰、英国、西班牙、葡萄牙的"四国杀"激烈不已。

其实，1571年（隆庆五年）荷兰舰队就已到达过马尼拉，但为西班牙排斥；1600年荷兰范·内克（Van Neck）又率舰队来到中国沿海，希望与中国建立贸易关系，但遭遇西班牙葡萄牙的联手破坏和抵制，先是在马尼拉碰壁，再在澳门损兵折将，都将荷兰人视为"灾星红毛鬼"，愤怒的荷兰人以牙还牙，于是有了开篇的海上两次劫掠克拉克瓷传奇。其间，还劫掠了一艘葡萄牙驶往日本的"那保丸"号，其中生丝就有2800包，据说荷兰人卸货都卸了10天！荷兰船舰何以能如此肆无忌惮掠船劫货？所劫掠的克拉克瓷拍卖场又何以狂欢节般喧闹？葡萄牙西班牙为何只能干瞪眼悄然落泪？很简单，即以其人之道还治其人之身。强盗逻辑和法则不就是他们率先制定的吗？丛林法则不就是强者为王吗？这其中，两牙与荷兰还有更多的恩恩怨怨。荷兰原属西班牙，20年前荷兰脱离西班牙独立，西班牙的港口即对其封闭；后西班牙国王菲利浦二世兼任葡萄牙王位，1594年又对荷兰关闭了里斯本港口；被封锁和打压、走投无路的荷兰，远航中国广州试图开拓东方贸易，更遭遇两牙毒手，新仇旧恨聚集迸发而已。荷兰人虽以海盗行径获得大成功，但其目标是夺取澳门，其袭击不断，各有胜负，以至澳门至长崎的航路一度中断。直至万历三十七年（1609）西班牙与荷兰签订十二年休战条约后才稍有消停，也等于西班牙承认了荷兰的独立，当然，西班牙人仍心有不甘，而荷兰与葡萄牙至明末仍有恶战。

但，不过数年，荷兰人硬是取代了西班牙葡萄牙称霸海上，并在沿海建立起不少具有战略意义的商业据点。他们毫不隐晦对中国瓷器和无比丰厚的利润的欲望。荷兰的瓷器贸易有着惊人的数字！从1602年（明万历三十年）至1682年（清康熙二十一年）这80年中，计有1200万件瓷器被荷兰商船运至荷兰和世界各地，其中日本国瓷器仅有190万件，而中国瓷器

1599年7月19日荷兰第二次远航后回到阿姆斯特丹 摘自《瓷之韵》
荷兰油画 安德里斯·凡·艾维特 1610年
国家海事博物馆藏

有1010万件，中国瓷器占84.167%。

飘扬着三色旗的荷兰商舰横冲直撞于大海洋上，谁说地球像切西瓜般分给了葡萄牙与西班牙？英国女王伊丽莎白一世则煽情地宣称：海洋和空气为世界人所共同享有。

在西人眼里，中国的瓷器轻脆又坚韧、温润又抢眼、清纯又丰富，谁能不为她惊艳？不为她顶礼膜拜？中国人自己也早有赞语：白如玉、明如镜、薄如纸、声如磬。美轮美奂的以青花瓷为主流的中国瓷器随着海道大通而行销天下，成为世界性的商品。中国景德镇至今也还是全世界瓷器工业的精神家园，而且永远会是，因为历史不可再生。

至万历时期，中国瓷器海外输出航线有所变化，在新旧航线交织、变化和扩展中形成新的海上国际运输循环网络。叶文程在《试论中国古外销瓷的航线》中，对唐宋元明清各朝的中国外销瓷航线进行了全面梳理，而彭明瀚在《荷兰东印度公司与明清时期景德镇瓷器外销欧洲》中，则对明清中国瓷器对外贸易形成了以广州为中心，以澳门、马尼拉为转运港口，向全球扩散的海上陶瓷之路国际贸易循环网进行了梳理。综合晚明约有以下几条主要航线：

第一条主航线是从广州等中国沿海港口出发至澳门经印度到非洲，绕过好望角至欧洲里斯本等港口。

这条主航线直至东非海岸，皆为自古以来前人开辟的传统主航线，先由阿拉伯人和中国人互开通，郑和七下西洋又将其维护和拓展，可称中国传统“西洋航路”；而葡萄牙的东来航路，自欧洲沿非洲西海岸穿越了南端的好望角，这一段是新开辟的，与老传统航线对接上。大航海时代初期中国瓷器多通过这条航路源源不断地运往葡萄牙里斯本等地再传遍欧洲。

第二条主航线是从广州等中国沿海港口出发至马尼拉，由马尼拉横渡太平洋通往墨西哥阿卡普尔科、秘鲁利马等，再延伸至欧洲巴塞罗拉等港口。

这条主航线，中国沿海港口直航马尼拉港口，是明代中国民间新开辟的航线；马尼拉至欧洲的航线，为西班牙所开辟。其马尼拉大帆船贸易应当指的是这条航线上的中国大帆船和西班牙大帆船的统称。

第三条主航线是从广州等中国沿海港口出发至巴达维亚（雅加达），通过巽他海峡到好望角，再到欧洲阿姆斯特丹等港口。这条航线是荷兰人开辟的。以后荷兰人又辟出从好望角经科摩罗群岛或毛里求斯直达印度和斯里兰卡的航线，这两条航线均避开了东非海岸。有人说以后中国瓷器经这两条航线运至欧美，南非的开普敦则成为主要的中转站。也有人说，这两条航线以后用得很少，甚至荒废。

出发港口，广州之外，还有汕头、月港、泉州、福州、厦门、澳门、宁波、温州、杭州等等，亦可分别进入上述航线。

而欧洲各国东印度公司贩运中国瓷器，又各有相对稳定的发货地、中转地以及往返航线。可间接贩运，即与中国商船在南中国海以外的亚洲集散地对接；也可直接贩运，即直接在中国港口上货。远洋航海与殖民时代，印度半岛亦不可忽略，因其位于欧洲和中国远洋贸易航线的中部，其作用相当于内海与河道贸易时代威尼斯在欧亚贸易圈中的角色。

随着中国瓷器源源不断运往欧洲各地，瓷器成为风行全世界的第一种商品。这期间，中西文化交流悄然涌动。中国瓷器改变和提高了欧美人们的生活质量，中西文化的碰撞和交流也使各自的审美定势发生变化和交融，更让进取的欧洲人迫不及待地渴望解密瓷器；欧美对中国瓷器的激赏和崇拜，激励了中国制瓷人，刺激了中国瓷业等手工业的飞速发展，欧洲定制瓷也让中国瓷人开阔了视野，看到世界另一端的文化景观。瓷行天下的同时，中国的茶叶、美洲的农作物也穿行全球。万历三十五年（1607）荷兰商舶运去中国绿茶，万历三十八年（1610）转运至欧洲，旋即风靡欧洲，与瓷一样，初为上流社会的时尚饮料，价格昂贵，由药房销售。而大帆船给中国带来的欧美舶来产品则多达百余种，嘉靖时，大帆船便将美洲农作物玉米、甘薯、马铃薯带入中国。万历十年（1582），广东人经海路带薯种回乡试种成功。万历二十一年（1593），闽人从菲律宾带薯种在福建遍植成功。蔬菜也引进了七个类别。万历十九年（1591），原产于墨西哥的辣椒在中国种植并见于书中；万历三十九年（1611），原产于中美洲的烟草在中国落户，并有个很富诗意的名字“淡巴菰”，以致日后中国外销瓷的流行纹饰中就有一种烟叶纹和准烟叶纹，虽名不副实，但命名总有它的缘由，缘由追溯出人的故事和情感。无言的外销瓷，就这样静静地见证着历史，记录着历史。

晚明，大批沿海民众下海通夷，商民频繁活动于各国东印度公司港口，有人形容中国沿海商人出海如同内地老百姓赶集一般，出国定居的人数陡增。万历二十四年（1596），马尼拉的华侨激增至 3 万。其时，明廷不准中国商人与日本经商，但越是这样，与日本的贸易利润就越高，倍于菲律宾。海商们便想方设法涌向日本长崎，万历三十九年（1611），驶到长崎的中国商舶将近有 80 艘，至崇祯十四年（1641），增加到 97 艘。万历四十年（1612），大海商郑芝龙到了长崎，后多次赴日贸易。万历年间福建巡抚南居益曾上奏朝廷称，闽、越、三吴百姓，流寓长崎港从事贸易翻译者有数百家之多，华侨竟多达二三万。

这，幸耶不幸？至少不能算坏事。对朝廷而言，应反思所制定的海外贸易政策；对华侨而言，最重要的是，不要忘记自己的根。

2. 独步天下景德镇

嘉靖时期，景德镇已见一枝独秀，至隆庆开海万历潮起，在海外对中国瓷器日益迫切和增大的需求中，景德镇便独步天下。如宋应星在《天工开物》中所言：“合并数郡，不敌江西饶郡产……若夫中华四裔驰名猎取者，皆饶郡浮梁景德镇之产也。”王士性在《广志绎》中也写道：“浮梁景德镇雄村十里，皆火山发焰……遍国中以至海外夷方，凡舟车所到，无非饶器也。”可见原本以官窑御器生产著称的景德镇，在北方名窑熄火黯然，内陆市场不很景气中，还偏偏接过外销瓷的重任，成了明廷换取白银的聚宝盆和摇钱树。

先看皇帝的几例摊派：据《陶说》记载，隆庆五年（1571），下旨景德镇于 8 个月内烧造里外鲜红（霁红）瓷器并大、小龙缸等共计 105770 件。瞧瞧，执政五年半，烧造数量却直追宣德帝七下西洋！其中龙缸的式样还特意强调要求底阔肚凸，这可是违背烧造瓷器工艺的规律，真是苦了景德镇瓷匠。

万历上台亦不含糊，万历十一年（1583），即下旨景德镇烧造瓷器 96000 多件；万历十九年（1591），又下旨烧造瓷器 159000 件，后又下旨再增加 80000 件，共计 239000 件之多，如此巨额数量，直到万历三十八年（1610），还无法全部完成！

再以荷兰订购和运输的部分瓷器为例：1584 年（万历十二年），荷兰就通过葡萄牙西班牙向中国订购了瓷器96000件。

1608年（万历三十六年）7月，大泥商馆向中国订购了瓷器100000件；同年，荷兰东印度公司向中国人订购瓷器有：黄油碟50000个、碟50000个、黑色壶1000个、大碟1000个、大碗1000个及若干小碗、葡萄酒壶500个、小水壶500个、大杯500个、小调味碟500个、水果碟2000个、盐罐1000个、直径2.5英寸的大碟200个。

1610年（万历三十八年），荷兰商舶“Roode Leeuw metPijlen”号到达广州，运载出瓷器9227件；

1612年（万历四十年）运至荷兰38641件瓷器；

1614年（万历四十二年）11月10日，简·皮爱特兹·科恩（Jan Pietersz Coen）写信给荷兰的董事说他将运送350000件瓷器到欧洲；同年，1614年（万历四十二年）10月，一艘从爪哇巴达姆港启程返国的荷兰商船“克尔德兰号” “Gelder land”，内装碗、碟、杯、盘等大大小小瓷器，共计69059件；另一艘荷兰商舶又从广州载运瓷器70000件至阿姆斯特丹，后转销欧洲各地。

1614年（万历四十二年）11月25日，德里克·简兹（Hendrick Jansz）在北大年写信给科恩（Coen）时透露他将运往荷兰24000件瓷器；同年记录经荷兰船运销欧洲的瓷器多达60000多吨。1620年（泰昌元年）5月6日荷兰董事写给科恩的信中提到他们所需的瓷器数量为59500件……从这些记载和信件来往中提到的数字可推断，荷兰每年运输中国瓷几万件是正常的，有时高达几十万件。又据戴维斯估计，在17世纪，荷兰共贩运了1500多万件中国瓷器到欧洲，他不由得诙谐地说：“世界对瓷器的要求是如此之多，以至于最后都充满了中国的杯和茶壶！”1620年（泰昌元年）5月6日董事会写信给巴达维亚总督燕·彼得逊·昆，要求他购买64500件优质的、中等的和平常使用的粗瓷，特别是要大盘500个、中盘2000个、小盘4000个、双层黄油碟12000个、单层黄油碟12000个、水果盘3000个、小水果盘3000个、热饮料杯4000个、小热饮料杯4000个、大碗1000个、小碗2000个、浅碟

英国东印度公司总部大楼

8000 个、餐盘 8000 个。1622 年（天启二年）9 月 17 日董事会又写信给昆，要求购买 69600 件瓷器：大盘 400 个、中盘 2000 个、小盘 4000 个、双层黄油碟 4000 个、单层黄油碟 25000 个、水果盘 9000 个、小水果盘 3000 个、带卷边的热饮料杯 8000 个，大碗 1000 个、小碗 200 个、浅碟 8000 个、餐盘 5000 个……

这仅仅是荷兰东印度公司一家之部分数据。1587 年葡萄牙即成立了东印度公司，1600 年英国成立东印度公司，1602 年荷兰成立东印度公司，1604 年法国成立了东印度公司，1614 年丹麦成立了东印度公司——这些公司全成立在万历时期，始于万历十五年（1587），可能并非偶然巧合。瑞典于 1731 年（清雍正九年）最后成立东印度公司。还有东南亚、南亚的需求，以及对中国瓷器始终锲而不舍的日本国！

这些国家都是冲着中国瓷器丝绸和茶叶而来。外销瓷大数据有谁准确统计清楚？各公司订单如雪片般飞向景德镇。而这种贸易呈现出结构性的贸易逆差，使白银源源不断地流入晚明中国，有外国人统计，其数量占那时世界白银总产量的 1/4，乃至 1/3！西方各国君主再痴迷中国瓷器，也有眼见银子化成水的心痛。对中国，既仰慕好奇又虎视眈眈，虽暂且不敢贸然轻举妄动；而万历，再昏庸无赖，也知道钱是好东西，没有钱是万万不能的。

景德镇的瓷匠窑工不觉辛苦只觉甜。不要以为外销瓷暴利有他们应得的一份，落到他们手中那份，微乎其微。景德镇匠人千年心理积淀，是重名声。或许愚昧，但是最宝贵的。做皇帝的瓷，是荣耀；烧制出来的瓷皇帝大喜，是匠人的本事。没有景德镇人做不出来的瓷器。

做洋鬼子的瓷，不畏其奇技淫巧乃至莫名其妙，难不倒景德镇人，但时间确实紧迫。外销瓷必须严格地讲诚信。一般情况下，欧洲外商来华时订货，必须先付清款项，万历四十四年（1616）10 月 10 日荷兰东印度公司科恩在给董事长的信中写道："……在这里我要向您报告，这些瓷器都是在中国内地很远的地方制造的，他们购买的各种成套瓷器都是定制的，而且预先付款。因为这类瓷器在中国是不用的，中国人只有拿它来出口，而且不论损失多少，也是要卖掉的。"待下次再来华时验货取货，烧制瓷器的时间至少要个一年半载，跨越三年也是常有的事。按说，时间还算充裕，但因订购量往往巨大，而且还要按他们规定的器型和纹饰，费时费工。但既然承接了，就得守信。若出纰漏，那影响的是整个外销瓷贸易，这种国际信誉，景德镇人是早早就明白的。再说，海外商人如此赞赏景德镇瓷器，景德镇人也是领情的，匠人的精神享受是什么？名声在外。然而，当欧洲各国在附近有了中转站后，定货取货的时间就要短许多，皆按双方的约定。

正是这座被人称为"弹丸之城"的小小景德镇，就这样义无反顾地扛起了国际贸易的重

明万历景德镇青花四方瓶
高 25.2 厘米 大英博物馆藏

担。万历年间，民窑已增至千余座，城区“延袤十三里许，烟火逾十万家，陶户与市肆当十有七八”，以窑业为生的人数已比嘉靖还要爆满，为本土与来自五湖四海的能工巧匠，实行的是雇佣劳动制。随着商品经济的发展，民窑手工业工场和作坊的分工越来越细。作坊分为坯房与窑房两大类。窑场有风火窑、色窑、大小火监火黄窑、大龙缸窑、匣窑、青窑之分；坯房又分圆器和琢器。宋应星在《天工开物》中记道：“共计一坯工力，过手七十二方克成器，其中微细节目，尚不能尽也。”的确非言过其实。分工是越来越细致，其制瓷生产过程有澄泥、造坯、汶水、过利、打圈、字画、喷水、过锈、装匣、满窑、烘烧等各道工序。而官窑的分工则更见精细。分工计有二十三作：“大碗作、酒钟作、碟作、盘作、钟作、印作、锥龙作、画作、写字作、色作、匣作、泥水作、大木作、小木作、船木作、铁作、竹作、漆作、索作、桶作、染作、东碓作、西碓作”等。后来为适应欧美市场旺盛的需求，又逐渐分出特殊之作——洋器作、订单器作：“工有作，作者一户所作器也，各户或有兼作，统名曰作。官古器作、上古器作、中古器作、釉古器作、小古器作、常古器作、粗器作、冒器作、子法器作、脱胎器作、大琢器作、洋器作、雕镶作、订单器作、仿古作、填白器作、碎器作、紫金器作”。“洋器有滑洋器、泥洋器之分。一用滑石制作器骨，工值重，是为滑洋器。一用不泥作器质，工值稍次，是为粗洋器。”这在清嘉庆时期的景德镇人蓝浦的《景德镇陶录》中皆有详尽的记载。

此类青花花鸟纹四方瓶，器型本身为仿欧洲装烈酒玻璃器皿的定制外销瓷，在大英博物馆藏有多件，当是荷兰自万历年代就在景德镇批量的定烧瓷。而且在天启、崇祯年代乃至清代都有这种类型的外销瓷，说明在海外大受欢迎，烧制年代很长。这类西洋风格瓷瓶，特点有二，一是细细的瓶口多为螺旋状，可配盖拧紧，今天的酒瓶皆如此；二是器型为长方体，做瓷难度高，但包装运输方便。纹饰为中西合璧，在中国传统纹仙鹤、荷塘、山石、缠枝花卉等之中，嵌有西方纹章、神兽以及宗教题材等。有三件藏品，一件全然中国传统花鸟纹；另一件在中国传统花鸟纹中突出的是葡萄牙家族的纹章；还有一件则是神兽纹，西方色彩为主导。

今天的景德镇古陶瓷博览区，仍有再现明清手工制瓷技艺的表演：淘泥者是头戴斗笠的老

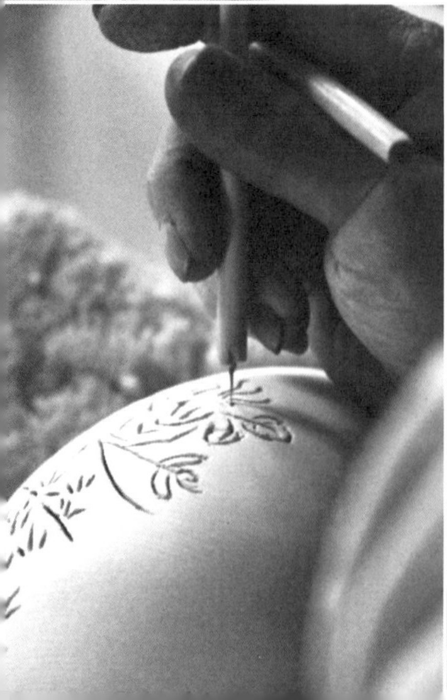

师傅，一招一式刚柔相济韵味无穷；练泥如练内功，新上手的小伙子那满脸的汗水，还有点力不从心；做坯者年纪不轻，辘轳旋转，泥要跟着手的感觉走，6000年前制陶的慢轮是辘轳的老祖宗，也是人类第一次使用机械装置的证据；做坯又称成型，功夫全在手上。任凭器型不同，高矮不一，大小不等，这双手都是那么娴熟自如，那么随心所欲。成型后的同一器型，规格之标准如同出自模具。那快捷的动作，令人难以分清是泥团跟着手的感觉走，还是手随着泥团的变化走？

利坯的工具多至几十种！难怪人们说景德镇的瓷精细以毫发来衡量；利坯是把握瓷器厚度标准的关键一环。少旋一分嫌厚，多旋一分则有坯破器毁的危险。薄胎瓷的利坯更是如履薄冰，险情四伏。殊不知，这薄胎瓷的粗坯厚度也只有12毫米左右，而要把它修成像蛋壳一样薄，成败全在一丝一毫之间。印坯，貌似容易，你试试看；托坯、驼坯、晒坯、挑坯：狭长的料板，易碎的泥坯，你以为危如累卵，他却漫不经心，尤其是挑坯的，堪称景德镇一绝，挑着满满一担装有百来斤重的瓷坯优哉游哉穿街走巷，难怪20世纪80年代央视摄影记者追着跟拍，酷。或许，这就是智慧和力量的体现。

画花、刻花、雕花：几支笔，几把小巧雕刻刀，笔是毛笔，但泥上胎上的感觉截然不同于纸上；至于刻花，那就是18世纪西人叹为观止的“嵌玻璃”的艺术。

蘸釉的，轻盈似蜻蜓点水，不溢不漏；吹釉的，用的是明代的吹釉新法，口蒙细纱，用竹筒蘸釉以吹，少则三四遍，多则十七八遍，乃至百遍；无论方长棱角，都能吹匀；浇釉，或称溜釉，为庞然大物瓷狮子、大龙缸的上釉法；涂釉：又称涂挂，钧红、三阳开泰的上釉法，看起来嫌粗糙，可经司火女神的手后，便叫你一唱三叹。

……

然而，无论老少男女，他们毕竟是在作秀，已无法还原几百年前原生态的景德镇，从布满烟囱森林的天空到百舸争流的昌江，从麻仓土的开采运输到街弄窑屋作坊瓦屋棚户，哪里都忙忙碌碌兴兴轰轰你追我赶，没有闲人的万历景德镇，怎能不“坯房担得白釉去，匣厂装得黄土来，上下纷争中渡口，柴船才拢槎船开”？怎能不“陶舍重重倚岸开，舟帆日日蔽江来”？怎能不昼夜白烟蔽空，终岁烟火相望？怎能不跻身全国著名都会之列？

而今，大英博物馆藏的明代瓷器中数量最大的数万历，为193件。

青花瓷当然是外销瓷主流。万历青花，幽蓝苍翠，浑厚明艳，其料色渗进釉骨中，而笔线自然浑化。也正因了万历青花的炉火纯青，欧洲人赏心悦目，渐渐地一种有开光的青花瓷脱颖而出，并形成类型化，同中有异，成为外销瓷中的走俏类型，那就是在荷兰第一次拍卖被欧洲人称为克拉克的瓷器。同时，釉里红、青花釉里红、五彩、斗彩及红釉、蓝釉、金釉、黄釉等各种颜色釉瓷也竞相争艳。由于优质瓷土比嘉靖时还见危机，以浓饰艳彩掩盖胎质之瑕更是蔚然成风，埋下了追求富丽繁缛的媚俗倾向。万历五彩凤纹镂空瓶、万历五彩云龙纹尊等，艳丽已取代素雅。万历器型亦丰富多样，如其祖父嘉靖一样，也流行葫芦瓶、蒜头瓶、觚式瓶等，皆与道教有关联。觚式瓶在口部做足文章，敞口、敛口、洗口皆有，腹部也有球形、方形等不同形制。

明万历青花五彩尊形方供瓶
高 47 厘米 最宽处 14 厘米
大英博物馆藏

值得一提的是万历民窑名气满满，其民窑名人比之嘉靖家喻户晓的崔公，更显个性，更见傲骨，更见潇洒。大隐隐于市。浮梁人昊十九自号壶隐老人，隐于陶轮间也。他擅长制类于鸡卵之壳的薄胎瓷，仿佛只见有釉而无胎，“映日光照之，表里能见手影。有花者，于其里照，见外之花纹；有款者，于其表照，见内之字”，绝妙之器。绝品小杯流霞盏，色明如朱砂，极莹白可爱，一枚才重1/40两，轻风都可吹去，故四方不惜重金求之。他制作的茶壶，直追宋瓷神韵，色淡青，如官、哥窑，但无冰纹；另有朱色釉的紫金壶，亦高贵精细轻盈。仿江苏宜兴紫砂茶壶，壶底有款识“壶隐老人”。胎极薄，色极青，品极高，人极淡，真隐者也。他耐得寂寞，守得清贫，视名利金钱如粪土，眼里品瓷，手上做瓷，心里只有瓷，能吟诗，工书画，一介文人。家中只有席、门、瓮、牖而已。其禀性其风韵其气质，仿佛魏晋名士转世，孤傲淡泊，清高逼人。或许，这就是他喜欢的生活，他就是为瓷而生。有什么不对？有什么不好？他又不苛求别人与他一样清苦贫寒。

匠师周丹泉，吴门人氏，万历时代的景漂。其巧思过人，精于仿古，无论是造型、图案、款识皆能以假乱真，一器出，就有人高价竞求。他也喜爱宋瓷风骨，还擅长以瓷泥制作印章，上有辟邪、龟等印纽，风格古朴浑厚，如是，仿品以假超真。他常常携带自家作品，回到家乡苏州及附近一带，专门销售给富商豪绅。其一件仿唐代的瓷器，竟值一千两金子。其个性之飞扬跋扈，嗜好钱财的贪婪，自我炒作的主动积极，与昊十九截然相反。但他就爱这样，又有什么不好？不对？他倒是更像“一切向钱看”的当代人，超前意识超前行动，至少他用自己的才

高岭村

艺赚其回报，又不坑蒙拐骗。

这就是资本主义萌芽的晚明社会，尽管萌芽长期处于萌芽期，不见大长势，但人性似在苏醒，个性似在张扬，史料将清高的与爱银子的都记载下来，不惜其迂不责其俗，只赞叹陶艺的鬼斧神工，迂腐与庸俗何干？

景德镇的盛况，倘若看成是“升虚火”，也不无道理。

万历二十七年（1599）景德镇瓷工揭竿而起之事件，是载入了史册的。其时，太监潘相任江西矿使兼理景德镇窑务，督造大器青花大龙缸，但屡烧屡败，潘相却一味残酷压榨、例外苛索派役于民，且鞭打捕杀瓷匠窑工，窑工童宾奋不顾身跳进火窑，一万多瓷工奋起罢工，硬是吓得潘相连夜逃遁。而明廷也作出了大让步，为童宾立祠于御窑厂东侧，并号之为“风火仙”。以后每每点火烧窑时，窑户皆要先祭拜风火神。此事并非传说，童宾实有其人，生于隆庆元年，窑火焚于万历二十七年（1599），浮梁里村人。但疑惑的是，童宾怎能跳进火焰熊熊的窑中？另还有关于明代孝女跳窑的传说，说的也是万历要祭红瓶，把桩师傅的女儿纵身一跃进窑火之中，刹那间，窑门炸开，满窑祭红惊天动地。1979 年的电影《祭红》是中国第一部名副其实的景德镇陶瓷题材故事片，其片头引子就是“孝女跳窑”。问题是，他们从哪里能跳进窑中？

不错，窑门是可以同时进两三人的，但当坯进匣钵满窑后，窑门必须砌严实，上部装两个匣钵，如一双眼睛，下面留个口陆续放进松柴用，而这个口容不了一个少年或少女！一经点火燃烧，上面两个匣钵会烧成红彤彤透亮，下面的口则烈焰翻腾，像张人的脸。但老辈子的人则说，这是一个赤裸着的正在分娩的女人，上部是一对乳房，柴窑口是生命的通道——这就是窑门图腾！

万历至死也没得到青花大龙缸，那定陵地下宫殿点长明灯用的三口大龙缸，还是他祖父嘉靖帝时烧制成的。前往定陵参观的络绎不绝的当代人，面对大青龙缸和已绞结的灯油，听到的只是童宾的故事。有谁知道在那凝固和窒息中万历帝和另一个死不能同寝的女人的故事？九鼎之尊的皇帝也有迫于祖宗之法和满朝文武掣肘而不能如愿的时候。万历钟爱郑贵妃什么？并非花容月貌，而是小他四岁的女人的聪明机警、意志坚决，喜欢读书，弥补了皇帝感情上的欠缺。万历的怠惰暴戾贪婪，莫非跟他的爱情不如愿不无关系？如果真是这样，执子之手，与子偕老，爱情的力量也有她可怖的一面。

景德镇窑工揭竿而起的这一年，恰恰是万历再度开放海禁的一年，准许私人商船出洋，并果断地加重海外贸易之税收。是历史的进步抑或退步？不管怎么说，也使晚明封建经济结构受到一些撼动，得到资本主义经济结构一些影响。要看到的是，随着海关税增加，中国外销瓷数额反而逐年递增，海上贸易仍见兴旺，在万历二十八年（1600）前后，大帆船川流不息于海上，每艘大帆船运载往欧洲的瓷器多达 6 万—10 万件。明廷对童宾跳窑瓷工罢工的宽容，当与全球性海外贸易背景有关：不能没有你——景德镇。当然，万历税收制度的不完善是最大的失误。政治腐败和对农业的重税，造成对农业和社会的破坏。海上贸易的繁荣依然不能挽救大明朝灭亡的悲剧。

青花大龙缸为何在万历年代屡烧屡败？不是早在洪武二年（1369）就烧制成功了？那时的景德镇人便采用按比例分段拉坯成型，只见大团大团的泥巴在两人的手上千变万化，瞬即分作了瓷器的躯体；绝的是两双手的配合是如此和谐默契，好似只在接受着同一个大脑的指挥。至宣德，又进行工艺改革，每两段坯件的交合处都镟有凹槽，并在凹槽填补接头泥，烧炼时凹槽互相卡住，大龙缸便天衣无缝、浑然一体了。

明代的大龙缸窑，又称缸窑、龙缸窑。专门为皇宫沐浴、防火、祭祀等用。有云龙纹青花瓷缸、青双云龙宝相花大缸、青双云龙莲瓣大缸、青花白瓷缸、青龙四环戏湖水大缸、青花鱼缸、豆青色瓷缸等。一般高二尺，直径三尺，每个龙缸窑只能烧造一二口。一般烧窑三日为准，龙缸烧造却要长得多。先用慢火烧七昼夜，然后紧火两昼夜，到缸匣既红而复白色，前后通明亮时方止火，然后封门，等待十日后窑冷方开。每窑用柴约 130 担，如遇阴天，更需增加。一窑千变，得准确掌握火候。

万历青花大龙缸屡烧屡败，以至陪葬的大龙缸还是嘉靖时所烧的，但绝对不是技艺失传，而是制瓷的骨骼——优质麻仓土被嘉靖掏空了！嘉靖爷爷坑孙呀。

麻仓土采尽，万历后期发现高岭土。延续开采约两百余年，盛时搭棚数百；而今，只剩下掏空后的白色的荒凉；深邃的古矿洞， 荒芜的矿石淘洗遗址，蔚为壮观的白色尾砂堆，还有那无论多少年代多少人践踏过依然洁白的高岭山路！

高岭默默无语。高岭村的人，始终以纯洁和坦荡迎接每一个来到的中外游客， 当然包括对它或向往或觊觎的今古陶瓷学者专家。

这座没有城墙的罕见内陆山镇景德镇，怎么看你，也都一半是火焰，一半是海水。

3. 克拉克瓷解密

克拉克瓷产生于纹章瓷之后。画法仍是中国传统方法，器型纹饰既有传统型的，也有纹饰布局渗进欧洲元素的，但都是专为外销设计的、主动趋向西方审美定势的青花瓷器。这类青花瓷胎较薄，器型为盘、碗、瓶、军持等，其中盘的数量最多，也最具代表性。开光图案是最突出的特点。一般内底微凹，圈足微向内斜，足上多粘有砂粒。

以盘来看其特点，盘的口径一般40—50厘米，盘口沿有圆口、葵口、花瓣口等。一种俗称“二层盘”的纹饰较多，即盘心、盘壁隔开，以二层纹饰布满。但也有全盘布满的。盘内边壁一般盛行八个、六个、十个、四个莲瓣形、桃形、扇形、椭圆形、圆形、菱形、长方形等开光，内绘杂宝、山水、人物、花卉、花鸟、果实等图案，常见的折枝花卉如向日葵、郁金香、菊花、灵芝等，还有佛教吉祥器轮、螺、伞、盖、罐、莲、鱼，以及卷轴书画、蕉叶、珊瑚等，后常见新颖的荷兰国花郁金香纹，开光之间用锦纹或缨珞隔开，整体画面构图严谨，繁而不乱，洋溢着东方文化的浓郁气息，又蕴含了一些西方人所喜闻乐见的社会风情和艺术韵味。

中心的主题纹为中国传统的花卉、花篮、动物、人物、山水树石、楼台仙人、麒麟瑞兽、池塘禽鸟、吉祥物等，后来多见异国情调的繁密纹饰，或西方的神话、宗教故事，现实人物和社会生活图案等。还写有“福”、“寿”、“福寿康宁”等文字。

“越洋遗珍——上海博物馆与故宫博物院藏明清贸易瓷展”展出的景德镇烧制的青花开光水禽图盘为典型的克拉克瓷，大英博物馆等也藏有相似图案的瓷盘。盘心主题纹饰是荷塘湖石中水禽嬉戏图，两鸭亲切相对于湖石，一白鹅则向湖塘寻觅，三鹭鸶空中盘旋，绘者已注意到近大远小的透视感。湖塘中荷花亭亭玉立，荷叶摇曳多姿，波光粼粼处还见散落水面的睡莲花草，画工精细，浓淡相宜，自然美景一隅，亦赏心悦目。

主题纹外一层的开光颇具匠心，八瓣花尖连成弧形，以鱼鳞锦地纹和万字锦地纹相间装饰。口沿则以八大莲瓣形开光，有珠状垂饰隔开，八开光内有四个为传统的蕉叶、杂宝等纹，另四个起相隔作用，为变形桃子桃叶，简洁活泼。盘外壁则信笔草草，极其简单，当然是与内盘对比，以突出映衬主题纹饰。

明万历景德镇青花克拉克瓷盘
高 6.3 厘米 径 36.4 厘米
大英博物馆藏

“清水出芙蓉，天然去雕饰”，是中国人的审美定势。但这类专为西方人而制的克拉克瓷，揣摩其审美接受心态，注重繁密，穷于雕饰，精工细作，然传统审美定势却仍顽强地贯注其间，在中西碰撞中，产生出另样美感：浓中见淡，密中有疏，丰富出简单，精细渗大气。

出自海底沉船“万历号”的海捞瓷，虽图案纹样与前一件大同小异，但比较而言，则显简陋。极有可能的是，上件瓷盘在海外受到追捧后，外商又要求“批量生产”之故。盘心的主题纹饰仍是莲塘水禽，但水禽由 6 只减为 1 只孤鸭独立，因绘之潦草，或是别的什么；塘中荷叶莲花完全是粗枝大叶，莲独放，叶九张，水草三根大无挡，连水波纹都草草；外层十个三角形凹形连接开光，开光内相间饰以珠纹和席纹；口沿十个桃形开光，开光内五个变形桃五个杂宝蕉叶类，开光外以云纹勾连。盘外壁更简陋，以线条分割六开光，开光内五个点。这类外销瓷，可能是抢工时之活，只可远看，不细观。当然，逸笔草草中，仍见活泼泼之生机。

克拉克瓷器形成了外销瓷的一类型后，在一种样式的某些细微处起了些变化，既丰富了纹饰，又强化了类型。这类式样是中国瓷商和瓷匠为西方市场设计的，以求产销对路，当然，极可能在设计过程中采用借鉴了西方的一些图案设计。

这只景德镇烧制的“七头蛇”克拉克瓷碗，其主题纹饰“七头蛇”便来自西方神话传说。希腊神话中有九头蛇之说；《圣经》中的堕落天使撒旦，反叛上帝，堕落成邪恶魔鬼；新约启示录中有描述七头十角的红色巨龙，每个头上都戴有皇冠；澳门博物馆收藏有一片当地出土的碎片，其画面是在四个盾牌形开光内绘七头蛇，盾牌两侧有象鼻形，内写格言：对智者而言，无新奇之事。其实蛇头为五头，另两头是一男一女。盾牌外两侧写有阿拉伯格言“莫与智者语

明万历景德镇青花克拉克大碗
高 17 厘米 径 34.5 厘米

奇闻”。据称此图案可追溯到公元前 2000 多年前的苏美尔早期王朝，而澳门大三巴前右上方的浮雕就是七头蛇。七头蛇可能代指的就是七宗罪。故推测为教会定制瓷。大英博物馆藏有，美国皮博迪艾塞斯博物馆亦藏有。主题纹饰七头蛇是西方神话，但其他纹饰皆是中国传统纹饰，如碗外壁盾形开光外的杂宝、莲花等，碗内壁八个花瓣形开光中的折枝花等。

有学者研究，以为军持与净瓶，功能相同，但使用者不同，使用方法不同。净瓶是佛教僧侣专用的盛水器，瓷器净瓶是仿铜、银净瓶而成；军持既有佛教徒用，又有伊斯兰教徒用。军持是中国外销瓷的大宗产品，多出土于东南亚。

故宫博物院所藏军持也可称克拉克瓷，长颈、斜肩、球腹，乳头状流，圈足。各部分均开光并饰以各花草纹。颈部蕉纹，肩部绕卷草纹，腹部六开光，葫芦、蒲扇、莲花，以牡丹纹相间。进水的颈口与出水的乳头皆以金属镶嵌配以金属盖并有金属链相连，起保护作用。而吉美博物馆所藏的形状同军持，只是纹饰不同，因用于喝咖啡而得此命名。大都会博物馆的执壶却是用中国瓷瓶饰以精美金属配件改良而成。还有意思的是，当今有位记者在印度竟然淘到一只带铁箍的船上用的青花瓷罐，款识为“大明万历”。用横竖铁箍铁皮套住瓷罐底部和上部，罐口已损，加上了密封铁盖，盖与铁箍用铁搭扣联结，还有铁钩可挂之船上。任凭风浪起，不泼半滴水。珍贵的青花瓷罐是怎样落入寻常渔船中，沦为普通水罐的呢?

明万历景德镇青花开光花卉博古图军持 高 22.5 厘米
北京故宫博物院藏

青花克拉克瓷器多质地细腻，画工精美，胎体轻薄，釉水明亮，发色雅致，颇受欧洲贵族厚爱，但克拉克瓷在国内不用说不流行，其传世瓷器几乎都没见过。究其原因，一是风格不为中国人所看好，不喜满，满受损，不透气；况且那时的中国人对洋鬼子是有种种偏见和排斥的；二是这类青花瓷比较薄脆，有中看不中用的致命缺点，经不起日常粗用；三是其时欧美人愿花高价购之，主要不是实用，而是陈设欣赏和炫耀，是身份的象征。如是，这类瓷的次品乃至残器，有时在国内就作为陪葬品，而往往出现在生产克拉克瓷的窑口附近或外销瓷至海港的运输路线上。如葬于明万历三十一年（1603）的江西南城明益宣王朱翊鈏墓，于 20 世纪 80 年初出土过克拉克青花大盘；江西南城、广昌、会昌很可能曾为中葡走私贸易转口集散地。广昌一座葬于万历元年（1573）的墓中于 20 世纪 80 年代末也出土了克拉克瓷，酷似国外珍藏的克拉克瓷，但一看就是次品。

大英博物馆所藏的一件葡萄牙徽章纹瓷盘，盘中心主题纹为葡萄牙驻澳门海军主帅 D Joao do Almeide 的徽章，内壁饰八个莲瓣形开光，开光内饰各种花果，外为折枝花。这位海军主帅是 1570 年（隆庆四年）上任的，专家从这只青花纹章瓷盘的克拉克风格、胎料、釉色和青花发色来看，判断为万历早期制品。

克拉克瓷一直风行至清朝康乾盛世，清朝外销瓷新时尚已转向五彩、珐琅、粉彩、广彩等，但青花克拉克瓷继续以清新雅致的风格、柔弱坚韧的姿态与之抗衡，整整流行了百余年，方渐渐淡出。

克拉克的源头在哪里？本应毫无悬念，最早烧造克拉克瓷的能不在独步天下的景德镇吗？但是，历史常喜欢和当代人开开善意的玩笑。当中外研究者一致认为首产于景德镇时，景德镇的考古却迟迟未能发现相应的出土瓷器，残瓷碎片均不见蛛丝马迹！每寸土地都是陶瓷历史的景德镇，出土遗址多多，皇帝的瓷似乎都不摆架子，一不小心便这里那里蹦将出来，抢着上头条新闻；唯有这小有名气的克拉克瓷，久久不见踪影，仿佛披上了头盖，颇有几分神秘。好不容易在湖田窑发现了克拉克瓷标本，虽然数量极少，也没发现窑具，但从器物特点看，景德镇烧制过克拉克瓷是没有疑问的。1987 年在景德镇珠山西路窑址基建工地上一处窑业堆积，发现少量出土的青花开光花卉、草虫纹残器，为典型的克拉克瓷。

这样，研究者把视野转向沿海的闽粤出海港口，于是，有了 20 世纪末年月港漳州窑的平和窑显影的石破天惊，仿佛追根溯源到此，终见到根和源。但是，且慢。少安毋躁。景德镇却又紧跟着揭开了盖头……

2002 年至 2004 年，由北京大学考古文博学院、江西省文物考古研究所和景德镇市陶瓷考古研究所组成的联合考古队，对景德镇珠山御窑厂遗址进行了考

传为 1570 年间葡萄牙驻澳门海军主帅 D joao do Almeida 的徽章纹瓷盘

古发掘，出土了一批晚明清初的民窑瓷片，其堆积中有一批克拉克瓷残片，主要为大盘，器壁不是太薄，但质地优良，青花发色幽蓝透亮，纹样多为花卉、折枝花卉、葡萄、花果等，外壁多绘疏朗的变形莲瓣纹。专家根据万历三十六年（1608）御窑厂曾停烧等相关资料判断，这批优质克拉克瓷当烧造于明万历三十六年（1608）之后、崇祯四年之前。

2007年秋，三家联合考古队又对景德镇北郊的观音阁遗址进行了为期三个月的考古。观音阁地处昌江与东河交汇处，其瓷土、釉料及窑柴皆可到此，瓷器出运自是顺畅。这次考古出土了大量的明中晚期瓷器和晚明外销瓷，其中，就有部分克拉克瓷。其胎质细腻，釉色温润，各种开光各种纹饰琳琅满目，虫草树石、山石小景、城廊山景、竹枝彩云、石榴、花果等等，比珠山御窑厂遗址出土的克拉克瓷还要优质，为克拉克瓷之精品。出土遗物与沉没于万历—天启年间的“万历号”、沉没于万历四十一年（1613）的“白狮号”等沉船上的海捞瓷器相似。

以后，考古队等又在景德镇市区十八桥、赛宝坦、花园里、刘家弄下弄、太白园、胜利路、莲社路、董家坞、斗富弄、戴家弄等窑址发现克拉克瓷残片；而这些窑址并非荒凉废墟，都在今闹市区，曾经是人民瓷厂、建国瓷厂、新华瓷厂、艺术瓷厂等的老厂址。这很让人唏嘘感叹，今人在古人的瓷窑遗址上烧制瓷器，是浑然不觉还是心有灵犀？千年之后，今人还要在此寻寻觅觅，以求解开中国瓷器当年征服世界之谜，那么，后人将如何评价这些将瓷厂纷纷倒闭的今人呢？有道是：创业难，守业更难。

还是回到20世纪末考古新发现——漳州市平和县大量克拉克瓷出土。无可否认的是，晚明福建地区的外销瓷烧造及出口量相当大，漳州窑群、德化及周边地区皆一心一意生产外销瓷。青花瓷之外，也烧彩瓷。果然是近水楼台先得月。

而景德镇窑工万人反抗潘相的大罢工，客观上也造成了御瓷、外销瓷的一度停烧。舍得一身剐，敢把皇帝拉下马。皇帝的瓷都不烧了，还管得上洋鬼子？东印度公司的洋员工似乎也能理解，但欧洲客户对中国瓷器的需求那是饥渴难忍，望着纷纷飞来的瓷器订单，公司员工不能眼睁睁看着白花花的银子不赚，于是，一面加紧催促景德镇窑，一面带上景德镇瓷样，还有欧美人喜爱的图样在出海港口边寻寻觅觅，哪里冒烟往哪里去，烟囱下大都有瓷窑，走村窜镇，还真是蛮拼的。心里也在算计，愈靠近口岸愈降低了成本，减少了运输中的损失，提高了利润。漳州的平和南胜、五寨，福建德化、泉州晋江等地的民窑就这样纳入视野，这些窑口，或早已有之，或乘势而新开辟。有史料载，自天启元年至崇祯五年（1621—1632）间，荷兰东印度公司就三次到漳州收购瓷器，数量动辄上万件；日本人也频频前往漳州收购平和南胜、五寨的瓷器，数量亦不少。

据《安平志》卷四物类志载："瓷器自饶州来，福建乡人自福州贩而之安海，或福州转入月港，由月港而入安平。近来月港窑仿饶州而为之，稍相似而不及雅。"所以，克拉克瓷非诞生于福建平和窑，此窑系只是克拉克瓷产地之一，但，平和窑当是仿景德镇克拉克瓷最为得心应手的窑口。说起来，平和与江西还真有不解之缘。清乾隆《平和县志·明史》记载：正德八年（1513），福建平和卢溪等地爆发了声势浩大的农民起义，明廷令提督军门王阳明发江西福建二省兵众镇压之，平定后，即选留随军士卒在平和定居，或管理庙宇或在地方上充当杂役等，留下的江西籍移民中不乏制瓷的能工巧匠，发现平和一带还真有制瓷的原料，遂炼瓷。正德十三年（1518），平和才正式建县。不到50年，隆庆开海，月港开发，仿佛是风水轮流转到这穷乡僻港了。明万历元年（1573）的《漳州府志》卷二十七载："瓷器出南胜者，殊胜它邑，不胜工巧，然犹可玩也。"清代重修的《平和县志》载："瓷器精者出南胜官寮"。

明万历平和窑青花罐
高9厘米 大英博物馆藏

明万历平和窑青花罐
高4.3厘米 大英博物馆藏

月港早早成了走私海外的暗港。到隆庆开海月港开放时，平和一带又大有用武之地，天时、地利、人和，想不烧制外销瓷都不行了。平和窑距月港不到百里，瓷器顺江而下，一天就能抵达。其时，过了明路的月港遂成为东亚最繁忙的港口，景德镇外销瓷皆从月港出口，很快为漳州平和窑群所仿烧，成为外销瓷新类型，不过，鉴于原料、技艺等原因，比起景德镇克拉克瓷，还是稍逊一筹。胎质略粗些，釉色稍涩些，底足要糙些，可能正因了粗放无拘谨，反而更见其率真自然、豪放本真、富有感染力和张力，似乎民间青花的灵魂附着其上，故平和克拉克有平和克拉克的味道。其大量销往日本和东南亚，有时被误称作"汕头器"，也有一些销往欧洲。

至今，在原平和县治所在地九峰镇东郊，有块风水宝地，俗称"江西坟"的山岗，是平和设县以来，江西籍移民和子子孙孙世代望乡的归宿。江西瓷匠带来了炼瓷工艺，而这里也有高岭土，是开海繁荣了市场？抑或繁荣的走私贸易使朝廷不得不开海禁？

这只粗瓷碟也被称为汕头器，属克拉克瓷。主题纹为罗盘、两艘双帆双桅航船纹章瓷，远

漳州窑克拉克瓷
摘自 Christie's《 The Binh Thuan Shipwreck 》

汕头器青花克拉克盘
径 46 厘米 大英博物馆藏

山近水岛屿，还有一条跃跃大鱼。据说这是航海图加“蓬莱仙境”！ 画工较粗糙，设计和布局见混搭。内壁八个开光，四个为大椭圆形，内为蔓藤花果纹，另四个开光内格子纹。

外销瓷类型中青花瓷是主流，是大宗，克拉克瓷属于外销瓷类型之一，非大宗，但与纹章瓷相比，数量就大多了。纹章瓷是真正的小宗瓷，是私家留念，且有不少纹章瓷当归于克拉克瓷属下。纹章瓷，源自纹章。欧洲最初的纹章产生于战场和骑士比武场，其目的是为了识别对方；中国史料也有记载：“秦假道韩魏以攻齐，齐威王使章子将应之……章子变其徽章，以杂秦军。”可知异曲同工。但也有学者以为中国的堂名号相当于纹章。纹章瓷，又称徽章瓷，是将欧洲国徽、王徽、族徽、省徽、城徽及贵族、军团、公司、团体、个人等特殊标志烧制在瓷器上，以留下永恒的纪念。正德年间为葡萄牙国王所烧制的是最早的纹章瓷。虽是外销瓷之小宗，但万历时期呈渐热状。因欧洲纹章瓷本身苛求色彩，明青花纹章瓷至清朝时，便向五彩、粉彩、广彩纹章瓷过渡了。中国研究纹章瓷，侧重确定外销瓷烧制的年代，但是，请记住，造假哪里都有，并非只有中国景德镇樊家井。人性中的丑陋，是不分国界种族的。

而东亚、东南亚和西亚一带，仍是青花瓷的外销主要地区，皆形成了活跃的青花国际贸易市场。如越南的东京、会安，柬埔寨的金边，暹罗的大城，马来西亚的马六甲，爪哇的万丹，荷兰占据后的巴达维亚等地。今天，在日本、越南、菲律宾、泰国、印尼、马来西亚等地都有大量景德镇窑、漳州窑青花克拉克瓷考古发现。菲律宾“有种类多得惊人的 16 世纪的青花瓷”。

至明末，福建沿海战事不断，航道受阻，月港凋敝，荷兰等外商不得不另谋他处，遂把目光落到日本岛国。于是，福建沿海生产外销瓷窑口纷纷败落，渐至停烧。

中国瓷自汉唐行天下以来，虽然与外域文化碰撞交融中，无论是在器型、纹饰等方面会有这样那样的变化，但相对而言，域外瓷与和国内各遗址出土的同时期的瓷器仍相同或相似。然而，到晚明克拉克瓷器出现以后，内销与外销似有分道扬镳之势，窑场开始主动积极依照西方人的器型纹饰等要求来生产，克拉克瓷再往前行，则出现小众纹章瓷，虽然最早的纹章瓷已在明正德时出现，但推而广之，当是晚明及以后。

石脉水流泉滴沙
鬼灯如影点松花
——李贺

二、打捞悲欣岁月

明万历景德镇五彩描金三足香炉
高 10.5 厘米径 15.7 厘米
上海博物馆藏

中国瓷器给世界文化以最广泛、最深刻、最震撼的影响，当产生于 16 世纪海道大通中国与欧洲贸易往来的航线开辟之后。万历应处于高潮期，记录了中国外销瓷的巅峰景象，所谓清代外销瓷的征服世界，源于万历。据粗略统计，在 17 世纪的 80 年间仅荷兰东印度公司就运出景德镇等中国瓷器 1600 万件。仅万历四十二年（1614）经荷兰船运销欧洲的瓷器就达 6 万多吨。

万历时期景德镇外销瓷的类型更见丰富多彩，且瓷的外销与内销尝试分道扬镳。马未都在央视讲座时，曾诙谐地将外销瓷分了三大类：第一类，中国式样，中国题材，但属于外国风格。第二类是中国式样，外国题材；外国式样，中国题材。第三类就是外国式样，外国题材。听着确实有点像绕口令，但归纳得实在。万历时不见得完全是按外国的来样加工，但肯定涵盖外商的意愿和种种要求乃至细则。

围绕瓷发生的一切，似乎只有本朝二十七年的景德镇万余窑工大罢工，才让万历心惊肉跳了好一阵，后又回归麻木。只见首辅如走马灯般频频切换，从万历的老师申时行到王家屏到德高望重的王锡爵到顾宪成到赵志皋再到王锡爵、李廷机、叶向高、沈一贯等等，乱哄哄你方唱罢我登场，朕就是“不管事”，任凭风浪起，大明不是仍维系着？以至自上至下许多部门官员死了免了辞了等也不见补员，空缺多多；反过来看，形成了另类的“精兵简政”，打倒了阎罗，解放了小鬼，民间海外走私贸易更见风风火火，因为种田没有经商赚钱，经商最能赚钱的是海外贸易瓷。万历只问收银子。有说万历时期的国库银子都发黑了，也有说国库空虚。哪里都要花钱，三大征是那么容易打赢的吗？也亏了这三大征，使纵有千般不是的万历，落了个“用人不疑，疑人不用”的好名声。对李如松、郑洛、梁梦龙，不管群臣怎么说三道四，他就是一概不听，如此才有了完胜。他是慵懒昏愦还是勤思清醒呢？

1. 掀起你的盖头来

万历外销瓷仍以青花瓷为主流，传统青花瓷是主流中的主流；定制瓷最先出现的是小宗青花纹章瓷，之后，出现批量的青花克拉克瓷，日本人称为“芙蓉手”；青花瓷之外还有釉彩瓷，如五彩瓷、五彩描金瓷等，后者日本人称之为“金襕手”。

大英博物馆所藏万历红彩金盘主题纹为石上凤凰，灵芝花叶环绕，外圈红彩织金。最早类似的瓷盘出土于墨西哥城；而上海博物馆所藏的万历五彩金襕手三足炉，学者研究为日本所定制的，也远销中东和欧美。

香炉就是用来点香的，香烟袅袅，雅。其造型稳妥华贵又见灵秀精致，老虎足威风，孔雀蓝虎头瞪眼獠牙；炉膛浑圆饱满，三个双线勾勒的海棠形红地开光，双线内填绿色，开光外饰以珠花锦地，上缀金彩方胜；颈凹进，沿撇出，沿口有孔雀蓝边饰，装饰同腹部，但开光形状与纹饰不同。其盖为镂空云雁纹铜质炉盖，应是在日本加配的，更显其富丽堂皇。枣红、孔雀蓝、绿色，再加五彩描金装饰，能不流光溢彩？

这件收藏于英国维多利亚及艾伯特博物馆的长颈扁瓶，可称为纹章瓷。纹章外有三层圆环环绕，饰以点和几何图形；瓶圆腹两面为平面，一面有西班牙王室菲利普二世的徽章，外则饰以莲花等花卉枝叶，英国学者认为，此徽章毫无疑问是从硬币上复制下来的；另一面却是山石风景中中国老者和童子席地而坐，似在一问一答，山水石树，布局疏朗。与其称典型的中西合璧，倒还不如说如同当代盛行的“混搭”。瓶颈细长，足底略外撇。足部绘灵芝纹，颈部纹饰分为两层，近瓶口为折枝牡丹灵芝，近腹部为花丛蝶舞；围绕两平面的圆面上饰以缠枝莲花卉。

此器型为宝月瓶。一说来自西亚，一说是按照从欧洲带来的金属原型制作的：大英博物馆就收藏了13世纪的此类“朝圣者”长颈青铜瓶。大英博物馆、海牙市立博物馆、都柏林市美术馆现代艺术展和里斯本各收藏有相同的瓷瓶。

明万历青花西班牙王室徽章的长颈瓶
高30.5厘米
伦敦维多利亚及艾伯特博物馆藏
摘自《为西方制造的瓷器》

明万历青花纹章长颈扁瓶（瓶的正反面）
高 30.5 厘米
大英博物馆藏

称为独此一件的西班牙国王菲利普二世（1556—1598）的徽章瓷，饰以中国植物动物纹，为墨西哥城私人藏品。《北美中国外销瓷》一书是这样描述的：“这只瓷罐是烧制于万历时期的青花六边形瓷罐，葡萄牙的一家收藏机构中有类似的藏品。瓷罐无耳，或许是用作装饰而非储物。戴着王冠的鹰是菲利普二世在位时期采用的徽章，在瓷罐上，它栖息在一个心形物体上，上方和右边各有一只坐在蒜苗上的老鹰。每个底座上都插着两支箭。瓷罐其他面上还有中式纹样——凤凰、大象、戴着马鞍的马、狮子，还有鸟，但西式的徽章位于树木或花卉中间，上面是一排瓶状物，较之于中式纹样，更加夺人眼球。蓝底上的白色写意莲瓣纹是明代经久不衰的纹样，但总体设计可能源自葡萄牙或者西班牙的丝织品。”

西班牙国王菲利普二世酷爱中国瓷器，拥有自己的中国瓷器收藏。但是其徽章究竟是怎样的？定制瓷中的主题图案设计来自于当时的西班牙银币？看来，似是而非、语焉不详。

水注，本是中国古代的文房用具之一，用时将其倾斜，水缓缓滴入砚台里，拿起墨，缓缓磨：磨墨如病夫，急不得，方能墨分五色。边磨边思忖，无论是绘画书法还是书信文章，就像当今时尚的慢生活和运动前的热身，讲究的是悠然之情趣。欧洲其时尚未兴起用毛笔写字绘画热，行销海外，不知何用？然，即使作为摆设，看青蛙那骄傲自得的模样，也趣味盎然。土耳其托普卡帕宫博物馆、伊朗阿德比尔神庙、印度、大英博物馆等皆有此类收藏。其造型不仅可爱，而且设计精当，留白、疏枝梅花与繁密的小朵五瓣花相互映衬；蛙背上背负一圆柱，敛口，可从此装水，蛙口也留有小孔，微倾水出。无论东西，对益虫青蛙都颇有好感，中国人以蟾宫折桂为吉祥，西方童话青蛙王子也逾越国界。象形水注则名副其实“大材小用”，但似更见情趣。

更有趣的是，中国外销瓷往往成为欧洲国家的礼品赠送给别国，于是一举两得，既尽了外交礼仪，又炫耀了自身的权力和财富。万历六年（1578），葡萄牙国王亨利便赠送给意大利国王一箱贵重的礼物，其中有四个描金的中国瓷器“对虾”，这使意大利国王喜出望外，爱不释手。要知道，1470 年（成化六年），意大利的炼金士安东尼奥（Antonio）便烧制出模仿中国瓷的软质瓷器。这时，面对难以抵御的中国瓷这一东方诱惑，意大利佛罗伦萨的梅第奇家族弗朗西斯科一世德·梅第奇于万历三年（1575）又一次对中国瓷进行探研和制作，在波波利公园内创建了家族瓷厂。他认为熠熠生辉的瓷可能就是半透明的玻璃，于是借鉴了意大利制造玻璃的技艺，在白黏土中掺合磨碎的玻璃和岩石粉末等烧造，终烧造出外观是那么回事的软质瓷，称为“梅第西瓷器”，有碗、盘、调味瓶、花瓶、水罐等，这类瓷器，至今在欧洲一些博物馆内有收藏，但全世界不超过 60 件。意大利人对瓷器的追慕和解密，其锲而不舍的精神可见一斑。万历十五年（1587），弗朗西斯科公爵去世。而万历十五年（1587），也成为明朝走下坡的转折点。

明万历景德镇青花蛙形水注
高 17.2 厘米 上海博物馆藏

万历十二年（1584），荷兰东印度公司眼见青花瓷如此火爆于欧洲市场，干脆从中国采购白色釉料和青花料带回荷兰，在代尔夫特开窑建厂，仿造中国青花瓷，以抢市场。渔业之外，荷兰还以珐琅和玻璃著称，他们自信，离中国瓷的距离不会太远。他们虔诚模仿中国青花瓷，照葫芦画瓢，且连汉字也被荷兰陶匠一笔一画给拼贴，让人哑然失笑。终生产出代尔夫特蓝，却只是陶，而不是瓷，人们戏称之为“鼠咬瓷”——脆弱得连老鼠都能把它咬破！荷兰人却将缺憾化成特色，至今成为品牌的荷兰代尔夫特蓝，还是陶器，但一样赢得了美名，荷兰人不愧为有顶级商业脑瓜子的民族。

万历八年（1580），奥地利王子费尔第奈（Ferdinand）痴迷中国青花瓷，搜集了碗、茶杯、盘、水罐等许多中国青花瓷，让大臣贵族们艳羡不已。至今在奥地利西部因斯布鲁克（Innsbruck）博物馆便藏有一件万历时期的青花瓷盘，盘的中心绘一只横行的螃蟹，另有四条鲤鱼穿行于荷花莲叶间，灵动活泼，十分有趣。

万历十年（1582），奥斯曼苏丹为王子举行割礼宴时，当时托普卡帕宫里的 397 件中国瓷器都不够用。

万历十八年（1590），仍热衷于中国瓷器收藏的意大利美第奇家族赠送给撒克森选帝侯的礼物中，有一件珍贵的景德镇窑青花山水楼阁图碗，与今藏于上海博物馆的来自叙利亚的碗依稀仿佛。在美国海域的“圣·奥古斯丁号”与德雷克斯湾沉船上，也出水了绘有此类山水纹的碗壁残片，专家推测当是西班牙人运至美洲的产品。这只青花碗，外壁内壁，皆绘山水通景，

明万历青花山水纹碗
高 10.9 厘米 径 21.6 厘米 上海博物馆藏

似乎大题小作。但看那山水云雾间，绿树挺拔丛生、楼阁宝塔巍然、江上轻舟帆影，还有老翁渔人，这可真舍不得只当吃饭装菜盛汤的碗了。难怪乎此图案的瓷从东南亚、中东一直远销至欧美，难怪乎美第奇家族要这么郑重其事地赠送给撒克森选帝侯。

万历二十五年（1597）埃塞俄比亚国王顿加尔（S. Denghal）去世，依照当地风俗，他的内脏选择了一个精美的万历瓷罐装盛，至今，存放在塔那湖中一个岛上的古代教堂内。

万历三十六年—万历三十九年（1608—1611），英国人威廉·高庆斯在印度莫卧儿帝国旅行时，耳闻这么一件事：莫卧儿皇帝贾汗吉尔酷爱收藏中国瓷器，其中最喜爱一只价值约 45 里拉的中国青花瓷盘。一日，管理员不小心将瓷盘摔碎，当国王想起把玩这件心爱的青花瓷盘，自勃然大怒，将管理员一顿毒打，并没收其财产。痛定思痛，不行，责令管理员必须走遍天涯也得买回这样的瓷盘，否则，别再想回家乡。贾汗吉尔给了他 5000 里拉，还发还了他 1/4 被没收的财产，并非发慈悲心，而是他太爱那只青花瓷盘了。管理员虽满腹委屈，但也理解国王的“瓷病”，他另觅途径，费尽曲折见到了波斯国王，痛陈遭遇，波斯国王不由心动：世间也有痴如我，岂独癫狂朕一人？这位国王也为中国瓷而疯狂，已收藏了 1600 余件中国历代瓷器。这样，可哀的管理员才捧着一块同样的瓷盘回去复命。这位波斯国王无疑就是波斯沙发维王朝第五代皇帝阿巴斯大帝了。

万历三十九年（1611）阿巴斯大帝去阿尔德比勒祭祖庙，将自己珍藏的 1662 件中国瓷器奉献进已建好的中国陶瓷收藏室，包括明代的青花、彩绘、描金等壶、盘、花瓶等，并已在每件瓷器的底部刻细点阿拉伯文：“高贵而神圣的奴隶阿巴斯奉献沙法维寺。”方块状，细点添朱，仿佛一方图章似的。据英国学者霍布逊研究，伊朗阿德比尔神殿旧藏皆为明朝历代皇帝所赏赐，只是珍贵的瓷器在一次又一次的战乱中频频易手，奥斯曼帝国就曾掠为战利品。至 1823 年（清道光三年）和 1832 年（清道光十二年）又遭沙皇帝俄两次入侵阿尔德比勒，亦难逃劫运。直到 20 世纪 30 年代，为免遭厄运，伊朗王室遂将所剩之瓷器转移到德黑兰考古博物馆。16 世纪，伊朗也在中国匠人的带领下破译制瓷的奥秘，17 世纪，伊朗生产出模仿中国青花瓷器的陶器和瓷器，虽质量远不如中国瓷，但价格低廉，所以这类“波斯青花瓷器”也会运往欧洲销售。

利玛窦与徐光启在上海

万历四十三年（1615），对中国瓷器依赖进口的日本，终在百折不挠中厚积薄发，“有田烧”浮出水面。事情要从万历二十五年（1597）“庆长之役”翌年结束说起，锅岛日军从朝鲜掳回陶工李参平，李参平是朝鲜人还是中国人？不明，但他是制瓷能工巧匠。其实，早在万历二十年（1592）的“文禄之役”中，日军便处心积虑挑选战俘或平民中的陶工带回日本，但他们只烧出陶。由此可见日本破译瓷秘之心久矣。在日军监管中，李参平从一地迁徙到另一地，为的是寻找优良制瓷原料，巧妇也难为无米之炊。万历四十三年（1615），终于在今佐贺县的有田泉山定居下来，恰恰以前掳来的朝鲜陶工也多聚集于此。李参平很快烧制出仿中国青花的有田瓷，拉开了日本瓷器时代的序幕。以后仿晚明五彩瓷和清三代彩瓷。有田烧因为通过伊万里港输出也被称为“伊万里陶瓷”，随着样式的改变，可分为初期伊万里、古九谷样式、柿右卫门等，在明末战乱时，逮住机遇，外销欧洲，也打响了知名度。

……

万历二十九年（1601）1月24日，意大利传教士利玛窦一行抵达北京，送上礼品，并请求觐见万历帝。万历见到礼品中高大的自鸣钟时，像注射进一针强心剂，冷血倏地被激活了，他下旨召见利玛窦神父们，并特地在皇宫内为自鸣钟盖了一座钟楼。板结的心田竟陡然给犁开了，自鸣钟之外，莫非78岁的利玛窦给了他强触动？要知道，自万历十三年（1585）后，除了对自己的定陵再度视察过一次，他从此再也没走出过紫禁城一步。然而，最后他并没有亲自接见传教士们，而是派了两个画师去给利玛窦画了像；另一说，利玛窦赠送了万历帝的油画像。但万历一直善待利玛窦，此后10年，利玛窦有自己主持的独立传教区，以其精湛的数学、天文知识、对中国经典的通晓和中西哲学的融汇，为中西文化的交流做出了贡献，做到了立德、立功、立言。生时衣食无虞，死后葬于阜成门外，皆拜万历所赐。但利玛窦自身，不仅博学多才，而且为了消除人们与“番僧”的隔阂，别出心裁，穿中国长袍大褂；还巧妙地将世界地图进行“改装”，硬是将中国的位置放在地图中央。又拜见学者徐光启等人，学习翻译中国的四书五经；再用西方科技表征的钟表、三棱镜、地图等新奇物来吸引中国人。如果说初时利玛窦可能有迎合之心态，但在中国南昌、南京等辗转游学18年，京都10年，终从灵魂深处认同中国文化的博大精深，成为中国的朋友。

没有史料表明利玛窦与中国瓷的渊源，尽管他在南昌定居了3年，洪都窑那时颇有名气，距景德镇也不远。

但，万历时期，罗马教皇皮斯四世（Pius Ⅳ）对中国瓷器兴趣极浓，他向教徒们无比赞叹地宣传：在葡萄牙，有不少从印度运来的中国瓷器，哦，它们比金银器皿还要美丽。这些瓷器是半透明的，和玻璃一样晶莹洁白。瓷器上有时装饰蓝色，那是用蓝宝石制成的。教皇最后归结为：啊，我劝告所有的亲王们都去购买中国生产的瓷器。

有人说，这是为了节约金银，让以瓷器替代金银打制的器皿，那种溢于言表的真情吐露，倒也不见虚伪。

自嘉靖万历以来，西方传教士纷至沓来，亦是不争之事实。其中，沙勿略、罗明坚、利玛窦、汤若望等影响颇大。

2. 出海芙蓉数万历

跨越千年的新世纪，争相出海的沉船打捞瓷，加上新老传媒齐努力，仿佛为万历外销瓷的盛况作出还原和显摆，明朝毕竟真正置身于全球化开端的时代。沉船的踪迹复制还原出中国陶瓷的外销历史，沉船似乎潜藏于海底的航标，描绘出中国瓷行天下的踪迹。

2007年发现的命名为“南澳一号”海底沉船，位于福建漳州到东南亚的航线上，南澳岛距月港不足200公里。2009—2012年进行了三次打捞。25个船舱内装满了大量中国制作的外销货物，如铜料、铜钱、铁锅、锡壶、木器、陶器、瓷器等，在船舱内依层整齐码放，其中以瓷器为主要外销货物，有2.3万件，但按照报告数量计算约有25824件，碗约7000件、盘约8000件、瓷罐和杯各约2000件，盆的数量最少，而器盖、罐盖不列入计算。盘、碗、杯、罐钵、器盖、瓶、粉盒等，纹饰丰富，人物、仕女、花卉、花鸟、麒麟、动物等，大多为万历年间的青花克拉克瓷传统器形，此前在东南亚、非洲北部的肯尼亚亦发现过这类风格的外销瓷。青花克拉克瓷外，还有小量彩釉瓷。海捞瓷中，玉壶春瓶、绘双鲤鱼大盘、罐顶有四柄的双龙罐等比较引人注目。

“南澳一号”海底沉船瓷器

从沉船船体保存比较完好的状况推断，“南澳一号”沉没时是较为平稳地沉入海底的，那么，何故沉没？风暴？触礁？遭遇海盗？沉船中还发现四门古炮和诸如铜等违禁品，专家推断极可能会是一艘走私远洋贸易船，从漳州附近出发，驶向东南亚一带。但万历时期不是开了海禁吗？那是为了逃税？沉船之谜难以一一解开，或许，正因如此，晚明风云变幻莫测更觉诡谲暧昧。

“南澳一号”被评选为2010年度全国十大考古新发现。

瑞典人史坦（Sten Sjostrand）自1990年着迷于沉船打捞以来，目标南海，其公司也名南海海洋考古公司，就设在马来西亚。已有10艘古代海船被他发现，并成功打捞9艘。其中，丹绒新班号是北宋沉船，迪沙如号是清代道光十年沉船，

2003年11月，他于马来西亚东海岸登嘉楼州附近海域，发现了一艘海底沉船——“万历号”（Wanli Shipwreck），也是一艘根据海捞瓷年代推测而命名的沉船，2005年4—7月史坦公司进行海下调查，并与马来西亚政府共同打捞。从出水的两门铁火炮及象牙耶稣像推测，

景德镇窑青花丹凤朝阳纹盘 径19.4厘米

漳州窑青花缠枝花卉纹大罐
高30.1厘米

磁灶窑酱釉堆塑龙纹四系罐
高16.8厘米

应是葡萄牙或西班牙的沉船。看来，不论中外不分合法非法，远航商舶武装运输是常态，也从另一角度折射出外销瓷的价值——贵重商品。

自然，外销瓷器是“万历号”沉船的大宗货物，从出水瓷器来看，以景德镇青花瓷为主，还有少量德化窑瓷器、宜兴紫砂和福建陶器。青花瓷中又以克拉克瓷为多。器形有碗、盘、葫芦瓶、玉壶春瓶、大罐、盖缸、盖盒、军持、茶壶、塑像等。

明万历景德镇青花蓝地白花蒜头瓶
圣地亚哥号沉船 出水瓷
法国吉美博物馆藏

景德镇窑青花开光花卉纹葫芦瓶万历号沉船出水瓷
上海博物馆藏

因出水瓷器与1982年于非洲西部圣赫勒拿岛附近海域沉船“白狮号”海捞瓷类似，“白狮号”沉没于万历四十一年（1613），因而可推断“万历号”沉没于万历末年或天启时期。

2007年9月至12月，景德镇观音阁古窑址考古发掘出土了不少明代瓷器，其中发现有与“万历号”海捞瓷相类似的晚明瓷。

出自景德镇民窑的外销瓷，相对闽粤民窑而言，胎体、釉面、青料、画工、发色等，质量都略高一筹。“万历号”上的产品，即属于此类。

景德镇一样早早就有图案纹饰的画样设计者来应对批量需求。今日的仿古瓷烧制，仍有设计图纸和拍图之技。拍图即将图纸上图案线条拍到瓷胎上，尔后用手工勾勒和颜色涂填。作为手工生产，瓷匠的画工水平有高低，用心用力程度有不同，风格追求有偏好，有的擅长加法，有的好做减法，加上绘瓷过程中的灵机一动等，所以，大同小异或小同大异是经常有的事。譬如这几只皆出自万历号的瓷盘，布局基本一样，但主题纹饰有区别，开光中的辅助纹饰有同有异。

再说“白狮号”（Witee Leeuw）传奇。那是1974年，著名美国考古学家罗伯特·斯坦纽特获得一信息：1613年（万历四十一年）荷兰与葡萄牙为争夺海上霸权在非洲西部圣赫勒拿岛海湾有一场恶战，荷兰的“白狮号”中弹后沉入海底，传闻船上载有1311颗钻石！是真是假？真真切切还是以讹传讹？但他不轻言放弃，历经两三年的查阅资料、踏访问询、顺藤摸瓜，认真考证后，认为符合事实。1977年6月，他率3名助手潜入海底，苍天不负苦心人，他们找到了这艘埋于海底淤泥中的沉船。但是，却没有找到一颗钻石！且慢，就在布满淤泥的沉船里，他们在寻寻觅觅中摸索到 100 余件瓷器！这批“出水芙蓉”，正是来自中国万历四十一年（1613）的青花克拉克瓷，其价值远远超出 1311 颗钻石。

再接再厉，又一艘万历四十三年（1615）沉没于毛里求斯海域的“班达”（Banda）号沉船被发现并打捞成功，与“白狮号”沉船一样，载有万历克拉克瓷。

“北礁三号”沉船打捞中，也出水景德镇民窑青花瓷和漳州窑青花瓷，多为克拉克瓷；福建漳州月港沉船则打捞出上万件克拉克瓷器和四门古炮，莫非又是一艘走私船？

万历二十八年（1600）西班牙大帆船“圣迭戈”号满载瓷器等前往墨西哥，但沉没于马尼拉海湾，亦打捞出克拉克瓷器。

一艘沉没于美国加利福尼亚德雷克海湾的英国著名探险家 Francis Drake 的船只，船上也有克拉克瓷。

在越南海域的沉船“潘切号”中，在菲律宾海域的沉船“皇家船长号”中，在美国发现的“圣·奥古斯丁号”沉船中，在德雷克斯湾沉船上，其打捞的瓷器中皆有大量的克拉克瓷，不少还是流行于嘉靖和万历时期典型的“二层盘”。在土耳其托普卡帕宫与伊朗阿德比尔寺，在葡萄牙里斯本的桑托斯宫皆有此类收藏。

今天，这些断断续续出海的海捞瓷，宛如最美的“出水芙蓉”，多姿多彩地见证并还原中国瓷器外销的辉煌岁月。

万历离世时，到底没满一个花甲。这也是个爱闹别扭的皇帝佬儿，临终前还在为那没烧成的青花大龙缸憋屈。但，忽地彻悟。遥想登基初，十岁少年，最喜爱的就是书法，他的母亲、玩伴太监冯保也都好此，他已能书写径尺以上的大字，喜滋滋给张居正看，仰脸等他的夸奖，得到的却是严厉谏言：书法总是末节小枝，皇上沉湎艺术之中，于苍生并无补益，有的还身受亡国惨祸。母亲和冯保皆不敢出一声。在少年心中，张居正如师如父，高山仰止景行行止。从此，他不得不过早地终结所有艺术，成了个了无情趣之徒。艺术之类，饥不能食，寒不能衣，况瓷器耳？他恨张居正，是否源于对他艺术天赋的无情扼杀？

让人费解的是，无论从阶级分析论还是遗传学来看，他都不应该这么荒谬颓废，父亲忠厚，毕竟是接地气的朱家农民出身；母亲李氏也是泥瓦匠的女儿，婢女出身。也正因了母亲的不忘本，所以才捍卫了也是婢女的隆庆生母的名份。按说，万历当对母亲不满，但其母去世后，大小寺院鸣钟 3 万响，昼夜不息，那是怎样撼天恸地的悲伤？

万历与其祖父嘉靖，似乎印证了“隔代遗传”理论，祖孙玩的都是神秘性、随意性、消极对抗性，说透了还是保命保皇位，独裁者的另种模式。有人说这两个皇帝冰雪般聪明，实在不敢苟同。晚明局势如此岌岌危乎哉，就像盲人骑瞎马，天晓得走向哪里？是祸是福，听天由命。退一万步言，皇帝纵然有千般的委屈，也不能拿国家命运当儿戏，没有起码的责任感，没有担当，就不要赖在皇帝的位子上！他们都印证了几百年后提出来的“青蛙现象”：将一只青蛙掷进沸水锅里，它会迅猛跳出。但将这只青蛙放进冷水锅里，慢慢地加温，它不会有应急自救反应，最终结局是来不及或根本无力逃生，只有被煮死。

政治昏暗的晚明，多亏有担当的文官武臣没有死绝，多亏有个智勇双全赤胆忠心的戚继光从海岸到北疆抵御外患，到底是张居正强权文治方繁荣复苏了经济，被动型的海外贸易和主动参与的民间贸易毕竟让海外白银滚滚流进中国，盲打误撞中市场经济萌芽却难以成材，大明王朝盛名之下，其实难负。

嘉靖和万历祖孙俩在位共计 93 年，不上朝长达半个多世纪！面对大航海时代西方风驰电掣般地理大发现和西方工业文明的挑战，在全球贸易化和文化汇流的大趋势中，却麻木不仁，一次次错失机遇，不懂选择，毫无危机感，步入没有前途的晚景。

在环太平洋贸易圈中，西方各国远航冒险，其殖民势力受到国家政府支撑，非常强势，相形之下，本已被动的中国，明朝政府还如同自戴枷锁般严格限制打压海外贸易。往轻处说，中国跑的不过短途，赚的到底是小头，大头归于欧洲海商，否则，欧美各国怎么会如此前赴后继往中国赶海？

但不管怎么说，当年美洲白银硬是源源不断地输往中国，中国海外贸易是顺差也是明白无误的。中国瓷器通过各条海道输往亚欧美各地，在世界市场中影响举足轻重。

唉，一半是火焰，一半是海水。宿命？

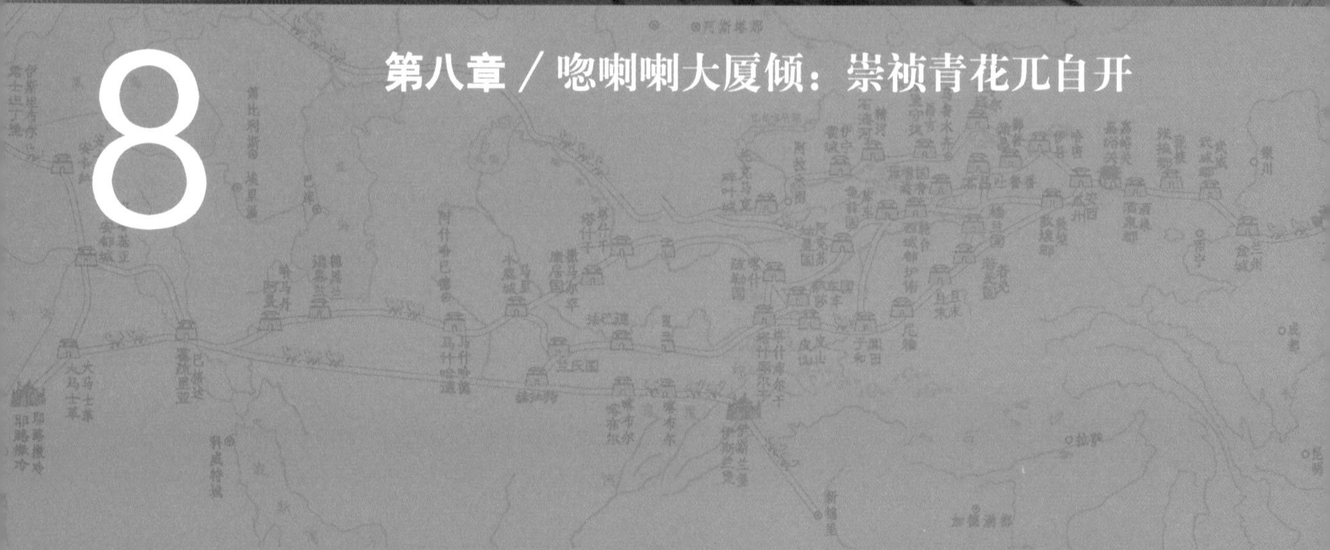

8 第八章 / 唿喇喇大厦倾：崇祯青花兀自开

除了太阳，什么都落了山。
——拜伦《哀希腊》

一、怀念瓷之香

崇祯帝画像

1644，为甲申年。风雨飘摇，频频改朝换代。

这一年，为崇祯十七年（1644），穷途末路，终给大明王朝画上句号；这一年，年号大顺的李自成进京坐了金銮殿，却大不顺，有说坐了30天，有说仅仅1天！总之，刚开了头，就煞了尾；这一年，为清顺治元年，7岁的顺治秋天进了北京，大清王朝再拉序幕。

晨曦初露。在他眼里却是残阳如血。

仲春三月。在他心里却是残冬寒月。

崇祯朱由检踉踉跄跄于煤山的斜径上。他已取下皇冠，绾在头顶的发髻不知何时已松散耷拉肩上，那根玉簪却仍插在发根中；黄龙袍也已脱下，身着一袭蓝衣，胸襟上的绝命书墨迹未干，略见淋漓；一双朱靴不知怎地就是不跟脚，崴了又崴，幸而太监王承恩跟着，总是在关键点上扶持住。他不要太监搀着，笑话，天子33岁，正当年呵，怎么眨眼就走到底了？从皇宫北门仓皇而出，一时辰不到，怎么就像长过一百年？

李自成率领的农民起义军已攻破京城，已到皇宫大门前，他却还蒙在鼓里，奸臣一直瞒骗他！是他逼着周皇后自缢——那亲手为他补缀龙袍的皇后呵，他亲手持宝剑欲将他最爱的15岁公主刺死，连刺两剑，剑走偏锋，断臂女儿黑亮的眸子望着他，无言长流泪，是他在狂吼：为什么——为什么你要生在帝王家？他扔下宝剑，逃也似地狂奔而出。其实，他可逃往陪都南京再作挣扎，但他没有，一路狂奔，攀上不高也不矮的煤山，追随他的仅太监王承恩。上朝晨鼓响过，竟无一人上朝！至寿皇亭，弃那只碍事的朱靴后，俯瞰巍峨皇宫，朝霞映衬，更见金碧辉煌，雕栏玉砌今犹在，凄凄惨惨戚戚的只是孤家寡人，仰天长啸，却无壮怀激烈，遂将玉簪拔下折断，长发披面，吊死于寿皇亭旁的歪脖子老树上。始终不出一声的王承恩默默将帝蓝袍捋顺后，也就吊死在帝对面。大明王朝第十七朝第十六位皇帝，就这样不无草率地结束了自

紫禁城

家性命，也结束了大明王朝。

是生命中残留的血性最后迸发，还是心理承受力超过了极致，33岁的朱由检，毕竟嫩了点，但他的确太累了，心力交瘁。

末代皇帝朱由检此前从未丢弃责任心，他用尽了吃奶的力气，想力挽狂澜于下沉之舟，想扶大厦于倾危之时，然而，一切都晚了。除了太阳，一切都落了山。他再也看不见太阳升起。

其父为一月皇帝朱常洛，实质上登基后29天即驾崩，等待却是39年，总算留了个泰昌号，天可怜见地。明宫三大疑案梃击案、移宫案和红丸案皆冲着他来，也称得上明代传奇帝。不过，在执政29天中，他也有一些革除弊政之举，如发内帑犒劳边关将士，罢万历朝的矿税，将万历时因进谏被罢免者恢复官职等。

其亲兄朱由校便是前任木匠皇帝，竟然身怀绝技，木匠本分大木小木，他却全上。引绳削墨、斧凿锯刨，有模有样。既盖宫殿，当然，只能做模型解馋；又做家具和玩意儿，皆精当且多独创。他痴迷此行，无心朝政，皇权旁落太监魏忠贤，还有那说不清道不明的乳母客氏。

晚明别的且不论，只一个“乱”字了得。

崇祯自16岁登基，执政十七年，励精图治朝政勤勉，不敢有一日懈怠，时常通宵达旦批阅公文，全心全意扑在治理国事上。他学富五车，博览群书，勤奋学习，言称圣贤，虚心纳谏，爱民如子，事必躬亲；而且，他又是一个眼光锐利、思维敏捷、果敢有决断的皇帝，看他年纪轻轻登基后一举歼灭魏忠贤团伙就可知其铁腕和力量；对腐败贪污，他深恶痛绝，一查到底，决不手软。崇祯元年（1628），即招安海盗郑芝龙；崇祯六年（1633），荷兰以海上掠夺和先进火力战舰相逼明廷，答应其贸易垄断需求，并发起突然袭击，从农历六月初一战至九月二十，大小战斗不断，是崇祯严令惩荷，最后明朝水师在郑芝龙为前锋的料罗湾鏖战中彻底击败荷兰联军，此中西海上大冲撞震惊中外，谁说他没有铁腕？崇祯三年（1630），由礼部尚书徐光启疏荐，即安排传教士德国人汤若望供职于钦天监，译著历书，推步天文，制作仪器。崇祯七年（1634），又让汤以西法督造战炮；崇祯九年（1636），汤设厂铸炮，两年中铸造大炮 20 门，以对付各路入侵者……真是操碎了心！而生活小节也无懈可击。生活俭朴，吃穿住行从不讲究，声色犬马概不沾身，有哪朝哪代皇帝像他这样连龙袍都由皇后补补连连？

……

他已竭尽全力，但于事无补，内忧外患，愈演愈烈。陕西李自成十年前就揭竿而起，农民起义军所向披靡，越过黄河天险，步步逼近中原；湖北张献忠直捣朱家老家凤阳，烧宫殿毁祖坟，刨其根基。嗟呼，官逼民反，当年朱家，走的不也是此道？而三年前，明军与皇太极已在辽西大决战，皇太极围城锦州，他派洪承畴率十三万大军，四万匹马北进增援，步步为营，且守且战，眼见转机在即，可不知怎的，粮绝中埋伏，孤城松山失守，明军全军覆灭，他以为洪承畴以身殉国，悲恸不已，不料洪已降！晴天霹雳，还有谁靠得住？他怎能不崩溃？去年却突获消息，52 岁的皇太极暴毙。苍天眷顾，大明或许有转机，能起死回生？

却谁知大明气数已尽，说亡便亡，不再有悬念。

他已气绝，本就形容枯槁，在黄昏晚风的吹拂中恍若一纸蓝风筝，却又被绳扯住，飞翔不得，那蓝色衣袍更显宽大飘荡，夸张着不平的波动，胸襟前的墨迹干了，清晰可辨的是："朕自登极十七年，逆贼直逼京师。虽朕薄德藐躬，上干天咎，然皆诸臣之误朕也。朕死无面目见祖宗于地下，去朕冠冕，以发覆面，任贼分裂朕尸，勿伤百姓一人。"

有人说所谓"勿伤百姓一人"是在作秀。那么，他执政十七年中，已经六下罪己诏，"朕为民父母，民为朕赤子"，"罪非朕躬，谁任其责"？并非特定时间才"作秀"。

有人说"然皆诸臣之误朕也"是在推卸责任，那么，试看最后追随他的仅太监王承恩一人，而诸臣又在哪里？

有人指责他违背了"疑人不用、用人不疑"的原则，自毁长城，误中努尔哈赤的反间计，错杀德才兼备智勇双全的袁崇焕；有人讥笑他生性吝啬，舍不得拿出私房钱来买军火发军饷，以至吴三桂未能进京……

袁崇焕是忠臣，但吴三桂可靠吗？说到底，不是用人的问题不是银子的问题，也不是一朝一君的问题，而是制度的问题。黑格尔就说过："中国历史从本质上看是没有历史的，它只是君主覆灭的一再重复而已，任何进步都不可能从中产生。"说得太绝，但也点到了死穴。

明崇祯初期青花带盖执壶
高 30.5 厘米

大明气数已尽，政治腐败，社会动荡，民不聊生，王朝走到这步田地，共同利益结成的官僚集团是最大祸害，但已是铁板一块，这些丧心病狂者，哪有什么国家民族可言？已在盘算如何投靠改朝换代后的新主子。眼下，谁也撬不动，哪怕你下猛药抡大锤连锅端也没用，谁在台上都一样，吃喇喇大厦倾，谁挡得住？

虽然陪都南京尚未沦陷，后也有南明政权，但到了这种境况，内部钩心斗角却是空前绝后，看来朱由校的最后抉择还是聪明的，否则，枉费心力，徒添煎熬。倒是郑芝龙儿子郑成功是好样的，与清廷战斗不息，哪怕父已降清。

若从明亡结局回眸崇祯外销瓷"小事"，竟有眼明心酸的光景。按理说，覆巢之下岂有完卵？诚然，天启崇祯，风雨飘摇，无暇顾及瓷事，官窑御瓷早已停烧，可民间外销瓷贸易却在海上风生水起、有声有色，这与料罗湾海战不无干系。海战后，有能耐的郑芝龙让荷兰转为与他合作的贸易模式，换来海上贸易的和平，看来，商人毕竟就是商人，荷兰东印度公司要的也无非是通商和赚钱。况且荷兰人具有非凡的商业组织和运作能力，无论是远航近航，皆四面出击、八方联络；又洞开思路，设计各种欧式定制瓷；而且将瓷器消费对象，从阳春白雪王室贵族到下里巴人平民百姓一一兼顾。在自身牟取暴利的同时，客观也为中国瓷器勤奋地拓展市场。据荷兰东印度公司注册货船的数据显示，17 世纪前半期，约至 1645 年（顺治二年），计有 300 多万件克拉克瓷运抵荷兰，实际远远超过这个数字。郑芝龙仅崇祯十四年（1641）10 月，驶入长崎码头的大小海船计 97 艘，装载瓷器 2 万件。

而这一时期景德镇瓷因质量之高被称为细质瓷；其青花瓷别开生面，无论山水花鸟人物，

明天启崇祯外销瓷

尤其是青花人物瓷异军突起，被誉为千古绝唱。其魅惑究竟是来自活泼浓郁的市井气息，还是超然飘逸的文人味道？谁解其中味？有人以为，崇祯外销青花瓷的可贵，是因了回归以中国传统纹饰为主体，且优质精湛，从容淡定地走向欧美；同时又接受西方元素，迎合欧美地域生活习俗和审美需求。并没有事先的策划设计，全然无意有意之间，中国瓷的太阳没有落山。

这种现象后因战事激烈、明朝灭亡、清初严厉海禁、海道受阻戛然而止，1647 年（清顺治四年）1 月 15 日，最后一船瓷器从巴达维亚出发运往荷兰：总共 123337 件。荷兰曾将目光转向日本，但渐渐又回转中国。

约莫顺治八年（1651），清廷即令恢复景德镇御窑生产，顺治十一年（1654），清廷下令烧造大龙缸。这是一种标识，没有哪朝哪代不烧造龙缸的。

明末天启朝 7 年，崇祯朝 17 年；清顺治十八年，共计 44 年，中国陶瓷史将这三朝陶瓷称为“过渡期”；而西方古陶瓷研究者们则名为“转变期”。

这一时期的外销瓷，愈来愈引起海内外古陶瓷研究界的关注。

1. 崇祯青花的文人气

天启、崇祯的青花瓷，不仅青花发色亮丽，蓝中带紫，而且有一种别样的清丽舒朗，仿佛秋高气爽时节的风景，万木峥嵘又分明透出丝丝缕缕的苍凉。那嘉靖、万历期间为迎合海外市场需求的纷繁细缛、密不透风的图案布局，陡然间又回归传统的疏密有致、浓淡相宜的追求，还有“我的瓷器我做主”的率性而为，本以为海外诸商难以接受，会搞砸，不料，订单反见多多。可见不分东西，爱的还是生命本体的洒脱自由、无拘无束方生趣盎然。

那么，为何会出现这种变化？

首先，明末早早停止了官窑的烧造。这，貌似厉行节约、爱民惜民，但实质上还是观念的守旧，重农轻商的模式使然。对于农业社会而言，“重农”是必须的，毕竟“民以食为天”，但晚明将“重农”变成“重税”，自然灾害加上猛于虎的官吏们的残酷压榨，结局必是农民起义。而农民起义者却对农民赈灾救济，“要吃粮，找闯王”，起义军能不风起云涌、迅猛发展吗？而“轻商”抑商，虽对外销瓷海关税加重，但毕竟还能盈利，给了活路，于是给明末外销瓷带来了最后的“疯狂”。无论何时何地，事物永远具有其两面性。官窑停烧，而海外市场对瓷始终有大需求，这使原本做皇帝瓷的优秀匠人纷纷进入民窑，绝技绝活自然给民窑注进了新鲜血液，如青花发色就是对选炼钴料及配方上的重大改进。一旦挣脱了宫廷桎梏，民窑青花格外生机勃勃。明廷无暇顾及，放任自流的空间，实乃天高任鸟飞，海阔凭鱼跃。耳目一新又优质的外销瓷，于海外又带来需求激增，产销互动，良性循环，活了。

明崇祯青花饰银葫芦瓶 高 32 厘米
大英博物馆藏

再者，明末政治腐败，内外交困，政局动荡，文人看不到国家前途，转而寄情山水，寓意花鸟，品茗清谈，吟诗绘画，甚至放浪形骸。如八大山人朱耷就去到景德镇隐居了蛮长一段时间，既避世玩世，又傲世愤世。再如第一散文家张岱，一生落拓不羁，淡泊功名，标榜高雅清逸，沉湎风花雪月；又反叛程朱理学，追求个性解放，纵情于感官声色之好。文人的性情，文人画的流行，对明末瓷器影响不小。

明崇祯景德镇青花仕女婴戏图象腿瓶
高 43.3 厘米 上海博物馆藏

自然科学的兴起，又让读书人觉得可行另一条路。如科学家徐光启在泰昌年间，就刊刻印刷了一部中国古代农业百科全书《农政全书》。而另一位科学家宋应星则于崇祯十年（1637）刊刻印刷了《天工开物》，对纺织、印染、铸造、制瓷等工艺都做了详尽论述，尤其是对明朝嘉靖、万历以来的制瓷等技术的高速发展做了一个概括性的总结。虽然，眼前红日西斜，疾似下坡，但总还有人在努力。

还有，市民阶层的形成，市井生活的兴起，市井小说流行坊间，晚明版画的出类拔萃，《水

明崇祯景德镇青花山水纹盘
直径 13.7 厘米
上海博物馆藏　来自叙利亚

浒》《三国》《金瓶梅》《三言》《二拍》这些带版画插图的小说为市民爱不释手、津津乐道。这对青花纹饰图案等也带来了引领性影响。

比起嘉靖、隆庆、万历时期的外销瓷，天启、崇祯时期可以说毫不逊色，大量烧造大量外销，大量外销又促进大量烧造。商贸也是战场，充满种种转机和不确定性，海外贸易更是如此。

如这只景德镇窑烧造的青花山水纹盘，便见清新空灵之气。布局疏朗，盘左上方远山依稀、古塔遥遥；右下方近景为水畔一角，茅舍两三间，参差几株树，水草荡水波，波中有孤舟。由近及远，近一半盘面为空白；其画笔也极简，唯其如此，方见意境之寂寥，韵味之淳厚，不求精细而达神似。显然，是对中国文人画的借鉴，或许，就是明末文人的参与也说不定。看看张岱 260 字的《报恩塔》，简直写绝了。明末山水题材的外销瓷器数量呈涨势，中国山水画的风格和技法本与西方油画素描等格格不入，但陌生的甚至费解的画面可能使西人倍觉新鲜，还有那种淡雅莫名的情调，使西人觉得神秘又难以触摸。

再看这只天启年间的青花山水纹碗。底部虽书六字成化款，但应是天启时期的“仿古”而已。碗外壁绘通景山水人物图。海、海堤、海浪，房屋、树木、宝塔远影、旗帜飘扬，船、舸、舟、木筏、撑篙的人儿……当是海港掠影。是应荷兰人要求而定制的，还是瓷匠画师与时俱进主动为之？但无论是碗外壁还是碗内壁的通景山水图，皆是以青花分水法来表现出中国水墨山水的渲染效果。碗外口沿有六个棱形开光，开光内有草中白兔，外以几何纹如意云纹相连。圈足双线内珠纹一圈。辅助纹饰也主要是传统纹，但与西纹相结合。

这种极富中国水墨山水画风味的外销瓷，可称清代外销瓷流行的南京式样和柳树式样的序曲。所谓南京式样，是以山水、楼阁、树木、宝塔等风景图案为主题纹，并以流水相隔，有近景和远景之分，远山远树宝塔为远景，并注重留白。边饰简单，如几何纹、蜂巢状等。南京式样的命名，只因为这些外销瓷被老外认为是从南京运来的而已。柳树式样后来兴起，与南京式样大同小异，因而，也有将南京式样与柳树式样等同者。其区别可能是强化了树木，尤其是养眼之依依垂柳。中国画技法中有“画树难画柳，画人难画手”，将柳画至瓷上，难有宣纸的渲染效果，所以更难，更见功力。

这件崇祯青花人物故事纹葫芦瓶，其主题纹是竹林七贤。魏晋嵇康、阮籍、山涛、向秀、刘伶、王戎及阮咸七贤，才华出众、潇洒傲然，与朝廷不合作的态度，当然是晚明读书人的敬慕、追思和寄托所在。葫芦腹部七贤处于云气飘荡竹林中，还有两童仆递茶送书卷。瓶颈处为郁金香纹与祥瑞纹。

明崇祯景德镇青花人物故事纹葫芦瓶
高 34.1 厘米 径 3.8 厘米 上海博物馆藏

“筒瓶”类型，是崇祯时期才出现的新的器型，谐音意即“一统江山”。可知当时明朝上上下下都有江山快完了的悲凉之感，是祈祷却也是无可奈何，丧钟已经敲响。也有学者以为，筒瓶虽是明崇祯时期新出的器型，但盛行于清朝，为的是宣扬“大清天下一统”，此说也有道理。

有件筒瓶，从瓶口到瓶底，由唇口向下束颈，再如美人肩般至直筒腹，瓶底微微内收。线条流畅从容，胎釉晶莹光润。构图布局疏朗清爽。颈部绘梅、兰、竹、菊四君子，腹部则在梅、兰、竹、莲花、牡丹等花草纹样之间，设火焰形和扇形两个开光。火焰形开光内英雄与孤鹰互衬；而扇形开光内雅士访友，穿行于竹林山石间，小童携琴后跟。是明末读书人报国无门又散淡寂寞的矛盾写照。

筒瓶又称“象腿瓶”，但绝对无大象腿的粗大笨拙之感。这件青花仕女婴戏图象腿瓶：芭蕉叶、山石、草丛、野果，是庭院？是户外？仕女若京剧中的青衣，而不是花旦，有母亲的稳重和快乐。几个小孩，有的正在点鞭炮，有的吓得躲在母亲身后，却又止不住想看个热闹。家常的气息、自然的风景，让这件象腿瓶充溢温馨活泼的气氛。仍弥漫着崇祯时代文人的向往、徘徊和矛盾纠结。

历史总是惊人的相似。元末，外销瓷器上流行戏剧人物故事；明末也同样如此。

笔筒最早出现在万历时期。在中国文房用具中，笔筒出现得可谓晚矣，如马未都言，笔筒的实用性只能是插新毛笔或干透了的毛笔，正在用的湿毛笔为滤干水必须垂挂，所以，多是装饰作用。但一笔筒长长短短粗粗细细的用水“发”过的毛笔，是很上镜的。

过渡期（转变期）瓷上人物故事，多来自戏曲小说、神话故事等，选其片段在瓷上主题位置以通景呈现之。越是乱世，人们越是虔诚祈祷上苍护佑，祈祷神仙救世！越是怀念英雄人物、呼唤英雄人物，希望他们出现以拯救人类于水深火热之中。《水浒》《三国》上溯至《汉书》

明崇祯青花钱塘梦故事纹盘
高 6.5 厘米 径 33.3 厘米
上海博物馆藏

清顺治青花钱塘梦故事纹盘 高 5 厘米
径 19 厘米 英国巴特勒家族藏

《烈女传》《神仙传》等等，林林总总，《苏武牧羊》《李陵见苏武》等绘上瓷瓶瓷盘，作为国人，皆是一种寄托。外销到海外，则是中国文化的形象传播，接受的对方可能最初不知所云，慢慢可能会略知一二，而研究者的探究和绍介，便起到广为流传且深入人心的效果。人类的心总是相通的。

爱情故事更是无师自通。

这件崇祯时期的青花钱塘梦故事纹盘演绎的是人鬼恋的穿越剧。

主题纹为南齐名妓苏小小与北宋才子司马仲才的穿越时空的爱情故事。初春的树木尚未发芽，将这间书屋团团围住，屋前有山石和丛林，溪水潺潺，书屋有月门，门外有回廊。屋里的书生司马仲才正在做着春梦。书桌上摆放着书、茶盅、蜡烛、油灯和香炉，香烟袅袅。但如云如烟的是书生的梦，从他的脑上以云状翻卷而出飘向树林，飘到溪畔，有婀娜多姿的苏小小，正持响板向书屋歌《黄金缕》：春风酒一壶，夜月琴三弄。古今罕曾无，试听钱塘梦。

清顺治时期的这件青花钱塘梦故事纹盘，为英国巴特勒家族所藏。构图及主题纹与崇祯青花钱塘梦故事盘如出一辙、大同小异。只是树木蓊郁，山石苍青，繁花如锦，像是夏夜。屋外远山远水小舟远行弯月高挂，而靠屋壁则有只驴闷头啃料，生活气息与夏夜诗意强烈冲撞。书生也在做梦，书桌空空荡荡，有一小书童蜷缩月门旁，也在瞌睡。屋外窈窕女亦执响尺而歌：歌罢彩云无觅处，梦回明月生南蒲。

英国莎士比亚有《罗密欧与朱丽叶》，中国汤显祖有《牡丹亭》，都是“问世间情为何物？直教人生死相许”！这件瓷盘以杜丽娘与柳梦梅这对阴阳都隔绝不了的有情人为主题纹饰，英国巴特勒家族珍藏之，想必是读懂了并为之感动。

有件瓷盘主题纹为明万历汤显祖的《牡丹亭》（《还魂记》）。学者推断为顺治至康熙早期所烧制，那么，与汤显祖创作时间相隔半个世纪左右。其构图颇具新意，突出的是人物，而且是女主人公杜丽娘——是否也与明末的追求个性解放相关？书桌一角，线装书、青瓷瓶插灵芝半藏半露。杜丽娘为特写：粉手托香腮已入梦；梦中与柳梦梅相会，是远景，柳梦梅手执的是柳枝还是梅花？构图简洁，注意留白，有意境。“柳梦梅”三字点题。

覆巢之下，岂存完卵？明亡，但崇祯青花兀自绽放，其外销瓷于满目苍凉中却还荡漾着盎然春意。奇。

明代青花至崇祯，绚烂之极，归于平淡。

青花，从元代的外销瓷到一统明代的御窑、民窑和外销，成为主流瓷，是必然中的偶然，更是偶然中的必然。从唐至宋，追求的是单釉瓷单纯之美；到元代，北白南青的碰撞，外域幽蓝元素的吸取，多元交融发展为彩瓷青花的繁复之美；有明一代又于繁缛复杂中凝练升华出单纯，单纯中却已蕴含结晶着丰富多彩之美。白地青花纹，或青地留白花，以白映青，以青衬白，将世间最美的白与青互为表里，交相辉映，幽雅高贵。以至非专业者会为“青花，从单釉瓷过渡到彩瓷”而困惑糊涂，青花，是彩瓷吗？因为青花是这样纯洁高雅！青花，并不是那种“自顾自美丽”的小女子。

柳树式样的青花瓷盘被赋予了一个爱情悲剧故事后，于 20 世纪初叶拍成了一部电影，就是前言中已提及的沈弘查找出的《青花瓷盘的传说》。这只青花外销瓷盘，主题纹位于盘心，湖水荡漾，远有船夫撑遮篷船而行，更远处有小岛，岛上农舍、宝塔、绿树依稀。右边湖畔有株大垂柳，柳树右面有几座高低错落的亭台楼阁，桃树环绕，篱笆围栏。柳树的左边有座小桥，桥上有对年青男女慌张奔跑，后边有个老者手执鞭子正恶狠狠追赶他们。在瓷盘的上方还飞舞着一对顾盼之斑鸠，似是这对男女的象征。

电影故事中，员外的女儿金子被父亲许配给了一位年长权势者，但她已有心爱的人张武，于是两人私奔至湖心岛上，搭茅棚，过起男耕女织的日子。后张生将务农心得自费刻印了一本农书，被那权势者发现，竟派手下追至湖心岛用箭将其射死。茅屋中目睹惨状的金子点火自焚。金子与张武化成了一对斑鸠。研究者推测故事发生在宋朝，但，明末似更合情理。一是宋代青花瓷只是萌芽状，二是柳树式样流行明清外销瓷，三是自行刊印书籍为明清读书人所好。

这部电影创下了在英国和爱尔兰放映 263 场的纪录，直到 1930 年 3 月，仍在伦敦的皮卡迪利电影院上映。1929 年，还在美国上映。

原制片人波格森上尉，曾创作过电影剧本《马可・波罗历险记》，可见他对中国文化的热爱。摄影师和导演是美国人詹森（W.H.Jansen），他曾在中国开拓过八年。但所有的角色都由中国人扮演，拍摄地点在杭州。这部电影可称之为中国外销瓷的别样故事，并折射出外销瓷在域外的深刻影响。1905 年中国第一部电影《定军山》是对中国戏曲的记录，1921 年第一部在海外放映的电影《青花瓷盘的传说》是以中国外销瓷为由的虚构故事，似应了这句话：历史当其成为过去以后，再回过头去看，就是命定的了。

2. 为西方而烧制的瓷

英国古陶瓷收藏家米德尔德·莫塔赫德在其著作《为西方而制的瓷器》中说：“17 世纪荷兰取代葡萄牙成为外销瓷的垄断商。从 1602 年至 1682 年(明万历三十年—清康熙二十一年)，至少有 1600 万件中国瓷器被荷兰商船运载到了世界各地。荷兰商人真正为中国瓷器在欧洲打开了市场，把订制瓷器作为一种市场行为不断完善。他们建立起采购网络，在控制数量、选择种类款式、确定购销价格，以至采购地点、模式，转运分销各殖民地商埠等方面都有成功的操控调配手段。”

这段评价必须有一附加前提，才称得上客观公允。那就是荷兰商人或曰荷兰东印度公司所做的这一切，前提是荷兰为自己为国家赚了大钱，客观效果是“为中国瓷器在欧洲打开了市场”，同时，也排斥了中国人进入欧洲人主导的世界贸易体系中。其时，西班牙人将中国外销瓷输往东南亚、美洲至欧洲，葡萄牙人、荷兰人则输往东南亚、南亚、中西亚、非洲至欧洲。由他们销往各地的中国瓷器均属生产地与消费地间的间接贸易。

为争霸海上，荷兰以双手劈开生死路的决绝，与最早称霸的葡萄牙—西班牙屡屡展开激烈争斗。1605 年强势的荷兰东印度公司就在巴达维亚建立了总部，其后五年间，它每年都向海外派出 50 支商船队，超过了西班牙、葡萄牙船队数量的总和。荷兰将葡萄牙赶出了除澳门以外的所有主要贸易中心，又在日本、暹罗、缅甸到孟加拉、锡兰和波斯建立起庞大的贸易站网络，通过这些货物集散地来管理转口贸易。但荷兰苦于未能在中国正式立足，所以，其对澎湖列岛和台湾觊觎已久，1625 年荷兰曾占领台湾，夺取了葡萄牙人在西太平洋的霸主地位。有资料统计，天启三年 (1623) —崇祯九年 (1636) 荷兰共抢劫 550 艘西班牙和葡萄牙船只，掳掠了价值 4000 万盾的财富。海上贸易战争终使荷兰人成为景德镇外销瓷最大买主。

从下列数据可见荷兰人对中国外销瓷的种种“努力”和年年攀升：

崇祯七年 (1634) 有一荷兰人在彭亨 (Pahang) 对一艘中国走私出海船进行海盗式的掳掠，抢得瓷杯 107300 个，瓷盘 10451 个；

崇祯九年 (1636)，据荷兰东印度公司的记载，运往荷兰的瓷器多达 259380 件；

崇祯十年 (1637) 又是 210000 件；

崇祯十二年（1639）是荷兰商人向中国收购、订制瓷器最多的一年，据荷兰东印度公司不完全统计，这一年运往荷兰的瓷器竟高达 366000 件。

崇祯十二年（1639），荷兰又订购瓷器达 25000 件；

据荷兰东印度公司的档案载，荷兰商人在定购瓷器时就已有样本指定了瓷器的模式和种类，或由中国瓷商已经制作了不同种类的模盘供西方商人选择。

据东印度公司的档案记载，在明崇祯九年、十年、十二年（1636、1637、1639），荷兰曾分别购买景德镇优质外销瓷数十万件之多。而且还来样订制欧洲式样的瓷器。

葡萄牙商舶也仍在运输中国瓷器，如崇祯十三年（1640），葡萄牙运载以青花瓷器为主的外销瓷，直接去到了巴西，有一教堂的神父一口气收藏了 100 多件中国瓷器。

而日本在崇祯八年（1635），规定长崎是中国船舶赴日的港口。闽粤江浙各省商舶，或从各省沿海出发，或在初夏泊于浙江舟山群岛的普陀山附近，以便利用东海的西南季风，最快五天便顺利驶达长崎。崇祯十四年（1641），中国商舶竟多达 97 艘。

荷兰对中国外销瓷的热心还因了茶叶的输出。崇祯九年（1636），荷兰商人将中国茶叶首批转运至法国巴黎，比传到英国早了22年。但欧洲饮茶国家前四名为爱尔兰、英国、德国和法国。

崇祯十五年（1642），荷兰人趁中国政局动荡，再登陆台湾，并以此作为桥头堡和稳定的贸易基地，富有非凡商业头脑和能量的荷兰商人，垄断克拉克瓷并丰富化，渗进西方元素，且由青花发展至青花五彩织金；再将葡萄牙最先的定制瓷持之以恒且发扬光大；三是根据西方的生活习俗和审美定势，定制大型的生活用具瓷，这样，使中国瓷器不仅为国王贵族的奢侈品，而且以订购量巨大生产量巨大进入良性循环，成本降低，以使瓷器普及到一般商人和平民百姓。

从 1602、1603 年荷兰商舰以海盗行径掠夺两船克拉克瓷发财起，克拉克瓷在很长一段时间里相对稳定，而西方对克拉克瓷的需求似永无止境，但精明的荷兰商人却居安思危大刀阔斧改革。首先进行角色转换，虽思瓷如渴，但供给什么样的瓷，生产方得提供多种式样的模盘供荷兰商人进行选择。据荷兰东印度公司的档案记载，1639 年（崇祯十二年）荷兰商人在订购克拉克瓷器时，景德镇等就已有多种式样模盘可供西方商人选择。的确，再好的器物久了也会引起审美疲劳，荷商要求无可指责，给生产方带来压力的同时也带来了动力。但作为商业贸易的双方，显然是以西方为主导了。荷商后来还专门请了西方设计师为中国外销瓷设计图案，中方便成了荷商严格控制的定制加工方，这显然对生产方的自主性和创造力都是有形的钳制。想想看，皇帝对景德镇的瓷匠都充分信赖，也还没这么死板。

于是，克拉克瓷的图案从最初的中国传统的花鸟、吉祥物、人物、山水等样式，向西方花

明崇祯景德镇克拉克瓷盘 中国人物主题纹
荷兰郁金香辅助纹 上海博物馆藏

明崇祯景德镇青花人物瓶
人物主题纹 郁金香辅助纹
高 38.5 厘米 大英博物馆藏

卉植物、荷兰郁金香、西方神话、宗教、西方人物、西方生活等倾斜，其异国情调越来越浓，而中国元素仍顽强地保留着。故既有中西合璧的完美结合，也有莫名其妙的拼贴混搭，但毕竟出现了内销与外销的分道扬镳。如这件崇祯时期的青花克拉克瓷盘，虽仍是中国风的闲情逸致，但荷兰国花郁金香已插进辅助纹饰中，反复出现，但很自然，可谓中西合璧。盘心的主题纹饰是书童搀扶着一位官员（他的右手斜握执一笏，可能退朝归家时）在湖畔园林间漫步，湖水碧波荡漾，远处有亭台楼阁树木小桥，并有小路蜿蜒向石阶，拾级而下是山石树木花草，伴随他们的还有一头象征吉祥的鹿。盘心外一圈为八石榴八莲花纹组成，口沿则有八个莲形开光，分别饰以农人、樵夫、渔人、郁金香、石榴等人物花卉纹。八个开光间又以郁金香相隔。

郁金香是荷兰的国花，但是，它的原产地却是中国！李白有诗句："兰陵美酒郁金香，玉碗盛来琥珀光。"郁金香先传到土耳其，再传到西欧，1593 年进入荷兰，因荷兰适宜其生长，一时，香艳欧洲 30 年，并引发投机买卖狂潮，至 1637 年，一支郁金香球茎涨到 64 盾，一个月后，涨成 1668 盾！两天后，从巅峰突然跌至 0.15 盾！连一个洋葱头都不抵。有多少人暴富多少人投海，真是疯狂的欧洲。那是中国的崇祯十年（1637）时，偏偏荷兰商刻意在此时期外销瓷中张扬郁金香，或为主题纹或为辅助纹，是荷兰人性格使然，也可能是对郁金香的另种纪念？

在景德镇各窑场生产克拉克瓷的同时，荷商或中间商持样奔忙于福建漳州等地区的窑场定烧克拉克瓷，比之景德镇，显粗糙，但粗糙有粗糙的味道，因其粗犷坦荡，信马由缰，反见生命力的原始奔腾，是另外一种美感。这类瓷往往销往东南亚一带，多用以换取香料等。纹饰中常见的有花篮、鹊梅、白菜、莲塘游禽、简笔麒麟、白兔、人物等，线条老练，大笔混水，颇见洒脱。后来日本、波斯等地区也生产这类克拉克风格瓷器。荷商很快又将注意力放到新的器型的开拓中，也不用他们绞尽脑汁，东西方生活习俗与审美情趣的差异，一些西方人日常生活中不可或缺的必需器具，与中国的餐具茶具是不同的。荷商的眼睛也不只是盯着荷兰，整个欧洲各国都盯着，如英国法国各国喜好的花瓶等艺术陈列品样式都留意着，以定制适合各国需求的瓷器。

首先，荷兰商人把那些原先的银器、锡器、玻璃、木制或陶制的器具，做成木制模型，带到广州通过中间人，或自己直接去到景德镇、福建德化等地，试图说服动员中国瓷匠们将这些奇形异状的模型烧造成瓷器。荷兰商人的担忧是多余的，尽管景德镇瓷匠们的心理积淀，对红番洋鬼子的指手画脚会有所不屑，但求新变异亦是匠人的追求，况且心理积淀中还有“过眼不忘”的本事，皇帝佬儿的东西，让景德镇名瓷匠看一眼，能仿个惟妙惟肖。所以，荷商们并没有费太大的周折，景德镇人就接受下来，凭着炼瓷阅历和经验，这类玩意儿烧制没有难度。

喝汤的浅大盘、宽边的餐碟、奶杯；盖盅、色拉碟、小酒罐、芥末罐、盐樽、芥末瓶、油醋瓶；咖啡壶、咖啡杯、咖啡碟；茶壶、有把柄的茶杯、茶碟；啤酒壶、大啤酒杯；高足杯和圆柱花瓶、带双把的花瓶；剃须盘、尿壶，壁泉、洗脸盆……

带把柄的茶杯、啤酒杯，还有点新鲜感，因中国人以往用的茶盅无把柄，却有茶盖茶碟，品茗时雅致；中国人喝酒用小杯，绿林好汉才大碗喝酒大块吃肉。不过，“有把”难不倒景德镇人，茶壶不就有把吗？这景德镇能工巧匠太多，人才辈出。有样儿，没有做不出的。

而福建“德化白”早在元初经马可·波罗的描绘名扬欧洲，嘉靖万历何朝宗瓷雕的输出无疑锦上添花，德化白瓷早已外销东南亚且远销欧美，荷兰与德化的贸易也早已进行，但习俗的不同，竟有德化白花瓶在欧洲的宫廷里当作牛奶罐用，荷兰商人则千方百计研究和改进德化瓷的造型和式样，以适合欧洲市场的需求。

据载，将这些欧洲市民们喜爱的器皿形状纹饰等介绍到中国，让中国瓷匠别样“创新”，是在 1635 年（崇祯八年），瞧瞧，崇祯六年（1633）还在海上血战近四个月呢。

荷兰人的创意定制瓷销往欧洲，获得空前成功！中国瓷器从皇室贵族的奢侈品，推而广之，走进了欧洲千家万户，普通人也能买得起；而且中国瓷器进入欧美的厨房餐厅和客厅，实质上是一场餐饮革命。厨房用具清洁，减少了各种疾病的侵入；餐具赏心悦目，丰富审美情趣。

崇祯十二年（1639）大批量新式瓷器又满载海船运往荷兰，其中就有英国人喜爱的带双柄的花瓶200个。荷兰商人接到的订单如雪片般飞来，供不应求。这一切刺激着欧洲各国商人，远航船长、船员们亦纷纷仿效荷兰的做法。

不过，这类外销瓷与克拉克瓷不同，既不用开光的形式，也不用欧式纹饰，而是回归中国风。这样做也是很智慧和理性的，既不与克拉克瓷“近亲”，也与欧洲同样形式的陶器、玻璃器、金属器拉开距离。为突出中国特色，一时间，形形色色的中国人物上了这些器具，仿佛早早地漂洋过海，深入欧洲的家庭，看看他们的日常生活似的，有趣。当然，随着时间的推移，图案纹饰也在发生种种变化。

明天启景德镇窑青花花鸟纹方瓶
高26厘米 上海博物馆藏

明崇祯景德镇窑青花四方瓶
高38.5厘米 大英博物馆藏

根据荷兰东印度公司的记录，在1656年（顺治十三年）以前，中国外销瓷器就有150余种不同的款式，其中大部分源于要求仿制欧洲器具的定制品。

一只芥末瓶，却如此精致细巧。无论中西，对生活质量的追求，赏心悦目，穷讲究，皆人同此心。据荷兰东印度公司1635年（崇祯八年）的档案相关记录里，芥末瓶还是公司特别命名的！

这类中国外销瓷器，引起代尔夫特陶器厂的浓厚兴趣，于是又对这类瓷器进行精心的模仿，据说几可乱真。其实，在1630年（崇祯三年），代尔夫特就大量模仿中国建筑装饰瓷砖。受南京报恩寺瓷塔的启发和影响，画面由36块瓷砖组成，绘上中国牡丹、梅花、凤凰、狮子、亭台楼阁、小桥流水等图案，虽然是陶不是瓷，但居然大受欧美各国热捧，行销欧美。是否就是日后的大型瓷壁画的雏形呢？

1678年（康熙十七年），荷兰商人又别出心裁，请求中国瓷匠们仿制荷兰代尔夫特陶器。这对景德镇瓷匠而言，岂非易如反掌之事？当中国一批仿代尔夫特的盘、碟、水罐、细颈瓶和烛台等销往欧洲后，欧洲人再次惊艳。文化就是这样，在交流互动中生生不息。但是，荷兰商人此举，却有种说不清道不明的复杂滋味。领先世界1500年的中国瓷器，为何总在原地打磨磨圈呢？定制加工之外，还要仿荷兰代尔夫特陶？

青花花鸟纹四方瓶从万历到天启至崇祯。天启四方瓶所绘纹饰中国风浓郁，湖石荷塘仙鹤，而与此同类型的崇祯四方瓶，瓶颈细筒无螺旋，其纹饰有郁金香花苞，并呈阶梯至四方器身；器身相对两面为主题纹：基督受难与复活。

明崇祯景德镇青花人物故事图把杯
高 20.3 厘米　上海博物馆藏

那时的中国人不兴有把之杯，大约因为中国瓷器质量高，不烫手，而中国人喝茶，要的就是手握盅或杯时茶水温暖渐渐沁出的感觉。这件下比上略大的圆筒有把杯，当是荷兰的定制瓷，器型是欧洲的，主题纹是中国晚明人物画，跃马驰骋山水间，前面是头吉祥之鹿，花木兰的故事？杯的口沿与下沿为缠枝花卉，上牡丹下菊纹。到欧洲配了金属盖，并以金属铰链与镶了金属的杯把相连，见其镶技更见其宝贵之。

后来的啤酒杯更见其放大状。有人论证带把的啤酒杯是英国人从土耳其移植过去的。土耳其，中西之桥梁也。

药罐主题纹为繁茂的牡丹花中穿行的狮子，罐颈上为舞旗者与似鱼又似舟的剪影。既为药罐，不知有何寓意？

荷兰人很为自己得意：“……我们阿姆斯特丹人扬帆远航……利润指引我们跨海越洋。为了爱财之心，我们走遍世界上所有的海港。”

马克思曾言：1648 年的荷兰，已达到了商业繁荣的顶点。

春江潮水连海平
海上明月动潮声
——张若虚

二、乱世瓷物语

1. 晚明景德镇与伊万里瓷

晚明景德镇，是中国陶瓷史上的一个奇迹。其陶瓷生产，尤其是外销瓷生产，不见萎缩，反而空前兴旺繁荣，在传承万历型的青花克拉克瓷类型之外，其风格又有了另样的嬗变，青花山水画的空灵和文人气，青花人物画的寓意托志，烧造出一批精美绝伦的外销瓷精品。在定制瓷中又接纳了外商要求仿制大量欧洲生活器具和西式陈设瓷，扩大和繁荣了外销瓷市场。中国外销瓷器，一扫社会环境的死气沉沉，活跃空前。

何故?

相比北方的战火动荡腥风血雨，景德镇却有一段相对平稳的生存时空。据载，浮梁人口在万历三十一年（1603）统计约有十余万人，相隔三十年，至崇祯六年（1633），仍保持在十万左右，这就很不易，北方天灾人祸，饿殍遍野，而景德镇一直到崇祯十五年（1642）还算平和安宁，民风淳厚。广东商人频频光临下订单，交样式，他们带来的是大海的气息，是白银的声音。景德镇热气腾腾，男女老少齐动员，全力以赴烧制外销瓷，赚钱之外，这些专售洋鬼子的瓷器，式多奇巧，岁无定样，既让他们不胜其烦，又让他们激情挑战，也给他们开了国际之窗，从这扇窗户看到的外面的风景是这样的不同。

景德镇那时知名度非常之高，以至晚明才子冯梦龙都将其写进了“三言”中。《喻世明言》《醒世恒言》《警世通言》，广为流传，家喻户晓，深入人心，但中国明清两朝却都禁此书，以为淫秽。冤枉，他的书一点也不黄，他关注人性深处的善恶、美丑和真假，有喻世、醒世、警世之作用。他尤为关注兴起的市民阶层的生活。当中国几乎难寻到他的原本时，日本却珍藏着他的“三言”。

其《醒世恒言》刊行于明天启七年（1627），第三七四卷《一文钱小隙造奇冤》这篇小说，描写了一则发生在晚明时期景德镇的故事，是全纪实还是虚构在纪实中穿行，看来属后者。小说，本就是道听途说耳。但因其指名道姓“景德镇”，故宣传景德镇的大型画报、研究景德镇的论文皆有将其作为正面例证，予以评介。

背景"实名制"："话说江西饶州府浮梁县，有景德镇，是一个马头去处，镇上百姓，都以烧造磁器为业，四方商贾，都来载往苏杭各处贩卖，尽有利息，就中单表一人，叫做邱乙大，是一个窑户家一个做手。浑家杨氏，善能描画，乙大做就磁坯，就是浑家描画花草人物，两口俱不喫空。住在一个冷巷里，尽可度日有余。"不知冯梦龙可否到过景德镇，但至少慕其大名，知其以瓷器为业，火红热闹、百姓生活小康。接下来却笔锋一转，这篇市井故事注重的却是侦破断案元素，更具讽喻劝导之意。两个结冤的邻居，邱乙大夫妇吃的是瓷业饭，邻家刘三旺亦做瓷坯，浑家杨氏是个绰板娘，泼辣利嘴；两家小儿，一愚钝，一顽劣，因赌小钱而争吵，两家婆娘卷入，再是丈夫死逼，尔后杨氏本去刘家上吊，却错吊至铁匠门口；铁匠夜起解溲发觉，因害怕移尸江边；恰逢欲赴婺源械斗找事的大户人家见到死尸，顿起邪念，背起上船以讹对方——婺源太白村另一大户；谁知强中还有强中手，且看恶人磨恶人，反遭逆袭……最终"总为这一文钱，共害十三条人命"。人性之恶在一念之差中累积再累积，终酿就大祸。主题宗旨不无教导意义，但是，这幅穷山恶水泼妇刁民的图景却非景德镇所属。景德镇虽有陋习种种，也处处可见农民与手工业者集一身的忠厚精明又狭隘狡黠交融，但是，作为一个始终以瓷为主业的千年古镇，其集体无意识有许多可圈可点之处，其民风习俗可赞叹处不少。不妨略举二例。一是景德镇过街穿巷挑坯者，一根长扁担颤悠悠于肩头，扁担两头的木格架上摆满坯胎，高过人头宽过人身，危如累卵，这固然与挑坯者绝技有关，但是，景德镇人远远见着，没有不主动让道的，方让其畅行无阻；更不用说双肩双长板摆满瓷坯的驮坯者了。二是从古至今，凡是烧窑用的窑柴，一直堆放柴窑附近的街头巷边，垒成金字塔模样，从来没有何人顺手牵羊至家中当柴烧的。"过手七十二"的细致分工使景德镇瓷工早就明了认真负责友好协作的重要性，产业工人的气质景德镇人的血液里不缺；而淳厚朴实的人情味一直延续至今天。相对而言浮梁古县衙也称得上比较清明廉正的衙门，与铅山古县衙同享白菜对联"为民父母不可不知此味，为吾赤子不可令有此色"的诞生处。

窑口附近的如金字塔般的柴窑堆

当然，即使《一文钱小隙造奇冤》不符晚明景德镇实况，但冯氏选择以景德镇实名为小说背景，也足以见证景德镇和景德镇瓷在晚明的知名度。其市井气息极适

伊万里瓷器

合作为故事衍生的环境。否则，他干脆以家乡苏州为背景好了。

景德镇的好景也不是永久的。自崇祯十五年（1642）起，祸起萧墙，战火纷飞，瓷器停烧，外销瓷亦不能幸免。本已海道大通，然而，此时，海外贸易也中断了。荷兰商人尤其焦虑：瓷器的供应迅速萎缩，甚至热兰遮城的人都不能满足自己的需求。还谈何远销外销欧美呢？于是，荷兰东印度公司把目光投向了日本。大约从 1650 年（顺治七年）起，荷商将日本九州有田烧瓷器，销往欧洲地区，以替代中国外销瓷的缺位。

日本瓷器，在谦虚学习中国瓷器几个世纪后，终厚积薄发。

日本，在万历年间终烧制出青花瓷器，证明它已羽翼丰满，拥有了外销欧洲的实力。而荷兰慷慨地给了它一个良好的成熟的平台。

有什么办法呢？老虎向猫学本领，幸亏猫留了一手，上树的本领没教给它，否则，世上就没有猫这一族了。不是疆域大的就是虎，也不是疆域小的就是猫。葡萄牙、西班牙、荷兰、英国，甚至日本都证明了这一点。

有田烧瓷器多从九州的伊万里港口装船出海，因此人们称之为“伊万里瓷器”或“伊万里烧”。

最初阶段为古染付，这是日本对青花瓷的称呼。用青料进行色绘曰“染”；付，即纹饰。染付即用青料色绘纹饰。有或简洁疏朗，或通体装饰两种倾向。前者称青花祥瑞手，受到景德镇民窑出口青花瓷“祥瑞瓷”的影响；后者又称作吴州染付，仿中国漳州出口青花瓷。在模仿的同时，也融进了日本陶工的创意，有岛国地理环境的影子。

当时日本外销西洋瓷与中国外销瓷一模一样：主要是克拉克瓷，日本名“芙蓉手”，完全模仿景德镇；还有一种按照欧洲金属器、陶器的造型烧制餐具、水器和酒具等，也同景德镇相似，只是种类少些而已。

“芙蓉手”纹样按荷兰的要求，多仿中国明代万历年间的外销瓷，只是有的盘心还有英文字母 V.O.C 组成的图案。在土耳其托普卡帕博物馆就收藏有两件此类大盘，一件器壁分割成八个梯形开光，内绘不同的山水纹样，盘底中心绘盆花，两侧站立两只白兔，画面华丽繁缛。另一件盘壁的几何空间内人物与植物间隔排列，盘心绘小桥流水、人物树木。

接下来是柿右卫门的兴起。约在 1670 年代，柿右卫门窑烧制出了呈暖色调乳白色的细腻白瓷，上绘精美细致的彩色图案，称为“柿右卫门样式”。应该是荷兰东印度公司欲从日本烧制他们念念不忘的景德镇五彩与德化白之类的瓷器。

究其来历，元代后期景德镇诞生红绿彩瓷。红绿彩瓷是在已烧制成的白釉成品上用红、绿彩料绘制图案纹饰后，再次入窑以800℃左右的低温焙烧而成。与金、元时期北方的釉上五彩瓷不同的是，元代红绿彩瓷不使用黄彩，可看成“五彩”瓷的一个衍生新品种，可称其为“景德镇早期五彩”。由于纹饰红彩夺目，所以日本称之为“古赤绘”。

景德镇窑五彩人物图案倭角方盘
边长13.5厘米 故宫博物院藏

晚明时期景德镇生产的“古赤绘”大量出口日本，深受青睐。此时擅长彩绘的泉州瓷匠周辰官已定居长崎，伊万里窑的匠师东岛德右卫门虔诚拜他为师学习彩绘，而已随父移居九田的酒井田喜左右卫门也酷爱瓷艺，遂拜东岛德右卫门学习中国彩绘技法。崇祯十六年（1643），他48岁时成功烧制出彩瓷。翌年，他将自己烧造的瓷器奉献给天皇，并别出心裁将柿子放其上，这让天皇很是欣赏，赐其名为柿右卫门。如此美学观念和美学情趣，有意味。其实，柿右卫门的作品多仿中国明代瓷器，纹样亦多为中国传统松竹梅、龙凤等纹，呈清淡、雅逸之风，追慕明成化，以至写于款识上。顺治三年（1646），柿右卫门瓷器由居住长崎兴善街的中国商人八官输出日本；一说为荷兰商人所购进。柿右卫门非常看重制瓷家族的荣誉，世代相传至今。这是让中国瓷匠汗颜之事，中国景德镇的瓷业世家追寻到民国初的“珠山八友”就到了头！遗憾呵。

明崇祯五彩山水人物纹盘 销往日本
法国吉美博物馆藏

明崇祯景德镇金襕手碗 高5.6厘米

“金襕手”，简言之，即在青花上加五彩织金。首先以纯白坯绘青花高温烧就，再以矾红描金或五彩嵌金线进行精细制作后，进行第二次入炉焙烧。清丽又绚烂，华贵又典雅，压倒众芳。这应合了欧洲帝王贵族的审美需求和炫耀心态，立即风靡欧美。其外销数量高达几百万件。其实，“金襕手”并非日本的创造，在嘉靖、隆庆、万历、天启和崇祯时期，中国景德镇窑、漳州窑等就有这类青花瓷加五彩织金锦的瓷器，已经很成熟很华贵绚丽，应该是中国技艺的传承和文化交流的结晶。“金襕手”也有没青花的，也有不带金彩的，如纯白地釉上彩绘描金、色地釉上彩绘描金、红彩描金等。日本“金襕手”融入了日本浮世绘与欧洲洛可可艺术风格，也是不争之事实。

平心而论，日本在瓷器制作的技艺方面，也是交足了“学费”的。最晚从唐代始，日本就输入中国瓷器，接着又迷上了中国茶。明代，日本足利义政将军大力倡导中国风茶道，中国茶具的输入大大增加，明代史籍《筹海图编》就记载了浙江宁波的对外贸易中瓷器大量出口日本。“择花样而用之，香炉以小竹节为尚，碗、碟以菊花棱为尚，碗亦以葵花棱为尚”。同时，还大量出口铁链，作为“悬茶壶”之用。原来，饮茶后啜茶，啜后即以茶壶悬之，不许着物。挺神圣。

待四十年过去，康熙二十三年（1684）解除海禁时，景德镇遥望海上，世界已然天翻地覆，日本瓷做大了。行，景德镇遂与伊万里瓷角逐欧洲市场，不到一年，以价廉物美的“中国伊万里”瓷压倒日本，夺回欧美市场，日本不得不偃旗息鼓。日本似有所抱怨，但这不过是以其人之道还治其人之身。

那时，英国也渐渐取代了荷兰在对亚洲贸易的霸主地位，欧洲各国纷纷破译制瓷奥秘。雍正十一年（1733），尚可觅日本伊万里瓷身影，至乾隆二十二年（1757），日本伊万里瓷彻底销声匿迹。

日本瓷业的发展，还离不开传奇人物郑芝龙。他曾屡次赴日贸易，崇祯元年（1628），在长崎的泉州华侨营建了福济寺，翌年，福州华侨营建了崇福寺。这种同乡华侨的自治团，多为经营海上贸易瓷器、丝绸、茶叶等的大商贾；还有不少陶瓷、漆器、书画、书籍刻版、建筑、雕刻、织锦等的行家里手、艺术家，这些华侨对日本的文化艺术尤其是陶瓷艺术作出了卓越的贡献。

2. 沉舟侧畔千帆过

1983 年，英国人迈克·哈彻（MichelHarcher）在我国南海海底寻找二战中的沉船时，意外地发现了一艘满载 2 万多件瓷器的沉船，经考证，这艘中国古船是明朝末年从中国驶向爪哇时，途中遇大风暴沉没的。哈彻将这 2 万多件瓷器在荷兰的阿姆斯特丹以 200 余万美元高价拍卖。外销瓷的价值通过海捞拍卖一次次受到市场的认可。

在福建平潭“九梁一号”、南海荷兰东印度公司“哈彻号”、肯尼亚“蒙巴萨号”沉船皆

明崇祯哈彻沉船军持
高 19.8 厘米 大英博物馆藏

有晚明克拉克瓷出水。

沉没于 1630 年（崇祯三年）的西班牙“圣·康卡罗”（San Concalo）号，沉没于 1641 年（崇祯十四年）的西班牙“康塞普森”Conception）号沉船，均发现有明末青花外销瓷，其中大量为克拉克瓷。

在佛罗里达半岛的开晋开奈提以南 48 千米海中发现西班牙古沉船，从中打捞出明嘉靖青花瓷片和清康熙青花碗。

美国及北太平洋沿岸，佛罗里达州文化遗址发现景德镇明末清初的青花瓷片；发现明代嘉靖、万历到明末时期的带“寿”字纹和花卉纹的罐物碎片。

美国加利福尼亚海岸中部发掘大量中国瓷器，几乎全是明末青花，多属嘉靖、万历时期。北太平洋沿岸约德雷克湾出土 16 世纪晚明青花碎片。

在肯尼亚马林迪格迪古城遗址有明代晚期青花瓷出土，在台湾澎湖风柜旧城、台南热兰遮城出土克拉克瓷。

在日本长崎、马来西亚马六甲、印尼雅加达、巴林卡拉特巴林遗址都有克拉克瓷出土。

晚明清初油画（1579—1657）中的中国瓷器与鲜花水果蔬菜融为一体

东南亚、欧洲等地博物馆均有收藏；日本有田、荷兰代尔夫特等地的同时期窑厂均有仿制，表明这是当时最为流行的产品。

三上次男在《陶瓷之路》中感叹：“瓷片就像是一片片神奇的甲片，静静地沉睡在……荒凉的城镇遗址和古窑址的各处。当我看到它那不加修饰的、可爱的身姿，便不由得伸出手去把它拾了起来。于是它内在的美便化作歌声轻扬，而藏在它身上的历史就涌现在我的眼前。”沉睡于海底的古瓷，因了海的神秘，更觉魅惑无穷。

每一件外销瓷作品后面都有一个故事，或坎坷跌宕曲折宛转让人柔肠寸断，或平淡无奇默默无闻柴米油盐酱醋茶东家长西邻短而已，或轰轰烈烈大气磅礴嵌进了大历史的元叙事或本身就是细节或情节，等等，瓷，给后世的人们留下了太多的想象空间。

说民心是把秤，大致是没错的。崇祯凄惨吊死后，绝命书感动了百姓，瞧瞧北京城的老百姓自发地为这亡国之君送葬的场面，也是天若有情天亦老。怎么说，崇祯倒也没白活一回。

据说，李自成攻进北京后，发现国库里还有大量高纯度白银。其实，国库里空空如也那才证明崇祯是个昏君，国库尚未空，说明崇祯还在对朱家天下负责，只是他做梦也没想到亡国如山倒。

不必去指责崇祯看人不准，其实谁看得准谁？每个人对自己都难以负责，何况对别人？并不是每个人都有力挽狂澜、起死回生的能力和机遇的，即便能力有余，天不助，奈何？

读圣贤书的崇祯皇帝一直以历代圣君为榜样，每言每行几乎都可追寻到先辈的源头，是否可以这样说，他太教条主义，在现实中，仅以圣贤言行为楷模是难以行远的，因为那是经过删节和提炼的纲领教条，现实中有太多的人情世故盘根错节，太多的模棱两可，太多的似是而非，太多的诡谲多变乃至瞬息万变，太多的意外和莫名其妙……

俱往矣。

明初郑和七下西洋朝气蓬勃地主动远航，本由中国揭开了大航海时代的序幕，可怎么就变成了到今天还争论不休的问题远航？近百年后，欧洲几个小国在大航海时代崛起，称霸海上，有哪一次远航没有政府的全力支撑？又有哪一次不伴随着艰难险阻、挫折、掠夺和死亡，可为什么就能载入史册高度赞颂？并给国家和百姓带来荣耀和财富？明朝中期在一半懵懂一半清醒中，硬是与地理大发现失之交臂；而所谓民间海外走私贸易的兴起，到底给谁带来最大利益？亦不过给欧洲几小国打短工？晚明时期被称为中国外销瓷的高潮期，以至过渡延续到清顺治，并于康乾盛世掀起最高潮，中国瓷器毫不夸张地征服了世界！中国瓷器成为风靡全球的世界级商品，其价值不仅仅是贸易的、物质的、生活的，更是艺术的、文化的、文明的，多少讴歌中国瓷器的永远的新闻、传奇、轶事流传至今，尤其是欧洲各国皇帝为中国瓷顶礼膜拜、竟相折腰，不能不让中国人兴奋而飘飘然。我们很少冷静地思考，其实，这最后的长久的无比壮观的浪潮，中国方面完全是被动地接受！的确，白银如潮水般涌进了中国，但是，中国积几千年的制瓷技艺也潮水般地涌出，中国传统文化从最初的主导纹饰变成了外国定制，由对方提供纹章、设计图案等等，文化贵在交流，本无可厚非，但是交流是双方的，如若变成了西方的加工单位，应该不符合平等交流的宗旨。如果说晚明政权自顾不暇，只有被动地随波逐浪，那么，康熙盛世呢？应该对外销瓷这棵摇钱树进行战略战术安排吧？没有，继续被动地热火朝天地加工定制。

清朝时期外销瓷最繁华最热闹，但也是最苍凉最茫然。外销瓷类型不过从明代的几个类型向珐琅瓷、粉彩瓷和广彩倾斜。珐琅和粉彩是清制瓷工艺的改进和创新，广彩不过是金襕手的变异。但依旧多依附于纹章瓷、定制瓷上。中国文化的传播仍然属于无意识。中国外销瓷的好日子很快很快，几乎随着康熙盛世的结束而结束，如果不是后来崛起的文化积淀层薄弱的美国赶了个晚集，仍然钟情于青花瓷的话，结束得还要早。

历史给我们留下了太多的思考。就中国外销瓷而言，明代是最值得研究的朝代。它是承元启清的朝代，由明初的主动瓷器外销高潮，到晚明被动的外销瓷高潮，再过渡至清朝的最后高潮。有明一代，是无法掐头去尾的。

而且，16世纪，欧洲人冒险远航来到中国沿海时，明朝已由盛而衰，在内外冲撞中摇摇晃晃，至晚明，已日薄西山、气息奄奄，但是，仍对葡

景德镇窑五彩海水纹碗
高6.8厘米 径12.5厘米 上海博物馆藏

萄牙、荷兰的冒犯挑衅，打了几场漂亮仗，无论是葡萄牙人、西班牙人，还是荷兰人英国人，都得掂量掂量自己，不敢轻易出手。怎么到了大清帝国，竟会一败涂地呢?

当然，花无百日红。几乎与明代的灭亡平行的是葡萄牙西班牙的衰落。不过百余年，横行霸道于大海洋，拥有难以计数财富的葡萄牙西班牙也就偃旗息鼓了，那财富如潮涨潮落，竟然也消逝得无影无踪，只有当年留下的奢靡华贵教堂似还在诉说昔日的繁华。社会和百姓还只是一个“穷”字了得！这又是为什么?

葡萄牙、西班牙、荷兰三国之间的竞争充满了戏剧性，亦弥漫着火药味。它们可称为第一代老牌殖民主义国家，但不及百年便徐徐落幕，代之以英国、法国和德国；随后是日本的维新变法，俄罗斯的破茧化蝶；最终是北美洲的美国成最大赢家。

航路已经开辟，海道已经大通。万事俱备，就看东风与你便不便。

曲终人不见，江上数峰青。

是的。

曲终人不见，海上瓷尤青。

9 并非尾声：最繁华时也是最荒凉

中国的大地，我想同你讲话，
只用大地的语言——
只用水稻的绿色的语言，
只用深红色的火焰的语言。
——聂鲁达《中国大地之歌》

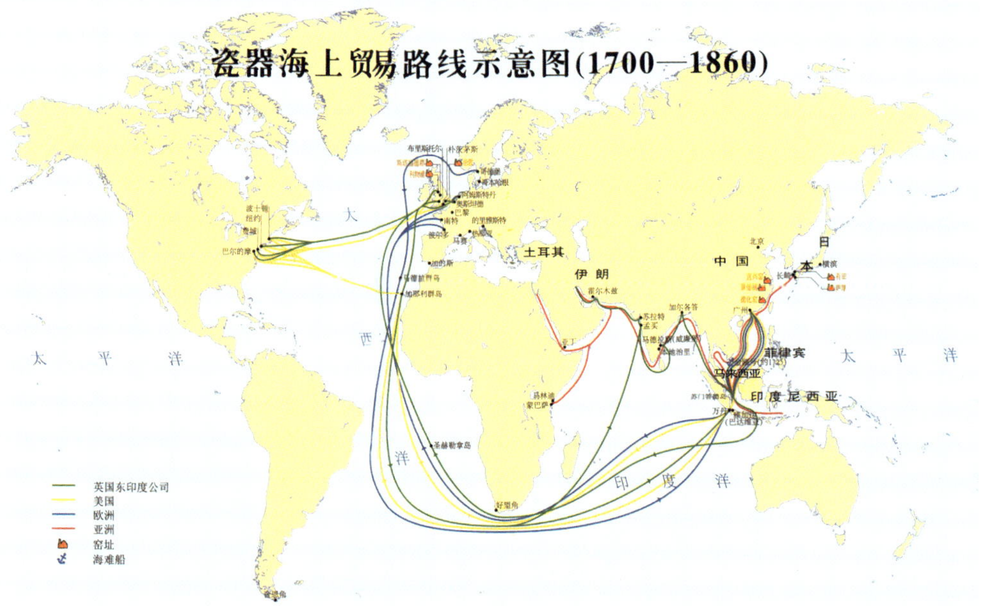

并非尾声，而是清代外销瓷的揭幕。

清康乾盛世可谓中国瓷业的鼎盛时期，其外销瓷在中国陶瓷史上当登峰造极，曾经征服了世界。

清朝对明朝的取代，又是游牧民族与农耕民族文化的迥然不同以及碰撞交融所产生的时代动力及障碍，应有锥心蚀骨的反思。农耕文明总是津津乐道：游牧文明虚心向农耕文明学习和致敬云云，忽必烈如此，康熙雍正乾隆如此，然而，历史漫长文明璀璨的汉民族为什么不反躬自问：这文明那文化，这悠久那古老，为何几度遭遇覆没之命运？在游牧民族向农耕民族学习时，农耕文明是否应该向游牧文明学点什么呢？有人将黄土文明与蓝海文明对立论证，其实，何必？守护家园是无可厚非的，向往海洋是开拓进取的，人生无非在守护开拓开拓守护间寻寻觅觅，守护与向往皆有着太多的纠结苦痛撕掳拼搏！如果说海洋文明与海盗行径不可分割，黄土文明也一样攻城略地，野蛮总是文明的开路先锋，强者为王，是最通俗的诠释。文化究竟是什么？文明又究竟是什么？为什么文明总是敌不过野蛮？野蛮到底还是要向文明低首？

满族从历史深处横刀跃马而来，她并未饱受欺凌，努尔哈赤的“八宗恨”夸大矫情，但也正因此而励精图治，那种雄姿勃发、所向披靡，仿佛让人再见成吉思汗身影。当大清坐稳江山，海上来自西方的列强相求通商贸易时，清廷会是何种姿态？

康熙皇帝

如果说朱元璋一登基就迫不及待地禁海，终究是小农经济思想作祟，那么，马背上得天下的满族为什么更严厉地闭关禁航？清代的帝王们对洋东西，尤其有科技含量的新鲜玩意儿颇感兴趣，对天文地理数学物理化学亦略知一二；外国传教士继明代大量进入中国，利玛窦、汤若望、南怀仁、白晋、张诚、郎世宁、王致诚、蒋友仁等，并与皇室有这样那样的集结；清廷为何仍要禁锢海上贸易？原来，貌似强大的清政权实质上也还是纸老虎，色厉内荏。他们既害怕活跃于沿海的反清复明势力，尤其是收复了台湾的郑成功；又早早地提防英法等的侵略野心。顺治十二年（1655），清廷即令“无许片帆入海，违者立置重典”，顺治十八年（1661）又强令各省沿海居民内迁三五十里。直到康熙二十三年（1684），紫禁城终传出圣旨“今海内一统，寰宇宁谧，满汉人民相同一体。令出洋贸易，以彰富庶之治，得旨开海贸易。”设立闽、粤、江、浙四海关，“许江南、浙江、福建、广东沿海人民用五百石以上船只出洋贸易”。这会迎来怎样汹涌澎湃之黄金潮呢？

黄金潮激荡中国瓷最繁华的黄金时代。欧洲各国对中国瓷，尤其是中国青花、粉彩、广彩等顶礼膜拜到痴迷疯狂之程度，谱写了一系列的“我为瓷狂”的奇闻佳话。这其中，既有帝王皇后、重臣富贾，也有贵妇名媛，更有诗人作家戏剧家，充满戏剧性的故事性新闻将中国瓷之潮席卷全球，也许这是中国瓷的最后的辉煌？最后的神话？有哪一种器物能如此长久地占据人心？因为瓷是中国人的智慧中国人的科技中国人的文化的结晶，外国人寻寻觅觅恍恍惚惚跌跌撞撞地追赶，怎么也慢了1700年！

清代外销瓷之盛况虽无郑和下西洋的气势，但兴兴轰轰热热闹闹，而且国库官员大小商贾所得颇丰，倒也值。据清史稿、清宫瓷器档案所载，受清廷赏赐的国家仍有琉球、朝鲜、暹罗、

雍正读书像

日本、廓尔喀、俄国、西洋国教王、葡萄牙、英国、荷兰等。当然，“赏赐”一词是清廷主观感觉而已。

所幸清朝盛时皇帝尚能汲取明末“中官督陶，严酷苛索”的教训，对瓷工作了点所谓的“让步政策”；尤其慎重挑选督陶官，这样，臧应选、郎廷极、年希尧、唐英等优秀杰出的督陶官们应运而生。他们是既高风亮节又精通业务的“好干部”。他们被派到景德镇，最大的贡献就是改革创新，臧窑、郎窑、年窑、唐窑，是上至皇帝下至瓷工对他们真诚的认可。景德镇也就从明到清继续独步天下。康雍乾三朝，景德镇民窑已从二三百座至千余座，工匠商贾每日不下数十万。所产瓷器“行及九域，施及外洋”，以至康熙时，欧洲货币皮阿斯特尔等可在景德镇贸易中通用。其人口稠密，商贾喧嚣，市井错综，物类荟萃，与朱仙镇、佛山镇、汉口镇并称为四大名镇。“景德一镇，隐然大都会焉”。如《陶说》所记：“有陶以来，于兹极盛！此无他，人心优裕，人力宽闲，地产物华，应运而起。有必然矣！”

无论你对清朝康乾盛世是认同坚信还是质疑批驳，但就中国瓷而言，清三朝瓷既载誉于史又夸耀于世，将中国瓷推上了世界文化之峰巅，那脆弱易碎娇美纤细的中国瓷，硬是无比骄傲无比自信地征服了世界，从 1500 年前后到 1796 年前后，即明代中期到清代盛世，整整三百年的时间，中国瓷与黄金等价，而且求之不得。

《景德镇陶录》言：“洋器，专售外洋者，有滑洋器、泥洋器之分。商多粤东人，贩去与鬼子互市，式样奇巧，岁无定样。”即每年产品的类型、造型、装饰等都要根据欧洲市场的不同需要而定制。青花粉彩广彩之纹章定制洋风景洋花卉洋新闻洋宗教洋神话洋男女中国山水婴戏仕女满大人等等让人目不暇接。即使瓷技瓷艺的秘密已外泄欧洲，清朝的外销瓷总量仍达到历史的极致。

然而，最繁华时也是最苍凉。《引流斋说瓷》如是说：“至乾隆，则繁缛极矣，精巧之致，几乎鬼斧神工，而古朴浑厚之致，荡然无存。故乾隆一朝，为有清极盛时代，亦为一代盛衰之枢纽也。”对机械虽钟情但只不过是把玩的乾隆帝，是不会理解“科学技术是第一生产力”的。

康熙开海不过三十年，又颁布南洋禁海令，并实行残酷的沿海迁界，不从者即被屠杀！乾隆二十二年（1757），只允许广州为唯一海关，是别样的闭关锁国？……长此以往，中国的航海业、渔业、外贸等等何谈与世界接轨？

为瓷痴狂的欧洲，孜孜不倦破解瓷之奥秘。1712年（康熙五十一年）、1722年（康熙六十一年），法国传教士殷弘绪（昂特雷科莱）两次从景德镇寄出制瓷工艺情报，则从理论和实践上为法国和整个欧洲提供了中国瓷烧制的关键技艺。他是文化使者，抑或科技间谍？终是西方也燃起瓷之光。乾隆末年（1795年），清廷对景德镇高岭山禁开，因优质制瓷原料即将告罄，而欧洲诸东印度公司大量瓷器订货恰恰也到此为止。这无疑让欧瓷逆袭如虎添翼。就在此时，却有来自新大陆的年轻的美利坚合众共和国，以其对中国瓷的挚爱，又点燃了美洲的青花恋。

乾隆皇帝大阅图轴

1840年（道光二十年）鸦片战争以后，中国沦为半殖民地社会，千载名窑在逆转中走向衰萎停滞。清《陶雅》记称：“乾隆初年，去雍未远，倡条冶业，不乏奇丽之观。中叶以后，深厚固不如康熙，美丽也不及雍正，惟以不惜工本之故，犹足以容与中流。嘉道以降，画工彩料，直愈趋愈下。”咸丰五年（1855），御窑厂停办；同治五年（1866），朝廷曾筹银派员试图兴复御窑，总算烧制出同治帝婚礼用的210头餐具，但瓷业已病入膏肓，回天无力。袁世凯称帝时，居然恢复御窑，虽空留笑柄，但洪宪瓷却如回光返照，呈现出最后的艳丽。

1853年（咸丰三年），蒸汽机已在西方制瓷业上应用，随后陆续发明了湿式轮碾机、搅拌机、除铁机、压滤机、球磨机、榨泥机、真空练泥机等制瓷机器。1878年，在化学家赛格的领导下，德国柏林皇家瓷厂成立陶瓷研究机构，使瓷业生产超越了以经验为根据的实践领域而获得了科学的基础……

俱往矣。曾关联历代帝王祭祀外交婚丧嫁娶吃喝拉撒等等的瓷都景德镇，难道就此式微衰败？曾征服世界的中国贸易瓷，难道就此偃旗息鼓，空留昨日的故事？

不！只要还有高岭土，只要昌江不干涸，景德镇人点燃的千年窑火就不会熄灭。只要中华民族不灭，瓷的光辉就永远不熄。

江西巡抚郎廷极

1. 督陶官的推陈出新与广彩悄然而生

从康熙到乾隆，前后134年，是大清江山鼎盛时代，以阳光强健之精神屹立于世界之林。康熙大帝（1654—1722）是一个传奇。8岁即位，14岁亲政，16岁除掉鳌拜集团，20岁向吴三桂为首的三藩开战，经8年奋战取得彻底胜利。法国传教士白晋（JoachimBouvet）在《康熙皇帝》一书中毫无保留地赞颂康熙："具备天下所有人的优点，在全世界的君主中，康熙帝应列为第一等的英主。"康熙大帝家国兴旺。有人统计，康熙育有35个儿子、20个女儿，孙子辈97个，爱新觉罗大家族，枝繁叶茂。康熙雍正，学贯中西，崇尚科学。而康熙时期内陆山城景德镇，已建起了恢宏瑰丽的天后宫，雕梁画栋，金碧辉煌，大都是海航之景。人们出海和归来，都要入宫先祭海神，实质是明清景德镇陶瓷出口兴盛的象征。这座天后宫，20世纪末才轰然坍塌。

雍正即位，虽为君正，但疑案重重传说纷纭，然，雍正执政13年，分明打理得有条有理有生机。他日理政事的勤奋度，每年只在生日给自己放半天假，自诩"以勤先天下"。朱批就写出1000余万字，且有理有情有趣，如"朕就是这样汉子，就是这样秉性，就是这样皇帝。尔等大臣若不负朕，朕再不负尔等也，勉之。"他不巡幸，不游猎，爱书法且上流，在洋人描绘的《雍正行乐图》中，他射雕、抚琴、空手赤拳斗猛虎，特别搞笑的是着洋装戴假卷发。雍正酷爱瓷器，不亚于明永乐、宣德帝。他经常设计瓷器器型图案和纹饰，不仅嗜好鼻烟，尤喜鼻烟壶，曾亲定式样下旨为他烧制鼻烟壶。他不喜宝月瓶，于雍正十一年6月15日就下令："嗣后宝月瓶不必烧造。"他不爱墨菊花和藤萝花，也在雍正十年5月24日和11月27日先后下令："藤萝花……再画珐琅器皿时不必画此花样"，"墨菊花……嗣后少画些"。他喜欢"久安长治"和"玉堂富贵"，以鹌鹑、长树、玉兰、牡丹等歌颂升平景象。菊花瓣不能画

郎红瓶

草，而得照千层叠落花瓣画等等。如此直击细节，上下谁敢掉以轻心？难怪清代瓷器数雍正最佳。

乾隆，天道昌隆。弘历 25 岁登基，在位 60 年，又做太上皇 4 年。高寿 89，为历代皇帝之首。既有“十全武功”，开疆拓土；修《四库全书》，建三山五园；又自命风雅，风花雪月，写诗 41863 首；《全唐诗》录 2200 位唐朝诗人才 48000 余首。乾隆 75 岁时曾说：“予临御五十年，凡举二大事，一曰西师，一曰南巡。”他六下江南，给景德镇的命题作瓷有转心瓶、公道杯等。一切多多益善的皇帝佬儿，瓷的装饰也趋于繁缛。《饮流斋说瓷》言：“至乾隆，精巧之至，几于鬼斧神工”。但终究是“浑厚不及康熙、秀美不如雍正”。历数清三代的丰功伟绩，“瓷”往往提都提不上，但是，三朝的瓷业，与这三位皇帝的强者的生命力、眼光、襟怀、艺术情趣、艺术鉴赏力皆不可分割。汉满文化的交融，中西文化的合璧，在清代瓷器，尤其是外销瓷器上作了全面多方位的最佳展示。

年希尧

而这一切离不开三位皇帝选定并选对了几位督陶官。

正是这几位优秀督陶官推陈出新的接力赛，造就了清代瓷业的辉煌。他们都有神圣的使命感、强烈的责任感、自觉的创新意识和知行合一的实践行为。既恪守传统又勇于创新；既不耻下问注重实践，又是爱民爱瓷的管理家，实乃中国瓷业之大幸！

工部郎中臧应选，自康熙十九年二月至二十九年（1680—1690）为派驻景德镇的督陶官。“至国朝御窑一出，超越前代，其款式规模，造作精巧”。其助手工部郎刘源功不可没。文化底蕴深厚的他亲自动手，“呈样瓷数百种”，设计、督造了几百种瓷器，“烧成绝佳”。臧窑以“康熙五彩”光彩夺目；御窑瓷釉诸色俱备，以豇豆红和洒蓝最为著名，其作品流传到海外。

江西巡抚郎廷极（1663—1715），清康熙四十四年至五十一年（1705—1712）任督陶官。郎廷极不仅将康熙五彩发挥到极致，而且还创新郎红。或许是受命为康熙六十献寿，复烧明永宣祭红，其时“色艳若朱霞，真万代名瓷之首冠”的祭红早已失传，但他历尽艰难，深入一线，与窑工们反复试验，不惜用珊瑚玛瑙，终烧制成高温铜红釉——郎红。“若要穷，烧郎红”。不见祭红的深沉凝重，却更显贵艳丽，或许更适合为康熙六十大寿畅春园千叟宴助兴？

雍正四年（1726），皇帝派督陶官年希尧（1671—1739）到景德镇督陶 9 年。唐英（1682—

瓷母

1756）于雍正六年（1728）秋八月，亦派往景德镇协助年希尧任驻厂协理官。年希尧为年羹尧之兄，弟获罪而兄仍为皇帝重用，年希尧能不鞠躬尽瘁？但又怎能没如履薄冰之感？年氏与唐氏配合默契，其最大功绩是将珐琅彩本土化，即中国风粉彩诞生，旋即风靡世界。他们解决了珐琅彩瓷器彩料要靠进口的难题，清珐琅彩增多十几种。雍正八年（1730）烧制成功了“胭脂水”。即用胶体金着色的金红，这种彩在康熙之前未曾见过，是从西洋引进的。粉彩由乾隆命名：“彩之有粉，赋色艳丽”。“前无古人，后无来者，鲜娇夺目，工致舒常”。其实，粉彩萌芽于康熙年间，成熟于雍正时期，乾隆朝为巅峰。粉彩又称软彩，硬彩则是古彩。粉彩不仅是御器，而且是外销瓷的主打，出口至欧美各国，尤以胭脂红为最佳。粉彩的流行使景德镇大街小巷换新颜，家家粉彩“红店”，户户粉彩烤花炉。家庭手工业形式的红店和工场手工制瓷业双生花，将景德镇制瓷的生产潜力发挥到了极限。

唐英一生跨三朝，享年74岁。去世前，乾隆皇恩浩荡，欲将督陶官之职授于其子，但是，被一辈子忠君的唐英委婉坚拒。不必说“伴君如伴虎”，只说做一个称职的督陶官，这其中的甜酸苦辣涩，谁解其中味？

唐英是沈阳人，来景德镇督陶前后共28个春秋。下车伊始，即“聚精会神，苦心竭力，与工匠同其食息者三年”，正因了深入实践，不耻下问，到“雍正九年（1731）辛亥，于物料、火候、生克变化之理，虽不敢谓全知，颇有得于抽添变通之道”。又始终知行合一，而且虚心学习西欧流传来的艺术和技术，如仿西洋黄、紫、红、绿、乌金等釉色，仿珐琅画法，仿西洋雕塑及各种器皿，绘画渲染也仿西洋笔意。终从外行到内行，从必然王国走向自由王国。在清代四大督陶官中，唐窑创新出品与仿制作品最为丰富，那时，造型精巧丰富，仿古以假乱真，仿铜仿玉仿漆仿木仿竹仿石仿牙仿螺甸随心所欲；装饰绚丽，彩瓷缤纷，五彩青花斗彩素三彩黑彩金彩蓝彩争相斗妍；新创的珐琅、粉彩与广彩中西合璧异曲同工；颜色釉则更上一层楼创新57个品种，胭脂水豇豆红玫瑰紫梅子青鳝鱼黄一窑千变，真给人色香味俱全的不可抵御的诱惑！其粉彩镂空转心瓶是乾隆的命题之作，工艺精湛复杂。号称“十全老人”的乾隆对瓷器要求十全十美，而唐英，殚精竭虑，追求的就是瓷器的精美绝伦。乾隆年间，唐窑烧制出一件被世人称为“瓷母”的硕大瓷瓶，学名为各色釉大瓶。现珍藏于故宫博物院，高86.4厘米，用了15种施釉方法，有16层纹饰，腹绘12扇开光彩绘图案，如三阳开泰、太平有象等，仿佛集历代瓷艺为一身，汇千年繁华于一体。是遵乾隆之命，还是唐英精神的一种寄托？但实是空前绝后之作。

加上用料惟精，瓷质莹润，改进柴窑，炉温升高，所有这一切成就了唐窑！

尤其值得一提的是，他从管理上理论上对景德镇瓷器生产技艺进行了科学的总结。乾隆八年（1743）五月，他奉旨编呈《陶冶图编次》，20幅图，从采石、制泥、淘炼泥土、炼灰、配釉、制造匣钵、制坯、采取和拣选青料、绘画、蘸釉、吹釉、成坯入窑、烧窑、洋彩、束草装桶等进行了科学的记载，图文并茂，成为中国陶瓷极其重要的历史文献，而且流传到欧洲国家。

冯先铭、冯小琦在《荷兰东印度公司与明清瓷器》一文中指出：海牙市博物馆收藏近百件中国瓷器，质量很高，其中一件雍正粉彩陶冶图纹缸很有价值。缸外面画瓷器生产过程图；里面画鱼藻纹，粉彩浓重。在瓷器上绘陶冶图的，国内收藏有几件，但此件年代最早，其烧制时间比唐英绘陶冶图的时间为早。——这也是很正常的，唐英的《陶冶图编次》毕竟是对前人陶瓷生产程序的总结。同时，外销瓷的见证历史意义也昭然可见。

清朝还有神秘的古月轩瓷器，如柴窑、秘色釉等缥缈，但毕竟离今人距离近，探究结果，认为其实就是清宫垄断的珐琅彩，所谓“只在宫墙风开花”，是也。始于康熙末年，诏令景德镇将白瓷胎运送入京，由宫廷画师以珐琅、粉彩绘之，吸收了西洋透视法，分深浅浓淡，又有西洋人物建筑等图案，然后入炉烘花而成的。釉彩凸起，画工精细，色彩艳丽，题词高雅，大多出自名家之手。如画家金成、焦秉贞、蒋廷锡、董邦达等。书卷气横溢，题句下有胭脂水印，以“佳丽”为多。这说明清朝皇帝佬儿也看中了瓷的永恒性，将名人画烙刻进瓷中，是最有价值的珍藏。康雍乾的智商和情商都不低。当然，景德镇匠人因文化程度普遍低些，绘画自然要俗气些，但反过来说景德镇瓷匠民间鲜活的气息和顽强的生命力也是书生文人所匮乏的。古月轩神秘珍品在嘉庆、道光年间才从宫内偷偷流向民间，还流向日本等国。

清十三行外景图潘趣酒碗
高15.7厘米 径36.7厘米 大英博物馆藏

那么，广彩的应运而生，是否效仿这

十三行外景图 1760 年

样的形式做法？极有可能。但两者的风格、质量却不可同日而语。

因欧洲人喜爱色彩瑰丽的瓷器，英国、法国、丹麦、瑞典、荷兰等都争购彩瓷，其粉彩瓷在欧洲市场的价格比青花瓷高出约四倍，于是，在高额利润的刺激下，商贩先将景德镇烧制好的白胎瓷运到广州，尔后在广州按照洋人的需求样式、图案、纹饰、工艺要求等，同时引进了西洋画法，进行釉上彩加工，后来一些欧洲商人干脆带来彩瓷图样或由自己的设计师设计。这类特别外销瓷，便是应运而生的广彩。清人刘子芬在《竹园陶说》中对广彩如此阐释："海通之初，西商之来中国者，先至澳门，后则径广州。清代中叶，海舶云集，商务繁盛，欧土重华瓷，我国商人投其所好，乃于景德镇烧造白器，运至粤垣，另雇工匠，仿照西洋画法，加以彩绘，于珠江南岸之河南，开炉烘染，制成彩瓷，然后售之西商。"墙内开花墙外香了。广彩柔美艳丽，纹饰丰满炫目，雅俗共赏。别称"广州织金彩瓷"，准确形象，广彩的第一印象便是中国华贵的嵌金丝织锦缎镶进了瓷器。让外国人怎能不痴迷？

据传，广彩手工的师傅还是来自景德镇的杨快和曹琨，每年农历八月初三都得祭拜他俩。客观地说，广彩是根据欧洲市场的来样来稿，将景德镇釉上彩瓷与广东当地的烧青艺术，即铜胎瓷珐琅技艺的结合。大而言之，可为纹章瓷，可为定制瓷，亦可为传统瓷。其题材内容，五花八门、丰富杂芜。可全然西方题材：神话传说、宗教故事、人物肖像、当日新闻、城市风情、远洋轮船、花卉鸟兽、生活场景等等；反过来说，完全东方的也可以；或中西结合也可以。实谓包罗万象，一应俱全。因其绘画风格多以西方透视法行之，使广彩与中国传统审美拉开了距离，成为名副其实的中国制造的“洋器”，却别开生面，格外抢眼诱人。很快，广彩与粉彩、青花成为外销瓷三大类别。由于广彩满身彩绘，颜色不透明，覆盖性强，能遮盖瓷上的疵点或缺陷，对白瓷瓶的要求肯定不高，提高了一级品率，从成本核算来看，也是生产方所乐意的。1769 年（乾隆三十四年）美国有位旅行者 William Hickey 来到广州，去到珠江南岸的广彩加工工场实地观看：“在一间长厅里，约二百人正忙着描绘瓷器上的图案，并润饰各种装饰，有老年工人，也有六七岁的童工。”将景德镇烧好的素瓷胎运到广州再加彩已成盛况。与景德镇街头巷尾处处可见的家庭红店有所不同，是种工场性质，其时多达百余个，可见海外市场需求量之大。

广彩兴于康熙末期，兴盛于雍正和乾隆。曾远销欧美亚等 100 多个国家和地区。广彩的冉冉升起，瓷外销逐浪高的形势，催生出广州十三行，实质是清政府指定的专营对外贸易的垄断机构。此牙行，又叫“洋行”或“洋货行”。吴晗断定：“则十三行之立，当为康熙二十一年至二十四年（1682—1685）四年间事。”广州十三行这一商人群体，曾经营了大清王朝全盛时期唯一的对外通商口岸，富甲天下盛极一时，但自南京条约后，十三行日趋没落。

当 21 世纪重新打捞岁月，十三行好像是一个虽绚丽多彩但难温的旧梦，仿佛消逝得无影无踪，不落痕迹。幸而，彼时风行一时的外销瓷，偏偏有远航商舶的主题图案，有广州城及远山近海，有十三行街景，有形形色色的外国人与中国人……是欧洲各国定制瓷有意无意将其烧制进永不衰老的瓷中，后又有年轻的美国船员，不跟风头仍兴致勃勃地以青花留作纪念。当岁月的春风又轻拂它们时，那瓷上商舶又启航或抛锚，那兴隆街市又变得熙熙攘攘，一切就这样复苏了。接着又有形形色色的满大人呼之欲出，或肥或瘦，或浓重的商人气，或文质彬彬，伴随着世人对他们的评价，争论是褒是贬，他们却依然故我，或以单人的坐姿站相，或以全家福的形式，或以中式庭院西式别墅的住宅，或以美人如云的风景重显当年的光景。当然，还有西人东来的油画铜版画，声色满满的东土西壤植物花卉，还有相映成趣或抵牾不让的民俗风情……于是在热闹喧嚷的拼贴杂糅中还原复制出昔日的繁华与沧桑，也许失真也许变形，但总有让人扼腕长叹或心酸眼明的一刹那。

2. 从顶礼膜拜到欧瓷逆袭

十七、十八世纪欧洲帝王为中国瓷器竞相折腰顶礼膜拜的种种段子，似成为聚焦中国外销瓷最灿烂的风景。从德累斯顿茨温格尔宫到法国凡尔赛的特列安农瓷宫，从英国女王玛丽二世的汉普顿宫到瑞典斯德哥尔摩的多挺汉宫，从沙俄的克里姆林宫到美国华盛顿的家乡……这些陈设中国瓷器的特殊宫殿或总统宅邸，记录着当年欧美的帝王君主总统们对中国瓷器的酷爱，而中国瓷器也以她们的高洁纯清、瑰丽夺目、千姿百态、可爱可亲印证她们的永不降格越来越高的价值。

然而，我们往往只看见中国瓷器征服了世界的一面，却忽略了被征服方的奋起直追。要知道，欧洲各国与中国的瓷器贸易，在中国方面完全是顺差，即白银源源不断流进中国，而地大物博的中国对外国几乎无太多的需求！这自然引起了西方的警惕和担忧，自主制瓷，关乎国运！但其时清廷浑然不觉，压根没有居安思危之意识。德国、法国、英国和欧洲各国为瓷折腰时已铆足了力气雄起。

1717 年（康熙五十六年）4 月 19 日，世界外交史上出现的奇异新闻——萨克森选帝侯兼波兰国王奥古斯都二世（1670—1733），雅号大力王，以全副武装的 600 名魁伟近卫龙骑兵换来 127 件（一说 151 件）中国青花瓷器，仿佛成了永不过时的新闻，常听常新。

奥古斯都为瓷而痴狂。他清醒地自我解剖：“我没有任何疾病，如果硬要说有，那只有一种，就是太爱瓷器。”邻国普鲁士国王威廉的妃子珍藏了不少中国青花瓷，让奥古斯都倾慕不已，绞尽脑汁欲将其弄到手。而威廉也有个癖好，特别喜欢大个子骑兵。于是，通过外交谈判达成交换的协议，奥古斯都以 4 个龙骑兵换 1 件中国瓷瓶的代价，拱手相让为他建功立业的精锐部队，这真是让人大跌眼镜的荒唐交易。人们给这些瓷器取名：龙骑兵瓶或近卫瓷瓶。在中国，这类器型称为将军罐，雄健傲然，那带钮的盖，如同将军的头盔。而今，在德国东部古城德累斯顿，易北河畔的德国国家艺术博物馆便是当年奥古斯都的茨温格王宫。在奥古斯都执政的第一年，即花费了 10 万元来搜集中国的瓷器；又曾用 48 件中国瓷器来换取一件多龙图案的中国瓷器；他还在广州特别定制了奥古斯都纹章瓷；收藏中国瓷器最多时达 24100 件，并由他本人于 1721—1727 年制作了一份皇家收藏清单。人们说珍藏于宫中的 7 件（一说 18 件）威风凛凛的青花大盖罐就是当年龙骑兵瓶的一部分。往事并不如烟。将军罐今天仍然在景德镇大量烧制，那威风凛然的器型总让人在怀旧中汲取到力量。然而，你可能不曾注意，奥古斯都作出这样荒诞交易的前 7 年，即 1710 年，他已向世界宣称：德国麦森瓷厂掌握了烧瓷的秘密。那么，为何还要为中国瓷器而痴狂？答案应该是：不惜一切代价都要追赶中国瓷器，尤其是诸如此类的大件瓷器。他只是痴狂，而没有疯癫，他是清醒的。

德国早在 16 世纪就为瓷的制作绞尽脑汁。1703 年，贵族出身的德国化学家欣豪森和柏林炼金术士柏特格成为忘年交，生于1682年的伯特格本是药剂师，但妄想点石成金，名声很糟，而欣豪森反而赞赏他的执著钻研。奥古斯都二世正是炼瓷的投资者和监管人。当柏格特进入城堡后，像是被“绑架”了，在火的炼狱中“软禁”了13年！在对各种黏土配方进行实验后，终筛选出欧洲高岭土和雪花石膏的合理配方。1708年10月57岁的欣豪森去世，1710年1月10日，柏格特终于成为欧洲第一个试烧出硬质瓷的人。接着麦森皇家瓷器厂正式成立。奥古斯都二世将萨克森王国公爵的族徽——两把交叉的蓝绿色宝剑作为商标。麦森如同监狱般以高墙围抱，所有匠师必须宣誓严守生产制作的所有秘密，不准随意离开工厂，成了艺术的“囚犯”。1711年，铁匠舒诺尔在德国南部奥厄，注意到马蹄粘着的土是白色的，送到麦森瓷厂化验时，柏特格发现这正是制硬质瓷的原料。1719年3月13日，年仅37岁的柏特格去世。至今麦森瓷厂烟火不断，柏特格的铜像高高矗立。也许因了奥古斯都的严苛与偏执，麦森瓷厂的所有档案都保存得完好无缺，过去300年间约70万具模具保存完好，曾生产过的瓷器随时都可还原！

路易十四

路易十四与曼德侬夫人
景德镇定制瓷雕

1725年，麦森瓷厂模仿中国青花瓷烧制成功釉下蓝彩，以后又有描金、彩瓷等。麦森瓷厂大量仿进口中国瓷器，弥漫着中国风。1732年奥古斯都曾下订单给麦森瓷厂，要求烧制出风管琴上的键盘，1733年他去世，未能如愿。他对瓷的痴狂如同严重相思症，不仅要看得见、摸得着、闻得香，而且还要听得见。

西方人说，奥古斯都狂热地为中国瓷器大打广告。其实，这一切的结果，使德国成为欧洲第一个烧制成功硬质瓷的国家，麦森瓷厂成为今天世界著名瓷厂，德国也跻身于瓷之国。文化碰撞现象产生了文化价值和历史意义，中西交流的多元文化场中，欧洲人对中国文化有认同却也有误读，欧洲帝王从嗜好到收藏，从收藏到破译，从破译到逆袭到超越，中国作为瓷器的祖国，难道我们这些子孙不应反思和警醒吗？

茨温格王宫是一座巴洛克风格建筑，但清代瓷器的进口，深深影响了欧洲艺术风格从巴洛克走向洛可可。

法国路易王朝几代对中国瓷器的仰慕和酷爱，是脍炙人口的话题。尤其是太阳王路易十四（1638—1715）与康熙大帝（1654—1722）东西方的两位铁腕大帝的交往，谁不津津乐道?

路易十四名言：朕即国家。好生霸气。其实，他 5 岁即位，由老大臣朱尔·马萨林辅佐；他 23 岁时，马萨林去世后方亲政。在位 74 年，亲政 54 年，为了争夺欧洲霸权，竟打了 31 年的仗，但他毕竟让法国成为了欧洲第一强国。纵览路易十四与康熙的经历，难怪今人会说出俏皮话：康熙的趣味太阳王懂得。经历相似，心有灵犀一点通？都雄心勃勃，精力充沛，文治武功，威名赫赫。路易十四、十五时代，是法国文化艺术的辉煌年代，涌现了伏尔泰、卢梭、莫里哀等文化名人。而身高只有 154 厘米的路易十四亦是文艺先锋，酷爱芭蕾舞，钟情手工艺，尤其痴迷中国瓷器。

1670 年（康熙九年），路易十四受荷兰人著《尼霍夫游记》的影响，在凡尔赛建立欧洲第一个中式建筑——特列安农瓷宫（托里阿诺宫），翌年冬季竣工。瓷宫刻意仿照南京瓷塔，表面以彩釉陶砖装饰，檐翼悬挂响铃；宫内摆放中国青花瓷器和中国式家具，而宫外一如中国园林，假山点缀、小溪淙淙、拱桥弯弯、曲径通幽，更兼四季花木繁茂。但与其说特列安农瓷宫是路易十四为情妇之一蒙特斯潘夫人而建，还不如说是为自己寻寻觅觅却不可得的爱所建。他放弃了自己的初恋，又与皇后——西班牙公主没有共同语言，拉瓦莉埃小姐、蒙特斯潘夫人和方当诗小姐都是他的情妇，但是，他拥有的不过是丰富的痛苦。当蒙特斯潘夫人害怕年老色衰失去恩宠时，费尽心机用巫术想控制住路易十四而事败后，她也就永不能再见国王了。那原本象征爱情的瓷宫，仿佛通人性似的，在风吹雨打中岌岌可危，1687 年，屹立 17 年后因惨不忍睹而被拆除，爱情毕竟难经风和霜。其分崩离析的原因是因为这些低温软陶砖由法国鲁昂瓷厂生产，其质量不过硬所致。那么，从中是否透视出路易十四其实一直关注着陶瓷在法国落地?事实上，1670 年左右，在巴黎邻近的凡尔赛宫殿的圣科得等地就已奉路易十四之命建立了陶器工厂，生产陶瓷供凡尔赛宫殿用。

1686 年（康熙二十五年），路易十四派遣使节代表团以海路方式赴中国。带去的西药金鸡纳霜治愈了康熙的疟疾，而浑天器等 30 箱科学仪器让康熙大开眼界，使团参与绘制了《皇舆全览图》，参与了就中俄东北边界问题进行的谈判等等。同时，路易十四还致信俄国皇帝，另有一科学传教团希望借道西伯利亚赴中国。只是俄国并不成人之美，那封致康熙皇帝的信，至今仍委屈地收藏于法国外交部。而进入北京清廷的法国科学家还身兼传教士身份，他们如鱼得水，受到康熙的重用，遂成为康熙与路易十四远隔万里的对话桥梁。

路易十五

蓬皮杜夫人

纹章瓷，始于明代，由葡萄牙率先定制。《中国陶瓷史》载："大约在17世纪后期，路易十四命他的宰相马札兰（Mazarin）创立'中国公司'，至中国广东定制带有法国甲胄、军徽、纹章图案的瓷器以后，更大为盛行。"路易十四有一件在景德镇特制的有盖的青花瓷杯，高8.5厘米，杯的口沿上面铭写着其母伯兰茜王太后对他的祝愿："王国的美德连绵不断，与世长存"。

如果说路易十四属巴洛克时代，奔放着男性的庄重、宏伟和强健，那么，18世纪的第一个春天，路易十四却坐着中国轿子，参加了"中国之王"的盛大舞会。他的新欢曼德侬夫人——滑稽诗人保罗·斯卡龙的遗孀，总是一袭蝙蝠式黑衣，一本正经，起初令路易十四不快，原本也只是路易十四私生子的家庭教师而已，但她的才华、智慧和仁慈赢得了路易十四驿动的心，当王后去世后，1686年1月，路易十四秘密迎娶了比他小三岁、年已51岁的曼德侬夫人为第二位夫人。她和路易十四拥有一个专用的金色小教堂。她无比热爱中国艺术，尤其是瓷器。也许为了永久的历史性留念，她委托法商在景德镇订制了几件纪念瓷。一件绘有他俩头像的五彩瓷盘至今收藏于葡萄牙博物馆。还有一对高22厘米的瓷雕，夫妻俩穿着华美的中国丝绸织锦服装，喜气洋洋，载歌载舞。这个女人陪伴了路易十四生命的最后30年。光阴匆匆，生命流逝，路易十四终找到了真爱，时间停止，至少他还能去爱，与他爱的人一起度过……

路易十四的皇太子亦酷爱中国瓷。在凡尔赛宫主楼一层的镀金书房内陈列着他所珍藏的中国瓷器。他向景德镇订制了内燃蜡烛照亮满室的瓷灯笼；订制14支瓷笙，每支长1尺，内装置琴片可吹曲调；订制瓷云锣9面，用小棒敲击可有不同声响……难度皆很大，但景德镇瓷匠做到了完美。因路易十四对皇太子期望太高，皇太子只有以中国瓷排解郁闷。

路易十五（1710—1774）是路易十四的曾孙儿。5岁登基，执政60年。但他的口碑并不好，被指为最不得人心的国王之一。他优柔寡断又不守承诺，但倒想得很开："我死后，哪管洪水滔天。”但是，他在情妇蓬皮杜的建议下，也能模仿中国帝王的祭祀礼仪，每年春耕，他亲扶犁耕种，祈求风调雨顺、五谷丰登。

蓬皮杜夫人对中国瓷的挚爱，深深影响了路易十五。他将宫廷所用的金银器全部熔化，为他的宠姬蓬皮杜夫人建造法国皇家瓷厂。塞夫勒（Sèvres）瓷厂本名不见经传，但1759年（乾隆二十四年）蓬皮杜夫人出资购买了瓷厂的全部产权，并直接参与生产与管理，不同凡响了。她受中国胭脂水启发，研制出喜爱的玫瑰色釉；受中国绿松石影响，以金粉勾勒，宝石蓝作底，又研发出苹果绿，也都以她的名字命名。她设计的“蓬皮杜纹饰”，如酷爱的金鱼图案、蓬勃绽放的艳丽的牡丹花和法国式的花卉等。她甚至要求在王室纹章上也画上金鱼的图案。金鱼产自中国，瓷器上最早出现金鱼纹是在明弘治官窑矾红鱼纹瓷盘上。1502年（弘治十五年）金鱼传到国外，1651年（顺治八年）传教士马尔蒂尼运回荷兰。金鱼的特异之美和活泼可爱，正如蓬皮杜夫人的气质，或许就是她钟爱的缘由。1765年，又在利摩日附近的圣伊利埃发现了高岭土，这样，塞夫勒一跃而为皇家瓷厂，获得皇室的特别许可开始使用双“L”的皇家标记。一直延续到1793年法国大革命。

中国外销瓷的纤巧秀丽、温婉淡雅和曲线之美，别开生面，引领了“洛可可”运动，欧洲艺术由男性阳刚雄健巴洛克到风行女性柔美的洛可可，蓬皮杜夫人是绕不开的领军人物，难怪法国作家兼评论家龚古尔兄弟称她为“洛可可之皇后和倡导者”。她在欧洲政治、文化、艺术方面的影响，称得上欧洲女性第一人。

她原名让娜，父亲是巴黎一承包商的兄弟，母亲是屠父的女儿。母亲希冀女儿进入上流社会，但女儿嫁给了农场主侄子，仍属平民阶层。让娜惊艳于1745年（乾隆十年）2月的宫廷舞会上，被路易十五称为“法国最有魅力的女人”，她也如愿成为皇帝的情妇，为路易十五两次流产，然而，情人关系只维系了6年，路易十五就以教会反对为由，匆匆画上了句号。她30岁以后，与皇帝是朋友关系。1764年春，年仅42岁的她就去世了。在一个阴雨天入葬，没心没肺的路易十五感叹：“夫人的旅途没有遇上好天气啊。”殊不知，朋友胜于情人，冰雪聪明的蓬皮杜夫人正因

法国画家弗朗索瓦·布歇作品《中国花园》

跳出了情妇的樊篱，在艺术上反而立下了丰碑。美丽对女人并不久长，是靠不住的资本；智慧却不同，她不仅倾慕热爱中国瓷器，而且掀起了造瓷运动，在法国烧制出了真正的瓷器，这就是蓬皮杜夫人永恒价值所在。

景德镇瓷盘 1745年

这件景德镇瓷盘约烧制于1745年（乾隆十年），直径22.8厘米。盘子以不透明的铁红色和金色粗糙绘制而成，盘边缘有四个欧式图案开光，之间是中式水果和花卉，两组对称开光中绘有鹰和鲤鱼，鹰的上方是向日葵花瓣组成的冠饰，鲤鱼则在水草上游动。盘中央亦绘有中式花卉和水果。英国人分析开光中的鹰与鱼象征路易十五和蓬皮杜夫人。当然，不会是他们订制的。因为“鱼”影射蓬皮杜夫人的平民姓氏，一些贵族甚至嘲讽她为“卖鱼妇”。

休说恩宠得失的喜忧，莫道荣辱皆忘的超然，正是她对布歇、法尔康涅等洛可可画家的保护与支持，才留下了多张画作让后世几睹她的芳颜；正是她以洛可可风格装饰凡尔赛宫，才使今天法国总统府爱丽舍宫还可觅见她的艺术造诣；正是她帮助狄德罗出版的《百科全书》，才留下了她的眼光和胸襟的记忆；正是伏尔泰为她而写的悲剧《唐克雷蒂》，才让今人懂得了这一个女人的追求和痛苦。

纤弱的她以婉约留住了她自己。她是一尊在中国影响下的法国瓷瓶。

她在死前留下遗嘱，将她所有的财产留给自己的弟弟马里尼侯爵。在遗嘱中嘱托：要和我一样，继续资助和保护法国的学者和艺术家们。

洛可可风，女人的风。闻香可识女人。

其实，路易十四至十五时期，还有一个法国传教士是绕不过去的。那就是法国里昂贵族的儿子昂科雷克莱（TEntrecolles），他给自己取了个中国名字殷弘绪（1662—1741）。

1705年（清康熙四十四年），瓷都景德镇中渡口码头，暮霭沉沉中，年过四十着传教士服装的殷弘绪从鄱阳乘船到此上岸。扑入眼帘的是：“从隘口进港时，首先看到这样的景色，从各处袅袅升起的火焰和烟气，勾画出景德镇宏大的轮廓。到了夜晚，好像是被火焰包围了一座巨城，也像一座烟囱林立的大火炉。”

原来传教士白晋归国后，应康熙之邀，路易十四又于1698年（康熙三十七年）三月，派遣了传教士殷弘绪、傅圣泽等一行从法国抵达厦门，翌年殷弘绪等被派往饶州府（鄱阳）传教。

起初谁都不曾察觉，殷弘绪等还负有法国科学院的重任，即破解中国制瓷的奥秘！为深入群众，殷弘绪还以医生的身份游走城镇和乡村。为此他热衷于中国中医和植物医学的学习。他了解并介绍了中国传统的种痘，收集了植物研究资料，如芍药、葛根、佛手、芝麻、辰砂、雄黄、大黄、三七、阿胶、金银花等一一纳入他的视野，柿子树、荔枝、槐树、柳树也成了他研究的对象。他熟悉了景德镇，也走近了景德镇人。这个蓝眼睛鹰钩鼻大胡子的法国传教士，为穷苦的泥水匠洗礼安葬，为一贫如洗的患者看病，为新生儿受洗，为封闭的女子布道，与瓷工们打成一片……他赢得了景德镇城乡百姓的好感，他走遍景德镇的窑口作坊，顺藤摸瓜，来到距镇东北 40 里的东埠码头和高岭村。

清代东埠渡口，为高岭土运输、客商往来的水陆码头，因过于繁忙喧闹，乾隆四十五年七月初八，为避免引起纠纷，官府发布关于瓷土装运的规定安民告示，立“水运禁碑”。今天，昔日盛景荡然无存，唯见古樟参天。东河无语，古埠头沿河长廊更见沧桑。再往前行即高岭村，衣冠简朴古风存。往山上，过水口亭，亘古的寂静和空旷笼罩着你。奉献到极致，便剩下一片白色的废墟。但空气中似乎还积淀着当年矿工们挥锄采土淌出的汗味，山谷还回响着劳动者吭唷吭唷的号子声。

1712 年夏末的黄昏，在景德镇前后七年的殷弘绪，通过走访瓷工作坊，于 9 月 1 日给法国耶稣会寄去了两万多字汇报书简《中国陶瓷见闻录》。自言：“除了亲眼目睹之外，我还从基督徒那里听说了许多特殊情况，他们中间不少人是从事瓷器生产的，另一些人则做瓷器生意。此外，我还通过阅读论述这一问题的中国典籍核实了他们给我的答复的真实性，通过这一方法，我认为对这门技艺有了全方位相当准确的了解。”

汇报书简刊登于该会出版的《耶稣会传教士写作的珍贵书简集》第十二期。他，轰动了整个欧洲！因为这是西人第一次向世界详细描述景德镇和景德镇瓷器烧制的工序，从城镇、人口、地理、物价，到胎土、釉料、成形、彩绘、色料、施釉、匣钵、入窑、烧成等，犹如一部制瓷工具书。最重要的是，他破解了硬质瓷烧制的奥秘，白色高岭土是骨骼，瓷石是肌肉，按照不同比例烧制出不同的瓷器。

而殷弘绪的所作所为，在中国却没有引发哪怕微波细澜，1720 年（康熙五十九年）殷弘绪还被调升到北京。有记载言，殷弘绪曾经委托郎廷极向皇帝觐献 66 瓶法国葡萄酒。殷弘绪自言，每到一地，都与官员搞好关系，送给他们礼品。翌年年底，年近花甲的他还冒着风雪从北京专程来到景德镇，又作了一个多月的实地考察，写成七千余字的书简《中国陶瓷见闻录补遗》，于 1722（康熙六十一年）1 月 25 日寄往法国，刊登于《耶稣会传教士写作的珍贵书简集》

第十六期上。主要内容是解答欧洲陶瓷生产中的技术疑难。如瓷器口边罅裂、金彩光泽不亮、难以制作的大花瓶、粉彩色料调制、象牙白釉的制作、瓷器破裂后如何粘合、修补等等。乾隆六年（1741），法国传教士殷弘绪以 79 岁高龄逝世于北京。

殷弘绪的景德镇见闻录及补遗，对欧洲各国来说，无疑如久旱逢甘霖，因为他们长期寻觅摸索中国硬质瓷的奥秘却不得要领，中国瓷的制作工艺的破解，让欧洲各国如获至宝。如果说两万字的见闻录写成寄出，殷弘绪很是小心翼翼，那么，七千字的补遗可谓“光明磊落”。千秋功罪，谁人曾与评说？而中国，哦，中国，怎么就没有丝毫麦森瓷厂的警惕呢？

这样的故事，延续至当今。20 世纪 60 年代，景德镇部陶研所曾有一件瓷雕《披纱巾的女孩》引起轰动。女孩正在舔舌头，像刚吃过美味，或在出神地听故事。女孩的黑发上系着一条洁白柔软的纱巾，数以万计的纱孔疑是鬼斧神工。此雕只应天上有，人间哪得此妙手？可是有人漫不经心说破了秘诀：无它，以一方纱布浸釉后披上坯胎，入窑烧炼即可。呜呼，绝招不绝，无价之宝便有价可沽了。还有青花玲珑瓷，又名“米通”，老外称为“嵌玻璃”的艺术。此瓷技也已外泄。景德镇人总是大大咧咧、无所谓无、无所谓有，奈何？

不知该郁忿还是该超然？却有一种深刻的不平，为了这片沉默的白色土。

白色土的纯洁、白色土的骨气、白色土的坦诚，白色土的无私，支撑着瓷的悠久的文明。多少人知晓她？又有多少人知晓她后很快又将她遗忘？幸而 1869 年（同治八年）10 月，德国地质学家李希霍芬到景德镇高岭村实地考察后，将世界制瓷业通用的白色陶土命名为“kaolin”（高岭土）、“kaolinite”（高岭石）。于是，来自世界各国各地的朝圣者，形形色色的摄像机常对着她拉、推、摇、移不已，时不时有黄皮肤或陪着大鼻子蓝眼睛者光顾，和这片白色土叠在一起留影。常常会落下一声叹息，但内涵太复杂，有恍惚有专注，有迷惘有清醒，有失落有收获，有遗憾更有骄傲，有历史的记忆更有民族的感悟。或全有之。

如若我们将殷弘绪对中国制瓷奥秘的破解与法国路易王朝对中国瓷的痴狂联系起来看，应该是一种政府行为的奋起直追吧？是一种改变白银外流的逆袭调位？

路易十六（1754—1793）是路易十五的孙儿，1774 年即位。他与王后玛丽·安东尼特都是中国瓷器的狂热爱好者。路易十六性格内向，痴迷开锁制锁，就像朱由校好木匠活；安东尼特王后则热爱戏剧和歌舞，重建的托里阿诺宫里收藏的中国瓷器成了她戏中的道具，她最爱扮演挤牛奶的姑娘。1789 年法国爆发了大革命，1792 年 1 月将路易十六夫妇推上了断头台。随着两人的人头落地，路易王朝轰然坍塌，绝对君主制被宣告死亡。1792 年 9 月 22 日，法兰西第一共和国成立了。1804 年 12 月 2 日，由民众选举的拿破仑·波拿巴成为法兰西第一帝国的

路易十六

皇后玛丽

皇帝。

然，对中国瓷的痴迷仍然延续着。拿破仑三世（1808—1873）的欧仁妮皇后的枫丹白露宫内的中国馆里就陈列着中国诸多的文物，多来自英、法对中国的历次侵略战争和抢劫。

欧洲文化名人却是真诚的。法国作家雨果（1802—1885）为爱妻营造的“中国诗屋”，客厅墙面上挂满了中国名贵瓷器。或许，中国瓷最具爱意和诗韵，一切尽在华瓷中。

当然，交流影响当是相互的。当中国制瓷技艺泄露到欧洲时，欧洲如法国、荷兰的珐琅手工艺也影响了中国粉彩瓷的诞生。18 世纪以后，法国里摩日珐琅餐具是路易十四时期的品牌，当年的法国商人或传教士将其随商舶带到中国广州，再辗转带入景德镇，由景德镇匠人仿制。

面积仅 24 万平方公里的岛国英国，其女王玛丽二世（1662—1694）也是个中国瓷拥趸。她在荷兰居住时，就狂购大量中国瓷器装饰其乡间别墅；1688 年玛丽二世与丈夫威廉三世凭借“光荣革命”而登上宝座共治英国时，又在汉普顿宫陈列华美的中国瓷器。玛丽二世 32 岁时因天花去世。其时，英国确立了议会高于王权的原则，逐步建立起君主立宪制；又积极对外扩张，对外贸易成为重要的国计民生。1687 年（康熙二十六年），牛顿（1643—1727）出版了《自然哲学的数学原理》，万有引力定律和三大运动定律，牛顿的横空出世，实质开启了英国工业革命的大门；1765 年（乾隆三十年），“工业革命之父”瓦特（1736—1819）的蒸汽机发明，使英国一跃成为引领世界潮流的工业大国。1776 年（乾隆四十一年），亚当·斯密出版《国富论》。他认为：“屠夫、酿酒商、面包师给我们提供食品，他不是出于仁慈，而是为了从我们得到回报。”控制经济生活的那只看不见的手，就是市场供求规律，因而他提出了一个影响深远的对外贸易战略。诚如马克思所说：“在资产阶级统治不到一百年间，所创造的生产力超过了以往历史的总和。”

拿破仑曾嘲笑英国是“小业主”国家，但 1815 年（清嘉庆二十年），英法战争中，英国在滑铁卢击败了法国。有人说：“战争的胜利不仅是不列颠军队的胜利，也是市场经济的胜利。”

此后，英国成了当时世界上无与伦比的“太阳不落的帝国”。

其实，英国的中国瓷器热比法国等欧洲国家要晚一个世纪左右，但英国激流勇进，很快就成为中国外销瓷霸主，况且英国陶瓷生产也有较长的历史。1730 年英国创建“彻尔西”厂，1735 年创建“都柏林”厂，1752 年仿烧中国青花瓷器。1744 年在伦敦创办著名的“弓”（Bow）瓷厂，1748 年烧制成功硬质瓷，1750 年仿制中国青花瓷碗和德化白瓷，1757 年，弓瓷厂的产品还出口到美国。1760 年烧出了描金和装饰华丽的瓷器。1770 年前后模仿烧出绘有亭台楼阁、小桥流水、菊花柳树等中国风的青花瓷器。同时还烧出 5 英寸高的青花啤酒杯，随着中国茶成了贵族情调的下午茶时，英国人烧炼出有把的茶杯！致命弱点是把手与杯身常悄然分离！后来是中国给予完善和完美。英国瓷土虽从美国进口，瓷业却仍然至少可获得 30% 的利润！

在英国伦敦还有不少“瓷人”——指专门为私人到中国订制有特殊装饰纹样的瓷器商人。仅 1774 年（乾隆三十九年），英国就有 52 家“瓷人”。1974 年英国出版《中国纹章瓷》一书，收集了自康熙三十四年（1695）始定制的纹章瓷 2000 余件。皆为军团、贵族的各种授勋、喜庆典礼等而定烧。主题纹为甲胄纹章，辅助纹有中国的山水花鸟、中西人物等。

创始于 18 世纪的韦奇伍德瓷器是英国陶瓷品牌，它曾为俄国女沙皇叶卡特琳娜二世专门制作餐具，著名的国宝级“罗马波特兰”花瓶现珍藏于大英博物馆。1793 年英国使团出使中国，献给乾隆皇帝的礼物之一有韦奇伍德瓷。今天，古老的韦奇伍德陶瓷也面临破产，德比皇家瓷厂却仍然火爆。

让我们再看看 18 世纪欧洲国家烧制成功硬质瓷的状况：

欧洲最先发出对瓷的探制的意大利，于 1720 年（康熙五十九年）由威尼斯瓷厂生产出硬质瓷。1743 年（乾隆八年），由国王查理三世赞助的皇家瓷厂“科波第蒙特”建于那不勒斯附近，要知道皇后就是奥古斯都的女儿。有意思的是他们竟将烧制出的笨重陶器运往景德镇复制！釉色多为粉红色和绿色。这些瓷器至今收藏在意大利博物馆。

奥地利是欧洲第二个生产硬质瓷的国家。1715 年（康熙五十四年），奥地利派遣三艘商舶到达广州首次远航探险，获得大成功。1716 年（康熙五十五年），荷兰陶匠派奎尔（Paquiei）在维也纳烧制出硬质瓷器。1744 年（乾隆九年），王后德莉莎购买了维也纳瓷厂，烧制洛可可艺术风格的花卉、水果纹瓷器，18 世纪后期维也纳成立了皇家瓷厂。

丹麦国王弗雷德里克五世与王后玛莉亚于 1752 年完婚，他们迷恋中国瓷器。1756 年（乾隆二十一年），在哥本哈根建立了皇家瓷厂，不惜重金从瑞典进口长石。东印度公司富商克拉逊（Classen）将英俊国王骑马铜像作为主题纹到中国定制“克拉逊餐具”，特邀请画家卡拉米尔（Cramer）设计，简洁高雅。主题纹饰于盛汤盖碗上，并以月桂树组成的花冠为辅助纹，盖顶镶金边，铭生产日期：1774 年 10 月 21 日和皇后姓名的英文字母。丹麦皇宫里还珍藏着一对画着国王和王后肖像的中国瓷盘。1779 年（乾隆四十四年），丹麦国王克里斯琴的王后亚历山德拉也酷爱瓷器，成为皇家瓷厂直接赞助人，主要模仿中国外销瓷的“柳树式样”。

瑞典于 1758 年（乾隆二十三年）在斯德哥尔摩不远的马雷伯格建立了瑞典皇家瓷厂。国王弗雷德里克（Frederick）为王后修建了一座洛可可风宫殿，五幢玫瑰色皇宫有着中国宝塔式的绿色屋顶，宫殿内陈设着为皇室定制的粉彩瓷、德化白瓷、国画和大量的漆器家具。皇家格里帕肖尔姆（GriPsholm）城堡餐具的每件瓷上都装饰瑞典王国的纹章——三顶金色的皇冠，并在边缘上铭记城堡的大写英文字母。这是东印度公司经理在中国定制送给国王格斯塔瓦斯三世的。还有的中国瓷器到瑞典后再装饰哥德堡城市纹章。这些瓷器都收藏于瑞典远东艺术博物馆。

比利时人爱中国瓷器，从这件乾隆五年（1740）比利时辗转定制的中国瓷盘可略见一斑。盘中央主题纹源自比利时北部弗兰德斯沿海城镇的一幅版画：海上不远处有艘单桅船只，近景树木苍翠，山石旁两位欧洲女士一坐一立正在交谈，是迎接亲人远航归来还是刚刚送别亲人远航？远景还有欧式建筑、远树和行人。主题纹放置于花瓣状开光内，以珊瑚粉色绘制，有立体感。外圈为镀金阿拉伯式漩涡纹饰，再外圈又有镀金圈。1750 年（清乾隆十五年）比利时建立了德尔纳瓷厂，两年后国王授予它皇家瓷厂，主要仿制中国青花瓷器。直至 1830 年（道光十年）比利时才与中国开展直接贸易。1833 年（道光十三年），一艘四百吨的比利时商舶抵达了广州。鸦片战争后的 1865 年（同治四年），比利时竟乘机和清政府签订了优惠待遇的商业条约，可以在上海、宁波、广州、福州、厦门等地进行瓷器等贸易。

荷兰国立博物馆大厅 2015 年

而葡萄牙，第一个直接和中国进行瓷器贸易的欧洲国家，曾对中国瓷器如醉如痴、不依不饶。1742（乾隆七年），葡萄牙王后玛利亚摄政，她让葡商在中国订制午餐具，碗边沿镀金，简单的欧洲折枝花卉，突出的是她富态的肖像，这些餐具送给已侵占巴西的葡萄牙士兵们用餐，以此与士兵无声交流？1750 年（乾隆十五年）葡萄牙国王约瑟夫一世即位，也将自己风流倜傥骑马铜像绘于瓷器上。但是，葡萄牙的制瓷业却直到18世纪末，才在里斯本和波尔图建立，规模极小。其实，明嘉靖年间到广州考察过的葡萄牙传教士克罗兹早著书谈到中国制瓷的奥秘，可惜葡萄牙人并没有引起丝毫重视！

西班牙马德里城的皇宫和何郎龙茨宫，设有瓷器陈列室，国王腓力二世收藏的中国瓷器约有3000余件。1759年（乾隆二十四年），在马德里附近建立了“中国”皇家瓷厂——这名儿就充满了对中国的信服，瓷厂生产出六七英尺高装饰华丽的大花瓷瓶，斗牛士国度还真是牛。

海上马车夫荷兰却更见韧性。皇家代尔夫特蓝陶因了坚持不懈，终成为荷兰国宝典范，至今有400多个产品系列。那件烧炼于1654年（清顺治十一年）的代尔夫特蓝“锡釉郁金香花瓶陶器”，独具一格，成了荷兰的标识和骄傲。

3. 大数据之“惑”

当今，被称为大数据时代。然而，每每回眸中国外销瓷数据时，发现距今较近的明清外销瓷本土都没留下多少确切的数据，而从荷兰东印度公司等国外的数据来看，虽翔实许多，但有局部叠加后出现的莫名总数，或太多或太少，存在种种不合理，过于矛盾和突兀。还有东一榔头西一棒槌、一鳞半爪等等；这与当时统计困难，难以得出准确的数字有关；更与日后研究中以讹传讹有关。

现从正式出版和正式发表的部分论著论文中的数据分组梳理如下（每一自然段为一条数据）：

明清时代中国输出到西方的瓷器大概有1.5亿件或更多。

在17世纪，约有1200万件中国瓷器经由荷兰的商船运到了欧洲。

17世纪仅荷兰一国进口的瓷器就达2000万件。加上其他国家的少量进口，估计中国瓷器出口的总数量高达2500万件左右。

欧洲学者根据荷兰东印度公司的材料的统计资料也显示，从1602—1682年，就有1600万件中国瓷器被荷兰商船运到荷兰和

清康熙青花鹿特丹暴动图盘
（约1690年—1695年间）

世界各地。

万历三十年—康熙二十一年（1602—1682）荷兰进口中国瓷器约 300 万件。

荷兰学者佛尔克认为，明末清初 80 年间，经荷兰东印度公司之手运往世界的中国瓷器多达 6000 万件以上。

从万历三十年到康熙三十四年（1602—1695）中国瓷器输出到欧洲约 2000 万件。

上述 7 条后 6 条来看，相互矛盾，不合逻辑。仅同样时间段 1602—1682 年，这 80 年间的统计数就有 300 万、1600 万与 6000 万！其弹性也太大了。

再看下列 3 条数据：

《中国陶瓷史》载：从明代后期起，欧洲已经开始畅销中国瓷器，到清初的 17 世纪晚期，达到了高峰。据荷兰东印度公司巴达维亚记载的统计数字看，该处一地每年运往欧洲的瓷器竟达 300 万件之多。

17 世纪晚期（康熙中期），中国外销瓷的欧洲市场开始完全形成，仅巴达维亚一地，每年运往欧洲的瓷器就达 300 万件之多。

荷兰，从 17 世纪开始，建立了荷兰东印度公司，以巴达维亚为基地，贩卖中国物产于东南亚。我国大量克拉克瓷抵达欧洲市场。从 1604 年到 1656 年（万历三十二年到顺治十三年），荷兰从中国购走瓷器 300 万件，平均每年 6 万件。

从“每年 300 万件之多”跌成“51 年共计 300 万件，平均每年 6 万件”！是否马马虎虎没看到“每年”二字，以至辗转引用时以讹传讹？

三看下列 6 条数据，因时间段不重叠，也无自相矛盾处，以每年平均数来估计，中国外销瓷在晚明至清盛 300 年间（掐头去尾）已超两亿件：

荷兰从 1625 年（明天启五年）荷兰占领台湾到 1650 年（清顺治七年）的 25 年，这期间一共有大约 550 艘左右的船来往于荷兰和东南亚，据东印度公司的资料，其中直接与中国贸易的大概每年有 2—3 艘船。当时一艘大船据研究如果装瓷器的话大概会以 200 个木箱的瓷器来压舱，总共大概是 20 万件左右的瓷器。如果我们以每年 2.5 艘的平均值计算，其装载瓷器的总数应该在 1600 万件左右。

1669 年（康熙八年），荷兰东印度公司已是世界上最富有的私人公司，拥有超过 150 艘的商船、40 艘战船、五万名员工和一万多名雇佣兵。

一度受打击的荷兰人于1683年（康熙二十二年）又回到了中国沿海。1683—1695年（康熙二十二年—康熙三十四年）的13年里，荷兰共进口中国瓷器约400万件。

英国殖民者在18世纪初，估计把2500万到3000万件瓷器运到欧洲，并在18世纪三十年代后，占据中国贸易的首位。

1729—1795年（雍正七年—乾隆六十年）来广州的荷兰东印度公司的船只有231艘，来广州的该公司成员近千人次；雍正十二年（1734）一年销到荷兰的中国瓷器40万件；1780年（乾隆四十五年）一年仍向中国订购80万件。

根据荷兰东印度公司档案记录，18世纪荷兰东印度公司的商船一共航行2600多次。粗略的估计18世纪欧洲所进口的瓷器至少超过1亿件。

四看下列2条18世纪外销瓷数据：

雍正元年—十三年（1723—1735），输出荷兰的中国瓷器是7500万套（件）；

雍正七年—乾隆五十九年（1729—1794），仅荷兰东印度公司运销瓷器达4300万件。

这又是相互矛盾不可理喻的数据！1723—1735年12年间的荷兰购进中国外销瓷数量是1729—1794年65间的1.75倍！这怎么可能呢？而且，两个时间段重叠有5年，那么，即使1723—1729荷兰购进中国瓷3200万件，而1736—1794，即几乎整个乾隆时期荷兰没购进一件中国瓷！可能吗？绝对不可能。

《中国陶瓷史》据《荷兰东印度公司与瓷器》一书的记载，当时和巴达维亚、马六甲、柔佛等地的瓷器走私贸易并未间断。1673年（康熙十二年）在澳门成交的几只走私船就载有："500个中国式酒杯、740个茶盘、一桶精美的小茶壶、二桶精美茶杯及100个茶壶，再有1万个盘、8000个碗及2000个茶盘。再有一舶载9桶茶杯、1万个粗杯及50个盘。其最后一舶，载有11桶精美茶杯、1万个盘、8000个碗及2000个茶盘。"可见当时走私数量之大。——如此具体细节倒见真实可信。

从法国东印度公司来看，首先成立时间就有两说。一说1664年（康熙三年）在北美洲创设公司，仅路易十四投资金额就相当于现在的600万法郎。1667年，拥有60艘战船舰，1672年为100艘，1681年增为230艘。1698年（康熙三十七年）派遣"安菲特里特号"赴华，经一年多的长途航行后首次驶入广州港，并于1700年装载了167箱（或181箱）瓷器回国，一销而空。成为中外文化交流史上的大事。一说1719年（康熙五十八年）建立法国东印度公司。

1722—1747（康熙六十一年—乾隆十二年）这25年间，法国进口中国瓷器超过300万件，丹麦超过1000万件，英国2500万—3000万件！

1723（雍正元年）法国购进中国瓷器6.8万件。1734年（雍正十二年）运到法国的瓷器有6.8万件。

1740年（乾隆五年）法国商船康地号从中国返航，运载了130箱瓷器。1765年（乾隆三十年）法国商船维尔利伐尔克号于11月底到达广州；法国商船米尔可雷号来到中国也运载了93箱中国瓷器回法国，其中19箱是法国的神父们订购的……法国巴黎有专门经营中国瓷器的商店，其时，中国青花瓷的图案纹饰为最时尚，并且引领法国巴黎的首饰式样。

以上不过一小部分中国外销至法国的瓷器数据。

18世纪初，清政府允许欧洲国家在广州开设贸易机构商行等，1715年英国东印度公司捷足先登，最早获得这一权利，英国进口中国瓷器还转口至爱尔兰、德国、意大利甚至北美殖民地。其他国家亦接踵而至，法国于1728年、荷兰于1729年、丹麦于1731年、瑞典于1732年也都先后在广州设立了贸易公司，先后建立了商行12家之多。有些国家船舶还获得许可直航广州。

英国东印度公司最先热衷于中国茶。1669年（康熙八年），开始直接运华茶入英。1685年（康熙二十四年），英国派遣“中国商人”号到达福建厦门，第一次大批运载中国瓷器和茶叶等物品回国。1700年（康熙三十九年）英船“马克列菲尔德号”首次驶入广州港装载瓷器。从1708（康熙四十七年）到1802（嘉庆七年），为中国瓷器外销英国的高峰期。英国东印度公司的商船航行了790次。

18世纪前30年，估计英国将2500万到3000万件中国瓷器运到欧洲。

1717—1722年（康熙五十六年—六十一年），英国东印度公司6艘商船就从中国进口100多万件瓷器。其中，1717年，“Esses”号和“Townsend”号共运送30.5万件瓷器；1721年，另四艘船则运送了超过80万件的瓷器。

而自18世纪30年代始，后来居上的英国跃为海上新霸主，超越荷兰成为中国瓷器第一大进口国。1730年（雍正八年）一年就购进中国瓷器51.7万件；1734年（雍正十二年）运销瓷器6.8万件；1741（乾隆六年）一年，英国、法国、荷兰和瑞典的商船运送120万件瓷器到欧洲。

1774年（乾隆三十九年）运到英国的瓷器约40万件；1780年（乾隆四十五年）一年就向中国订购80万件；

从1800年（嘉庆五年）开始，英国每年从中国进口的瓷器不会超过5000件，这一数量一直连续至19世纪80年代，英国才又大量进口中国瓷器，不过这时进口的主要是家庭和庭院用的小摆设，而不再是大规模的餐具了。

从英国购进中国瓷器的数据来看，虽无大矛盾处，但是，显然很不完整。

瑞典早在 1627 年（明天启七年）就准备开展远东贸易，然而国王去世，致使往后拖延了 100 年。1727 年（雍正五年），当奥地利的奥斯坦德公司减少对中国远航贸易时，斯德哥尔摩的富商科尼（Konig）却筹建了瑞典东印度公司，国王特许其可以在“15 年内自由地通过好望角”。

1723—1735 年间（雍正元年—十三年），瑞典进口中国瓷器 2500 万套。

1732—1806 年（雍正十年—嘉庆十一年），瑞典哥德堡东印度公司在这 75 年间，共组织过 127 次中国之航，3 次印度之航。

1750—1781 年（乾隆十五年一四十六年），32 年间运往瑞典的瓷器达 110 万件。

在 1750 年（乾隆十五年）后的五年内，大约有 1100 万件瓷器从中国运到瑞典。

瑞典购进中国瓷器的数据也很不完整。最后两个数据显然大相矛盾。31 年间购进的数目还远远不如 5 年间所购进的数目，而且，这 5 年还含在 31 年之内！

在 1759 年（乾隆二十四年）2 月出版的丹麦商业刊物对中国瓷器仍十分推崇，认为中国青花瓷是世界最高级的瓷器。丹麦每年都有 2—3 艘商船前往中国做远航贸易。根据丹麦东印度公司的资料，在 1760 年（乾隆二十五年），三艘丹麦商舶运载的中国瓷器清单上主要有：巧克力饮料杯 6008 件、咖啡杯 149337 件、茶杯 307318 件、白脱盘 804 件、汤碟 10448 件、午餐碟 29289 件、小盘 5332 件、船形碟（放酱油或调味料）322 件、午餐具 486 套、茶具 522 套、咖啡具 28 套、牛奶罐 748 件、茶壶 3928 件、痰盂 117 件、各种瓷塑 57 件等。

俄罗斯双头鹰定制纹章瓷盘

俄罗斯双头鹰定制纹章瓷罐

欧亚之间的交通贸易路线，其实还有一条经由沙俄到中国的陆上北方贸易路线。荷兰、法国等国家曾希望经俄国开通这一路线，但相继碰了钉子。

1653年(顺治十年),第一位俄国大使到达北京,是否商讨贸易事宜？1675年(康熙十四年),沙皇派遣传教士尼古拉斯·斯派托尔（Nicolas Spatour）来到北京觐见了康熙大帝，三年后才回到莫斯科。康熙请他送给沙皇：30匹绸缎和天鹅绒、一个银水壶和银洗脸盆、一匹骏马和马鞍，还有不少瓷器。这些珍贵的礼物，而今仍珍藏于克里姆林宫博物馆。

1682年，彼得大帝（1672—1725）即位，年仅11岁。1689年（康熙二十八年）中俄两国签订了尼尔钦斯克条约，此后，两国间的贸易有了增长。彼得派遣特使——丹麦人伊斯勃雷（Isbrand）率随员到了北京，还去到山东。说来有趣，伊斯勃雷与随员竟用了300匹骆驼载着中国的瓷器、丝绸、茶砖等，浩浩荡荡回到俄国莫斯科。驼队一步步踩出了向北的瓷茶之路。此后,莫斯科与北京贸易不断,俄国于每年九月在北方的白海港口阿尔汉格尔斯克(Archangdh)举办交易会，英国、荷兰、法国等商人皆前往交易。

1697—1698年间，远见卓识的彼得大帝以下士彼得·米哈伊洛夫的身份率250人组成的使团前往西欧微服考察。他的目的就是学习西方，改变俄国封闭落后的面貌。他曾在葡萄牙王子缔造的海员学校学习过，在普鲁士学习射击，还在荷兰东印度公司当过船长。所以他在接见留学归来的伊凡·伊凡诺维奇·涅特留耶夫时说：“你看，老弟，我虽是沙皇，可是我手上也有老茧，这些都是为了给你们做个榜样，纵然我快老了，我还是想看见你们成为我的称职的助手，成为祖国的公仆。”彼得大帝的座右铭是：“俄国需要的是水域。”

马克思认为18世纪的两个伟大皇帝，一个是中国的康熙大帝，另一个是俄国的彼得大帝。彼得大帝的意志，缔造了俄国。但彼得大帝是伟大的，也是残酷的。用诗人普希金的话来说，他“让俄罗斯腾空而起，又用铁笼头将它拽住”。

彼得大帝重视中俄贸易，曾委托俄商在中国订制瓷器，如宫廷药房所使用的药罐等。自然，纯美清洁的瓷罐，是贮放贵重药品的最理想的器皿。药罐上绘着彼得大帝的纹章双头鹰，一头朝东一头朝西，目光炯炯分别注视着东西方，当是疆域横跨欧亚的俄罗斯雄心勃勃的象征。以双头鹰为徽章的亦不少，但俄罗斯最有名。追根溯源，是1472年莫斯科大公伊凡三世娶了东罗马帝国的末代公主后，便继承了罗马皇帝“双头鹰”的徽章。十月革命后，双头鹰被废除，但而今又成为俄罗斯的国徽和象征，毕竟是一种文化的代表，赫尔岑有名句：“我们望着不同的方向，但同时却有一颗共同的心脏在跳动。”

1745年（乾隆十年），彼得堡建立了皇家瓷厂，有时原料还从芬兰进口。由一位萨克森王国的艺术家领导，生产模仿德国迈森和法国瓷器的产品，甚至还有鼻烟盒。1758年（乾隆二十三年）由英国人加登建立莫斯科瓷厂，以生产反映俄国农民生活的瓷塑为名。

至于俄国的海上贸易，据称直到 19 世纪初，即 1806 年（嘉庆十一年），俄国才派遣两艘商舶抵达广州，中国的瓷器自是贸易的大宗。

中国外销瓷的收关者当为美国。其数量估计大约为 3000 万—5000 万件。

1776 年 7 月 4 日是美国独立日，但其时英国百般阻挠。从 1775—1783 年，美国与英国打仗 10 年，至 1783 年，北美 13 个殖民地脱离英国独立，正式组成美利坚合众国，英国这才承认美国独立，却仍与法国西班牙等对其进行封锁和半封锁，美国这个发展中的国家，为摆脱经济的极端困境，将目光落到当时的发达国家中国。

1784 年（乾隆四十九年），在美国银行家、商人罗伯特·莫里斯的建议下，美国政府派出“中国皇后”（Empress of China）号从纽约港扬帆到中国寻求新的商机，以使美国迅速积累经济建设所需的大量资金。美国人也很有意思，相信运气，因 2 月 22 日是总统华盛顿的生日，“中国皇后”号便选定这个好日子启航。果然一路顺风，当“中国皇后”号抵达澳门，船长格林领取了清廷官印的“中国通行证”后，经一天航行，进入广州黄埔港。他激情满怀在日志中记录：“‘中国皇后’号荣幸地升起了在这海域从未有人升起或看见过的第一面美国国旗！这一天是 1784 年 8 月 28 日。”

“中国皇后”号带来人参、皮革、毛衣、棉花以及铅等货物进行交易，四个月后，采购了茶叶、瓷器、丝绸、象牙雕刻、漆器等满载而归，1785 年 5 月 11 日回到纽约，万众欢呼，空前绝后。总统华盛顿也兴致勃勃购买了 302 件瓷器及特制的中国特色的茶壶、精美象牙扇等。他无比珍惜，至今，仍有部分瓷器珍藏于美国宾州博物馆和华盛顿故居内。“中国皇后”号第二次远行中国时，华盛顿夫人还特别点名要买一批中国白瓷，可能是德化白瓷。

鹰是美国建国初瓷器上大量出现的图案。设计原型大多来自美国国徽、官方文件和美国硬币上的鹰图案。但据海外学者研究，并非官方政府行为，没有一件鹰图案与美国官方有关，全是出于美国民众自发的高涨的爱国热情。绝大部分鹰的胸前都绘有盾形纹徽，盾徽周围常伴有星加条带，或再在下方加饰块、一小簇花、大写字母等几种装饰图案。

如这件有柄大杯，主题纹为鹰，与 1782 年通过的美国国徽图案十分相似，有可能是模仿船舶通行许可证上的图案。雄鹰高展双翅，鹰翅之间有光环，环内有五角星象征建国最初 13 个州，但数数多了 2 个，可能是中国瓷匠的添加。胸前是象征美国的鹰盾徽，一爪握箭一爪握橄榄枝，鹰嘴叼着的飘扬的绶带，写着拉丁文格言“合众为一”。主题纹四周的辅助纹是四簇小花；把手较独特，为十字交叉式。

而这只奶罐的主题纹是罐身把手两边对称美国鹰，鹰翅膀翻转，上有光环，但无星星。有几簇棕褐色、玫瑰红色的花朵纹散布四周。鹰两爪一抓箭一抓橄榄枝。罐口为八边形，外沿为倒置鸢尾花风格纹饰。有耳型把手，高出杯沿；与把手相对的杯沿角度下倾，方便倾倒牛奶。

与欧洲不同，美国并没有建立东印度公司，但自与中国进行直接贸易后，便持续进行了几百次贸易，略略夸张一点，可以说，19 世纪，中国瓷器出口的主要对象就是美国！在广州黄埔海面上，停满了欧洲各国的商舶，英国商舶位居第一，美国商船至 1789 年（乾隆五十四年）就跃居第二。

“中国皇后”号见证了 18 世纪强盛中国曾帮助美国渡过经济难关，进入 19 世纪，美国强大起来，任何国家再也无法对其进行贸易禁运了。美国对中美贸易的纪念颇有情趣，竟有 40 多座城市被命名为广州（Canton）！真诚的国际友情积淀又流泻于短又长的岁月中。

费城是美国历史名城，1790 年为美国首府，长达 10 年。独立宫、自由钟之外，第一个总统府、国旗、银行、医院、邮电局、消防局、制币厂、博物馆等皆诞生于此。美国在中国的定制瓷纹章瓷上不乏上述种种纪念。由中国度身定做，既可单件碗、盘、碟、壶、瓶等，又可成套的茶具或餐具，多者可达几百件，上面印有标志和荣耀的徽章。按质论价，质量高者被外国人称为“出口官窑”，即质量直逼官窑。据载，一套几十件的纹章餐具，清盛时定价高达 100 英镑左右，折合乾隆时白银 350 两；多由世袭贵族名门之后珍藏以传之于世，并不实用于生活中，为的是让定制主人的社会地位、家庭婚姻、生活状况、艺术情趣等留下永恒的纪念，同时也可瞥见现时拥有者家族的现况和历史变迁。

据载，美国博物馆以波士顿皮博迪·爱社科斯博物馆收藏纹章瓷量最多，纽约大都会博物馆居次。又据专家估计，在 1685—1860 年期间（康熙二十四年—咸丰十年），中国向英美大约出口了 6000 多套纹章瓷，向法国分别出口了 500 套、荷兰 700 套。

美国波士顿于1769年（乾隆三十四年）发现了白色高岭土，并于5月15日在《波士顿晚邮报》广而告之。10 月 16 日，又刊登出即建立波士顿瓷厂的广告。然而，雷声大，雨点小，美国并没有建成大规模瓷厂，却干起了出售高岭土给英国等的营生，仍然进口中国青花瓷器与英国的蓝釉陶器。直到 1772 年（乾隆三十七年），在艺术家邦尼的领导下，费城开始烧制瓷器。1816 年，纽约烧制出 15 英寸高的瓷器花瓶，现珍藏于费城博物馆。

至道光末年，美国也停止了大规模进口中国瓷器。

巴西于 18 世纪末，生产出能与麦森媲美的瓷器，但仍需从中国大量进口瓷器才能满足国内需求。1818 年（清嘉庆二十三年）即位的巴西国王约翰六世（John VI），接受了葡萄牙在中国景德镇定制的“联合王国”茶具，主题纹为葡萄牙皇家纹章，现珍藏于巴西皇家博物馆。1822 年（清道光二年），巴西宣告独立，第一任国王皮罗一世（Pedro I）是约翰六世的长子。其时，爱国者们赠送给巴西一套中国瓷器餐具，主题纹则是独立巴西皇家纹章：烟草和咖啡的枝叶，在边缘上以英文书写“巴西独立万岁”，可称为巴西独立纪念瓷。

自清初至鸦片战争，欧洲之外，中国的瓷器仍保持着在亚洲、美洲、非洲、澳洲各国的市场。至于 19 世纪中国出口西方各国的瓷器总数，也没有准确数据，但肯定要比 18 世纪少得多。

4. 沉船海捞之“痛”

如果说中国外销瓷的数据匮乏和不准确是中国人面对物质文化遗产永远的“憾”，那么，外国强势对海底沉船无法无天的打捞则更是中国人心头的“痛”！

从部分清代海底沉船遗址的发现和打捞来看，自康熙、雍正、乾隆到嘉庆、道光都有，现依照部分沉船时间梳理如下：

1. 中国碗礁一号，沉没于清康熙年代。在福州市平潭县屿头乡北侧五洲群礁的中心，并非形状像碗，而是因渔民在这里断断续续捞起过瓷碗，因此得名。2005 年 7—10 月国家文物局水下考古队发掘打捞，认证为康熙中期景德镇民窑青花瓷器和五彩瓷。数量达 1.7 万件之多。沉船以往已遭盗掘，但仍是康熙瓷器大量外销的缩影。器形主要有将军罐、盖罐、象腿瓶、花觚、凤尾尊、炉、盒、盘、碟、杯、瓶等。大型瓷器将军罐——即奥古斯都钟情的“龙骑兵瓶”。海捞瓷纹样和图案题材多中国传统纹样，山水、花卉、珍禽、人物故事、博古图等为主，但已见洋味，许多有盖高足杯更富异国情调。碗礁一号海捞瓷，与中东巴林出土的青花瓷盘残器、托普卡帕宫博物馆收藏的碗、盘和盖碗的纹饰，英国维多利亚与艾伯特博物馆、荷兰皇家国立博物馆所收藏的康熙时期中国瓷器基本一致。

2. 越南头顿沿海荷兰沉船，沉没于康熙年代。1990—1992 年发现并打捞，出水瓷器主要为景德镇瓷器约 6 万件，还有德化瓷和汕头器。其时越南尚未意识到海捞瓷的价值，被批量拍卖，价格便宜，每件不过几十或一百美元而已。

3. 越南金瓯沿海荷兰沉船，沉没于雍正年代，位于西运欧洲的航线上。1998—1999 年发现并打捞，出水景德镇瓷器约 5 万件；其中有大量南京样式克拉克瓷，有的有“大清雍正年制”款。

4. 瑞典一商舶于 1745 年（乾隆十年）在爱尔斯堡峡湾（Alsborg）失事。1962 年对沉船进行了勘查，在破裂的货箱内发现了大量的青花瓷器，但蓝色的釉彩历经200多年海水侵蚀，出现变色。

5. 瑞典沉船哥德堡号，1745年（乾隆十年）9月12日因触礁沉没于距哥德堡口岸仅900米远的海域，沉船载700吨中国货物，瓷器为100吨。沉没当天即由瑞典开始现场打捞，足足进行了两年，捞起了30吨茶叶、80匹丝绸和100吨瓷器，拍卖后不仅付清所投成本，而且还获利14%。还真叫奇迹。对沉船原因，众说纷纭。1986年至1992年间，瑞典又一次海下打捞，结果将200多年来埋进海底淤泥中的9吨瓷器再次捞上岸，收获亦不小。

6. 荷兰沉船哥德马尔森号，1752年（乾隆十七年）1月从广州驶往巴达维亚的途中沉没。在海牙国家档案馆中，保留了这艘船上所载货物清单的副本，其中带托盘的茶杯竟多达63623件。

英国人哈彻在荷兰东印度公司尘封的档案资料中，不动声色地看准了哥德马尔森号。1984年5月，他几乎是秘密地用了10周时间探测这艘沉船。1985年，在南中国海盗捞了这艘沉船上清康熙、雍正时期23.9万件青花瓷等文物，多为南京样式的克拉克瓷。还有125块金锭计45公斤，两门刻有东印度公司缩写VOC的青铜铸炮。这位有心计的英国人将珍宝在公海藏匿一年后，抬出国际公约“无人认领的沉船允许拍卖”，1986年4月，在荷兰阿姆斯特丹由佳士德公司拍卖，总成交额2000多万美元。

7. 中国泰兴号，清道光二年（1822）从厦门驶向爪哇，行驶至南中国海中沙群岛时触礁沉没。这是一艘载有2000多人的巨型帆船，压舱的货物是100多万件清康熙时期的德化青花瓷。1999年5月英国人哈彻发现并打捞，挑选了36.5万件精品运往德国斯图加特的内戈尔拍卖行。

2000年这场持续9天的拍卖会成交额达3000多万美元。这艘沉船被认为是清中期贸易瓷运销中最大的事件。实际上，明清时期有大量德化瓷器通过海洋贸易销往欧美等地。

8. 英国沉船“黛安娜”号（Diana），嘉庆二十一年（1816）沉没于马六甲海峡。1993年由英国人哈彻发现并打捞，载有大量嘉庆时期南京样式和柳树样式的外销瓷器。打捞到嘉庆景德镇瓷器20余吨。这些瓷器分装成1319箱，于1995年运往阿姆斯特丹拍卖时，仅第一天就卖出了500箱，总成交额为180万美元。

9. 迪沙如号沉船，清代道光十年（1830）沉没。由瑞典人史坦发现并打捞。史坦自1990年着迷于沉船打捞以来，目标南海，已有10艘古代海船被他发现，并成功打捞9艘。

10. 湄洲湾大竹岛清代沉船。2008年上半年，中国国家水下考古队于“海上陶瓷之路”航线上的南日岛、湄洲湾海域进行水下考古调查，在湄洲湾大竹岛清代沉船遗址内，采集到了德化窑瓷器。

……

从以上梳理可看出，中国水下打捞的力量相对单薄，起步也较晚。但不起步不拼搏就不行了！因为一些外国人在海下极其恶劣的打捞行径，使中国文物遭受到巨大的损失，成为中国人心头说不出的痛！

1985 年荷兰沉船哥德马尔森号沉船的打捞，至今仍谜团重重。从几乎封锁性的打捞到一年后的拍卖，怎么看怎么都见处心积虑的谋划。当阿姆斯特丹佳士得中国文物专场拍卖会即将开幕时已经轰动，中国驻荷兰使馆闻讯，觉得事情非同小可，急电国内。国家文物局赶紧寻找对策。但是，哈彻违反了哪一条国际海洋公约还是海洋法呢？中国应该如何对海洋文化遗产进行保护呢？实话实说，心中并没有谱，但时间不等人。于是，国家文物局派出陶瓷专家耿宝昌、冯先铭前往阿姆斯特丹，并携款 3 万美元准备买下一些海捞瓷。拍卖行对来自海捞瓷祖国的中国嘉宾，自是尊重，将 1 号牌交给了他们。但是，区区 3 万元，连起拍价的零头都不够，竟无法将牌举起哪怕一次！这如同一根根荆棘，刺痛了古陶瓷研究者的心，也刺痛了中国人的心。不能不让人肃然深思，如果再不启动海底打捞沉船的事业，中国还会遭遇什么呢？

1999 年，在荷兰人詹姆斯·哈斯伯格所著《东印度航行指南》上，有这么一条线索："1822 年 1 月 14 日，'泰星号'从中国厦门港出发，驶往爪哇。这是一艘长 50 米、宽 10 米、重 1000 多吨的巨型帆船，船上载有 2000 多名乘客和船员，压舱的是 100 多万件福建德化的瓷器，包括茶具、水杯、化妆盒等。船驶到中沙群岛时，不慎触礁，完全沉没。2000 名乘客中，只有 198 人被路过的'印第安娜号'救起，其余全部葬身海底。"见此，迈克·哈彻目光灼灼。5 月，他的跨国打捞公司下海搜寻，起初无踪影，但潜入 30 多米的海底时，熠熠闪光宛如小山包的堆积物让潜水员大喜，因为用肉眼都能辨认那是瓷器的光辉！哈彻疯狂了！命运竟一次次垂青于他，他怎么就这么走运？然而，他不仅不感谢上苍的眷顾，反而在捞出 36.5 万件精品瓷器后，居然恶狠狠下令毁坏其他 65 万件瓷器！瓷器在海底发出破碎之声。湛蓝湛蓝的海水曾护佑了她们 177 年，却在贪婪人的手中毁于一旦！哈彻为什么要干出如此疯狂之举？无它，因为物以稀为贵。他毁坏大部分瓷器，是为了这些海捞瓷拍卖出更高的价钱。

他直言不讳："我在孤儿院中长大，如饥似渴地阅读寻宝发财的书，希望有一天能像书中的主人公那样找到大笔宝藏，让自己和孤儿院里的好伙伴过上好日子。回头想来，这些书成为我后来寻宝的心理指南，它们影响了我的一生。"

1970 年，30 岁的他去到澳大利亚，成立了一家跨国海洋商业打捞公司，原计划打捞二战期间被击沉的商船和军舰，然而，竟与明末崇祯南海沉船相遇，2.2 万件崇祯青花瓷器为他赢得了数百万美元。此后，他将南海古沉船当作他的猎取目标。他屡屡得手，又屡屡违规盗捞，甚至滥砸狂毁，为的是既降低了成本，又大幅度提高了拍卖价格。这一次，他将 36.5 万件中国瓷器，又偷偷运出南海至德国，并如愿以偿，大发横财，又捞到 3000 万美元。

是可忍，孰不可忍？正是这些域外丧失道德底线的贪婪海捞者，激起中国人的反思，如果我们没有自己的强大水下考古队，那么，我们将频频面临没有硝烟的海底掠夺战，难道说我们唯有扼腕长叹？文字抗议？

正是一次次的强刺激，刺痛了中国文物保护工作者和考古工作者的心，加强水下文物安全保护工作和组建中国水下考古队迫在眉睫。中国国家水下考古研究中心于 1986 年成立，并取得了一系列成绩。

据中国水下考古研究中心的统计，南中国海的中国古沉船超过 2000 艘，积淀着先人留给我们民族的大量文物，可以称为“海底瓷都”。从海底沉船遗址及海捞瓷的发现和研究，既可追溯至外销瓷的陆上窑口烧制，并与窑址出土瓷器进行比对探研；又可推及远航路线和销售地点，并与流传海外各国的贸易瓷相比对；因而，外销瓷从生产到外贸到消费的全过程将得到还原展现。而且海底沉船毕竟是最大的文物，它既是船货的承载体，同时也是古代造船工艺及远洋航海技术的完整再现，其价值之高远远超过单件文物。总之，关乎海上陶瓷之路、陶瓷史、海上交通史及中外经济文化交流史，具有深厚的历史价值学术价值和现实意义。

尾声不是结束。尾声是尾中有声。是凤凰在火的炼狱中的涅槃，是带着新希望的再腾飞。

康乾盛世虽成就了清代历史 133 年的最后辉煌，但也犹如回光返照。大航海酿就地理大发现，海洋不仅阻隔不了反而将世界连为一体，原本绝对强势优势的泱泱大老中国竟在此后迅猛土崩瓦解！ 1799 年，18 世纪最后一年的年初，十全老人乾隆皇帝寿终正寝；同时代的华盛顿，则去世于年尾。在世纪交替的前夜，乾隆留给嘉庆的是表象最富强却危机四伏的中国，华盛顿留给后世的是经独立战争而成立的发展中的国家。不想在接下来的百年中，相互调了个个。

于中国，太阳真的落山了，中国进入了不堪回首的屈辱的 19 世纪，那曾经风靡千年征服世界的中国瓷器热，因瓷技外泄、欧瓷逆袭而盛况不再。野蛮列强各国将中国当成一大瓷窑，任凭他们点火烧炼，煎熬榨取、抢占豪夺，一次次粉身碎骨，一次次窑变千回，在炼狱中，中国撕心裂肺、痛定思痛。但是，变，终归是硬道理。

19 世纪，英国文学家狄更斯在其传世之作《双城记》里，对高速发展的英国如是慨叹：

这是最好的时代，这是最坏的时代；这是智慧的时代，这是愚蠢的时代；这是信仰的时期，这是怀疑的时期；这是光明的季节，这是黑暗的季节；这是希望之春，这是失望之冬；人们面前有着各样事物，人们面前一无所有；人们正在直登天堂；人们正在直下地狱。

……

对于中国而言，可能更见深刻贴切。

两次鸦片战争，倏忽间泱泱中国被打趴？谁曾料想海道大通会得出如是结局？瓷，实在是中国元素最具象征性的代表。她确实不堪一击，但是，关键是你为什么要击她？要摧毁她？但她的生命力又是最强大最长久，乃至永恒的。她行走于陆路，漂泊于海路，跨越疆界，穿行于各国各地，因了她的不朽，渗透其间的中国文化特质，成为无可替代的中国文化基因密码。罗素曾经说过：中国是一个文化堆积，而不是一个领土概念。信然。

当清朝覆灭民国揭开序幕时，中国瓷的现状却仍让人扼腕长叹。

袁世凯冒天下之大不韪狂妄称帝 83 天即垮台，空留螳螂当车之笑柄。但由郭葆昌在景德镇定制的洪宪瓷至今却货真价实身价百倍，记录着历史行进中的荒诞吊诡，也印证着景德镇瓷的不灭精气神。

1934 年至 1937 年，著名的爱国实业家、卓越的民主战士杜重远先生，应江西省府之邀，先后三次来到景德镇。他目睹的是："车近镇边，已见其衰落景象，盖烟囱百余座， 出烟者不过十之一二"，"道途污秽，民多菜色"。"坯坊佬坯坊佬，掏泥做坯双手搅，弯腰驼背受折磨，死了不如一根草"。满目疮痍一落千丈的瓷都让他疾首痛心，他试图"用科学方法改良国瓷"，拯救"日暮途穷的景德镇"，可惜不得天时，终半途而废。

景德镇的太阳却没有坠落。

1915 年，景德镇粉彩瓷板画在首届巴拿马万国博览会上获得金牌大奖。粉彩瓷遂成为世界各国博物馆悉心收藏的东方艺术珍品。

悠悠千年的制瓷传统，瓷艺纯青乃至身怀绝技的广大瓷匠，还有崭露头角的一批陶瓷艺术家，在日暮途穷气息奄奄中仍以手工技艺为特色的艺术瓷、仿古瓷生产，奋力与外国机器制造的日用瓷抗争，托起景德镇本不该坠落的太阳。或许他们是苍茫暮色中一弯淡淡的新月？

珠山八友等一代景德镇陶瓷艺人功不可没。1922 年，被赞为"神乎技矣"的粉彩陶瓷艺人王琦与王大凡、汪野亭等成立"瓷业美术研究社"，1927 年北洋军阀刘宝题溃军过境掳掠精瓷，研究社被迫解散；1928 年秋，有王琦、王大凡、汪野亭、邓碧珊、刘雨岑、程意亭、毕伯涛等重整旗鼓，每月望日开茶话会，品茗论画，故又称"月圆会"；1930 年又有徐仲南、田鹤仙、

大英博物馆瓷器展柜

张志汤、方云峰、汪大沧相继加入。王琦初画写意，后在粉彩上独树一帜；王大凡 1939 年创造的“落地粉彩”技法则别具一格；徐仲南偏爱松竹，号竹里老人；刘雨岑的粉彩花鸟，汪野亭的山水，田鹤仙的粉彩梅花，邓碧珊的鱼藻皆各有千秋。名重一时、从事陶瓷艺术长达 60 余年的王步大师，釉下、釉上、堆雕、刻花无不精湛，作品逾万件，尤以青花为最，他首创水墨画绘制青花瓷，一洗晚清繁缛雕琢的琐屑，清新大气，被誉为“青花大王”。

他们都是丹青高手，但又不仅仅是国画家，而是将国画的意蕴融进瓷中，赋予了瓷更高贵高雅的品位，并给中国画寻觅到最长久更完美的载体。

他们中不论长幼，都在炼瓷中锤炼爱国情操，又都能师古而不泥古，并汲取西方艺术的养料；可以说，这是景德镇第一代有名有姓有身世且后继有人的陶瓷艺术家。

他们超越了匠人而是具备匠心的艺术家，当然，不必讳言“商”，更不必讳言“文”对瓷工艺的某些消解，珠山八友可说是民国时期艺商文联袂对瓷困境的突围。其清新之风毕竟让人耳目一新。王琦的大写意画瓷瓶，1998 年在国际拍卖行中底价就在 2600 美元以上——那时可是个天文数字。

其时，仿古瓷也救了垂危的景德镇。仿古瓷中仿康熙青花为佳，彩绘以仿乾隆五彩为多，仿颜色釉则成绩斐然。这真是荒凉中的无奈，又是沉沦中的奋进。老祖宗的辉煌值得仿效的实在太多太多！封建帝制的灭亡，毕竟让以往奉若神明的“御瓷”堂堂正正大大方方进入寻常百姓家，无论中外，不分海陆，做的卖的买的，岂不皆大欢喜？

民国时期景德镇瓷器街卖瓷景观

1949 年 10 月 1 日毛泽东在天安门城楼向全世界宣称：中华人民共和国成立了！中国人民站起来了！

回溯中国瓷史 1700 多年，中国瓷窑火生生不息，无论是辉煌一代沉寂几世的古窑口遗址也好，或是如千年不熄窑火的景德镇也罢，皆闪烁着中国独领风骚的陶瓷文化的光辉！虽然对瓷的回眸探研不得不顺着一个个皇帝的名号年号凸现中国陶瓷演进的线路，但是改变不了瓷是千千万万的能工巧匠的心血汗水凝练的史实。中国外销瓷的历史，大量民窑瓷以其旺盛的无拘无束的生命力让天下人感受到人民力量的涌动。

景德镇可谓“集历代名瓷在一宫，述千年史迹于一时”。而新中国的瓷为新中国带来荣耀。清秀高雅、永不凋谢的青花瓷，姹紫嫣红、富丽堂皇的粉彩瓷，神奇艳红、玲珑剔透的玲珑瓷，五光十色、熠熠生辉的颜色釉瓷，统称为景德镇的四大传统名瓷。鬼斧神工、栩栩如生的雕塑瓷，也令人心驰神往，爱不释手。人民瓷厂的青花梧桐餐具便荣获国家金奖和莱比锡、布尔诺、波兹南国际博览会三枚金牌；建国瓷厂的高温颜色釉瓷、光明瓷厂的青花玲珑瓷自新中国成立后一直作为国家领导人出访国外的礼品瓷；光明瓷厂并以西餐具获莱比锡国际博览会金奖。

中华人民共和国建立后，景德镇曾烧制过毛泽东使用的“毛瓷”、上海“APEC”用瓷；1951 年，景德镇制作的“水浒故事瓷盘”由毛泽东作为国礼赠送给苏联领袖斯大林，现为俄罗斯国家博物馆珍藏；1970 年，时任国务院副总理的邓小平将景德镇的青花文具作为礼品赠给日本皇太子和日本首相福田；1972 年，美国总统尼克松访华，总理周恩来以景德镇的青花餐具赠予尼克松；1975 年景德镇水点梅花餐具，被选为毛泽东同志生前用瓷，就是赫赫有名的“7501”瓷；1984 年国家主席李先念出访西班牙，景德镇“紫藤春燕”薄胎花瓶赠送给卡洛斯国王；2002 年，国家主席江泽民访美时，将景德镇的釉中彩“吉祥如意”餐具作为国礼赠送给美国总统布什。雕塑瓷厂的集体创作《水浒》108 将栩栩如生，气势磅礴，新加坡报刊盛赞其为“世界创举”。中华向号瓷之国，瓷业高峰是此都。瓷都，毕竟是瓷都。

千年之交中，千年瓷都景德镇在国内遭遇种种挑战，这瓷都那瓷都东西南北此起彼伏，福建德化、广东潮州、浙江龙泉、河南禹州、河北唐山等皆被戴上“瓷都”靓帽，固然，这是商业经济之潮炒作风之乱象，要知道，历史不可造，中国瓷万万不能自己砸自己！但是，从另一视角来看，这又反映出当今中国对瓷文化的新珍惜，况且上述城市在陶瓷历史上皆占有过一席之地，只是有的曾黯然，有的曾淡出，有的曾湮灭，而今重振雄风，绝对是大好事。遥想当年，中国外销瓷中越窑、长沙窑、景德镇御窑、湖田窑、磁州窑、龙泉哥窑弟窑、德化中国白、广彩……各领风骚，争奇斗妍。姹紫嫣红总是春，世界很大很大，关键的关键是质量为王，创新为魂，必须兢兢业业烧炼出让世人竞折腰的中国瓷！

中国瓷无论是昨天还是今天，都是中国人民与世界各国人民友好交往的使者。瓷传递着中国的历史文化，撒播着中国人民的友好情谊。中国瓷的外销历史折射出中国文化影响西方和世界文化，同时，西方和世界文化也在影响和改变我们。

历史不可再生。历史不可逆。但辉煌的历史册页毕竟已翻阅过去。新的辉煌是要用我们的双手重新去开辟创造的。

法国总统戴高乐曾言：没有了伟大，就没有了法国。

中国亦可套用：没有了伟大，也就没有了中国。

我们触摸瓷器，如同触摸历史；越是古老的陶瓷，越是承载着久远厚重的文化艺术信息，流淌出中国不息的人文精神；如若我们只是沉湎于昔日的辉煌和荣耀中，那么，我们能不愧对祖先吗？

瓷是文明变迁的见证，附着于瓷的文化信息永不消亡，无论是物质享受，还是艺术价值，抑或商业潜力，她的过去、现在和未来都是值得人类无比珍惜的。

China，中国；china，瓷。

后记

为什么我的眼里常含泪水?
因为我对这土地爱得深沉……
——艾青《我爱这土地》

在臻精臻美的瓷面前，所有的人和物都有黯然失色的感伤。谁能美得过瓷?谁又能活得过瓷?

在炼瓷的匠人面前，无论“过手七十二”中哪一手，都会有一种浅浅深深的生命感悟，人类创造物质的同时其实更在修炼自己，你不能不为之触动。而正是七十二双手通力合作，才赋予了瓷永恒的生命。

在以古陶瓷研究为生命的专家学者的灵魂里，其实就蕴含着陶瓷的灵魂，你充满了敬畏，唯有仰视。没有他们，哪来世界陶瓷史的还原充实?一切浑沌未开。

而关于陶瓷，所有的话语所有的探源所有的解谜，都不得不指向一座至今也算偏远的山镇:景德镇。她虽不是瓷最早的处女地，但世界上以陶瓷这一种行业维系1700余年的城镇唯有她，而陶源万年距她亦不过百公里。她就具有无可更替的神圣与崇高。

一个普通的女子，将最美花季8年留给了那里，是生存生活的8年，毫无功利心，更无奢欲求，平常日子平常心，无知无觉间，古镇血脉便渗进这个女子的身心，或曰瓷魂附体，那种爱，我属于你，你属于我，延绵今生今世。

离开古镇，她38岁时，竟以处女作《四个四十岁的女人》获得全国优秀短篇小说奖。短篇不短，纪实在虚构中穿行。村小女教师柳青的感觉源自距古镇160里仍属古镇的兴田公社，学生送别老师的情景，与2004年西班牙电影《放牛班的春天》片尾何其相似乃尔，人类情感的确相通。助产士魏玲玲的原情节细节来自古镇程家山老革命根据地，为抢救从更深山坳龙塬抬来的子痫产妇，兴田医院下放医生就在与她一板之隔的卫生所擎着4盏马灯做的手术。《昌江情》可当纪实散文阅读。《瓷城一条街》《百极碎启示录》《地上有个黑太阳》《河·江·海》《陶瓷物语》《怀念瓷香》《惊艳陶瓷》这些长长短短的小说，无论纪实虚构意识流魔幻，到底还是生命深处说不尽写不尽的景德镇之恋。拍摄于 20 世纪八九十年代之交的 9 集系列片《瓷都景德镇》，是谁让这个影视圈外的女人胆大包天撰稿又跟拍？依旧是大爱成就为中国第一部关于景德镇的大型纪录片。2004 年建镇千年时又一部 9 集系列片《瓷都名流》问世，无非将激情和思辨淋漓尽致于瓷与人，留下笔墨的凝固摄影、摄像的流动历史。应是勉为其难，但苍天眷顾，总有文字的留影声画的文章。足矣。

或许有此种种积淀，她才欲罢不能，有底气和勇气面对《瓷行天下》。那是去年春寒料峭时，江西出版集团和江西美术出版社约这位七十老妪撰稿，告知为普及化的文化读物，雅俗共赏，而非学术论著。那么，将故事与专业嫁接，将外销瓷从皇帝的瓷和民间用瓷中提取，是远嫁的公主还是生离的女儿？新千年强调新闻故事化，故事纪实化，无非张扬可读可看性和真实性。还真不好写。虽言非学术性，但没有学术研究为基础的基础，瓷行天下从何说起？没有遗址古墓传世之器海下沉船的寻觅，没有烈日寒风没日没夜的发掘考古，没有书山学海的查阅分析由表及里由此及彼……哪来历史一隅一角渐渐揭开的拼图粘贴还原？她不是古陶瓷学者，不是外销瓷研究者，不是外销瓷收藏者流通者，她退缩，她犹疑，虽然，她做过《小说视野中的景德镇陶瓷文化》《论景德镇陶瓷文化题材影视剧崛起》等关于景德镇的文化探研；虽然人生苦短，总是希冀能多开几扇窗，在不同的窗口见到与以往不同的风景……但难度太大。

中国瓷为什么能领先世界 1700 年而独步天下？中国瓷为什么曾经征服过世界？又为什么在西人逆袭中溃于一时，乃至今天依然落伍？外销瓷史属中国陶瓷史且与之同步，从中依旧能寻觅出活着的精神？从主动的瓷行天下到被动之行天下，幸耶不幸？幡然猛醒何以为戒？从瓷里瓷外的人的故事，能否引起阅读共鸣和感悟？

如同又一次出发，无论是心与身，去寻觅，去探索。

在今日与昨日的迷蒙交错中，相隔半个世纪的时空，依然铭刻着她 22 岁的青春记忆。那是第一次来到景德镇时的遥乎未遥的黄昏。出了校门，离了家门，经历过了轰轰烈烈纷纷扰扰的岁月，在狂热的追求与迷惘的失落中，那颗已有伤痕的心仍然怀着梦的碎影。

从第一眼烙刻进脑海的“森林的天空”和“昌江东岸浣衣图”，到兴田、程家山、石岭、东郊等远村近郊的平凡又传奇的生活工作，她曾一次次领着学生步行回市区，将古镇方圆百里打了数个磨磨圈。又曾一次次伫立于罗汉肚古柴窑的红彤彤的窑门前——这“母系社会”的图腾呵，见证自清代以来为皇家与对外赏赉烧炼颜色釉瓷。新中国成立后，国家领导人出国访问的颜色釉礼品瓷也出自此窑口。她曾几回回徘徊于仄仄的古旧小巷里，古屋废窑砖砌就爬满青苔——夹墙中冷不丁就爆出一条条考古新闻，或永乐或宣德或成化年代的御瓷或碎片藏于其间！更不要说地底下沉睡着瓷的千年堆积层。这里，每一寸土地都是历史。在天后宫坍塌的上世纪末，她曾傻傻地仰望仅剩下的8根石柱，它们像硕大的惊叹号直刺苍天。景德镇载运瓷器的船只，无论是起程还是归家，都要到这里跪拜祈祷。她知道，外销瓷绝不仅仅局限于从前。她在景德镇教书的日子里，一中毗邻的为民瓷厂、宇宙瓷厂，就是专门生产外销瓷的瓷厂，其产品与国内用瓷迥异，大家都说“洋”。尼克松访华时，为民瓷厂生产一种尼克松杯，就是由日后颇有名气的秦锡麟设计的，其器型纹饰在那封闭的年代的确让人大感奇异。

1984年应福建文学笔会之邀去到厦门鼓浪屿，当晚几个到得早的作家编辑一块闲聊，其中有《青年文学》的编辑马未都，那晚几乎是小马一人的单口相声，特会侃，且不动声色，大家笑得直不起腰。后来他成了著名的收藏家，尤对古陶瓷情有独钟，实始料未及。近看他怀念刘新园的文章，可能就是那前后去了景德镇的。岁月如流，就看你是不是有心人，你仍在门槛外流连张望，怨不得别人。

感谢生活。让她的人生轨迹与古陶瓷学者刘新园有过几个交集。如果不是江西电视台邀她拍摄《瓷都景德镇》，他只是传闻中快意江湖的侠者。正是在祥集弄明代商人的古宅中，在他手书“品陶斋”的横匾下，她聆听他的滔滔不绝，在醍醐灌顶的陶醉中，渐渐对陶瓷从感性走向理性。第一次是大学校友邹国旺领着去的，大约邹与他有私交，加之她在江西大学教书，那是刘的母校，故而狷狂的他待她蛮热情，一次次真诚传授许多古陶瓷知识。后来她很喜欢读他的论文论著。边读边想起北京大学教授陈平原自信满满的话：我的论文可以写得像金庸的武侠小说那么好看。她想，论文论著的可读性实在是将理论普及的重要渠道。又想起国外一篇论文的结语：电影让人们走出家门，电视让人们回到家里。文学语言让人终生难忘。还想起他说：陶瓷是我的衣食父母，而文学是我的初恋情人。将真情灌注于研究，方是真正的学者。上世纪末，她又因央视小卢之邀去到景德镇，原本是为了撰稿。这期间，他摔断了腿，谁也不见，但见了她与小卢。他说：这辈子从来没有休息过一天，唉，眼下不能跑了！干古陶瓷研究的，田野调查不可或缺，伴随苦累脏忙和没日没夜。著述在他可能是“享受”，然，他对她说：写一篇万字论文，起码要看百万字的书！首都图书馆的门槛都被他磨得锃亮。不“竭泽而渔”，无从下笔。他瞧不起“辗转抄袭”，要的是原创。可有多少人有他这样的脑瓜子？当她编著此书时，犹觉百味杂陈。

她终于接手，只是因为她依恋第二故乡景德镇，至今温度不减。且当做一次刻苦学习的机会，迎难而上。她很想追随行天下的瓷，去到沿海各港口，再沿着海上陶瓷之路的航线看天下行天下。然而，很快明了一切都只是奢望。要在短短的半载一年完成一部《瓷行天下》的书，在她而言，真有荒诞之感。时间轴上，从古至今；地理视阈，除却南极洲、亚洲、欧洲、非洲、美洲、澳洲，乃至北极洲都有涉及！域内古窑口古港口域外古港口博物馆总得踏访一二，沉船海捞航海线路外销瓷个案等等，不是异域神游闭门造车轻而易举之事。老妪应做独行侠，千里走单骑，万里行天下，可是，时间又太逼仄，心境、时间、空间，有哪一样？萧红说：我总是一个人走在路上。说到底，哪一个心向远方的女人，不是独自行于路上呢？远行是孤独的，却也带给行者视野、智慧与生命的丰盈。一点点认同、一点点理解、一点点爱、一点点激赏，都会给她莫大的勇气和坚持。

幸而，与景德镇血肉相连之外，海上陶瓷之路一些关键点，在逝去的岁月里，她或随中国作家代表团或于高校学术交流中，有幸去过几地。

1996 到越南下龙湾。海蓝蓝天蓝蓝，一片片红帆娇美且壮观，一座座海峰千奇百怪——被称为“海上桂林”。据传以往是海盗出没之处，那么，与古老的海上丝绸之路有何关系？

1997 年夏，她第一次随中国作家代表团赴美访问，那时，出国还很稀罕。参观纽约大都会博物馆前，访问团让大家分开活动，数小时后再在门口集中。就在进馆的一刹那，她发现粘于胸前的团徽不翼而飞了，一下傻了眼，这可怎么办？眼睁睁进不去？那就补票。幸好身旁还有位人民文学出版社的向前，可她俩英语都不行，好不容易比划着，又有位热心者帮着翻译，对方听了个明白，人家笑了，耸耸肩说了一通，热心人翻译过来：买了票就不用补票，进去就行了。竟这样高度信任？她见到中国瓷器馆中绝大多数瓷器是明清的，大都来自景德镇时，真的弯下了膝盖顶礼膜拜，热泪盈眶，为中国瓷器远行天下而骄傲，为她曾经生活过的景德镇感动，人不如瓷，生命丰沛的她们，行至大洋彼岸，谦卑又傲岸。2004 年应纽约大学电影学院邀请作学术交流时，大都会博物馆中国瓷器馆所藏已更见丰富，但她的激越之情不改。

2002 年 12 月赴马来西亚访问。那一次意外不断，先是行李箱在北京没有发到广州，再是在雅加达，大家分享一只菠萝蜜，第一刀切下去的两片，她与对方秘书长染上了急性肠炎，他住院，她却执意跟团。在马六甲郑和亲自凿的水井旁，她曾将一竹筒水一饮而尽。虽还是病怏怏，但精神气不短。回国后，人们都说，她变清丽了。

2004 年出访捷克等欧洲国家。从玻璃器皿的精致想到景德镇瓷器的今昔。

2005 年、2012 年两次去到埃及。发现埃及与中国这两个古文明国家还真有许多共同之处。参观比景德镇手工作坊还要原始许多的陶瓷作秀，有别样的亲切和熟悉。走访埃及的各大港口，特别是亚历山大港，那高高耸立于海港的灯塔，岁月仿佛倒流，朦朦胧胧中中国古瓷器就从这里卸货进港……

2012 她随团到美丽的土耳其。进到大名鼎鼎的托普卡帕宫博物馆。在井然有序的参观队伍中，她不敢贸然卟嗵一声跪下，但是，她的心里已然跪下。

2012 来到南非，风和日丽登上好望角，也只有任凭呼啸的海风欲将人刮走，思绪却逆向大航海时代。想当年，如若遇上暴风雨，要让战舰式的商舶绕过好望角，是九死一生的。人在大自然面前无比渺小，然而，人又总是用生命的极限去挑战大自然，或许，这就是人之所以为人的根本所在。

……

莫非上苍早已安排她接手写此书？

或许在她也是一种厚积薄发，就像去泰山朝圣回来的穷和尚一样，富和尚还在做没完没了的准备呢。短处有时就是长处，弱点有时就是优点。这只是为了学习的一部读书笔记。应该是一本外行人写给外行人看的书，外行人将中国瓷外销梳理清楚，不愁外行读者看不懂或了无兴趣。书中并无一件件外销瓷的说明书，写者今生今世挚爱景德镇，读者亦应不为收藏不为致富不为进入此专业，只是纯粹的爱。懂瓷，爱瓷，走出专业的深奥与枯燥，从中得到人生之悟。将瓷人化，将人瓷喻，瓷有了生命，人更应珍惜生命。虽然毛姆说过，爱财富和爱听故事，都是人的天性。但她难以兼顾。

外销瓷虽只是中国陶瓷之一部分，但谁能穷尽她，哪怕穷其一生，可能也只能取一两瓢而饮之。因而，淡定，坦然。反过来说，如若藏品浩若烟海，收藏成了全民性的，那么外销瓷收藏的价值意义又何在？

张爱玲说：生命自有它的图案，我们唯有描摹。外销瓷亦如是。

瓷行天下，似还原外销瓷历史。历史是已然翻过去了的日月。将翻了过去的又翻回来，美其名曰还原历史。然而，因了岁月如流，历史页岩破损而难以复原，还有种种主观的缘由，如立场、视角、目的等的不同，解读便会有种种差异乃至迥异，虽然，历史本身仍静静地安身于过往的岁月中。外销瓷历史亦如是。

时间是有重量的。空间是要质量的。她已如苍老的浮云，以老弱之躯，兼种种病痛折磨，焦头烂额心身交瘁几次欲打退堂鼓，但总算坚持到底，她自己都为自己感动。收获还是巨大的，那就是在年逾七十的日子里，还能像高考的乖女生那样，全心全意埋头文字中畅游，时光就这样清晰地倒流。暮霭沉沉亦有落日熔金的辉煌。丹青不知老已至，富贵于我若浮云。浮云对浮云，什么皆浮云。生命，总是积累了阅历后方有彻悟。很多事并非只存在应该与不应该。

她知道，人生许多的梦可以省略。唯有赣南、南昌和景德镇的梦无法省略。她生在瑞金，童年在赣州，学生时代在南昌，青春八年在景德镇，接下来五年在乐平，今亦属景德镇，后终回归南昌。走千里，行万里，还在江西的怀抱里。张爱玲说：“文人该是园里的一棵树，天生在那里的，根深蒂固，越往上长，眼界越宽，看得更远，要往别处发展，也未尝不可以，风吹了种子，播送到远方，另生出一棵树，可是那到底是艰难的事。”说到底，“作家的地域视野是受控于自己的精神类型和文化心理的”。

江西省冠以“中国历史文化名城”者至今也只有景德镇、南昌和赣州。独特的地域感、厚重的文化感当长久鲜活于江西的文字和图像中。

柳青曾对路遥说：从黄帝陵到延安，再到李自成故里和成吉思汗墓，需要一天时间就够了，这么伟大的一块土地没有陕北自己人写出两三部陕北题材的伟大作品，是不好给历史交代的。

年逾七十的老妪想，江西的作家是否该拷贝且因地制宜改为：从人类第一个陶罐的发现地万年到千年瓷都景德镇，再到第一面军旗升起、第一个革命根据地建立、第一个苏维埃政权建立的三地，在高速公路四通八达的今天，有一天的时间就够了。这么伟大的一块土地没有江西自己人写出两三部江西题材的伟大作品，是不好给历史交代的。

感谢为中国古陶瓷研究的一代代学者专家。如若书中相关外销瓷的阐述，有道理的，对瓷的性灵有所感悟的，那是一代代古陶瓷学者们辛勤研究的启迪，谢谢；如若有硬伤或从根上立不住脚的，那是她理解和解释的错误，对不起。

感谢江西美术出版社为七十老妪搭建了这么一个高难度的平台，让她挑战生命的高度。痛，并快乐着。

感谢赵东亮董事长的大手笔。感谢徐建国、汤华、游道勤和朱金宇的付出。感谢责任编辑李国强、美术编辑梅家强的付出。

感谢助手蔡海波、王小娥和何静的无私付出。

胡辛

2016 年元月元日

参考资料

论著：

1.《陶瓷史话》编写组编，《陶瓷史话》（中国科技史话丛书），上海科学技术出版社，1982 年 1 月第 1 版

2. 傅振伦译注：《〈陶说〉译注》，轻工业出版社，1984 年 8 月第 1 版

3. 朱培初，《明清瓷器与世界文化的交流》，轻工业出版社，1984 年 8 月第 1 版

4.[日] 三上次男，李锡经、高喜美译，蔡伯英校，《陶瓷之路》，文物出版社，1984 年 9 月第 1 版

5. 潘文锦、潘兆鸿：《景德镇的颜色釉》，江西教育出版社，1986 年版

6. 中国硅酸盐学会主编，《中国陶瓷史》（主编小组：冯先铭、安志敏、安金槐、朱伯谦、汪庆正），文物出版社，1987 年版

7.《景德镇》编写组编，《景德镇》（中国历史文化名城），中国建筑工业出版社，1989 年 10 月第 1 版

8. 陈文平：《中国古陶瓷鉴赏》，上海科学普及出版社，1990 年 7 月第 1 版

9. 杨永峰：《景德镇陶瓷古今谈》，中国文史出版社，1991 年 12 月第 1 版

10. 梁淼泰：《明清景德镇城市经济研究》，江西人民出版社，1991 年 12 月第 1 版

11. 刘新园：《景德镇珠山出土成化官窑瓷器》，景德镇市陶瓷考古研究所、徐氏艺术馆联合出版，1993 年初版

12. 沈从文：《花花朵朵 坛坛罐罐——沈从文文物与艺术研究文集》，外文出版社，1994 年版

13. 熊寥：《景德镇陶瓷艺术》（古代部分），江西美术出版社，1994 年 10 月版

14. 刘新园：《皇帝的瓷器——新发现的景德镇官窑瓷器》，景德镇陶瓷考古研究所，1995 年

15. 左汉中、李智勇：《中国民间青花瓷画》，湖南美术出版社，1995 年 4 月第 1 版

16. 刘新园：《明宣德官窑蟋蟀罐》，台北艺术家出版社，1995 年 5 月版

17. 黄仁宇：《万历十五年》，生活·读书·新知三联书店，1997 年 5 月第 1 版

18. 朱裕平：《收藏指南丛书——陶瓷》，学林出版社，1998 年 10 月第 1 版

19. 李知宴：《中国古代陶瓷的对外传播》，商务印书馆，1998 年 11 月

20. 王国本、刘杨、肖史牟：《吉州窑与吉州窑陶瓷艺术》，江西教育出版社，1999 年版

21. 万明：《中国融入世界的步履：明与清前期海外政策比较研究》，社会科学文献出版社，2000 年版。

22. 禚振西、杜文：《耀州窑瓷鉴定与鉴赏》，江西美术出版社，2000 年 5 月版

23.[英] 阿诺德·汤因比，刘北成、郭小凌译，《历史研究》，上海人民出版社，2000 年 9 月第 1 版

24. 曾玲玲：《瓷话中国——走向世界的中国外销瓷》，商务印书馆，2004 年 5 月第 1 版

25. 郑培凯：《陶瓷下西洋研究索引——十二至十五世纪中国陶瓷与中外贸易》，中华书局，2005 年 9 月版

26. 甘刘凤鸣：《山东半岛与东方海上丝绸之路》，人民出版社，2007 年 12 月第 1 版

27. 戴之昂：《海上丝绸之路历险记》，复旦大学出版社，2008 年 8 月第 1 版

28. 白雪莉：《中国外销瓷》，东方出版中心，2008 年 8 月第 1 版

29. 李庆新：《“南海 1 号”与海上丝绸之路》，五洲传播出版社，2010 年 1 月第 1 版

30. 胡雁溪、曹俭：《它们曾经征服了世界——中国清代外销瓷集锦》，中国大百科全书出版社，2010 年 2 月第 1 版

31. 李胜利：《景德镇十大瓷厂》，景德镇陶瓷杂志社，2010 年 10 月第 1 版

32. 林瀚：《外销瓷：海外珍藏中华瑰宝》，北京工艺美术出版社，2011 年 1 月第 1 版

33. 胡辛：《赣地·赣味·赣风》，江西教育出版社，2012 年版

34. 陈雨前：《宋代景德镇青白瓷与审美》，中国出版集团世界图书出版社公司，2012 年 10 月版

35. 中国古陶瓷学会编：《外销瓷器与颜色釉瓷器研究》（中国古陶瓷研究辑丛），故宫出版社，2012 年 11 月第 1 版

36. 上海博物馆编：《幽蓝神采：元代青花瓷器特集》，2012 年 11 月第 1 版

37. 周思中：《中国陶瓷设计思想史论》，武汉大学出版社，2012 年 12 月版

38. 沈琼华主编：《大元帆影：韩国新安沉船出水文物精华》，文物出版社，2012 年 12

月第 1 版

39. 江建新：《景德镇陶瓷考古研究》，科学出版社，2013 年 9 月第 1 版

40. 冯小琦主编：《古代外销瓷器研究》（中国古陶瓷研究辑丛），故宫出版社，2013 年 11 月第 1 版

41. 方李莉：《中国陶瓷史》（上下卷），齐鲁书社，2013 年 12 月第 1 版

42.[英] 柯玫瑰、梦露夏，张淳淳译，《中国外销瓷》，上海书画出版社，2014 年 4 月第 1 版

43. 上海博物馆编，单霁翔、杨志刚主编，《故宫博物院上海博物馆藏明清贸易瓷》，上海世纪出版集团上海书画出版社，2015 年 7 月第 1 版

论文：

1. 冯先铭，《略谈北方青瓷》，《故宫博物院院刊》，1958 年 1 月

2. 冯先铭，《唐代的青釉凤头龙柄壶》，《文物参考资料》，1958 年 2 月

3. 冯先铭，《十四世纪青花大盘和元代青花瓷器的特点》，《文物》，1959 年 1 月

4. 冯先铭，《从两次调查长沙铜官窑所得到的几点收获》，《文物》，1960 年 3 月

5. 陈万里、冯先铭，《故宫博物院十年来对古窑址的调查》，《故宫博物院院刊》，1960 年

6. 陈万里，《宋末—清初中国对外贸易中的瓷器》，《文物》，1963 年 1 月

7. 夏鼐，《作为古代中非交通关系证据的瓷器》，《文物》，1963 年

8. 刘新园，《景德镇宋、元芒口瓷器与覆烧工艺初步研究》，《考古》，1974 年 12 月

9. 徐本章，《略谈德化窑的古外销瓷器》，《考古》，1979 年第 2 期

10. 冯先铭，《我国宋元时期的青白瓷》，《故宫博物院院刊》，1979 年 3 月

11. 冯先铭，《有关青花瓷器起源的几个问题》，《文物》，1980 年 4 月

12. 刘新园、白焜，《景德镇湖田窑考察纪要》，《文物》，1980 年 11 月

13. 刘新园，《景德镇湖田窑各期典型碗类的造型特征及其成因考》，《文物》，1980 年 11 月

14. 叶佩兰，《谈“洪宪瓷”与郭葆昌督造的瓷器》，《景德镇陶瓷》，1981 年 1 月

15. 冯先铭，《“哥窑”问题质疑》，《故宫博物院院刊》，1981 年 3 月

16. 冯先铭，《谈邢窑有关诸问题》，《故宫博物院院刊》，1981 年 4 月

17. 刘新园，《元代窑事小考（一）——兼致约翰·艾惕思爵士》，《景德镇陶瓷学院学报》，

1981 年 4 月

18. 夏鼐，《瑞典所藏的中国外销瓷》，《文物》，1981 年 5 月

19. 冯先铭，《元以前我国瓷器销行亚洲的考察》，《文物》，1981 年 6 月

20. 耿宝昌，《谈唐英款的瓷器及其他》，《景德镇陶瓷》，1982 年 2 月

21. 刘新园，《元青花特异纹饰和将作院所属浮梁磁局与画局》，《景德镇陶瓷学院学报》，1982 年 4 月

22. 刘新园、白焜，《景德镇湖田窑各期碗类装烧工艺考》，《文物》，1982 年 5 月

23. 耿宝昌，《宣德青花罐》，《紫禁城》，1983 年 5 月

24. 李锡经，《中国外销瓷研究概述》，《中国历史博物馆馆刊》，1983 年 5 月

25. 冯先铭，《南朝鲜新安沉船及瓷器问题探讨》，《故宫博物院院刊》，1985 年 3 月

26. 耿宝昌，《对日本陶瓷的初步探讨》，《故宫博物院院刊》，1986 年 1 月

27. 耿宝昌，《明清青花瓷的产销状况》，《景德镇陶瓷学院学报》，1986 年第 3 期

28. 冯先铭、冯小琦，《荷兰东印度公司与中国明清瓷器》，《江西文物》，1990 年 2 月

29. 冯先铭，《中国古陶瓷的对外传播》，《故宫博物院院刊》，1990 年 2 月

30. 叶佩兰，《万历时期的青花瓷器》，《江西文物》，1990 年 2 月

31. 叶文程，《元以后景德镇青花瓷器的外销》，《景德镇陶瓷》，1990 年第 3 期

32. 叶文程、罗立华，《中国青花瓷器的对外交流》，《江西文物》，1990 年 3 月

33. 叶文程，《中国古外销陶瓷的港口和路线（上）》，《河北陶瓷》，1990 年 5 月

34. 叶文程，《中国古外销陶瓷的港口和路线（下）》，《河北陶瓷》，1990 年 6 月

35. 耿宝昌，《蒋祈和唐英》，《景德镇陶瓷》，1991 年 2 月

36. 罗荣渠，《15 世纪中西航海发展取向的对比与思索》，《历史研究》，1992 年 2 月

37. 王莉英，《中西文化交流中的中国瓷器》，《故宫博物院院刊》，1993 年 7 月

38. 冯先铭，《青花瓷器的起源与发展》，《故宫博物院院刊》，1994 年 2 月

39. 叶佩兰，《珐琅彩与古月轩》，《收藏家》，1995 年 4 月

40. 冯先铭、冯小琦，《定窑瓷器与历代仿品》，《收藏家》，1995 年 5 月

41. 江建新，《谈景德镇明御器厂故址出土的宣德瓷器》，《文物》，1995 年 12 月

42. 叶佩兰，《故宫珍藏的几种外销瓷器》，《收藏家》，1996 年 2 月

43. 耿宝昌，《宣德青花梵文出戟罐》，《收藏家》，1996 年 2 月

44. 江建新，《简论明早期瓷器及相关问题》，《南方文物》，2000 年 6 月

45. 王光尧，《明代御器厂的建立》，《故宫博物院院刊》，2001 年第 2 期

46. 栗建安，《从水下考古的发现看福建古代瓷器的外销》，《海交史研究》，2001 年 6 月

47. 冯先铭，《中国瓷器对欧洲瓷器的影响》，《收藏家》，2001 年 7 月

48. 胡辛，《有这样一个古陶瓷学者》，《人物》，2001 年第 3 期

49. 刘新园，《元文宗——图帖睦尔时代之官窑瓷器考》，《文物》，2001 年 11 月

50. 胡辛，《小说家视野里的陶瓷文化——兼谈〈陶瓷物语〉等地域文本的创作》，《南昌大学学报》，2003 年第 4 期

51. 王光尧，《关于青花起源的思考》，《故宫博物院院刊》，2003 年第 5 期

52 冯先铭，《明永乐宣德青花瓷器与外来影响》，《艺术市场》，2003 年 10 月

53. 王光尧，《清代御窑厂的建立与终结——清代御窑厂研究之一》，《故宫博物院院刊》，2004 年第 2 期

54. 叶文程，《郑和下西洋与明代中国陶瓷的外销》，《南方文物》，2005 年第 3 期

55. 刘新园、权奎山、李一平，《江西景德镇市明清御窑遗址 2004 年的发掘》，《考古》，2005 年 7 月

56. 庄景辉、李海宁，《泉州古外销陶瓷研究刍议》，《南方文物》，2005 年 9 月

57. 郑东、石钦，《厦门港——闽南古陶瓷外销的重要锚地》，《南方文物》，2005 年 9 月

58. 金国平、吴志良，《流散于葡萄牙的中国明清瓷器》，《故宫博物院院刊》，2006 年第 3 期

59. 熊寰，《克拉克瓷研究》，《故宫博物院院刊》，2006 年 5 月

60. 刘朝晖，《明清外销瓷研究的重要资料——读〈东海平潭碗礁一号出水瓷器〉》，《中国文物报》，2007 年 2 月 7 日第 004 版

61. 欧阳昱伶，《简论中国古代民间陶瓷》，《中国陶瓷》，2008 年 3 月

62. 刘淼，《中国陶瓷与海洋世界》，厦门大学博士后学位论文，2008 年 7 月

63. 刘淼、吴春明，《二十世纪以来中国古外销瓷研究历史回顾》，《考古与文物》，2008 年 10 月

64. 宋燕辉，《明代后期景德镇瓷业中资本主义萌芽的状态》，《南昌大学学报》，2009 年 5 月

65. 宁钢、何萍，《绚丽华章——广彩瓷器艺术特征分析》，《南京艺术学院学报（美术与设计版）》，2009 年 10 月

66. 刘新园等，《江西景德镇观音阁明代窑址发掘简报》，《文物》，2009 年 12 月

67. 刘伟，《正德时期受伊斯兰文化影响的宫廷瓷器》，《故宫博物院院刊》，2010 年第 2 期

68. 林梅村，《大航海时代东西方文明的冲突与交流——15—16 世纪景德镇青花瓷外销调查之一》，《文物》，2010 年第 3 期

69. 刘禄山，《明末清初景德镇的外销瓷》，《东方收藏》，2010 年第 4 期

70. 彭明瀚，《郑和下西洋“新航路开辟”明清景德镇瓷器外销欧美》，《南方文物》2011 年 3 月

71. 刘新园，《明宣宗与宣德官窑》，《南方文物》，2011 年 3 月

72. 王光尧，《对中国古代输出瓷器的一些认识》，《故宫博物院院刊》，2011 年第 3 期

73. 林梅村，《开埠以前葡萄牙人的东方贸易——15—16 世纪景德镇青花瓷外销调查之二》，《文物》，2011 年第 12 期

74. 沈弘，《〈青花瓷盘的传说〉——试论填补中国电影史空白的一部早期古装默片》，《文化艺术研究》，2012 年 4 月

75. 黄忠杰，《启蒙的艺术——波兰王奥古斯都二世收藏的中国外销瓷研究》，《福建师范大学学报（哲学社会科学版）》，2012 年 7 月

76. 李庆新，《货币、贵金属与外销瓷——从考古发现看明前期的南海贸易》，《明清史》，2012 年 11 月

77. 金国平、吴志良，《“火者亚三”生平考略——传说与事实》，《明史研究论丛》第十辑，2012 年

78. 彭明瀚，《荷兰东印度公司与明清时期景德镇瓷“全球”化视野下的景德镇瓷器文化研究之一》，《南方文物》，2013 年 1 月

79. 彭明瀚，《荷兰东印度公司与明清时期景德镇瓷器外销欧洲——贸易全球化视野下的景德镇瓷器文化研究之一》，《南方文物》，2013 年 3 月

80. 吴艺娟，《简论德化青花瓷的装饰手法及外销问题——以馆藏“泰兴号沉船”青花瓷器为例》，《四川文物》，2013 年 4 月

81. 秦大树，《中国古代陶瓷外销的第一个高峰——9—10 世纪陶瓷外销的规模和特点》，

《故宫博物院院刊》，2013 年 5 月

82. 万明，《明代青花瓷的展开：以时空为视点》，《历史研究》，2013 年 5 月 17 日

83. 江建新，《元青花与浮梁磁局及其窑场》，《中国国家博物馆馆刊》，2013 年 6 月

84. 熊寰，《日本瓷器初期发展研究》，《故宫博物院院刊》，2013 年 11 月

85. 万明，《明代中葡两国的第一次正式交往》，《中国史研究》，2014 年 2 月 17 日

86. 万明，《全球化视野下晚明漳州青花瓷的异军突起》，《社会科学辑刊》，2014 年 5 月

87. 王光尧，《对中国古代输出瓷器的一些认识》，《故宫博物院院刊》，2014 年 10 月

88. 张然、杨啸，《从英国王室珍藏看清代中英关系的变化》，《南方文物》，2014 年 12 月

89. 胡辛、何静、鲍欣璐，《陶瓷文化影视剧的美学特色及反思——以景德镇陶瓷题材影视剧为中心》，《江西社会科学》，2015 年第 2 期

90. 江建新，《略论明清时期窑业》，《景德镇学院学报》，2015 年 4 月

91. 张国刚，《宏观视野下的丝绸之路》，《文史知识》，2015 年 8 月

92. 朱步冲，《海上丝绸之路：古典全球化时代》，《三联生活周刊》，2015 年第 30 期

出版后记

党的十八大以来，习近平总书记高度重视中华优秀传统文化的传承与弘扬，发表了系列重要讲话。在党的十九大报告会上，习近平总书记指出：要坚定文化自信，推动社会主义文化繁荣兴盛，推动文化事业和文化产业发展；要深入挖掘中华优秀传统文化蕴含的思想观念、人文精神、道德规范，结合时代要求继承创新，让中华文化展现出永久魅力和时代风采。江西出版集团为贯彻习近平总书记重要讲话精神，策划并实施了“瓷上世界”文化综合项目。

在项目实施的近三年时间里，我们得到了国家新闻出版广电总局、江西省委宣传部、江西省出版集团公司、中文天地出版传媒股份有限公司各级领导的大力支持，为项目的顺利推进提供了政策和资金保障。在书稿撰写过程中，我们得到了耿宝昌、聂震宁、叶文程、苏叔阳、卜宪群、方李莉、吴澍、王光尧、余春明、白杉、石力、乔治·威尔士、安吉拉等专家的大力支持，为项目提供了学术上的支持。各册作者在书稿撰写过程中，精心构织框架，广泛搜集资料，倾情进行写作，为套书的顺利出版付出了巨大的心力。

在此，我们谨向所有支持、帮助过该项目的领导、专家、学者致以衷心的感谢！

江西美术出版社

2017 年 12 月

作者简介

胡辛，原名胡清。中国作家，江西省人民政府参事，南昌大学影视艺术研究中心主任，中文系教授，广播电视艺术学、现当代文学硕士生导师；中国高教学会影视专业委员会常务理事，江西省美术家协会会员，景德镇市荣誉市民。自 1994 年起享受国务院政府特殊津贴。1983 年以处女作《四个四十岁的女人》荣获全国优秀短篇小说奖，即被改编成电影和电视剧。至今已出版著作 38 本。有长篇小说《蔷薇雨》《陶瓷物语》《怀念瓷香》《聚沙》等；长篇传记文学《蒋经国与章亚若之恋》《最后的贵族·张爱玲》《陈香梅传》《彭友善传》《网络妈妈》等，获 2005 年中国十大优秀传记作家；中短篇小说集《四个四十岁的女人》《地上有个黑太阳》，散文集《女人的眼睛》等；中国第一部关于景德镇的 9 集电视纪录片《瓷都景德镇》主创之一，获中国电视二等奖；9 集电视系列片《瓷都名流》编导；电视电影《惊艳陶瓷》编剧；出版画册《点墨染青——胡辛学画习瓷作品集》；出版论著《长河荒凉却温暖的灯光——中国女性文学热点透视》《电视艺术十二讲》《百年回眸——名导名片管窥》《赣地·赣味·赣风——在流变与永恒中的地域文学艺术创作》等。

作为一个充满生命活力和思想智慧的学者型作家，胡辛以独立的女性意识、深厚的文化底蕴、丰富的人生经验和富有激情的艺术顿悟创造了真诚、鲜活的人间情致和灵活不拘的艺术表达形式。

图书在版编目（CIP）数据

瓷行天下 / 胡辛著. — 南昌 ：江西美术出版社，2017.12（2019.4重印）
（瓷上世界）
ISBN 978-7-5480-5824-3

Ⅰ. ①瓷… Ⅱ. ①胡… Ⅲ. ①瓷器(考古)－对外贸易－贸易史－中国 Ⅳ. ①F752.658.7

中国版本图书馆CIP数据核字(2017)第297096号

出 品 人　周建森
责任编辑　李国强　方　姝　窦明月
责任印制　吴文龙　张维波
书籍设计　梅家强　韩　超　胡文欣　先锋設計

瓷行天下
CIXING TIANXIA
胡辛　著

出　　版：江西美术出版社
社　　址：南昌市子安路66号
网　　址：www.jxfinearts.com
电子邮箱：jxms163@163.com
邮　　编：330025
电　　话：0791-86566329
经　　销：全国新华书店
印　　刷：浙江海虹彩色印务有限公司
版　　次：2017年12月第1版
印　　次：2019年4月第2次印刷
字　　数：307千字
开　　本：787mm×1092mm 1/16
印　　张：24.25
ISBN 978-7-5480-5824-3
定　　价：85.00元